U0892394

Regulation and Legal Practice Research on Film and Television

影视业法律及监管实务

王艳梅 著

法律出版社 LAW PRESS·CHINA

序　1　以法护航，中国电影巨轮继续乘风破浪

2016年颁布的《电影产业促进法》，作为中国文化产业领域的第一部法律，标志着中国电影的发展进入“法治时代”，肩负着推动中国由世界电影大国迈向电影强国的重任。法律实施后给中国电影带来的变化有目共睹，电影数量增长，票房再创新高。2017年全国电影总票房达559.11亿元，这一数字先后被2018年的609.76亿元和2019年的642.66亿元刷新。比票房数字更振奋人心的，是整个电影产业的不断攀升。截至2019年底全国69787块银幕，全球领先；268条农村数字电影院线、4.7万支以上农村电影放映队；过去谈中国电影导演必提“第五代”“第六代”，现在新导演、新编剧、新演员、新制片人、新的技术专家等创作新力量集群式涌现……观众的认可，电影人才梯队的完善，全社会电影文化的提升，乃至更多的中国电影向世界讲述中国故事、传播中国声音，无一不是中国电影产业生机活力的佐证和美好未来的象征。

遥想2001年中国刚加入世贸组织之时，电影全年票房还不足10亿元人民币，电影院前门可罗雀。纵观中国电影发展，产业的每一次飞跃，事业的每一个创举，都是在政策法律的推动下的通过改革完成的。1996年出台的《电影管理条例》首次明确规定电影制片单位的概念和条件，设立行政许可制度，让更多的主体获得拍摄电影的资格，打破了以往只有20多个电影厂的局面；2001年1483号文件确立单片证制度，2001年1519号文件确定院线制，自此电影业准入政策开始松动放开，摄制主体、发行放映主体如雨后春笋般发展壮大起来，电影改革的号角吹响，电影业迈步走上产业化的发展道路，并且整体保持了健康、稳定、科学发展的良好态势。随着改革发

展，不断出台了《外商投资电影院暂行规定》(2003)、《中外和合作拍摄电影片管理规定》(2004)、《电影企业经营资格准入暂行规定》(2004)《电影艺术档案管理规定》(2010)、《电影剧本(梗概)备案、电影片管理规定》(2010)等法规政策，扶持、引导、促进电影体制从计划经济向市场经济体制转轨，电影结构从事业主导型向产业主导型转变，电影市场从分割封闭垄断向统一开放竞争的格局转变，实现电影产业从稚嫩走向成熟。

而对于电影产业发展中的一些不和谐因素，法律法规也没有坐视不管，2014 年颁布了劣迹演员参演作品暂停播出上映的“限丑令”、2017 年颁布了限制演员过高片酬的“限薪令”，这些法规文件规范了影视市场秩序，推动产业健康发展。对于护航影视产业，保护中国电影航船始终方向正确引领中国文化发展起到举足轻重的作用。

随着社会主义市场经济的发展和国家法治进程的推进，电影事业产业迅速发展的同时，也面临越来越多的法律风险。运用法律手段准确识别、科学防范和有效化解各种潜在的法律风险，对于提高电影管理水平、保护电影人权利、切实保障和促进事业产业健康发展，满足人民群众基本文化权益具有重要意义。这就要求影视从业人员提高运用法治思维和法治方式深化改革、推动发展、化解矛盾、维护稳定的意识和能力，加强法律学习，提升法律素养。

王艳梅同志在多年从事法律知识学习和工作实践的基础上，利用业余时间，刻苦研究，认真思考，紧密结合影视诉讼实践，撰写了《影视业法律及监管实务》一书，这本书关注的都是影视行业内最基本、最广泛的底层法律问题。这本书是叙述影视圈中人物依据著作权法、民法、行政法规享有什么权利、遵守什么法律义务的专业法律书籍，是影视圈内法律规则的汇总和升华。对影视产业很有益处，对影视人很有用处。希望更多的影视界同仁认真阅读，获得启迪，投入到影视法制研究中，共同推动中国影视法律发展，进而护航影视产业巨轮继续乘风破浪前进。

中国电影发行放映协会会长　韩晓黎

2020 年 9 月 25 日

序 2

尽管影视产业在国民经济所占比重不大，但是其拉动效应明显，是我国文化产业中举足轻重的龙头老大，涉及面广，社会影响大。影视文化产品特点是投资大、周期长，动用人力、物力多，资金回收期长，从制作、发行、放映、播放，直到衍生产品、主题公园，牵涉多个行业，主体众多，法律关系复杂。市场经济一定程度上是法治经济，若要影视产业良性发展，其中主体各司其职，明确影视行业参与人和法人的权利义务，厘清他们相互之间的关系，就至关重要。但是现实的情况离此目标尚有距离，甚至可以说是乱象丛生，影视纠纷占据民事纠纷、著作权纠纷中相当的比例，亟需系统研究并找寻解决之道，本书便是解决这些重大复杂现实法律问题的努力的结果。

本书内容丰富、体系完备，理论与实务并重，私法与公法兼顾，包含如下三方面特殊视角的观察：

第一，从权利到监管的视角。本书以影视参与主体民事权利、著作权权利与行政法规监管为研究主体，以其严密的架构，系统梳理了影视参与人（包括法人）在影视制作、发行、放映等领域所享有的民事权利和必须接受的行政监管。本书不仅条分缕析了出品单位、发行单位、放映主体等影视法人的法定权利，以及作为影视作品作者的导演、编剧、制片人、摄影、动画、作词、作曲等自然人的法定权利，还对一些特别的主体如摄制组的权利义务进行了研究探讨；不仅列明了所有影视参与人著作权和其他民事方面的法定权利，也分析了待定的权利，对影视作品在三网融合背景下信息网络传播权与广播权给出了倾向性的使用范围和法律界定。行政监管是影视参与主体必须面对的日常生活。本书对于影视行政监管的介绍尤其具有特点,其以影视参与的法人主体作为着眼点,理清各个参与主体的行政权利和义务,尤其是对有关影视剧片头片尾的署名和涉及公共利益方面的公众人物行为规制做出梳理,使得比较"神秘"的影视剧行政监管清晰明了。

第二,从历史到现实的视角。本书追本溯源几十年来行政法规规范下影视主体权利和名称的形成与应用。为了清晰阐释影视拍摄、制作、发行放映主体的权利义务,首先要解释清楚出品单位、联合出品单位、摄制、联合摄制单位、发行单位、电影院、院线、电视剧制片人等这些兼具行政法律和民事法律身份的"拟制人",而为了说清楚这些有关联、有交叉的"拟制人"的法律身份由来,追根溯源的历史研究必不可少。影视剧行政管理历史久远,期间管理机关多次变换;出台的行政文件法律层级较低且大多是规范性文件;原来出台的行政管理后来废止,其管理内容归于民事法律调整范围等等,情况复杂。实践中关于出品单位何许人也、投资人出品人如何署名、何谓院线等等问题莫衷一是。本书正是通过行政法律溯源来追问每个目前我们认为约定俗成的叫法,从而知其然,也知其所以然,并通过行政法律不断进化的理念、行政民事活动领域"民进行退"的法律演进,细数行政法规如何调整影视制作、发行、放映公司、组织等法人主体以及监管影视演员、导演等名人的现状。

第三,从案例到合同的视角。本书是以案例作为研究对象和说理方法,并做出标准合同指导的一本实务书。其选取了影视剧行业有特点和代表性的78个案例,嵌入法规法理的讲述中,使得论理有的放矢,读起来妙趣横生。现实的影视行业中每项经济往来都不能离开合同,本书辨析了联合投资合同、发行合同、导演聘用合同、编剧委托合同、劳务合同、演艺经纪合同等,并在明确各类合同特征、主要内容的基础上,做出6类标准合同指导,对于影视参与人的实践活动具有相当的指导意义。

本书是艳梅处长首部专著,值得祝贺。尤值一提的是,本书作者全程参与我国第一部文化产业法律《电影产业促进法》13年的起草历程,对影视行业有身在其中的热爱和望其健康发展的恳切,这些都构成了她潜心研究的动力;中国政法大学诉讼法学硕士的学术背景和学术训练,也为其开展影视法律研究奠定了很好的基础;长期的影视行政管理工作,让其对影视行业宏观发展和微观运行有着深入了解和把握,相关研究也具有十分开阔的视野和纯粹学术研究所无法比拟的经验优势。

相信其大作必将会对影视法律研究的开展和影视行业实践的发展起到重要推进作用。也期待艳梅处长能与法律学者、法官、律师同仁们一道,为中国影视法律良性秩序的建构贡献更多的力量。

笔者近些年来致力研究娱乐法,与艳梅处长属同道中人,我们有着共同的兴趣、爱好、追求和理想,十分乐意向读者诸君推荐其大作。

是为序。

刘承韪
中国政法大学教授、博导,研究生院副院长
北京市文化娱乐法学会常务副会长
2020 年 7 月 5 日于北京

目录 CONTENTS

中·篇 影视业自然人的法定权利与行政监管

下·篇 影视合同辨析

引子 ||| 九个法律诘问

这是一起经最高人民法院作出终审判决的电影著作权纠纷,2008 年被选入“全国知识产权 100 件司法保护典型案例”。①

1 案·例 千万投资辗转空,几个制片分不清

——电影《铁血昆仑关》著作权许可使用合同纠纷②

| 当事人 |

上诉人(原审被告):香港沛润国际有限公司(以下简称“沛润公司”)

被上诉人(原审原告):陈某德

被上诉人(原审原告):北海中鼎股份有限公司等 7 个民事主体

原审被告:南宁某物业公司

① 作者 14 年前拙作中引用该案例说明摄制组的法律问题(《影视摄制组的分类管理》,载《中国广播影视》2006 年 4 月上半月,总 361 期),为了撰写本书再次查阅,发现其入选最高人民法院 2008 年首批公布的“全国知识产权 100 件司法保护典型案例”,载人民网:http://ip.people.com.cn/GB/8428418.html,最后访问日期:2020 年 3 月 28 日。

② 一审:广西壮族自治区高级人民法院(1996)桂民初字第 13 号民事判决书;二审:中华人民共和国最高人民法院(1999)知终字第 12 号民事判决书。载中国法院网:https://www.chinacourt.org/article/detail/2008/11/id/331788.shtml,最后访问日期:2020 年 3 月 28 日。

| 基本案情 |

1993 年 2 月 27 日，广西电影制片厂（以下简称“广影厂”）与陈某德签订关于独立制作故事片《铁血昆仑关》（以下简称《铁》）的协议书（以下简称《独立制片协议书》），约定由陈某德以《铁》制片人资格组建筹备组，负责开展有关资金与器材筹集、人员物色及剧本修改等工作，制片人陈某德向广影厂缴纳管理费人民币 30 万元，影片完成并经广播电影电视部（以下简称“广电部”）电影事业管理局①（以下简称“电影局”），终审通过后，广影厂将此片的两年发行权交给制片人，拷贝由制片人自行发行、盈亏自负。2 年后至 4 年内如果还有发行利润，双方对半分成；4 年后，广影厂收回该片发行权。影片的副产品由制片人投资，利润 40% 归厂方。

1994 年 3 月 5 日，陈某德以摄制组名义与原告中某公司、× × 县人民政府 × × 学校等另外 8 家单位签订关于股份集资摄制影片《铁》合同书（以下简称《原告之间股权合同书》），约定由 8 家法人单位共同投资摄制，总投资额 1000 万元。该合同第 28 条约定：“《铁》片自办海内外发行四年内的发行权归摄制组即全体投资者所有。发行收益除按协议与广西厂分成外，实行按投资比例分成，各方利益共享，风险共担。”“发行放映后的收入，首先按投资比例分配给各投资者。待达到原投资成本后，制片人参与分成。”该合同签订后，除 × × 学校未投资外，其余 7 家单位共投资 1030 万元拍摄影片。《铁》影片拍摄完成后，于 1994 年 12 月 1 日取得了影片上映许可证，许可在国内外发行；1995 年 2 月 27 日，原广电部电影局将该片的发行范围变更为国外发行。影片至今未举行公映首影式。

1995 年 6 月 22 日，陈某德以影片《铁》制片人、杨某某以股东代表的名义作为甲方，与沛润公司（乙方）签订了合同书（以下简称《原被告合同书》）并办理了合同公证。合同规定甲方将《铁》影片的发行权、影片副产品及相关的全部权益转让给乙方，转让费 1300 万元，合同签字生效后 1 年内，乙方将发行收入 1300 万元汇至杨某某指定的银行账户。合同生效后，乙方享有国内外有限发行权，但国内发行权必须在原广电部电影局有明确指示后才生效；发行期限 2 年，2 年后至 4 年内如果还有发行利润按约定分成。国内外发行时间均以公映首影式那天起计算……《原被告合同书》第 5 条第 3 项约定：

① 因我国电影、电视行业主管部门几经变更，本书所引案例所涉主管部门均以案发当时主管部门为准。

“甲方视乙方需要,有义务按照乙方要求派员携片(或录影带)赴其他国家和地区作发行谈判放映,所需费用由乙方支付。”沛润公司以其投资在建的泰安大厦作为抵押,南宁某物业公司同意该大厦作为抵押。合同成立后,沛润公司委托陈某德出国代办发行事务,陈某德已依约将影片拷贝及宣传资料交给上诉人。本案关系结构见图0-1。

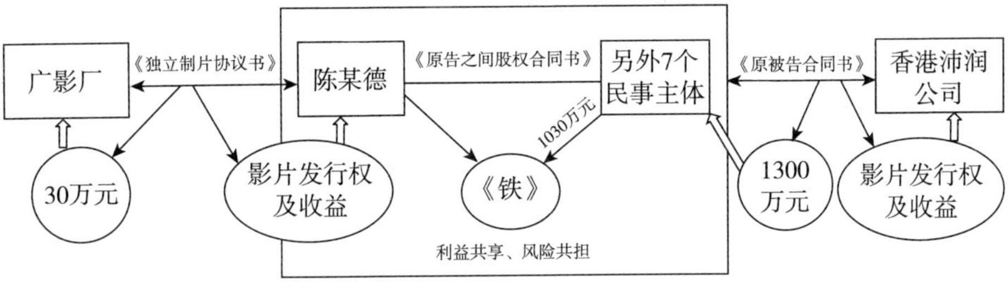

图0-1 案件结构

| 诉辩分歧 |

原告认为被告没有履行《原被告合同书》,起诉要求支付1300万元转让费。

被告沛润公司上诉到最高人民法院的核心观点是,陈某德与上诉人签订的《原被告合同书》无效。认为原判认定陈某德为“独立制片人”没有法律依据,自然人不能成为合法的“制片人”;陈某德不是《铁》片的著作权人,亦不具有合法的代理权,不具备签订《原被告之间合同书》的主体资格;其他合同当事人也均不具备合法的从事影片交易的主体资格;《原被告合同书》约定被上诉人陈某德一次性卖断影片“全部投资股权”是无效约定,因实际出资人并非陈某德,实际出资人与著作权人广影厂又无任何法律关系,故本案原告不享有任何投资股权。

法院判决

一审法院判决解除原、被告之间转让合同。被告赔偿原告经济损失650万元及利息。

最高人民法院除认定原审法院适用《电影管理条例》错误外,①其余维持原判。

① 《电影管理条例》为国务院于1996年6月19日发布,该案《合同书》签订于1995年6月22日。合同签订之时,《电影管理条例》尚未出台,因此不能适用。最高人民法院的判决中对此论述道,“原审判决引用《电影管理条例》的条款属于适用法律不当,应予纠正”。

| 案件分析 |

一审法院认定：

1. 陈某德是独立制片人，依据其与广影厂的协议书，享有影片4年的发行权；

2. 原告、被告之间合同合法有效，原告无欺诈行为；

3. 陈某德享有国外发行期限至1999年2月27日，沛润公司继续履行合同已无必要，该转让合同应予解除；

4. 沛润公司取得国外发行权而未举行上映首影式、未实际发行，过错责任在于沛润公司，国内发行权未获批准，双方是明知的，对此造成的损失原告应承担主要责任，被告应承担次要责任。

最高人民法院分析案件核心问题为《原被告合同书》的效力，认为电影作品的“制片人”，在《著作权法》①意义上是指著作权人，本案《铁》电影作品的制片人为广影厂。广影厂与陈某德在《独立制片协议书》中约定陈某德为“独立制片人”的概念，不是《著作权法》意义上的制片人概念，而是在国内电影制片投资方式向综合性多元化发展的改革过程中出现的俗称概念，意指影片投资与具体摄制组织者。这一俗称，不具有法律上的含义，故原审判决认定陈某德为独立制片人，于适用法律并无意义。

陈某德基于代表实际投资单位的事实与广影厂签订《独立制片协议书》取得了《铁》片一定期限的发行权，作为权利主体，其有权与上诉人签订合同，就《铁》片的发行与收益分配等事宜建立民事法律关系。原广电部电影局于1995年1月28日发布的《影片交易暂行规定》对影片交易的主体资格虽有要求，但该规定属于行政规章，不宜作为认定合同效力的依据，上诉人依据《影片交易暂行规定》主张陈某德不具备签约主体资格的理由不能成立。

北海中鼎股份有限公司等7家出资单位，是《铁》片的实际投资人。根据陈某德与该7家单位签订的《原告之间股权合同书》的约定，各方共同享有《铁》片的4年发行权及相关权益。陈某德及该7家出资单位作为一方通过与上诉人签订《原被告合同书》将所享有的《铁》片的有关权利及权益一次卖断给上诉人，双方均具备签订《原被告合同书》的主体资格。被上诉人在《原被告合同书》中所作的将投资股权一次性卖断给上诉

① 为读者阅读方便，本书所引用法律法规名称均省略“中华人民共和国”，例如，《中华人民共和国著作权法》，本书表述为《著作权法》。

人的约定也属有效约定。至于陈某德是否享有《铁》片的著作权或代理发行权，并不影响其签订《原被告合同书》的主体资格。7家出资单位基于投资及与陈某德的约定而享有的《铁》片的相关财产权利，并不必须以与广影厂存在法律关系为前提。上诉人主张合同无效的这一理由也不能成立。因此，最高人民法院认为原审判决认定《原被告合同书》为有效合同正确。

该案之所以被选为最高人民法院的典型案例，不仅因其包含电影投资、制作、发行多个环节，关涉自然人、法人以及国内国外多种主体，应用《民法通则》①《合同法》《经济合同法》《著作权法》，以及电影行政法规等多个部门法，更因为从事民事活动的主体行政法律关系主体权利有瑕疵，合同法律关系触碰著作权法律原则。面对纷繁复杂的法律主体及法律关系，整个判案过程犹如抽丝剥茧，逐步拨开迷雾，厘清一个个法律关系，将扑朔迷离化为豁然开朗。

该案审理中，明确了影视诉讼审理的几个原则，比如对于民事合同当事人容忍其权利瑕疵，倾向于认定已履行民事合同的效力等，这在以后涉及民事法律关系与行政管理交叉案件审理中一再应用（见第二章第二节），该案虽判决于二十多年前，时至今日仍有借鉴意义。

但是影视行业内部关系复杂，影视圈常用名词比如“制片人”“独立制片人”“制片”等，并不与著作权法律、民法直接衔接，法院在审理该案中的解释也有诸多与影视行业实际不相符合的情况。掩卷而思，生出诸多诘问：

诘问1：制片人=“制片者”？

最高人民法院判决文书中说，电影作品的“制片人”，在著作权法意义上是指著作权人，本案《铁》电影作品的制片人为广影厂，“广影厂作为《铁》片的著作权人。”

可是当时有效的《著作权法》②第15条明明规定的是，“电影、电视、录像作品的导演、编剧、作词、作曲、摄影等作者享有署名权，著作权的其他权利由制作电影、电视、录像作品的制片者享有”。请注意，《著作权法》写明的是“制片者”，那是否最高人民法院判决文书中所谓的“制片人”就等于《著作权法》中的“制片者”？

---

① 根据2020年5月28日颁布的《民法典》第1260条规定：《民法典》自2021年1月1日施行，我国现行的《民法总则》《民法通则》《合同法》等9部法律同时废止。

② 该案一审判决书作出时间为1998年12月31日，案件发生时间为1993～1996年，应当适用的法律是1990年《著作权法》。

诘问2：制片人到底是谁？

最高人民法院判决文书中"本案《铁》电影作品的制片人为广影厂"。但是查看《铁》[①]片的片头是这样的：

第1幅　谨以此片献给中国抗日战争和世界反法西斯战争胜利50周年

第2幅　铁血昆仑关

根据陈某德小说《魂归昆仑关》改编

第3幅　领衔主演　刘某某　马某某　高某　刘某某

第4幅　主演　……

第5幅　编剧　汪某某　李某某

第6幅　导演　杨某某

以下依次为摄影……美术……录音……作曲……

第11幅　出品人　王某某

第12幅　制片人　陈某德

这样，本案就有两个"制片人"，一个是《铁》影片的字幕列明的陈某德，另一个是法院判决文书中所认定的广影厂。那么制片人到底是谁？

诘问3：为什么陈"制片人"出钱出力，而厂"制片人"获得著作权？

在本案中，广影厂与陈某德签订关于独立制作故事片《铁》的协议书（请注意"独立制作"字样），约定由陈某德以《铁》制片人资格组建筹备组，负责和开展有关资金与器材筹集、人员物色及剧本修改等工作，制片人陈某德向广影厂缴纳管理费人民币30万元（这是什么费用？）。后来陈某德找了7家单位拉来1030万元投资，制作了这部电影。可以说，没有陈某德拉投资、改剧本就不能摄制出该部电影，这是否是《著作权法》中的"制作电影"呢？最高人民法院裁判文书认定"广影厂作为《铁》片的著作权人"，依据何在？

诘问4："独立制片人"为何不是《著作权法》意义上的制片人？

广影厂与陈某德签订的协议书，约定由陈某德为《铁》制片人，一审认定，陈某德是"独立制片人"，二审却认为此"独立制片人"的概念，不是《著作权法》意义上的制片人概念，而是在国内电影制片投资方领域的俗称概念，意指影片投资与具体

① 2018年1月6日在爱奇艺网站会员观看《铁血昆仑关》，作者手写记录片头字幕。

摄制组织者。而且最高人民法院认为，这一俗称不具有法律上的含义，故原审判决认定陈为独立制片人，于适用法律并无意义。

可是在电影界，独立制片人的概念路人皆知，在国外影视理论更视独立制片人为电影制作的重要力量。

诘问5：影片是如何署名的？片头片尾署名的各种"人"都有什么权利义务？法律地位如何？

以陈某德作为制片人为例，根据其与广影厂签订的《独立制片协议书》，陈某德以《铁》制片人资格组建筹备组，负责和开展有关资金与器材筹集、人员物色及剧本修改等工作。这是不是就是制片人的全部工作？

如前所展示的《铁》片片头所列的领衔主演、主演、编剧、导演、出品人等各种"人物"，在电影制作中都是做什么的？为什么如此排列？有怎样的权利和义务？在行政法、民法、诉讼法中都有怎样的法律地位？

陈某德作为制片人，是否有权提起诉讼？是否是适格的民事诉讼当事人？在民事诉讼中，如果提起诉讼的当事人不合法律要求，叫作"不适格"，后果是驳回起诉。本案被告在二审中就此提出上诉理由，认为陈无权提起诉讼。但是法院没有同意上诉人观点，可以证明陈某德是本案"适格"的当事人。可是，在前面明明知道陈某德不是著作权人，他交易影片的行为还违反了行政法规，这些因素都不会影响他在诉讼中的当事人地位吗？

诘问6：行政法规和著作权法规居然会有矛盾？那么法院在审判中如何取舍？

最高人民法院的裁判文书论述，"原广播电影电视部电影事业管理局于1995年1月28日发布的《影片交易暂行规定》对影片交易的主体资格虽有要求……且该规定属于行政规章，不宜作为认定合同效力的依据"。

原广电部发布的《影片交易暂行规定》①规定："本规定所称影片交易是指，影片著作权人有偿转让影片拷贝发行、放映权的活动。凡参与影片交易的卖方必须持有政府管理部门颁发的制片或发行许可证以及所销售影片的准映证；凡参与影片交易的买方必须持有政府管理部门颁发的电影发行或放映许可证。影片著作权人不得委托没有影片发行许可证的单位或个人发行影片。"

---

① 《影片交易暂行规定》(电字〔95〕第43号)，原广电部电影局1995年1月28日发布。(已失效)

据此行政规定，作为个人的陈某德不是发行影片的合格主体，那么他与被告沛润公司签订的《原被告合同书》就存在主体权利瑕疵，可是为什么最高人民法院却确认了原被告签订的民事合同有效。这是民事法律和行政法律交叉时如何运用法律的专业问题。那么行政法规和民事法律在交叉重叠的领域各自边界在哪？行政法规在什么情况下让步于民法？

诘问 7：摄制组是个什么组织，是否有权签合同？

一审法院认定，1994 年 3 月 5 日，陈某德以摄制组名义与原告中某公司、××县人民政府××学校等签订关于股份集资摄制影片《铁》合同书。为什么是以摄制组名义？难道是因为只有以摄制组的名义，其他人才跟他签订合同？那么摄制组的法律地位是什么？摄制组有没有签订合同的合法身份呢？

诘问 8：其他 7 个原审原告有什么权利？投资人之间有什么样的关系？

另外 7 个原审原告之间签订了股权协议书，合同目的就是拍摄《铁》影片。这些人都投资给陈，由陈某德管理使用，那么其他人如何监督资金运行？投资人之间权利义务如何？本案中其他 7 个原告共投入了 1030 万元，影片拍摄完成却没有公映，与中国香港地区公司签订合同卖发行权却又没有收到转让费，就是说截至法院判决 1030 万元投资没有任何收益，那么投资人的利益如何保护？

诘问 9：被告发行该电影，需要取得什么权利，发行公司拥有什么权利？

电影制作出来，若不发行就无法获得投资回报，是不是所有电影拍摄出来都可以发行？什么样的电影才能发行，要履行什么手续才能获得发行许可？

本案中《铁》片原本取得了国内外发行权，后来原广电部又将该片的发行范围变更为国外发行。为什么已经发放出去的发行电影许可又可以变更？谁有权利变更？什么情况可以变更？

这些诘问，本书会在后面论述中慢慢解开，这是我们思考的起点。

这些疑问和迷惑，是影视圈纷纭复杂的必然，唯有法律确定的原则和秩序才能定分止争、答疑解惑，《著作权法》《民法典》以及其他民事法律规范、行政法律法规相关内容和影视行业规则等共同构成规范影视圈的规则。

上·篇

影视业"拟制人"的法定权利与行政监管

影视剧参与主体有两类：法人和自然人，这两类人受到的监管和享有的权利各有不同。本篇研究影视圈法人及其他组织的法定权利和行政监管。

行政法是调整行政机关在实施行政许可等行政管理中与相对人之间关系的法律。影视行业中申请制作、发行、放映影视行政许可等审批监管事项的都是影视公司、文化组织等法人主体，因此这些制作影视剧的"拟制人"是行政法规的主要监管对象。

影视行业管理的特点：管理历史悠久；管理机关多次更换；出台的行政管理规范层级较低，大多是规范性文件甚至是带密文件；原来由行政法规管理的领域逐渐降低门槛归于民事法律调整。由于影视行业的特定小圈子，许多法律人不了解或者知之甚少，本篇拟略述影视行政监管概况，以知其然，并深度挖掘某些重点法律制度的行政法律渊源，以知其所以然。

参与影视剧制作、发行放映的影视圈拟制人主体处于民事活动的汪洋大海中，每一项活动几乎都离不开民事法律尤其是著作权法的规范。著作权法保护影视法人和组织享有著作权，促进智力成果的转让和资本回收。民法保护这些法人主体的民事权利。

民事主体获得一项法律意义上的权利，有两种途径：一是法律规定产生，二是合同约定赋予。法律法规通过明确的条文规定出某种权利，也就是法理中所说的"权利法定主义"。对某个主体赋予法律规定权利，必然也必须是经多方论证理论研究的结果，有的还经过长期实践，且法律法规经过公布，让社会上一般人熟知和接受。这样当个体认为有需要的时候，就可以通过简易的大家熟知的渠道获得这种权利，实现法律法规规定的可预期性；权利的本义就是其他人不得侵害权利所有人的利益，所以通过法律规定的权利也是大家都能够了解到的，以利于除权利人之外的其他人遵守执行。本篇要探讨的便是影视圈"拟制人"依据民法、著作权法等获得的法定权利。

第一章 出品单位(人)的行政监管与法定权利

行规有名法无名①，
现实银屏却正行。
一证在手资历深，
三千版权集一身。

第一节 · 出品单位署名的行政法律渊源

作为观众，如果留心，会发现电影片头片尾标注着“出品单位”“联合出品单位”“摄制单位”“联合摄制单位”“制作单位”“联合摄制”等一些名词，仅望文生义，可以看出这些单位应当与影视制作有关，但要具体界定，那一般的观众都会感觉“傻傻分不清”。其实不仅是观众有疑惑，即便是影视从业人员，甚至影视律师以及审理影视案件的法官，面对五花八门的片

① 此中的“法”是指著作权法。此句是指在电影的屏幕上片头或片尾字幕中显示出品单位、出品人的称呼，但在著作权法及有关著作权的法律中没有出品的概念。

头片尾署名，也会生出“影视作品署名乱象亟待规范”[①]的呼吁。

其实，影片作品署名并非无法可依，是有行政规定可循的。

电影行政管理部门在几十年间发布多个有关电影片头片尾署名的规范性文件，并通过行政法规对电影制片单位作出规范。尽管到目前为止，其中很多行政法规已经废止或者失效，并推陈出新，但通过这些电影行政法规、规范性文件规范管理过的行业秩序已经形成行业内的规矩和惯例。本篇仅从电影片头片尾署名管理的行政法规揭示各个发展阶段的电影制作单位、出品单位产生和形成过程，从而以法律的视角勾勒出出品单位（人）这个影视圈核心人物的江湖地位。

一、1954 年：电影已经“出品”

1905 年，第一部中国电影《定军山》在北京的丰泰照相馆诞生。中华人民共和国成立之前的电影借鉴西方署名方式，许多电影公司制作的影片电影海报上都会印上某某公司出品的字样。中华人民共和国成立初到 20 世纪 80 年代，电影生产服从计划经济的指令。

（一）电影制片工作 = 电影出品

1954 年政务院《关于加强电影制片工作的决定》[②]

这是一个专门规定电影制片工作的法律规定，其中三次提到“电影出品”的概念：“四年来，中国人民电影事业获得了重大的发展……但是，目前电影出品的数量和质量都还不能满足广大群众的需要……今后必须适应广大群众的需要，逐步提高影片的思想和艺术水平，同时努力增加电影出品的数量。”

“电影局及所属各制片厂必须加强对影片摄制工作的思想和艺术领导，同时加强企业管理，实行成本核算，克服浪费现象，要做到既保证电影出品的一定质量又节省成本。并规定今后四年内，每年制片的任务：（出品）大型故事片十二部至十五部及一定数量的农村故事片、儿童片、美术片和舞台艺术纪录片等。”

从这一法规可以看出，出品的概念由来已早，长期在电影实务和管理界应用，业内对于出品约定成俗，会混用制片、出品的概念，一定意义上，电影制片的结果就

① 李园园：《影视作品署名乱象亟待规范——电影〈张思德〉著作权纷争的启示》，载《法庭内外（影视）》2019 年第 2 期。

② 政务院《关于加强电影制片工作的决定》1953 年 1 月 24 日政务院第 189 次政务会议通过，1954 年 1 月 12 日公布。

是出品电影。

(二)只有16个人能玩的“游戏”

时间进入20世纪80年代,那时电影的片头片尾署名并不乱。电影片头第一幕是熠熠生辉的北影厂或者其他电影制片厂的厂标,片尾最后一帧“某电影制片厂拍摄”缓慢升起。这是因为在20世纪90年代之前,行政法规只赋予16家电影制片厂具有法定摄制电影的主体资格。

1. 中共中央办公厅、国务院办公厅1983年71号文①

该文件规定:未经国务院批准的制片厂不要再拍故事片、戏曲片。但是为了发挥各地对电影创作的积极性,如有好的剧本,在质量得以保证的前提下,这些省办厂可以与国务院批准的故事片厂合拍②,但均应纳入故事片厂的年度生产计划之内。

2. 原文化部、原国家工商行政管理局1985年1071号文③

从中华人民共和国成立初来看,最早的制片厂确实是个高大上的个体,拍电影是个技术活,还要有大量的投资,因此只有那几个国营的大厂可以拍摄电影。我国电影事业经过中华人民共和国成立后三十多年发展,至20世纪80年代实现了每省一个制片厂,历史上叫作省办厂。根据原文化部、原国家工商行政管理局1985年1071号文所述,党的十一届三中全会以来,我国的电影事业有了很大发展,电影制片单位已达30多个,其中经国务院批准允许拍摄故事片的制片厂有16个。就是说,全国只有16个可以生产故事片的制片厂,其他的制片厂如果想拍电影故事片,唯一的办法就是与这些电影制片厂之一合作拍摄。

1985年1071号文发布之后不久,电影管理职能从原文化部划转入原广播电视部④。

---

① 1983年中共中央办公厅和国务院办公厅共同发布71号文件。

② 此处的合拍,是两个国内的电影拍摄单位联合制作之义,不是现在业界俗称的中外合作拍摄电影的简称。

③ 《关于加强电影拍片经营机构管理的规定》(文电字〔85〕第1071号),1985年7月6日由原文化部、原国家工商行政管理局共同发布。

④ 1949年10月1日,中华人民共和国中央人民政府成立,改由中央人民政府文化部领导。当时的主要任务是接管、改建原国民党政府的电影企、事业单位,建立人民的电影事业。第一任局长是袁牧之。1954年,改称文化部电影事业管理局也称为电影局。1966年“文化大革命”开始后,电影局被迫停止工作。1976年10月,各电影制片厂逐步恢复电影创作生产。1978年年初调整了电影局的领导班子,并开始恢复正常业务工作。1980年正式恢复局建制。1985年,中央决定将文化部的内设司局电影局整建制划归当时的广播电视部,并将广播电视部改名为广播电影电视部。

（三）卖厂标

在16个电影制片厂相对垄断的市场内，并没有形成相对稳定的影片制作格局。一方面，国家经济实力决定不能投入很多的资金给制片厂生产电影，所以16个国营大厂空有许可证而无资金“无米下锅”；另一方面，制片厂外的市场主体有投资拍摄的愿望，有经济实力，却又不能获得行政许可，于是催生了一种新型的“交易”——卖厂标。

在20世纪八九十年代，一些单位、集体甚至个人不断提出成立电影拍片经营机构的要求，据不完全统计，1985年当时已经成立和正在申请的机构有四十多个。拍摄电影需要的专业人员、专业设备，就是从那16个有出品权的制片厂借人，临时凑班子。这样一是影响这些制片厂生产，二是影响拍片质量。1985年1071号文件规定，“个人、集体、企事业单位和社会团体一律不得办电影拍片经营机构（包括公司、中心、制片厂），已经擅自成立的电影拍片经营机构应立即停办”。但是1985年1071号文执行得不是很好。据初步估计，1985年未经国务院批准的电影制片厂和个人、集体、企事业单位和机关、团体拍摄的这类故事影片达二十多部。

1. 原广电部1986年112号文①

该文反映：大部分省、市、自治区的有关部门坚决贯彻执行了上述规定，但是也有些地方和部门没有按这些规定办，未经国务院批准的电影制片厂仍继续拍摄故事片，甚至和国外和中国港澳地区的制片机构或制片人合拍影片；有些个人、集体、企事业单位或机关、团体也以集资或其他方式拍摄故事片，并要求发行部门收购作为营业性发行放映。有的制片厂不遵守有关规定，向这些影片“卖厂标”，为其营业性发行放映“开绿灯”。

2. 原广电部1993年530号文②

该文规定，“制片厂如发生对筹资拍摄的影片思想、艺术、技术质量放任不管的‘卖厂标’行为，电影局一经查实，即从第二年起相应扣除其拍片指标数”。

因此一定意义上说，20世纪八九十年代“卖厂标”问题一直存在。社会资金和

---

① 原广电部《关于严格执行中共中央办公厅、国务院办公厅关于加强制片管理若干规定的通知》（广发影字〔1986〕112号），1986年3月7日原广播电影电视部发布。

② 《关于加强电影制片厂向社会筹资拍摄故事片管理的规定》（电字〔93〕第530号），原广电部电影局在1993年9月10日发布，发布对象是上海电影局、全国各地电影制片厂、各省办厂、合拍公司。该文件现在已经失效。

其他人员参与投资,一部分电影厂凭借垄断资源即法定的电影制作主体的地位和权利,收钱、盖章、挂名。

二、1993 年:出品人元年

(一)原广电部 1993 年 531 号文明确“出品人”

“出品人”这个概念在法规性文件中第一次出现是在 1993 年原广电部电字〔93〕第 531 号文①,规定“向社会筹集资金摄制影片的特殊署名:出品人——国家批准摄制故事片的制片厂的法人代表”。相应地,出品单位就是国家批准摄制故事片的制片厂。

文件特别强调,这是一个特殊署名,就是说,如果这个国有的经国家批准生产故事片的制片厂兜里的银子足够用,自筹资金独自拍摄影片,那么在片头只需要出该厂的厂标。而只有在该电影制片厂向社会筹集了资金拍摄电影的情况下,才需要在该电影制片厂名字前打出出品单位的名头,以示区别。从这个角度上说,出品单位的名称相当于一种宣示作用,就是说不管社会资本投资多少,但是电影的权利归属该制片厂,即出品单位。

之所以说出品人的概念被行政法规第一次确认,是因为实际上在 1993 年之前甚至更早,无论实践还是文件中已经使用“出品”的概念,如 1993 年 228 号文②的附件“影片上映许可证式样”如下:

中华人民共和国广播电影电视部

电影事业管理局影片公映许可证

电审　字第　号

出品厂

片名

片长　　　　　(本)　　　　　(米)

幕幅别

发行范围

---

① 原广电部电影局在 1993 年发布《关于修订故事影片字幕规定的通知》(电字〔93〕第 531 号),该文发布对象是上海电影局、各故事片厂和各省办制片厂。该文件现已失效。

② 《关于从 1993 年起通过的各类影片颁发“影片上映许可证”的通知》,原广电部 1993 年发布,文号为电字〔93〕第 228 号。

(二)原广电部1993年530号文件①

谁有资格投资电影制片厂呢?1993年530号文件要求,“投资者必须是在国家有关部门正式注册登记的法人,或由法人担保的个人。投资者应提供具有法律效力的资信证明,以保证正当的资金来源。未经制片厂许可,任何人不得擅自以该厂名义筹资拍片”,并要求制片厂对向社会筹资的影片负有全面管理的责任,应严格要求,按制片厂正常管理规范加强管理并收取管理费。

这些投资影片的单位可以是法人,也可以是个人,个人需要有法人做担保。但是署名方面没有任何规定,就是说,投资者可能通过合同约定在财产权利方面取得一定的财产收益,但是精神权利的署名权是别想了。

案例1中一审原告诉称,影片《铁》是广影厂根据原广电部〔03〕电字第530号文的有关规定,委托原告陈某德作为独立制片人……②实际应当是〔93〕电字第530号文。陈某德与广影厂签订制片协议时间为1993年2月27日,而1993年530号文件是当年10月才出台的,所以说陈某德投资拍摄电影并不符合行政法规规定。不过如前所述,这种情况在当时已经有一定的普遍性了,已经“不合法”地做了一段时间,行政法规才特别有必要进行规范的。

三、1995年:“摄制单位”“联合摄制”出现

原广电部1995年001号规定:③

该文件规定,“故事片摄制单位字幕格式统一规定如下:片头第一画面为影片公映许可证,第二画面为出品厂厂标;片尾倒数第二个画面为底片加工单位、拷贝加工单位,最后一个画面为影片摄制单位、影片出品单位”。

文件不仅规定在电影片头彰显电影制片厂作为出品厂的地位,又在影片尾标注影片出品单位,凸显出品单位的意义。

该规定有两项重大政策调整:

---

① 《关于加强电影制片厂向社会筹资拍摄故事片管理的规定》(电字〔93〕第530号),原广电部电影局在1993年9月10日发布该文发布对象是上海电影局、全国各地电影制片厂、各省办厂、合拍公司。该文件现已失效。

② 一审:广西壮族自治区高级人民法院(1996)桂民初字第13号民事判决书。判决书中当为笔误,不是〔03〕电字第530号文,而是〔93〕电字第530号文。

③ 《关于改革故事影片摄制管理工作的规定》(广发影字〔1995〕001号),原广电部1995年发布。

(一)增加出品单位数量。规定除原由国务院批准拥有故事片出品权的制片厂外(16个制片厂),自1995年1月1日,其他各省、自治区、直辖市原国有电影制片厂可拍摄出品故事片,这打破了只有16个出品单位的局面。

(二)分清出品单位与摄制单位的区别。该规定首次提出"摄制单位"的概念,并说明在两种情况下,可以署名"联合摄制"。

1.没有电影制片厂的省、自治区、直辖市和"五个一工程"参评的中央和国家机关部委,有好的剧本,经批准可申请调控指标拍摄电影,可与具有出品权的电影制片厂联合摄制;

2.其他社会法人组织向具有出品权的电影制片厂投资拍摄故事片,投资额达70%以上,经批准,可以共同署名"联合摄制"。

这意味着,自1995年起,电影片的署名更加丰富了,原本没有电影制片厂的省和部委可以凭借好剧本成为联合摄制单位。投资额达70%以上的投资者也终于有了"名分"可以在电影片尾署名联合摄制单位。

1995年的规定表明,"摄制单位"产生于逐步增加的投资主体,与具有出品权的出品单位无关。"出品单位"是原来批准出品电影的16个制片厂和其他省、自治区、直辖市国有制片厂。

四、1996年:电影制片单位元年

虽然制片的概念早已有之,也经常与出品的概念互换,但是"电影制片单位"以法律法规形式明确是在《电影管理条例》中。

(一)1996年出台《电影管理条例》

1996年电影法制历史中有一件大事,行政法规《电影管理条例》①出台,这是当时以及其后相当长时间内电影行业最高位阶法规。其中第7条规定,"电影由电影制片单位摄制",首次明确提出电影制片单位的概念。第8条规定设立电影制片单位的条件,要求"设立电影制片单位,应当符合国务院广播电影电视行政部门制定的电影制片单位总量、布局、结构规划"。通过行政法规规定电影制片单位是法定的电影摄制主体。

---

① 《电影管理条例》(中华人民共和国国务院令第200号),1996年5月29日国务院第45次常务会议通过,1996年7月1日起施行。该条例后被2001年12月25日中华人民共和国国务院令第342号公布的《电影管理条例》明确废止。

设立电影制片单位是行政许可制度,目的就是通过许可的方式让更多的主体获得拍摄电影的资格,打破了以往只有二十多个电影厂的局面;通过设立许可条件如"有与其业务相适应的资金""有符合规定的电影制片场所和设备""有适应业务范围需要的组织机构和专业人员"等,保证制片主体具有摄制电影的能力,改善以往电影厂有出品权而无能力生产电影的情况。

《电影管理条例》以制片单位取代了原来制片厂的概念,从理论上讲,扩大了电影制作主体的数量,提高了制作主体的质量。这里的电影制片单位就是出品单位,但是没有在法规上明确衔接。

1996 年《电影管理条例》第 17 条规定,"国家鼓励机关、企业、事业单位和其他社会团体以及公民个人以资助、投资的形式参与摄制电影片",明确了国家鼓励社会资金投资电影片的积极态度,于是原来广发影字〔1995〕001 号要求投资至少 70% 的规定就有修改的必要了。

(二)原广电部 1996 年 735 号文①

1996 年原广电部发布通知,对广发影字〔1995〕001 号进行修订,规定:"其他社会法人组织向具有出品权的电影制片单位投资拍摄故事片,其投资额达 30% 以上,并能遵守电影艺术创作和制片管理的有关规定的,经我部电影局批准,可署名该片的'联合摄制'单位。该影片由有出品权的制片单位出品。该影片如获得'华表奖',所有'联合摄制'单位均可获得奖杯、证书。"

就是说,自 1996 年 10 月 16 日起,其他社会法人组织只要投资额超过 30%,就可以把名称署在影片之上,可以署名在"联合摄制"项下,意味着所有联合摄制单位都应当是对电影进行投资的单位。

五、2000 年:明确出品单位 = 制片单位

(一)1998 年字幕规定②

片头字幕:第一幅画面为"电影片公映许可证";第二幅,影片出品单位标识

---

① 《关于修订"广播电影电视部关于改革故事影片摄制管理工作的规定"的通知》(电字〔1996〕第 735 号),原广电部 1996 年 10 月 16 日发布,发布对象各省、自治区、直辖市党委宣传部、文化厅(局)、广播电视(影视)厅局、各电影制片厂。

② 《关于重新修订故事影片字幕规定的通知(试行)》(电字〔1998〕第 178 号),1998 年 4 月 23 日原国家广播电影电视总局电影局发布,发布对象是各电影制片厂(公司)。

(厂标);第三幅,片名;第四幅,出品单位法人代表……

片尾字幕:(1)凡与电影创作生产有直接关系的人员、单位,均可列入影片片尾字幕,项目和名称由出品单位自行决定,但不得违反国家有关法律法规;(2)片尾最后一个画幅为"××单位摄制"。

可见,虽然《电影管理条例》确定电影制片单位是摄制电影的法定主体,但是在电影片头片尾署名还是应用出品单位的称呼,片尾最后一幅为"××单位摄制",是电影实际拍摄单位的署名。

(二)2000年字幕规定①

影片片头字幕:第一幅,"电影片公映许可证";第二幅,电影制片单位(出品单位,下同)标识(厂标);第三幅,片名(中、英文同画幅);以后各幅可包括:出品人、监制、策划、顾问、编剧……

片尾字幕:(1)凡与电影创作生产有直接关系的人员、单位,均可列入影片片尾字幕,项目和名称由电影制片单位自行决定,但不得违反国家有关法律法规;(2)片尾最后一个画幅为"××单位摄制"。

电影片全片字幕内容由电影制片单位承担相应的法律责任。

比较2000年字幕规定和1998年字幕规定,关于出品单位的规定有两点区别:

1. 2000年字幕规定明确了电影制片单位就是出品单位。这样既与《电影管理条例》相衔接,又免去更多争议,明确了出品单位指向。

但要明确一点,电影制片单位是针对电影拍摄的机构而言的,依据《电影管理条例》申请到许可证,设立了制片单位,就证明这个单位有资格拍摄电影了,而出品单位是针对一个个独立的电影片而言的。有的时候两者是重合的,对于某部影片而言,电影制片单位制作了某部影片,这时电影制片单位就是出品单位;有的时候两者不重合,比如电影制片单位长期没有拍摄影片,那么就没有做出品单位,但依然是依法成立的电影制片单位。

2. 2000年字幕规定再次明确提出"出品人"的署名,这个出品人就是1998年

---

① 《关于印发〈国产电影片字幕管理暂行规定〉的通知》(电字〔2000〕第64号),原国家广电总局电影局2003年2月3日发布,发布对象是各电影制片厂(公司)、中国电影集团公司、电影频道。经2003年发布的《关于印发〈国产电影片字幕管理规定〉的通知》(广影字〔2003〕第669号)宣布失效。

字幕规定中第四幅的“出品单位法人代表”。

六、2001 年:“限量版”“联合出品”出现

(一)《电影管理条例》修订

2001 年,刚刚颁布 5 年的《电影管理条例》修订,国务院 2001 年 12 月 25 日发布了新的《电影管理条例》,[①]其中最重大的修改就是增加了《摄制电影许可证(单片)》[②],业内称为单片证。

(二)单片证规定

作为《电影管理条例》的配套法规,原国家广播电影电视总局发布了《关于取得〈摄制电影许可证(单片)资格认证制度〉的实施细则(试行)》。[③] 规定:“获得单片证的单位最多可与两个电影制片单位(含文化影视单位)联合出品,且各自投资均不得低于该影片总成本的三分之一,方可共同署名出品单位、出品人;如联合摄制影片,其组合单位也不得超过三个,且各自投资均不得低于该影片总成本的三分之一,但合作单位可不限于电影制片单位或文化影视单位。”请注意,这个单片证是发给申请单位所申请的影片的。

该规定有两大看点:

一是首次明确“联合出品”的概念,3 个以内电影制片单位或文化影视单位投资的影片就可以共同署名为“联合出品”,因为他们都有出品权。

二是明确阐释了“联合出品”和“联合摄制”的区别。联合出品各方都是有许可证的单位,联合摄制各方只是出钱,没有许可证。如果投资方有电影制片单位或

---

① 《电影管理条例》于2001 年12 月12 日国务院第50 次常务会议通过,2001 年12 月25 日中华人民共和国国务院令第342 号公布,自2002 年2 月1 日起施行。

② 这是单片证在行政法规中确立的时间。电影管理实践是从 1997 年开始试行单片证管理,当时只是限定在省级电影公司可以申请;1998 年扩大到省级电视单位可以申请;2000 年扩大试点到地市级注册的影视部门。正是管理实践的成功尝试,才使单片证制度在 2001 年修订的《电影管理条例》中以法规形式确定。

③ 关于印发《关于取得〈摄制电影许可证(单片)〉资格认证制度的实施细则(试行)》的通知(广发办字〔2001〕1483 号),原国家广播电影电视总局 2001 年 12 月 20 日发布。规定了单片证的获得条件:凡我国境内(不含中国香港、澳门特别行政区、台湾省)地(市)级以上电影单位和电视台、电视剧制作单位,以及在地(市)级以上工商部门注册的各类文化影视法人单位(不含外资的独资企业)从事摄制电影业务(不含中外合作摄制电影业务),均可向国务院广播电影电视行政部门申请领取摄制电影许可证(单片)。

文化影视单位以外的法人单位,就可以署名“联合摄制”。

从实施单片证开始,电影业准入政策开始松动放开,摄制主体如雨后春笋般发展壮大起来,电影改革的号角吹响,电影业迈步走上繁荣发展的康庄大道,此后联合出品成为常态,越来越多的电影成为联合出品并联合摄制的产品。

至此,出品单位除了包含制片单位外,还包含获得单片证的单位,出品单位(包括联合出品)的队伍扩大了,但是在电影片头署名出品单位或者联合出品不能超过3个。

七、2003年:不再限制出品单位、联合出品单位的数量

2003年字幕规定:①

影片片头字幕:(1)影片片头字幕包括:第一幅,“电影片公映许可证”;第二幅,电影出品单位厂标(标识);以后各画幅为:片名(中、英文同画幅,英文片名须经批准)、出品人、主创人员及直接与影片有关的人员。各电影制片单位可根据影片创作的实际情况确定第三幅(含第三幅)以后的影片字幕。(2)获得摄制电影许可证和摄制电影许可证(单片)的单位,可独立或联合署名为出品单位、其法人署名为出品人。

影片片尾字幕:(1)凡与电影创作生产有直接关系的人员、单位,均可列入影片片尾字幕,项目和名称由电影制片单位自行决定。(2)中外合作的影片,应在片尾倒数第三个画幅打上“中国电影合作制片公司监制”的字幕。(3)片尾倒数第二个画幅应为“拷贝加工洗印单位”,如立体声影片,须在此之后加注立体声标识。最后一个画幅为摄制单位或联合摄制单位。(4)电影制片单位以外的单位,其投资额度达到该影片总成本1/3(合拍影片占国内投资额度1/3)的,可署名为联合摄制单位。

该规定最大看点在于只要获得许可证的单位,无论是获得长期证,还是只有单片证,都可独立或联合署名为出品单位,这样在出品单位、联合出品单位项下就可以罗列多个单位,数量不再受2001年单片证规定中3个的限制了。

八、2016年:取消出品单位的资格限制

2016年11月7日,迎来了电影界最大的事件——《电影产业促进法》出台,取消了摄制电影许可证和摄制电影片许可证(单片)两项许可,拍摄电影的主体限制全面

---

① 2003年10月27日国家广播电影电视总局发布《关于印发〈国产电影片字幕管理规定〉的通知》(广影字〔2003〕第669号),现行有效。

取消，电影行业准入开启零门槛时代。这意味着，从2017年3月1日，《电影产业促进法》实施之日起，任何单位想拍摄电影，都不必事先取得任何电影制作方面资格。当然在电影开拍之前，仍然要进行一般题材的剧本梗概备案与特殊题材剧本审查。

这里区分一下2017年前后出品单位的区别，《电影产业促进法》未实施之前，对于出品单位（包括联合出品单位）不论是长期证还是单片证，必须有制作主体许可证，否则不能成为出品单位，但是2017年3月1日之后，就没有这个限制了，任何在工商部门登记的单位都可以成为电影出品单位。

小结：总结出品单位的发展历程，20世纪90年代之前，通过行政指定，只有16个国有制片厂可以成为出品单位；1995年开始政策松动，其他省属国有制片厂也可以做出品单位了；1996年经《电影管理条例》规定的行政许可制度批准的电影制片单位，才能做出品单位；2001年，获得单片证许可的单位也可以成为出品单位，于是可以联合出品影片，但是不论长期证、单片证，联合出品单位不得超过3个；2003年开始，出品单位、联合出品单位限制解除；2016年，出品单位、联合出品单位无须事先取得长期证或者单片证。与出品单位长期伴行的“摄制单位”“联合摄制单位”在2016年前都是没有获得长期证或者单片证的电影投资者。

第二节 · 行政法规赋予出品单位的权利

一、出品权是权利吗？

要研究出品单位在行政法上的地位，绕不过一个权利——“出品权”，这是在电影管理和影视拍摄实际中经常被提到的一个权利，那么这个权利是什么性质的权利呢？

1. 1996年291号文①

文件规定：“电影公映许可证”（含画面）只发给具有出品权的制片厂和有影片

① 《关于规范“电影公映许可证”（含画面）领取手续的通知》（广电部电字〔96〕第291号），1996年发布，发布对象为各电影制片厂、中国电影公司。

进口权的中国电影公司。具体的还规定,“领证人必须持有主管厂长、经理签名并盖有公章的领取‘电影公映许可证’(含画面)的委托书,方可领取‘电影公映许可证’(含画面),否则不予办理”。这个规定表明,有出品权的电影制片厂才是合乎行政法规定的有权利生产出“电影产品”的单位。

应当说,出品权在此意义上,是一种权利。行政许可对于被许可人而言就是权利,许可其可以做,而阻止其他人做同样的事情。此出品权就是允许有出品权的单位可以去拍摄电影,并有权在电影拍摄完成后申请获得电影公映许可证而发行放映的权利。

随着后来市场的发展,一方面制片厂的拍摄力量有限,另一方面制片厂之外的力量也有拍摄的需求和能力,更有喷薄而出、势不可当的民营企业快速发展,如前所述,电影管理文件一直在不断放宽电影制片方面的准入门槛,出品权不再仅仅赋予那 16 个电影制片国营厂以及其他省办电影厂,开始许可更多的机构拍摄电影,因此能够列为出品单位的机构越来越多。

2.2004 年 43 号令

2004 年原国家广播电影电视总局、商务部发布联合规章第 43 号令①,该规章中再次提到出品权问题。

第 5 条第 2 项规定:“未取得《摄制电影许可证》的境内公司、企业和其他经济组织(不包括外商投资企业),首次拍摄电影片时须设立影视文化公司,由影视文化公司申请领取《摄制电影片许可证(单片)》。取得《摄制电影片许可证(单片)》的申报条件及程序如下:……4.取得《摄制电影片许可证(单片)》的单位,享有影片一次性出品权。出品人可独立出品,也可与其他制片单位(含影视文化单位)联合出品。”

从这个规章可以看出,从 20 世纪 80 年代到 2004 年,在电影监管层面,出品权一直是电影管理领域约定俗成的一个概念。如果说取得《摄制电影片许可证(单片)》(业内称为单片证)的单位,享有影片一次性出品权,那也就意味着取得《摄制

① 《电影企业经营资格准入暂行规定》(国家广播电影电视总局、商务部第 43 号令),2004 年 10 月 10 日发布,自 2014 年 11 月 10 日起施行。这是一个具有重要意义的规章。首先两个部委联合发布,说明涉及电影和企业经营尤其外资准入方面的国家管理内容,具有重要性和广泛性。其次是对电影领域的企业比较全面的准入政策,对于电影一段时间的发展意义重大。虽然后来由于国家关于外资的政策变化有一些条款没有落实,但是至少有导向作用。

电影许可证》(业内称为长期证)的单位就是获得了永久的出品权,而实际上就是这样的。

3.2017 年 3 月 1 日《电影产业促进法》正式实施

该法正式实施之后,任何法人、其他组织都可以拍摄电影了,单位只要有剧本甚至仅仅一个剧情梗概,就可以到相关的部门申请拍摄电影,拍摄完成后就可以去申请完成片的许可证。出品权并没有在该法中提及,但是,出品单位仍然存在,制作电影、电视剧的公司制作完影视剧之后在署名时仍然叫作出品单位。出品权这个概念已经深入电影行业,实际上已经成为行业惯例的存在,现实中还是会把影视公司制作电影的权利叫作出品权。

小结:出品权,可以理解为是行政管理赋予某个制作机构的制作电影的权利,像是制片单位的资格证明。电影制片单位都是有出品权的单位,而有单片证的公司,则是具有一次性的出品权。

二、出品权的具体内涵

出品单位依据行政法规获得最重要的权利就是出品权。而以出品权为根基,出品单位有如下具体权利和义务:

(一)制作电影的权利

这是制片单位获得出品权的初衷,也是结果。1996 年《电影管理条例》第 14 条规定,电影制片单位可以从事下列活动:(1)摄制电影片;(2)制作本单位摄制的电影片的复制品;(3)按照国家有规定在全国范围发行本单位摄制并被允许公映的电影片及其复制品;(4)按照国家有关规定出口本单位摄制并被允许公映的电影片及其复制品。其中第一项就是制作电影的权利。其余各条内容分别是复制权、发行权和海外销售权,属于著作权法范畴的内容。

(二)署名的权利

对此,行政规范性文件有一系列明确规定,如前所述,不再赘述。1998 年字幕规定①要求影片片头第二幅为出品单位标识;2000 年字幕规定②要求影片片头字幕

① 《关于重新修订故事影片字幕规定的通知(试行)》(电字〔1998〕第 178 号),原国家广播电影电视总局电影局 1998 年 4 月 23 日发布,发布对象是各电影制片厂(公司)。

② 《关于印发〈国产电影片字幕管理暂行规定〉的通知》(电字〔2000〕第 64 号),原国家广电总局电影局 2003 年 2 月 3 日发布,发布对象是各电影制片厂(公司)、中国电影集团公司、电影频道。

第二幅为电影制片单位(出品单位)标识(厂标);2003年字幕规定①要求影片片头字幕第二幅为电影出品单位厂标(标识)。这些规定内容已经深入了电影行业内部,成为片头字幕的惯例。

(三)在电影片头、片尾依法标注其他参与制作单位名称的义务

随着市场经济的发展,更多的经济体投入电影制作领域,相应地,行政法规不断降低参与电影拍摄的准入条件。电影投资主体在投入越来越多的资金的同时,在电影产品上署上自己名字的需求也越来越强烈,行政法规中也及时作出回应,于是,联合摄制、联合出品的单位越来越多、越来越复杂地列上了电影片的片头和片尾。

根据1998年字幕规定②,“凡与电影片创作生产有直接关系的人员、单位,均可列入影片片尾字幕,项目和名称由出品单位自行决定,但不得违反国家有关法律法规。”“电影片全片字幕由电影出品单位承担相应的法律责任”;此后2000年、2003年发布的关于电影片字幕管理的规定也有相同的内容。出品单位有义务根据国家行政法规的规定,在电影的片头和片尾规定的位置上标注上其他参与摄制制作的单位。

这里有两点需要说明:

1. 这虽然是义务,但无处罚。这种义务是带引号的“义务”,是我们根据行政法规上的规定理解出来的义务,属于学理意义上的义务,并不对应处罚,更多的是一种责任,这也是行政义务与民事义务的区别。但是,出品单位不会受到行政处罚,却可能因为合同约定受到民事责任追究,后面的案例正说明这一点。

2. 还需要指出的是,也是最重要的:这个义务在消失。因为规定这些内容的规范性文件已先后被废止,新的有关内容尚未在行政法规中明确体现。而随着我国行政管理的现代化,政府管理这个“看得见的手”越来越趋于理性,把应当属于民事领域由当事人自己决定的事情让他们通过合同来确定。

3. 行政法上的出品权很多时候与民事合同交织在一起。在实际的案例中,不

---

① 《关于印发〈国产电影片字幕管理规定〉的通知》(广影字〔2003〕第669号),原国家广电总局2003年10月27日发布,发布对象是各省、自治区、直辖市广电局,各电影制片单位、中国电影合作制片公司。

② 《关于重新修订故事影片字幕规定的通知(试行)》(电字〔1998〕第178号),原国家广播电影电视总局电影局1998年4月23日发布,发布对象是各电影制片厂(公司)。

论是影视剧行政管理过程中，还是影视剧拍摄发行实际过程中，行政管理与民事行为经常在一件事情上此起彼伏，交叉运行。

（四）送审、报审等程序上的权利和义务

出品单位依据行政法规的要求，是电影片的合法报审者，其他单位没有这个权利。因此，有出品权的出品单位要及时报审、修改，保证电影片审查通过，投入市场，各个投资主体获得资金回报。

当出品单位很多时，就要通过合同约定一个单位专门负责送审、报审。原国家广播电影电视总局2010年发布的有关通知确定了第一出品单位的报审义务：电影制片单位摄制电影，应在拍摄前由第一出品单位将电影剧本（梗概）送工商注册登记所在地的省级广电部门备案。①

《电影产业促进法》颁布实施后，虽然撤销了电影片摄制许可证和摄制电影片许可证（单片），也撤销了制片单位的概念，但是还需要有一个牵头单位负责一般题材电影的剧本梗概报送备案，特殊题材电影的剧本审查报送，以及拍摄完成的电影片审查，从行政管理角度国家电影行政管理机关都要求出品单位来做这些事情。对于多个出品单位的情况，行政主管机部门要求第一出品单位来做此事，所以这于第一出品单位是个义务，对于其他出品单位而言也是权利。

2 案·例 片尾未标协拍者，出品单位被判赔

——某电影公司与内蒙古某旅游公司合作合同纠纷②

该案的判赔数额是根据当事人之间订立的合同和民事法律规定确定的，并非根据行政法规确定的。在此举例，是为了说明出品单位有确定片头片尾字幕的责任，如果履行存在瑕疵，对方可以民事合同主张权利获得赔偿。

---

① 参见广电总局《关于改进和完善电影剧本（梗概）备案、电影片审查工作的通知》（广发〔2010〕19号），原广电总局2010年2月4日发布。

② 二审：内蒙古自治区高级人民法院（2007）内民二终字第61号民事判决书。一审：内蒙古自治区赤峰市中级人民法院（2006）赤民二初字第96号民事判决书。从无讼案例网查询。其余未标注的均查自中国裁判文书网。

| 当事人 |

上诉人(原审被告):某电影公司

上诉人(原审被告):北京某影视文化交流公司

上诉人(原审被告):上海某投资发展公司

被上诉人(原审原告):内蒙古某旅游公司

| 基本案情 |

电影《无极》是三原审被告申请,经电影行政管理部门批准立项并且颁发许可证后联合出品的,三原审被告是电影《无极》的制片单位,为拍摄电影《无极》成立了电影《无极》摄制组。2004年6月30日,案外人某旅游集团与电影《无极》摄制组签订协作合同,双方约定某旅游集团为《无极》摄制组提供位于内蒙古赤峰市内某地质公园的场地、住房、餐厅、车辆等,作为其筹备、拍摄电影《无极》的外景地及服务。同时约定:原审被告保证在影片拷贝制作时,使原审原告成为在影片片尾处所显示的协助拍摄单位之一,所显示的文字为:"内蒙古某旅游集团阿斯哈图石林。"2004年7月12日至26日,《无极》剧组如期在阿斯哈图石林拍摄电影,在拍摄电影期间,被告代替某旅游集团按双方约定履行义务,在各生产岗位抽调400多名群众演员,配合电影的拍摄工作。还为电影《无极》摄制组的演职人员、摄制人员、摄制工作保障的服务人员无偿提供了旅游景点的使用、餐饮住宿、交通车辆、道路保障、环境卫生等多项服务保障工作,为此支付了大量费用。

电影《无极》片尾字幕没有显示原审原告为协助拍摄单位之一。

| 诉辩分歧 |

原告认为被告未按合同约定在电影片尾处为其署名即为违约,应当承担违约赔偿责任。请求法院判令解除原审原告与三原审被告的合同,判令三原审被告对电影《无极》摄制组的行为承担原审原告的实际损失2,435,314元及可得利益损失1,441,186元的连带赔偿责任。

二审中三个原审被告辩称,没有为被上诉人署名是因其并未履行合同义务,已先行违约,所以根据《合同法》①②第67条规定的先履行抗辩权,拒绝打字幕。

---

① 本书案例所涉法律法规均以案发时法院、当事人援引的法律法规为准。

② 《合同法》第67条规定的先履行抗辩权,在《民法典》中对应的是第526条。

法院判决

一审判决：解除原被告之间签订的协议书；三被告共同赔偿原审原告住宿费用、车辆使用费等总计 1,698,100 元；三被告赔偿原告可得利益损失 50 万元。

三原审被告不服判决，提起上诉。二审判决驳回上诉，维持原判。

| 案件分析 |

根据合同约定，三个出品单位应当为原告在片尾署名，没有署名即为违约，但三个出品单位认为原告先违约，因此该案核心争议是到底谁违约？

1. 被上诉人已履行合同主要义务

根据双方合同目的，被上诉人的主要合同义务是无偿提供阿斯哈图石林景区供摄制组拍摄，其他无偿协助义务均是辅助性的。当然这些辅助性的工作对摄制组在摄影棚以外顺利完成拍摄是必不可少的。如果这种辅助工作是免费的，则可以降低影片制作成本。本案是被上诉人提起的违约之诉，从摄制组如期在被上诉人管辖的地域内顺利完成拍摄，并如期公映这一众所周知的结果看，表明被上诉人已履行了提供景区的合同主要义务，而且经上诉人确认是免费的，并举出相应证据，表明已经提供了其他方面的协助，完成了举证责任。

2. 非约定费用不应由被上诉人承担

三上诉人提交了相反证据用以证明被上诉人违约。提供的证据主要有：租车费票据、汽车加油费票据、租用发电车票据、医疗费票据、洗澡费票据、群众演员劳务费、住宿费票据、搭建帐篷费用票据、剧组人员住宿费票据、摄制组伙食费票据、电话安装费票据、打更人员工资票据等。但根据合同约定，上述各项支出并不包括在合同约定应由被上诉人负担的义务中，应为拍摄电影必要的成本支出。这些费用是三个上诉人应当自行承担的。

3. 上诉人提出的先履行抗辩不能成立

所谓先履行抗辩权，是指“当事人互负债务，有先后履行顺序，应当先履行债务一方未履行的，后履行一方有权拒绝其履行请求，先履行一方履行债务不符合约定的，后履行一方有权拒绝其相应的履行请求”。①行使先履行抗辩权须同时具备以下条件：(1) 从

---

① 法院裁判是在 2006～2007 年作出的，依据当时有效的《合同法》相关条款裁决。《合同法》第 67 条规定：“当事人互负债务，有先后履行顺序，先履行一方未履行的，后履行一方有权拒绝其履行要求。先履行一方履行债务不符合约定的，后履行一方有权拒绝其相应的履行要求。” 2020 年 5 月 28 日颁布的《民法典》第 526 条与现行有效的《合同法》第 67 条内容一致。

合同的种类上,应当是同一个须由一方当事人先为履行的双务合同;(2)事实上应证明负有先履行义务的当事人不履行合同或不适当履行合同;(3)在双方未履行的合同义务性质上,应当是均可以继续履行的。本案中有后履行义务的上诉人不履行合同义务的事实是明显的,在被上诉人证明其已履行了合同主要义务的情况下,上诉人却不能提供足以证明被上诉人违约在先的证据,已经丧失了该抗辩权适用的事实要件;此外,目前电影《无极》已拍摄完毕并上映,上诉人履行在《无极》片尾打字幕义务的可能性已不存在,双方实质上是终止了合同的履行。上诉人未履行的义务已丧失延时性,被上诉人即使确有不履行合同义务的情形,该义务也丧失了可履行性。

第三节 · 行政法律法规对电影出品单位的监管

电影电视剧是一种文化产品,具有商品和意识形态双重属性,既会产生经济效益,也会产生社会效益。影视产业之所以具有远超其经济地位的影响力,就在于其具有的社会效益,在于其展现的价值观念和蕴含的文化精神力量。

比如美国片《血战钢锯岭》气势磅礴、震撼人心,看完让人荡气回肠,肃然起敬,让观众为之支付票房同时,也感受到美国精神的伟大、信仰的力量。国产影片票房冠军《战狼2》,当影片中五星红旗以主角胳膊为旗杆迎风飞起,观众心中爱国主义感油然而生。票房获得佳绩的《红海行动》《流浪地球》也正是契合了民族情感,彰显出电影的极大魅力,实现了社会效益,收获了经济效益。所以,电影产业必须符合中国文化本质属性的要求,符合我们的社会主义核心价值观,符合我们的审美标准。影视是传播和弘扬我们的价值观、传承中华优秀文化的一种手段和方法,影视作品要符合社会公序良俗、国家利益。因此,我们要对电影、电视剧制作发行放映等进行监管。

我国关于影视领域的行政管理性法规和文件很多,从1981年原文化部的规范性文件、1987年原广电部的法规、1998~2015年原国家广播电影电视总局公布的影视规章和规范性文件、2015~2017年原国家新闻出版广电总局发布的规章和规范性文件、2016年11月公布的《电影产业促进法》,这些法律、行政法规、规章、规范性文件加起来有几百个之多。不仅卷帙浩繁,而且推陈出新,制定、修改、废止、失效持续地发生,这些法律法规文件既是政府行政管理依据,也是影视业各主体执业运营规范。

一、现行有效的影视行政法规

影视行政法规涵盖了上至法律,下至规范性文件的全部法律形式。而因为影视管理的行业管理性质,因此以政府规章和规范性文件最多,地方性法规和地方政府规章不多见。从行业管理而言一般的法律位阶顺序是法律、部门规章、规范性文件。

按照法律层级从上到下列举如下:

(一)法律1部

2016年11月7日出台的《电影产业促进法》是我国文化产业第一部法律,是目前法律位阶最高的影视行政法。

(二)行政法规2部

《电影管理条例》1997年国务院出台,2001年修改,现行有效;

《进口影片管理办法》1981年10月13日国务院批准,原文化部、海关总署发布,现行有效。

(三)现行有效的影视部门规章16个

※现行有效的、专门规定电影行政管理内容的部门规章11个。

1.《外商投资电影院暂行规定》(原国家广播电影电视总局令第21号,2003年11月25日发布,2004年1月1日起施行)

2.《电影片进出境洗印、后期制作审批管理办法》(原国家广播电影电视总局令第29号,2004年6月18日发布,2004年8月1日起施行)

3.《中外合作摄制电影片管理规定》(原国家广播电影电视总局令第31号,2004年7月6日发布,2004年8月10日起施行)

4.《广播影视节(展)及节目交流活动管理规定》(原国家广播电影电视总局令第38号,2004年9月7日发布,2004年10月10日起施行)该规章是规范电影、电视剧共同的规章

5.《电影企业经营资格准入暂行规定》(原国家广播电影电视总局、商务部令第43号,2004年10月10日发布,2004年11月10日起施行)

6.《外商投资电影院暂行规定》的补充规定(原国家广播电影电视总局、商务

部、文化部令第49号,2005年4月8日发布,2005年5月8日起施行)

7.《电影企业经营资格准入暂行规定》的补充规定(原国家广播电影电视总局、商务部令第50号,2005年3月7日发布,2005年5月8日起施行)

8.《外商投资电影院暂行规定》补充规定二(原国家广播电影电视总局令第51号,2006年1月18日发布,2006年2月20日起施行)

9.《电影剧本(梗概)备案、电影片管理规定》(原国家广播电影电视总局令第52号,2006年5月22日发布,2006年6月22日起施行)

10.《电影艺术档案管理规定》(原国家广播电影电视总局、国家档案局令第64号,2010年6月29日发布,2010年8月1日起施行)

11.《点播影院、点播院线管理规定》(原国家新闻出版广电总局令第14号,2018年3月6日发布,2018年3月30日起施行)

※现行有效的、规定电视剧行政管理的部门规章有5个:

1.《广播电视节目制作经营管理规定》(原国家广播电影电视总局令第34号,2004年7月19日发布,2004年8月20日起施行)

2.《中外合作制作电视剧管理规定》(原国家广播电影电视总局令第41号,2004年9月21日发布,2004年10月21日起施行)

3.《中外合作制作电视剧管理规定》的补充规定(原国家广播电影电视总局、商务部令第54号,2007年9月19日发布,2008年1月1日起施行)

4.《中外合作制作电视剧管理规定》的补充规定(原国家广播电影电视总局令第57号,2008年1月14日发布,2008年2月14日起施行)

5.《电视剧内容管理规定》(国家广播电影电视总局令第63号,2010年5月14日发布,2010年7月1日起施行)

(四)规范性文件,几十个①

如原广播电影电视总局《关于在影视剧拍摄活动中加强自然环境和文物保护的通知》(2007年4月5日,广发〔2007〕34号)、原广播电影电视总局《关于印发〈农村电影公益放映场次补贴管理实施细则〉的通知》(2008年11月13日,广发

---

① 因为规范性文件数量不断变化,不便一一罗列,此处仅列举几个,将在后面结合具体管理有针对性探讨。

〔2008〕108 号）等。

（五）地方性法规和地方政府规章、内部管理文件

在漫长的影视行政管理过程中，各地结合实际，也出台过地方性影视法规文件，目前尚无全面统计数据。① 另外，有些影视公司也会出台一些内部管理文件，如中影集团内部审计管理规定等，仅供内部使用，也不在研究之列。

影视监管都是按照管理类别进行规定的。电影、电视剧的行政管理涉及方方面面，可以分为以下几类：一是根据拍摄制作阶段对制片、发行、放映、洗印、后期制作提出管理要求；二是根据内外资对投融资、中外合拍、进口电影、电影资料片规范管理；三是电影涉及其他方面如环境保护、文物保护、安全生产等方面管理；四是对电影、电视剧的字幕显示方面作出规定，规范影视剧主创人员。

国家对电影、电视剧的行政管理是从“管事”角度制定法规，规定如何进行立项、制作、合拍、发行、放映、技术规范、电影审查、环幕电影、洗印工艺等，都是针对具体的影视活动来制定的法规和规范性文件。

为了让大家看得清晰明白，本书尝试从行政相对人的角度对行政规定进行分类，可能会总结归纳得不全，但是会让影视参与主体方便查找，更为实用。

二、《电影产业促进法》和《电影管理条例》对电影出品单位的监管

根据现行有效的《电影产业促进法》（表格中简称《法》）和《电影管理条例》②（表格中简称《条例》），对拟摄制电影的法人、其他组织应当遵守的行业规矩和义务以表 1－1 进行列举。

---

① 由于电影管理长期比较集中在国家级的电影管理部门，大约 2015 年之后才下放权力于地方各省，因此地方的电影管理法规不太发达。电视剧管理大约于 21 世纪初即由各省终审电视剧，相对而言地方的管理规定更多一些。但是缺乏统计数据，本书不在此论述地方影视管理法规。

② 目前现行有效的《电影管理条例》是 2001 年 12 月 25 日通过的中华人民共和国国务院令第 342 号令，但是从 2002 年至今，随着行政审批制度改革，国务院颁布了多个文件，对《电影管理条例》规定的一些许可先后取消。例如，国发〔2013〕27 号取消了中外合作摄制电影片所需进口设备、器材、胶片、道具审批和一般题材电影剧本审批；国发〔2016〕9 号取消了电影制片单位以外的单位独立从事电影摄制业务审批、改建、拆除电影院和放映设施审批、电影放映单位变更业务范围或者兼并、合并、分立审批。

表 1－1　对拟摄制电影的法人、其他组织的行政监管

序号	许可(备案)	义务	禁止性规定	法条出处	违法对应处罚
1	电影剧本梗概备案、电影剧本审查			《法》第 13 条	《法》第 47 条
2	合拍电影许可		不得聘用某些境外组织和个人的要求	《法》第 14 条;《条例》第 19 条、第 20 条、第 21 条	《法》第 47 条
3		摄制电影应遵守有关环境保护、安全生产等法律法规		《法》第 15 条第 2 款	
4			电影禁止载有违法内容	《法》第 16 条	
5	电影完成片审查			《法》第 17 条	
6		电影变更内容的,应当重新报审		《法》第 19 条	《法》第 49 条
7		在片头标注龙标电影标识、提示方面要求		《法》第 20 条第 1 款	
8			未取得电影公映许可证的电影,不得传播	《法》第 20 条第 2 款	《法》第 49 条
9	电影参展前备案			《法》第 21 条	《法》第 49 条
10		依法做好电影档案工作		《法》第 23 条	

关于主体称谓问题,1996 年制定 2001 年修改的《电影管理条例》中摄制电影的主体叫作“电影制片单位”,与之相对应的是《电影产业促进法》中“拟摄制电影的法人、其他组织”,这两个称谓所指代的主体都是本章所讨论的出品单位。

制作电影需要两大类许可:一类是制作之初,国产影片需要进行剧本梗概备案、剧本审查,合拍片需要进行合拍片剧本审查;另一类是电影拍摄完成后需要对

完成片进行审查。如果电影摄制单位想拿着电影片去参加影展,需要到行政机关备案。因此在电影制作方面出品单位需要履行 3 项许可 1 项备案。

(一) 电影剧本梗概备案、电影剧本审查

问:哪种电影仅需剧本梗概备案,哪种电影必须对剧本进行审查?

答:针对一般题材电影,拟摄制电影的法人、其他组织应当将电影剧本梗概向国务院电影主管部门或者省、自治区、直辖市人民政府电影主管部门备案;其中,涉及重大题材或者国家安全、外交、民族、宗教、军事等方面题材的,应当按照国家有关规定将电影剧本报送审查。① 后一类,电影审查中称为特殊题材。简单地说,一般题材电影报送电影梗概,特殊题材电影报送电影剧本审查。

问:哪个部门负责剧本审查和剧本梗概备案?

答:电影剧本梗概或者电影剧本符合《电影产业促进法》第 16 条规定的,由国务院电影主管部门将拟摄制电影的基本情况予以公告,并由国务院电影主管部门或者省、自治区、直辖市人民政府电影主管部门出具备案证明文件或者颁发批准文件。

问:《电影产业促进法》第 16 条规定是什么?

答:《电影产业促进法》第 16 条规定了电影禁止载有违法内容:(1)违反宪法确定的基本原则,煽动抗拒或者破坏宪法、法律、行政法规实施;(2)危害国家统一、主权和领土完整,泄露国家秘密,危害国家安全,损害国家尊严、荣誉和利益,宣扬恐怖主义、极端主义;(3)诋毁民族优秀文化传统,煽动民族仇恨、民族歧视,侵害民族风俗习惯,歪曲民族历史或者民族历史人物,伤害民族感情,破坏民族团结;(4)煽动破坏国家宗教政策,宣扬邪教、迷信;(5)危害社会公德,扰乱社会秩序,破坏社会稳定,宣扬淫秽、赌博、吸毒,渲染暴力、恐怖,教唆犯罪或者传授犯罪方法;(6)侵害未成年人合法权益或者损害未成年人身心健康;(7)侮辱、诽谤他人或者散布他人隐私,侵害他人合法权益;(8)法律、行政法规禁止的其他内容。

---

① 《电影产业促进法》第 13 条。

问:摄制电影还需要遵守什么义务?

答:应遵守有关环境保护、安全生产等法律法规。县级以上人民政府电影主管部门应当协调公安、文物保护、风景名胜区管理等部门,为法人、其他组织依照本法从事电影摄制活动提供必要的便利和帮助①。

从事电影摄制活动的,应当遵守有关环境保护、文物保护、风景名胜区管理和安全生产等方面的法律、法规,并在摄制过程中采取必要的保护、防护措施。②

(二)合拍电影许可

法人、其他组织经国务院电影主管部门批准,可以与境外组织合作摄制电影。我国电影的发展得益于合拍电影实践,学习了先进经验,获得了资金支持,合拍片多年来一直雄踞在电影票房前列。

我国对合拍片一直采取视同国产片的原则。立法中写入法律"合作摄制电影符合创作、出资、收益分配等方面比例要求的,该电影视同境内法人、其他组织摄制的电影"。

问:合拍电影审查有什么特殊规定?

答:合拍电影不得与从事损害我国国家尊严、荣誉和利益,危害社会稳定,伤害民族感情等活动的境外组织合作,也不得聘用有上述行为的个人参加电影摄制。③ 这是一条禁止性条款,是根据我国多年合拍片经验而设立的新条款。

问:境外组织和个人是否可以独立在华拍片?

答:境外组织不得在境内独立从事电影摄制活动;境外个人不得在境内从事电影摄制活动。

(三)电影完成片审查

问:哪个部门负责电影完成片审查?

答:摄制完成的电影应送审。法人、其他组织应当将其摄制完成的电影送国

① 《电影产业促进法》第 15 条第 1 款。
② 《电影产业促进法》第 15 条第 2 款。
③ 《电影产业促进法》第 14 条。

务院电影主管部门或者省、自治区、直辖市人民政府电影主管部门审查。①

问：审查程序是什么？

答：国务院电影主管部门或者省、自治区、直辖市人民政府电影主管部门应当自受理申请之日起 30 日内作出审查决定。对符合本法规定的，准予公映，颁发电影公映许可证，并予以公布；对不符合本法规定的，不准予公映，书面通知申请人并说明理由。②

问：作为该项许可的内容，法律中还对摄制单位规定了哪些义务？

答：1.取得电影公映许可证的电影需要变更内容的，应当依照本法规定重新报送审查。③ 2.未取得电影公映许可证的电影，不得发行、放映，不得通过互联网、电信网、广播电视网等信息网络进行传播，不得制作为音像制品。④ 3.电影标识、提示方面要求。摄制电影的法人、其他组织应当将取得的电影公映许可证标识置于电影的片头处；电影放映可能引起未成年人等观众身体或者心理不适的，应当予以提示。⑤

（四）送展备案

摄制完成的电影取得电影公映许可证，方可参加电影节（展）。拟参加境外电影节（展）的，送展法人、其他组织应当在该境外电影节（展）举办前，将相关材料报国务院电影主管部门或者省、自治区、直辖市人民政府电影主管部门备案。⑥

三、《电影产业促进法》对出品单位的扶持规定

20 世纪八九十年代，是电影最不景气的时候，产量低、票房少，经过二十多年的努力，中国电影艰难复苏，成为电影大国。但面对好莱坞电影强力冲击，在经济全球化和互联网的双重作用下，中国电影维持良性发展，继而迈向电影强国的过程中依然困难重重。国家要采取积极措施，鼓励创作思想性、艺术性、观赏性相统一的优秀电影，通过电影质量的提升，推动电影产业的发展壮大，使电影充分发挥出更

① 《电影产业促进法》第 17 条第 1 款。
② 《电影产业促进法》第 17 条第 2 款。
③ 《电影产业促进法》第 19 条。
④ 《电影产业促进法》第 20 条第 2 款。
⑤ 《电影产业促进法》第 20 条第 1 款。
⑥ 《电影产业促进法》第 21 条。

大更多的社会效益和经济效益。这也正是《电影产业促进法》制定的原因。

根据《电影产业促进法》(表中简称《法》)和《电影管理条例》(表中简称《条例》)中有效部分,我们总结了拟摄制电影的法人、其他组织享有的权利如表1-2所示,这就是行政机关代表国家履行的扶持职责和义务。

表1-2 对拟摄制电影的法人、其他组织的扶持措施

序号	促进扶持内容	权利规定	出处
1	倡导创作自由		《法》第4条
2	鼓励科技研发应用		《法》第6条
3		保护电影知识产权	《法》第7条
4	鼓励剧本创新、学术研讨和业务交流。为创作人员深入生活提供便利		《法》第12条
5	协调相关部门为电影摄制提供便利和帮助		《法》第15条第1款
6		电影制片单位可从事摄制电影片、制作电影片的复制品并发行、出口等活动	《条例》第13条
7		电影制片单位对其摄制的电影片,依法享有著作权	《条例》第15条
8	支持5类创作、摄制		《法》第36条
9	财政支持		《法》第37条
10	税收优惠		《法》第38条
11	金融扶持		《法》第40条

(一)明确规定电影制片单位的权利

作为与《著作权法》的衔接条款,《电影管理条例》第13条规定了著作权保护条款:"电影制片单位可从事下列活动:(一)摄制电影片;(二)按照国家有关规定过制作本单位摄制的电影片的复制品;(三)按照国家有关规定在全国范围发行本单位摄制并被许可公映的电影片及其复制品;(四)按照国家有关规定出口本单位摄制并被许可公映的电影片及其复制品。”①

第13条规定的这4项权利，根据著作权应属于必然享有的权利。《电影管理条例》第15条规定：“电影制片单位对其摄制的电影片，依法享有著作权。”明确了电影制作主体对其摄制的电影片，享有著作权。当时《著作权法》已经出台，似乎不需要再行赘述，从这个角度来看，这一条规定似乎没有太多意义。且作为著作权人，其拥有的权利远不止第13条规定的4项权利，这样规定是否以偏概全？

第13条规定早在1996年制定《电影管理条例》时就已经写入了法条，2001年修改《电影管理条例》时一字未改。实际上，第13条不仅仅是一个对电影制作主体著作权的重申，也是重点说明和强调，还是对电影制作主体著作权的限定。

在《电影产业促进法》中也规定了知识产权保护条款：电影有关的知识产权受法律保护，任何组织和个人不得侵犯。从事电影活动的公民、法人和其他组织应当增强知识产权意识，提高运用、保护和管理知识产权的能力。②

（二）对电影创作、摄制的促进措施

1. 创作自由原则。

国家坚持以人民为中心的创作导向，坚持百花齐放、百家争鸣的方针，尊重和保障电影创作自由，倡导电影创作贴近实际、贴近生活、贴近群众，鼓励创作思想性、艺术性、观赏性相统一的优秀电影。③

2. 科技创新。国家鼓励电影科技的研发、应用，制定并完善电影技术标准，构建以企业为主体、市场为导向、产学研相结合的电影技术创新体系。④

3. 保护知识产权。县级以上人民政府负责知识产权执法的部门应当采取措施，保护与电影有关的知识产权，依法查处侵犯与电影有关的知识产权的行为。国家鼓励公民、法人和其他组织依法开发电影形象产品等衍生产品。⑤

4. 电影创作鼓励。国家鼓励电影剧本创作和题材、体裁、形式、手段等创新，鼓励电影学术研讨和业务交流。

---

① 《电影管理条例》第13条。
② 《电影产业促进法》第7条。
③ 《电影产业促进法》第4条。
④ 《电影产业促进法》第6条。
⑤ 《电影产业促进法》第7条。

县级以上人民政府电影主管部门根据电影创作的需要,为电影创作人员深入基层、深入群众、体验生活等提供必要的便利和帮助。①

这些条款对剧本创作、电影科技应用都提出了很好的促进措施。

5. 电影摄制帮助。县级以上人民政府电影主管部门应当协调公安、文物保护、风景名胜区管理等部门,为法人、其他组织依照本法从事电影摄制活动提供必要的便利和帮助。②

6. 国家支持5类电影创作、摄制。传播中华优秀文化、弘扬社会主义核心价值观的重大题材电影;促进未成年人健康成长的电影;展现艺术创新成果、促进艺术进步的电影;推动科学教育事业发展和科学技术普及的电影;其他符合国家支持政策的电影。③

(三)对电影摄制、发行、科技等全行业的扶持措施

1. 财政扶持

国家引导相关文化产业专项资金、基金加大对电影产业的投入力度,根据不同阶段和时期电影产业的发展情况,结合财力状况和经济社会发展需要,综合考虑、统筹安排财政资金对电影产业的支持,并加强对相关资金、基金使用情况的审计。④

这一条是一个普适性的条文,对电影制片、发行、放映以及其他方面主体都可以适用。现就电影放映方面的财政扶持略述,起到管中窥豹的作用。

1991年,当时的国家物价局、广电部、国家工商局、财政部和国家税务局联合发文设立电影专项资金,从每张电影票的收入里提取5分钱,用于补贴电影制作和放映等方面。电影专项资金设立当年,便实现收入2200万元。1996年,财政部、原广电部联合印发了《国家电影事业发展专项资金管理办法》,明确提出国家对县及县以上城市电影院电影票房收入,按5%的标准征收国家电影事业发展专项基金。2015年,财政部、原国家新闻出版广电总局印发了《国家电影事业发展专项资金征收使用管理办法》(财税〔2015〕91号),规定国家对办理工商注册登记的经营性电

① 《电影产业促进法》第12条。
② 《电影产业促进法》第15条第1款。
③ 《电影产业促进法》第36条。
④ 《电影产业促进法》第37条。

影放映单位（包括对外营业出售电影票的影院、影城、影剧院、礼堂、开放俱乐部，以及环幕、穹幕、水幕、动感、立体、超大银幕等特殊形式电影院），按其电影票房收入的5%征收国家电影事业发展专项资金。2016年，财政部、原国家新闻出版广电总局印发了《中央级国家电影事业发展专项资金预算管理办法》（财教〔2016〕4号），对中央级国家电影事业发展专项资金的使用范围和资助标准等问题进行了明确规定。各省、自治区、直辖市也纷纷出台地方性电影事业发展专项资金管理办法，明确资金使用范围和资助标准等问题。①

电影专项资金使用范围包括：资助影院建设和设备更新改造；资助少数民族语言电影译制；资助重点制片基地建设发展；奖励优秀国产影片制作、发行和放映；资助文化特色、艺术创新影片发行和放映；全国电影票务综合信息管理系统建设和维护；经财政部或省级财政部门批准用于电影事业发展的其他支出。为了确保电影专项资金的合理使用，有关方面陆续出台了一系列规范文件，分别从技术和资金层面，对制片方、影院进行了返还专项资金、资金奖励等形式的财政补贴，进一步推动电影产业发展。

2. 税收优惠

国家实施必要的税收优惠政策，促进电影产业发展，具体办法由国务院财税主管部门依照税收法律、行政法规的规定制定。②

在增值税方面，由于广播影视服务被纳入增值税征税范围，电影业的制作、发行、放映业务由之前缴纳营业税改为缴纳增值税，并以年所得是否达到500万元为标准分为一般纳税人和小规模纳税人，分别适用6%的税率和3%的征收率。在企业所得税方面，对符合高新技术企业规定的电影企业，减按15%的税率征收企业所得税；电影企业开发新技术、新产品、新工艺的研究开发费用，可以按照规定在计算所得额时加计扣除。③

在进出口方面，出口环节上，电影企业在境外提供电影的发行、播映服务以及

---

① 柳斌杰、聂辰席、袁曙宏主编：《中华人民共和国电影产业促进法释义》，中国法制出版社2017年版，第196～198页，摘录时对原文进行了删减。

② 《电影产业促进法》第38条。

③ 柳斌杰、聂辰席、袁曙宏主编：《中华人民共和国电影产业促进法释义》，中国法制出版社2017年版，第201页。

向境外单位提供电影制作服务免征增值税;出口图书、音像制品、电子出版物、电影电视完成片可以按规定享受增值税出口退税政策。进口环节上,为生产重点文化产品而进口国内不能生产的自用设备及配件,免征进口关税。①

3. 金融扶持

国家鼓励金融机构为从事电影活动以及改善电影基础设施提供融资服务,依法开展与电影有关的知识产权质押融资业务,并通过信贷等方式支持电影产业发展。国家鼓励保险机构依法开发适应电影产业发展需要的保险产品。国家鼓励融资担保机构依法向电影产业提供融资担保,通过再担保、联合担保以及担保与保险相结合等方式分散风险。对国务院电影主管部门依照本法规定公告的电影的摄制,按照国家有关规定合理确定贷款期限和利率。②

第四节·行政法规对电视剧制作单位的监管

目前现行有效的电视剧行政规章规定了电视剧制作许可、电视剧备案公示、电视剧内容审查等制度,包括许可条件、备案机关、提交材料;内容审查机关、审查人员职责、电视剧审查委员会职责、电视剧复审委员会职责、广播影视行政部门审查职责、提交材料、审查程序等。现仅以电视剧制作单位的视角,对电视剧的制作机构在制作电视剧过程中需要遵守的行政规定列表陈述并分类说明。表1-3中涉及现行有效的电视剧行政管理规章有2个:《广播电视节目制作经营管理规定》和《电视剧内容管理规定》。

表1-3 对电视剧制作主体的行政监管

序号	许可	备案	禁止规定	法条出处
1	电视剧制作许可			《广播电视节目制作经营管理规定》第12~18条

① 柳斌杰、聂辰席、袁曙宏主编:《中华人民共和国电影产业促进法释义》,中国法制出版社2017年版,第202页。

② 《电影产业促进法》第40条。

续表

序号	许可	备案	禁止规定	法条出处
2			电视剧制作许可证禁止涂改、出租、转让、出售	《广播电视节目制作经营管理规定》第 26 条
3	变更电视剧制作许可证内容，需要审批			《广播电视节目制作经营管理规定》第 27 条
4		国产剧、合拍剧备案公示管理		《电视剧内容管理规定》第 3 章
5		变更公示主要内容的，重新履行公示手续		《电视剧内容管理规定》第 14 条
6	国产剧、合拍剧、引进剧的内容审查许可制度			《电视剧内容管理规定》第 3 章第 15 ~ 25 条

电视剧行业内经常提到 3 种电视剧：国产剧、合拍剧、引进剧。国产电视剧简称国产剧，与境外机构联合制作的电视剧简称合拍剧，国产剧和合拍剧用于境内电视台播出或者境内外发行；用于境内电视台播出的境外引进电视剧（含电视动画片、电影故事片），简称引进剧。

法规准许制作电视剧的电视剧制作单位在制作一部电视剧过程中需要取得 2 项许可和 1 项备案。①

一、电视剧制作许可

问：什么人可以制作电视剧？

答：《广播电视节目制作经营管理规定》规定，电视剧由持有《广播电视节目制作经营许可证》的机构、地市级（含）以上电视台（含广播电视台、广播影视集团）和持有《摄制电影许可证》的电影制片机构制作。

这些单位有资格制作电视剧，但是，在具体制作每一部电视剧时，这些单

① 这项备案在一定程度上也具有许可性质，因为如果不备案，就不能通过电视剧完成片的审查。

位不能直接就开始制作电视剧,要事先就每一部电视剧再行取得电视剧制作许可。

问:电视剧制作许可证的分类?

答:电视剧制作许可证分为《电视剧制作许可证(乙种)》和《电视剧制作许可证(甲种)》2 种。《电视剧制作许可证(乙种)》仅限于该证所标明的剧目使用,有效期限不超过 180 日。特殊情况下经发证机关批准后,可适当延期。《电视剧制作许可证(甲种)》有效期限为 2 年,有效期届满前,对持证机构制作的所有电视剧均有效。

问:哪个部门负责核发电视剧制作乙种证?

答:《电视剧制作许可证(乙种)》由省级以上广播电视行政部门核发。其中,在京的中央单位及其直属机构直接向广播电视总局提出申请,其他机构向所在地广播电视行政部门提出申请,经逐级审核后,报省级广播电视行政部门审批。

问:申领电视剧制作乙种证,需要提交什么材料?①

答:申领《电视剧制作许可证(乙种)》,申请机构须提交:(1)申请报告;(2)《电视剧制作许可证(乙种)申领登记表》;(3)编剧授权书;(4)申请机构与制片人、导演、摄像、主要演员等主创人员和合作机构(投资机构)等签订的合同或合作意向书复印件,其中,如聘请境外主创人员参与制作的,还须提供广电总局的批准文件复印件;(5)持证机构出具的制作资金落实证明。

问:哪个部门负责核发电视剧制作甲种证?

答:广播电视总局负责核发电视剧制作甲种证,电视剧制作机构在连续 2 年内制作完成 6 部以上单本剧或 3 部以上连续剧(3 集以上/部)的,可按程序向广电总局申请《电视剧制作许可证(甲种)》资格。

---

① 许可条件随着国家发展和电视管理需要会发生变化,应以当时广播电视管理部门官方网站规定的为准。例如,根据国家取消证明事项材料的要求,原国家广播电视总局于 2018 年 10 月 31 日作出《关于取消部分规章和规范性文件设定的证明事项材料的决定》(国家广播电视总局令第 2 号),取消《广播电视节目制作经营管理规定》原第 15 条第 3 项“广电总局题材规划立项批准文件复印件”,取消原第 15 条第 6 项“《广播电视节目制作经营许可证》(复印件)或电视台、电影制片机构的相应资质证明”,均改由总局通过内部政务系统数据信息共享核查替代。

问:申请电视剧制作甲种证,需要提交什么材料?①

答:申领《电视剧制作许可证(甲种)》,申请机构须提交申请材料:(1)申请报告;(2)《电视剧制作许可证(甲种)》申请表;(3)最近2年持《电视剧制作许可证(乙种)》制作完成的电视剧目录。

作为该项许可的必要内容,行政规章还规定了禁止内容。禁止以任何方式涂改、租借、转让、出售和伪造《电视剧制作许可证》。②

二、内容审查和发行许可制度

取得电视剧制作许可的符合要求的单位,制作了电视剧后,需要对完成片申请许可,经过主管部门批准后,取得电视剧发行许可证,才能进入发行。

《电视剧内容管理规定》③对国产剧、合拍剧、引进剧的内容审查机构、审查内容、审查程序作了详细的规定。

问:哪个部门负责电视剧完成片的审查?

答:电视剧制作单位,制作了国产剧或者合拍剧,一般向省级广播影视行政部门申请内容审查,少数情况下,才需要直接向国家广播电视行政部门申请审查。

问:国家广播电视行政部门与省级广播电视行政部门如何分工?

答:★国务院广播电视行政部门电视剧审查委员会的职责是:④(1)审查直接备案制作机构制作的电视剧;(2)审查合拍剧剧本(或者分集梗概)和完成片;(3)审查引进剧;(4)审查由省、自治区、直辖市人民政府广播影视

---

① 国家广播电视总局于2018年10月31日作出《关于取消部分规章和规范性文件设定的证明事项材料的决定》(国家广播电视总局令第2号),取消了《广播电视节目制作经营管理规定》原第18条第3项规定"最近2年申领的《电视剧制作许可证(乙种)》(复印件)"和第4项规定的"《电视剧发行许可证》(复印件)",改由总局通过内部政务系统数据信息共享核查替代。

② 《广播电视节目制作经营管理规定》第26条。

③ 国家广播电影电视总局令第63号《电视剧内容管理规定》(2010年5月14日发布,2010年7月1日起施行),该规章废止了此前相关内容的规章:2004年9月20日国家广播电影电视总局发布的《电视剧审查管理规定》(总局令第40号)和2006年11月14日国家广播电影电视总局发布的《〈电视剧审查管理规定〉补充规定》(总局令第53号)。

④ 2010年公布的国家广播电影电视总局令第63号第19条第2项"审查聘请相关国外人员参与创作的国产剧",经2016年5月4日发布的国家新闻出版广电总局令第8号《国家新闻出版广电总局关于修改部分规章的决定》删除。

行政部门电视剧审查机构提请国务院广播影视行政部门审查的电视剧;(5)审查引起社会争议的,或者因公共利益需要国务院广播影视行政部门审查的电视剧。

★省、自治区、直辖市人民政府广播电视行政部门电视剧审查机构的职责是:(1)审查本行政区域内制作机构制作的国产剧;(2)初审本行政区域内制作机构与境外机构制作的合拍剧剧本(或者分集梗概)和完成片;(3)初审本行政区域内电视台等机构送审的引进剧。

问:申请国产剧内容审查需提交什么材料?①

答:需提交以下材料:(1)国务院广播影视行政部门统一印制的《国产电视剧报审表》;(2)剧目公示打印文本;(3)每集不少于500字的剧情梗概;(4)图像、声音、字幕、时码等符合审查要求的完整样片一套;(5)完整的片头、片尾和歌曲的字幕表;(6)国务院广播影视行政部门同意聘用境外人员参与国产剧创作的批准文件的复印件;(7)特殊题材须提交主管部门和有关方面的书面审查意见。

问:申请合拍剧完成片审查,需要提交什么材料?

答:需提交以下材料:(1)省级广播电视行政部门的初审意见(直接从广电总局申领《电视剧制作许可证(甲种)》的中方制作机构除外);(2)广电总局准予拍摄的批复和合拍电视剧(电视动画片)题材规划的复印件;(3)图像、声音、时码等符合审查要求的大1/2完整录像带一套;(4)每集不少于300字的剧情梗概;(5)与样带字幕相同的片头片尾字幕。

作为该项行政许可的内容,行政规章还规定了一项相关管理规定,即变更电视剧制作许可证内容,需要审批。②

《广播电视节目制作经营许可证》和《电视剧制作许可证(甲种)》载明的制作机构名称、法定代表人、地址和章程、《电视剧制作许可证(乙种)》载

---

① 《电视剧内容管理规定》第22条,国家广播电视总局于2018年10月31日作出《关于取消部分规章和规范性文件设定的证明事项材料的决定》(国家广播电视总局令第2号),取消了原该条第2项"制作机构资质的有效证明"。

② 《广播电视节目制作经营管理规定》第27条。这不是一个独立的行政许可,只是与行政许可有关的管理内容。

明的制作机构名称、剧名、集数等发生变更，持证机构应报原发证机关履行变更审批手续；终止广播电视节目制作经营活动的，应在 1 周内到原发证机关办理注销手续。

三、国产剧、合拍剧备案公示制度

从时间顺序上看，备案公示制度其实是在前两个许可之间的一个程序，就是符合条件的可以拍摄电视剧的机构取得了电视剧制作许可后，应当向相应的电视管理部门进行电视剧备案，通过后会由管理部门进行公示，此后才能拍摄电视剧。

问：什么人可以提请电视剧备案公示？

答：《电视剧内容管理规定》规定，符合下列条件之一的制作机构，可以申请电视剧拍摄制作备案公示：持有《电视剧制作许可证（甲种）》；持有《广播电视节目制作经营许可证》；设区的市级以上电视台（含广播电视台、广播影视集团）；持有《摄制电影许可证》；其他具备申领《电视剧制作许可证（乙种）》资质的制作机构。

问：申请备案公示需要提交什么材料？

答：应当提交不少于 1500 字如实准确表述剧目主题思想、主要人物、时代背景、故事情节等内容的简介及加盖对应的公章的《电视剧拍摄制作备案公示表》或者《重大革命和重大历史题材电视剧立项申报表》，如果重大题材或者涉及政治、军事、外交、国家安全、统战、民族、宗教、司法、公安等敏感内容的，应当出具省、自治区、直辖市以上人民政府有关主管部门或者有关方面的书面意见。

作为该项许可包含的内容，规章规定了一项管理内容，即如果备案内容发生改变，须重新备案。[①] 制作机构变更已公示电视剧主要人物、主要情节的，应当依照本规定重新履行备案公示手续；变更剧名、集数、制作机构的，应当经省、自治区、直辖市人民政府广播影视行政部门或者其上级业务主管部门同意后，向国务院广播影视行政部门申请办理相关变更手续。

---

① 《电视剧内容管理规定》第 14 条。这不是一个独立的行政许可，只是管理要求。

案·例 3 行政许可若变更,程序正当才可行

——某影视公司诉某市广播电影电视局变更行政许可内容纠纷①

|当事人|

原告:某影视公司

被告:某市广播电影电视局

第三人:某文化传播有限公司

|基本案情|

2008 年 4 月 2 日,某市广播电视局核发乙第 01258 号电视剧制作许可证。该证载明:制作单位名称为某文化传播有限公司(以下简称"第三人");合作单位为某影视公司(以下简称"原告");剧目名称为《九鼎谜踪》。2009 年 12 月 2 日,第三人向被告申请办理国产电视剧片审查行政许可,并提交了书面申请、某市广播电视剧行政许可申请表、电视剧制作许可证、电视剧拍摄制作备案公示表、原广播电影电视总局港澳台办《关于聘请台湾演员参与电视剧〈九鼎谜踪〉发行许可证变更的情况说明》,说明变更过程,并认为变更系有效更改。原告不服上述变更行为,向国家电视行政主管部门申请行政复议。复议机关于 2011 年 11 月 28 日作出维持被告作出的删改国产电视剧发行许可证载明信息的具体行政行为。原告不服起诉。

|诉辩分歧|

原告诉称:电视连续剧《九鼎谜踪》系原告与第三人联合投资、摄制的国产电视剧。原告与第三人明确约定原告为该剧的承制方和发行方。2010 年 2 月 11 日,被告就该剧颁发了(京)剧审字(2010)第 008 号国产电视剧发行许可证,许可证中载明原告为该剧的合作机构。2011 年 7 月 13 日,原告从被告作出的京广公字〔2011〕第 001 号——告

① 武楠:《北京九和鼎盛影视文化传媒有限公司诉北京市广播电影电视局变更行政许可内容纠纷案——变更行政许可内容应遵循正当程序原则》,载《人民司法(案例)》2013 年第 16 期。该文系北京市朝阳区人民法院武楠(一审审判长)作为审判法官对案件审理思路的解释,本书部分进行了引用。案件为北京市朝阳区人民法院(2012)朝行初字第 38 号判决书。

《政府信息公开告知书》中证实，原告在许可证上作为合作机构的信息被被告划改，被告作出上述具体行政行为未对原告作任何形式的告知。原告认为，被告不得擅自改变已经生效的发行许可证，被告删改发行许可证中原告作为合作机构信息的具体行政行为给原告的合法权益造成了损害。被告作出的具体行政行为违反法定程序，没有法律依据和证据。请法院依法判决撤销被告作出的删改（京）剧审字（2010）第008号国产电视剧发行许可证载明信息的具体行政行为，并判决被告在电视剧《九鼎谜踪》的国产电视剧发行许可证上恢复原告作为合作机构的权利及主体地位。

被告辩称，(1)被告对发行许可证的变更符合相关法律法规规定，被告依据被许可人第三人的申请依法变更，原告对国产电视剧发行许可证和合作机构事项不具有申请许可及变更的权利。被告对发行许可证上合作机构事项的变更程序不违反法律规定，对合作机构的变更，申请人无须重新送审，被告对合作机构事项的审核属于形式审核。变更方式属于技术操作层面的问题，不违反法律、法规。被告行为不属于具体行政行为，本案不属于行政诉讼的受案范围。(2)变更行为不构成对原告权利的侵害。原告不具有电视剧发行资质，发行许可证不体现原告的民事权利。原告没有诉讼主体资格。(3)被告对合作机构进行变更的告知义务已经履行。合作机构事项不属于被告的审查内容，被告仅须进行形式审核。原告的经济利益基于其与第三人的民事合同，发行许可证上记载事项的变更不对原告权利产生直接影响。

第三人述称，(1)原告不具备发行主体地位。依据法律法规规定，经批准许可后才能从事发行工作，原告和第三人的合作意向书是初步意见，不具有法律约束力。第三人具备发行资质，原告只可以参与相关工作。原告在该剧摄制过程中并没有履行出资义务，且有侵吞投资款行为。(2)被告行为符合法律规定。根据行政许可法、电视剧内容管理规定的规定，合作机构不属于重新送审的内容，涉诉变更事项经被许可人申请变更即可，第三人作为电视剧《九鼎谜踪》国产电视剧发行许可证上唯一的被许可人，有权提出变更申请，删改只需被许可人提出变更申请即可。

法院判决

判决确认被告某市广播电影电视局在（京）剧审字（2010）第008号国产电视剧发行许可证上将合作机构某影视公司予以删改的行为违法，驳回原告某影视公司的其他诉讼请求。

一审宣判后，各方当事人均未上诉。

|案件分析|

案件审理过程中当事人争议的焦点问题有两个:原告是否具有诉讼主体资格问题及被告删改变更电视剧发行许可证的合法性。

1. 关于原告诉讼主体资格问题。被告及第三人均认为本案原告不具有提起行政诉讼的原告主体资格。法院认为,原告系被诉发行许可证上原注明的“合作机构”,应当属于许可证中载明的事项。原告被删改是否影响到其权利义务还须对删改行为进行实体审查方能确定,不宜从程序上限制原告的诉权,应给予其原告主体资格。

2. 关于被告删改变更行为的合法性问题。法院认为,电视剧发行许可证上明确载明了原告是制作机构的合作机构,且该发行许可证是由被告核发的盖有该局公章的制式文书,对外发生法律效力,发行和播放电视剧需要出示此证。被告对于发行许可证的删改实质上是对许可证中载明事项的变更,即使其审查方式为形式审查,不涉及申请公司与其他公司之间的民事关系,但仅依据第三人的申请而未告知原告相关情况征询其意见应属明显不当。且被告的变更是在原许可证上直接进行删改并加盖公章,此种方式过于草率简单,有损行政许可行为的规范性和严肃性。故应当依法认定被告删改行为违法。法院同时认为,电视剧发行许可证本质上是对电视剧能否发行的许可,并不直接确定相关当事人的民事权益,原告方与第三人之间是否具有合作关系、其民事权益是否受损可以通过其他途径解决,不能通过行政诉讼径行要求被告在电视剧《九鼎谜踪》的国产电视剧发行许可证上恢复原告作为合作机构的权利主体地位。对于原告的该项诉讼请求,法院应予驳回。

|案件借鉴|

正当程序原则是处理本案的核心依据。《行政许可法》第49条规定,被许可人要求变更行政许可事项的,应当向作出行政许可决定的行政机关提出申请;符合法定条件、标准的,行政机关应当依法办理变更手续。该条虽未规定变更许可的具体形式和方式,但行政机关在办理变更手续的过程中,亦应遵从正当程序原则。正当程序原则的基本要素是过程公开和保证参与。仅依据第三人的申请而未告知原告相关情况征询其意见应属明显不当。

应当说,行政诉讼的意义在很大程度上可以促进行政管理的规范化。对行政机关在行政行为中不必要的要求,应当予以删除。国家电视行政管理部门在此案之后改进了行政管理文件,2012 年开始启用新制式的《电视剧发行许可证》,文本中不再要求填写制作机构、合作机构等内容。

另外,关于本案法律适用问题。本案中引用的电视剧管理法规是《广播电视管理条例》(国务院令第 228 号)和《电视剧审查管理规定》(国家广播电影电视总局令第 40 号),其中《电视剧审查管理规定》在 2010 年 5 月 14 日废止。涉案电视剧拍摄时间是 2008 年,2009 年办理行政许可,2011 年原告提出行政复议,2012 年提出行政诉讼。那么审理该案时依据的法律应当是电视剧拍摄和办理行政许可的时间内有效的法律,所以法院援引《电视剧审查管理规定》进行审理是正确的。

第五节·《著作权法》上的“制片者”到底是谁?

影视作品纠纷以著作权纠纷为多,其中著作权权利归属纠纷占据了很大的比例,表现为各创作者、参与者之间的署名权之争。北京海淀法院进行过一项关于影视作品署名权案件的调研,调研报告指出:2013 年至 2017 年间,该院受理的涉及影视作品著作权署名权的 702 件案件中,有近 336 件涉案影视作品权属争议,占比 48.2%。当原被告对著作权的权属在法庭上针锋相对时,作品署名争议就成为各方主体关于权属争议的主要切入点。①

我国《著作权法》第 15 条规定电影类作品的著作权由制片者享有,因此影视作品的署名之争就变成了制片者之争。所以,影视作品权属之争实为署名权之争,署名权之争,实为制片者之争,那么制片者到底是谁?

一、为什么行政法规和当事人都讳莫如深?

作为《著作权法》“钦定”的影视剧版权所有者的“制片者”,在我们遍寻影视剧的片头和片尾的全部署名时,却“并不存在”,电影、电视剧的字幕署名中并没有一个叫作“制片者”的人物。一旦有纠纷发生,连个合适的起诉人都没有,被某部影视剧侵权,去告谁也不知道,这岂不混乱?于是从影视从业人员到法官、律师都有搞

---

① 夏杰:《权·头条|影视作品署名五花八门,到底谁是制片者?一文揭开真相》,载微信公众号“文化产业评论”第 2056 期。

清楚制片者是谁的强烈愿望。这就让人不得不产生一系列疑问,一是为什么影视行政法规没有对此作出规定?为什么涉及影视剧方方面面的行政规定都对此事"失语"?二是当事人自己难道不清楚?为何选择"失语"?三是影视剧作为集著作权各种权利之大成者,为什么这么重要的事情却不能够在影视剧本身清晰表达出来,还是我们肉眼凡胎看不出来呢?

(一)行政法规"爱莫能助"

1. 法律需要细化和衔接

影视剧的版权属于制片者。1990年《著作权法》规定,"电影、电视、录像作品的导演、编剧、作词、作曲、摄影等作者享有署名权,著作权的其他权利由制作电影、电视、录像作品的制片者享有"。我国现行有效的2010年《著作权法》规定,"电影作品和以类似摄制电影的方法创作的作品的著作权由制片者享有,但编剧、导演、摄影、作词、作曲等作者享有署名权,并有权按照与制片者签订的合同获得报酬"。可见《著作权法》自始至终都规定电影作品著作权人是制片者。

《著作权法》规定了电影、电视剧的著作权归制片者,这是法律,很原则。原则的法律需要实施细则、行业规范等相衔接和细化,才能有效落地实施,这是所有法律实施的必经途径,各国均如此。

那么为什么我们目前的影视行业管理文件没有此方面的衔接性规定呢?

2. 行政规定曾经做过这方面的努力

我们在电影管理文件中可以找到这样的规定。在1990年《著作权法》颁布后,1993年530号文件①规定要求,"筹资拍摄的影片版权属电影制片厂,合同中已有约定的除外"。明确了有社会投资的电影的版权倾向。

1993年发布的《电影审查暂行规定》②规定,"电影片持有人(指制片者或专营输入电影片者……)应在电影片公映、输出前,向电影审查机构提交申请……"申请电影审查的报告单中要求填写"制片者名称""输入电影片的制片者(或发行者)同

---

① 《关于加强电影制片厂向社会筹资拍摄故事片管理的规定》(电字〔93〕第530号),原广电部电影局在1993年9月10日发布,该文发布对象是上海电影局、全国各地电影制片厂、各省办厂、合拍公司。该文件现在已经失效。

② 《电影审查暂行规定》(广电部令第9号),1993年6月4日发布,被1997年1月16日原广电部发布的《电影审查规定》(广电部令第22号)废止。

意在我国公映该影片的认可书”等,可见 1993 年发布电影规范性文件是与《著作权法》中“制片者”的称谓相衔接的。

1994 年颁布的《关于中外合作摄制电影的管理规定》[①]附件 1《中外合作摄制电影立项申请书内容》规定:制片者(出品人)名称、简介、国别、地址、通讯方式及电话和传真号码;电影名称及剧本……明确规定在中外合作摄制电影中,制片者就是出品单位。

3. 法学发展要求“民进行退”

随着社会发展,政府要简政放权,还权于民,把不该管和不能管也管不好的事务交给应当管也管得好的人。随着法学理论不断发展,大家认识到行政法也要还权利于民法,于是行政法退而民法进,这构成了行政法和民法新的分野,这是国家法制化、现代化的标志,是行政法理念的进步。因此行政法规开始从原本涉足民法的领域退出,尽量把公众能够自己通过民事法律解决的民事问题还给民法。著作权属于民法范畴内,法学理论认为,关于版权等相关问题,不适合在行政法规中进行规定。

于是,经历过 20 世纪八九十年代包揽民事权益规定的行政法规大面积出台之后,从 21 世纪开始,影视行政管理部门进行法规“瘦身”,通过行政法规修改、废止等工作把有关民事权利的内容清除出去。

结论是行政规定只能对此事“保持沉默”。

虽然“民进行退”是立法趋势,但是行政法退出后有关影视剧署名等著作权实施问题也不应当成为法律真空,细化《著作权法》的责任需要有关民事法律承担,可以通过著作权法律实施细则、司法解释等方式对影视法律署名问题作专门规定。

(二)当事人“选择性沉默”

经过四十年的改革开放,影视业迎来了大发展大繁荣,影视剧野蛮生长之下署名乱象愈演愈烈,行政规定的余威、行业惯例的约束已经无法完全控制。影视剧署名在资本作用下,创意空间加大,展现出五花八门的特征。在片头,出品单位、出品人、导演、策划、编剧之外,不仅有总出品人、总监制、总导演、总策划,还有总制片人、联合制片人、执行总导演等;片尾有制片主任、车辆管理、外联制片、摄影指导、

① 《关于中外合作摄制电影的管理规定》(广电部令第 14 号),原广电部 1994 年 7 月 5 日发布。

跟机员、航拍组长、现场美术等,状况复杂。

其实,关于著作权归属问题,这些参与电影制作的人自己应当清楚的,大家在拍摄之前或者拍摄中会口头或者书面达成协议,约定权利义务,毕竟拍电影、电视剧是个动辄几百万元、几千万元的事情。只是他们是否能够清晰地订立出与法律对应的合同?能否在发生纠纷时一看合同就清楚谁是版权所有人?权利划分是否合法有效?可能是个问题。

而一旦关于电影著作权的纠纷打到法院来,原告被告已经"杀"红了眼睛,都要争取自己的利益,很难实话实说,就算他们心知肚明电影作品真正的权利所有人,也不会告诉法官。于是不管是出品单位、联合摄制单位甚或导演等都会主张权利,法官便如坠五里云雾,面对电影片头片尾那么多的各种"人",真是丈二和尚摸不着头脑啊!

面对当事人要么不清楚,要么说不清楚,要么不想说清楚的事实,我们有必要通过影视剧片头片尾的署名这些比较显而易见的表现,来梳理分析出制片者的一个"初步承担者"以便于影视管理和诉讼。

二、历史分类地梳理找出"制片者"

《著作权法》第 10 条第 1 款第 2 项规定,署名权是表明作者身份,在作品上署名的权利。最高人民法院《关于审理著作权民事纠纷案件适用法律若干问题的解释》第 7 条第 2 款规定,在作品或者制品上署名的自然人、法人或者其他组织视为著作权、与著作权有关权益的权利人,但有相反证明的除外。因此可以认为,电影作品上署名的出品单位、联合出品、摄制单位等都与制片者有关。

寻找制片者的过程也是我们对照出品单位的行政法律渊源,梳理出品单位与制片者关系的研究。

(一)1990 年以前,出品单位 = 制片者

彼时,国家批准的制片厂独自拍摄,自己作为出品方,没有另外的摄制单位,因此独自享有完整的著作权。出品单位作为持有拍摄许可证件的合法成立的电影制片厂,就是电影作品的著作权人,即制片者。

(二)1990 年至 2001 年年底,大约是制片厂 = 出品单位 = 制片者

此时,尽管出现摄制单位,后来允许"联合摄制"署名,但是出品单位一般是一

个，著作权所有者的地位基本上没有变化。从原广电部1995年001号文①、1998年字幕规定②、2000年字幕③规定发现，电影片头第二幅都是出品单位（出品厂）标识，那这个出品单位就是制片者。

1993年530号文件④规定要求，“筹资拍摄的影片版权属电影制片厂，合同中已有约定的除外”。可见当时以行政规范性文件形式规定了筹资拍摄的电影版权归属电影制片厂。当然，如果在联合摄制的单位投资较多或者其他情况下，可能会在合同中约定享有电影片一部分版权。

案例1中就是这种情况，影片《铁血昆仑关》的出品单位只有广影厂，著作权也归广影厂。影片在片尾最后一帧写着“广影厂出品”，明确了著作权归属。在此帧之前有一个“资助摄制单位”列举了除陈某德外7个原告在内的11个单位，包括南宁市工商银行等。还有11个鸣谢单位，这些单位没有著作权方面权利。陈某德投资了30万元，取得的是影片4年发行权，即按合同获得部分著作权财产收益。

（三）2000年之后，出品单位+联合出品单位=制片者

随着电影制作领域的行政约束放开，联合摄制单位从70%投资降低30%投资，并且越来越多的投资者，已经不能满足仅仅在“联合摄制单位”这一栏显示自己单位的名字。2001年单片证规定降低了电影摄制单位的门槛，于是更多的制作单位取得摄制电影许可证而成为“联合出品单位”。2003年开始又取消了出品单位和联合出品单位的数量限制。

2016年《电影产业促进法》出台之后，出品单位、拍摄单位的资格限制都被取消，谁想当，都可以，出品单位与制片者的关系就更加依靠合同来确定了。

---

① 《关于改革故事影片摄制管理工作的规定》（广发影字〔1995〕001号），原广电部1995年发布。

② 《关于重新修订故事影片字幕规定的通知（试行）》（电字〔1998〕第178号），1998年4月23日原国家广播电影电视总局电影局发布，发布对象是各电影制片厂（公司）。

③ 《关于印发〈国产电影片字幕管理暂行规定〉的通知》（电字〔2000〕第64号），原国家广电总局电影局2003年2月3日发布，发布对象是各电影制片厂（公司）、中国电影集团公司、电影频道。

④ 《关于加强电影制片厂向社会筹资拍摄故事片管理的规定》（电字〔93〕第530号），原广电部电影局在1993年9月10日发布该文，发布对象是上海电影局、全国各地电影制片厂、各省办厂、合拍公司。该文件现在已经失效。

4 案·例 出品单位和联合出品单位都是制片者吗？
——张某野诉中国电影股份有限公司著作权权属、侵权纠纷①

| 当事人 |

原告：张某野(笔名：天下霸唱)

被告：中国电影股份有限公司(以下简称“中影公司”)

被告：陆某，导演

被告：梦想者电影(北京)有限公司(以下简称“梦想者公司”)

被告：乐视影业(北京)有限公司(以下简称“乐视公司”)

第三人：北京环球艺动影业有限公司(以下简称“环球公司”)

| 案件有关电影署名情况 |

原告笔名“天下霸唱”，创作了《鬼吹灯》系列文字作品(共2部8卷，其中第一部分为《鬼吹灯(盗墓者的经历)》，包括《精绝古城》《龙岭迷窟》《云南虫谷》《昆仑神宫》4卷)。被告将《鬼吹灯(盗墓者的经历)》中《鬼吹灯之精绝古城》改编拍摄成电影，并于2015年9月23日以《九层妖塔》之名在全国各大影院上线放映。电影《九层妖塔》片头只写了“根据《鬼吹灯》小说系列之《精绝古城》改编”，没有为原告署名。

2014年4月25日，中影公司(甲方)、梦想者公司(乙方)、乐视公司(丙方)签订《电影(精绝古城)上部和下部合作投资核心商务条款》，其中约定署名问题：(1)甲方享有本项目“第一出品方”“第一出品人”以及“联合制片人”“联合监制”及其他片头署名权，顺序均为第一；(2)本项目字幕署名应符合有关规定，除第6条第1款约定的甲方署名外其他署名以三方协议约定为准。

2014年4月26日，梦想者公司(甲方)、乐视公司(乙方)、北京猿川影视文化有限公司(丙方)签订《电影〈精绝古城〉上部和下部合作投资、承制合同》，约定著作权及署名：各投资方在完全履行本合同约定的投资、承制及发行义务后按各自的出资比例共同拥有精绝古城两部影片(包括但不限于影片完成片、全部拍摄素材、词曲音乐等)及其衍生

---

① 北京市西城区法院(2016)京0102民初83号民事判决书。此处本书以一审案件开列当事人作为研究对象，在案例6中将结合该案二审情况进行论述。

产品的全部有形财产和无形财产及其衍生权利。甲方享有本项目出品方、出品人、甲方指定人员享有本项目片头单屏显示的独立的"总制片人"的署名,甲方署名仅次于中影公司,署名顺序为第二位。乙方在完全履行本合同义务后享有本项目出品方、一位出品人、乙方指定人员享有本项目单屏显示的独立的监制署名;其他人员如需署名,应区别于乙方指定人员,署名"联合监制",署名顺序为第三位。丙方在完全履行本合同义务后享有联合出品方、一位联合出品人署名权,丙方成员在完全履行本合同义务后享有单屏之编剧/导演的署名,同时享有制片人之一的署名权,其中制片人的署名顺序、排版、尺寸由甲方决定。后来,北京猿川影视文化有限公司于2014年5月29日更名为北京环球艺动影业有限公司。

陆某申请追加梦想者公司、乐视公司、CHENXIASSSETMANAGEMENT. CO. ,Ltd. 作为被告,张某野同意追加梦想者公司和乐视公司。梦想者公司申请追加环球公司作为被告,张某野不同意追加,法院依职权追加其为无独立请求权的第三人。

| 影片片头显示① |

电影《九层妖塔》片头显示:

第1幅:公映许可证电审故字(2015)第444号

第2幅:中国电影股份有限公司(厂标)

第3幅:梦想者电影(厂标)

第4幅:乐视影业(厂标)

第5幅:环球艺动影业(厂标)

第6幅:根据《鬼吹灯》小说系列之《精绝古城》改编

第7幅:出品方:中国电影股份有限公司、梦想者电影(北京)有限公司,乐视影业(北京)有限公司

第8幅:联合出品方:北京环球艺动影业有限公司

第9幅:陆某导演作品

片尾显示"编剧/导演　陆某"字样

① 通过爱奇艺网站查询《九层妖塔》的电影,笔者自行记录的片头字幕。

| 案件分析 |

本案中原告在起诉时,是将出品方中国电影股份有限公司、梦想者电影(北京)有限公司,乐视影业(北京)有限公司以及陆某导演列为被告,把联合出品方北京环球艺动影业有限公司列为第三人。这是当事人的诉权,想告谁是原告的权利,只要有一般性的证据,够立案的标准(很低)就可以。因此法院在判决中按照原告的诉讼要求开列当事人。

法院确定被告侵犯了原告的署名权。并因为本案的特殊性,专门就本案被告和第三人是否应当承担责任进行了论述。基于涉案电影而产生的民事责任应由涉案电影的制片者,而非编剧、导演等其他民事主体承担,所以被告陆某不承担民事责任。

法院认为:根据影视行业惯例和通常的署名方式,一般将出品方或者联合出品方认定为制片者。《九层妖塔》片头先后显示"出品方中国电影股份有限公司、梦想者电影(北京)有限公司、乐视影业(北京)有限公司","联合出品方:北京环球艺动影业有限公司"等字样,可以初步证明中影公司、梦想者公司、乐视公司、环球公司为电影《九层妖塔》的著作权人。

此外,中影公司(甲方)、梦想者公司(乙方)、乐视公司(丙方)签订的《电影〈精绝古城〉上部和下部合作投资核心商务条款》之五著作权部分约定:各方按投资比例共同拥有完成影片及全部素材在全世界范围内的全部版权及其他所有权利,并享有上述权利之相关收益。梦想者公司(甲方)、乐视公司(乙方)、北京猿川影视文化有限公司(丙方)签订的《电影〈精绝古城〉上部和下部合作投资、承制合同》第12条约定:各投资方在完全履行本合同约定的投资、承制及发行义务后按各自的出资比例共同拥有精绝古城两部影片(包括但不限于影片完成片、全部拍摄素材、词曲音乐等)及其衍生产品的全部有形财产和无形财产及其衍生权利。上述两份协议均明确约定中影公司、梦想者公司、乐视公司、环球公司为电影《九层妖塔》的著作权人。

因此中影公司、梦想者公司、乐视公司、环球公司作为电影《九层妖塔》的著作权人,其共同侵害了小说《精绝古城》作者张某野的署名权,应承担连带责任。

| 出品单位的认定规则 |①

制片者的"初步承担者"是出品单位(包括联合出品单位)。确切的著作权归属应当

① 本书使用"某某规则"这一个类名称来囊括如下内容:(1)影视行业内部的一些不为外人所知的业内名称;(2)法律法规未进行细致解释的规定,通过实践和判例逐步确认的实用规则。

由各方之间的合同确认。如果进入诉讼程序,最终“花落谁家”由法院判决确定。

从行业管理角度看,绝大部分时候出品单位就可以独立承担这个“初步承担者”的责任,但是鉴于以下情况,加上联合出品单位为好:一是有的电影没有出品单位只有联合出品单位,如案例2中涉案影片《无极》;[①]二是在影视业内,联合出品单位也属于是出品单位的大概念中;三是随着影视业发展还可能有更多不知所云的称谓,影视业内的共识是只有署上“出品”字样的单位的才是和著作权沾边的单位。

要区分两种确认:一是当事人起诉时行使诉权时的初步确认,建议将出品单位和联合出品单位均列上。法院立案庭也可以基于此初步确认原则列明当事人。这个确认更多强调当事人的诉权,比如该案中陆某作为被告申请追加几个公司为被告,原告可以不同意,法院依据职权也可以作出裁决。二是审理和判决责任承担时的确认,是法院依靠合同审理作出的最终确定。

第六节·出品单位享有著作权的内涵

《著作权法》[②]第15条规定:“电影作品和以类似摄制电影的方法创作的作品的著作权由制片者享有,但编剧、导演、摄影、作词、作曲等作者享有署名权,并有权按照与制片者签订的合同获得报酬。电影和以类似摄制电影的方法创作的作品中的剧本、音乐等可以单独使用的作品的作者有权单独行使其著作权。”就是说,除了要在电影上署上应当署名的编剧、导演、摄影、作词、作曲等作者及按照合同给付报酬以外,其他所有著作权都归属制片者,即出品单位。

---

① 案例2电影《无极》片头字幕第二幅某电影集团公司、某电影制片厂、某影视文化交流有限公司、上海某投资发展有限公司、Moonstone Entertainment Inc.银都某公司,理论上这6个联合制片单位可以作为初步的制片者,其中银都某公司为发行公司。但是案例2中原审原告只起诉了前3个单位,是因为这3个单位共同成立了摄制组(这3个单位是真正参与制作的),并与原审原告签订了合同,所以这3个联合出品单位成为被告。

② 现行《著作权法》是根据2010年2月26日第十一届全国人民代表大会常务委员会第十三次会议进行第二次修改的。《著作权法》于1990年9月7日第七届全国人民代表大会常务委员第十五次会议通过,2001年10月27日第九届全国人民代表大会常务委员会第二十四次会议第一次修改。

那么著作权包括哪些法定的权利呢？根据《著作权法》第10条规定，[①]著作权包括下列人身权和财产权：(1)发表权；(2)署名权；(3)修改权；(4)保护作品完整权；(5)复制权；(6)发行权；(7)出租权；(8)展览权；(9)表演权；(10)放映权；(11)广播权；(12)信息网络传播权；(13)摄制权；(14)改编权；(15)翻译权；(16)汇编权；(17)应当由著作权人享有的其他权利。

一、出品单位有著作权人身权吗?

理论上讲，既然影视著作权归出品单位，那么除法律规定的其他人员署名权外，出品单位应当享有前述17项法定权利，其中法定著作权的前4项是人身权，由于影视作品的特殊性，有必要探讨其人身权是否存在的问题。

影视作品的版权是作者和著作权所有人分离的一种权利。电影作品作为一种复杂的综合性很强的艺术创作，包含了编剧、导演、演员、摄影、作词、作曲等众多创作人员的智力创作活动，在需要很多人的通力合作共同制作完成的集体成果，因此，《著作权法》规定参加影片核心智力创作的编剧、导演等主创人员为“作者”，肯定了其实质性进行智力创作者的法律地位；而制片者(出品方)因其投资巨大且承

① 《著作权法》第10条　著作权包括下列人身权和财产权：(一)发表权，即决定作品是否公之于众的权利；(二)署名权，即表明作者身份，在作品上署名的权利；(三)修改权，即修改或者授权他人修改作品的权利；(四)保护作品完整权，即保护作品不受歪曲、篡改的权利；(五)复制权，即以印刷、复印、拓印、录音、录像、翻录、翻拍等方式将作品制作一份或者多份的权利；(六)发行权，即以出售或者赠与方式向公众提供作品的原件或者复制件的权利；(七)出租权，即有偿许可他人临时使用电影作品和以类似摄制电影的方法创作的作品、计算机软件的权利，计算机软件不是出租的主要标的的除外；(八)展览权，即公开陈列美术作品、摄影作品的原件或者复制件的权利；(九)表演权，即公开表演作品，以及用各种手段公开播送作品的表演的权利；(十)放映权，即通过放映机、幻灯机等技术设备公开再现美术、摄影、电影和以类似摄制电影的方法创作的作品等的权利；(十一)广播权，即以无线方式公开广播或者传播作品，以有线传播或者转播的方式向公众传播广播的作品，以及通过扩音器或者其他传送符号、声音、图像的类似工具向公众传播广播的作品的权利；(十二)信息网络传播权，即以有线或者无线方式向公众提供作品，使公众可以在其个人选定的时间和地点获得作品的权利；(十三)摄制权，即以摄制电影或者以类似摄制电影的方法将作品固定在载体上的权利；(十四)改编权，即改变作品，创作出具有独创性的新作品的权利；(十五)翻译权，即将作品从一种语言文字转换成另一种语言文字的权利；(十六)汇编权，即将作品或者作品的片段通过选择或者编排，汇集成新作品的权利；(十七)应当由著作权人享有的其他权利。

著作权人可以许可他人行使前款第(五)项至第(十七)项规定的权利，并依照约定或者本法有关规定获得报酬。

著作权人可以全部或者部分转让本条第一款第(五)项至第(十七)项规定的权利，并依照约定或者本法有关规定获得报酬。

担着巨大的商业风险而规定为电影的著作权人。从该理论出发,似乎影视作品的制片者应当只享有著作权的财产权,而著作权的人身权是否由影视作品的作者享有? 法学理论上对此是有争议的。按照知识产权界泰斗郑成思老师的观点,著作权的人身权是作者不可分割的一部分,人身权应当叫作精神权利,只能由自然人享有,法人没有精神权利。① 根据刘春田老师的观点,也是目前《著作权法》的规定,法人也有精神权利。②

但是,探讨确定影视作品的著作权人身权利应当更加关注影视作品的特点,如果包括精神权利在内的著作权让导演、编剧、摄制等人去行使,实践中会发生这样的情况:发生侵权问题,这些作者每人只能主张一部分的权利,每个人权利都不完整,无法对整个侵权提出诉讼;这些人利益诉求并不一定相同,很难达成一致,甚至不能提起正常的诉讼。这些情况下也会使得维权成本提高,事实上不能很好地维护影视作品的著作权。因此尽管同意郑成思老师的分析,认为法人没有精神权利,但是基于我国法律已经规定法人拥有精神权利的事实,和影视作品著作权归属于制片者,即出品单位的规定,在此还是研究论证了出品单位的法人精神权利。

另外,影视作品的双重属性决定其民事权利行使必须符合行政管理要求。

保护作品完整权,即保护作品不受歪曲、篡改的权利。其中即包括作品的完整性,也包括标题的完整性。③ 影视剧实践中应用不多,也鲜有作者单纯以保持作品完整性起诉的案例,所以重点研究前 3 项权利。

(一)发表权

2018 年 1 月 12 日上映的影片《无问西东》,④本来为清华大学百年校庆而拍

---

① 郑成思:《知识产权论》(修订本),法律出版社 2001 年版,第 122 页。郑成思老师用一节“法人能否是精神权利主体”论述这个问题。引证英国、美国、法国、日本等国法律规定和实际执行中的问题。结论是法人不应当具有精神权利,就是法人没有人格权。从法理上讲,笔者深以为然。

② 刘春田主编:《知识产权法》(第 3 版),中国人民大学出版社 2007 年版,第 87 页。

③ 刘春田主编:《知识产权法》(第 3 版),中国人民大学出版社 2007 年版,第 92 页。

④ 电影《无问西东》依托清华大学建校百年的历程为故事蓝本,讲述了从 20 世纪 20 年代直至现代,4 个不同时代的年轻人共同经历青春面对选择的故事。而影片片名 4 字,也正是源自清华大学的校歌“立德立言,无问西东”。影片片尾彩蛋更记录了像梅贻琦、梁思成、林徽因、徐志摩、钱钟书、朱自清等出自清华大学,并为国家作出杰出贡献的历史名人与国学大师们,他们的卓绝风骨影响了中国近百年的文化,更被影迷评价为“史上含金量最高”的片尾彩蛋。

摄,但由于对内容的认真执着以及其他各种原因,影片拍摄完成7年后才打磨修改完成,和观众见面。在档期选定上,最大的投资公司企鹅影视选择在贺岁档(元旦)与春节档之间的相对不太热的2018年1月12日这个档期。作为“定制片”又偏文艺类型,刚上映时不被看好,影片排片率很低,但是凭借观众的口碑“逆袭”成功,最终完成7.88亿元的票房,堪称经典。对于影片的成功,选择的档期也十分重要。而选择档期的权利是什么权利呢?就是电影的发表权。

发表权,即决定作品是否公之于众的权利。所谓公之于众,是指披露作品并使作品处于公众所知的状态。① 发表权有三个特点:

1. 发表权属于一次穷尽的权利。一件影视作品制作完成以后,无论什么时间、地点,出品单位不论是买卖还是自己发行,使影视作品在影院放映、电视台播放或者网络上播放,或者其他法律允许的方式置于为公众所知的状态,就是行使了发表权。同一作品不存在再次甚至反复行使发表权的情况。

另外,发表权通常不可能单独行使,需要和其他著作权财产权的任何一种一起行使。比如,出品方授权发行公司发行电影,电影在确定的档期在某院线上线,即是影视作品的发表权和放映权一并授权出去。这种情况下,即使著作权转让合同中没有涉及发表权问题,也应推定作者同意发表。

同样,如果影视作品通过著作权转让合同将信息网络传播权给予某网站,网站上线播出了,在双方的合同中转让的权利中一般不会写到出品方的发表权。但是既然已经授权网站播出该影片,就表示发表权和信息网络传播权一并授予,出品方不能再以对方侵犯了自己发表权为由起诉。

2. 发表权专属于制片者,通常不能转移。发表作品是一种具有法律意义的行为,也是一种社会活动。对于一个影视作品而言,出品方可以决定是否发表,以及何时、何地,通过何种方式如何发表。比如是卖给影院院线上映?还是认为成本小,没有竞争力,干脆不经过影院环节,直接卖给互联网?也可以直接卖给电影频道通过电视与观众见面,更重要的是选择发表时间。

3. 如果因作品而产生的权利涉及第三人的,发表权往往还受到第三人权利的

---

① 刘春田主编:《知识产权法》(第3版),中国人民大学出版社2007年版,第88页。关于发表权的特点刘春田老师阐明3个特点,笔者根据影视作品特征进行了全新的特性化的解释。

制约。

最典型的例子,就是我国20世纪80年代末发生的陕西一个妇女诉某电影制片厂,认为该厂在影片《秋菊打官司》中出现了她的肖像特写镜头长达4秒钟,而因为该女子从小脸上有麻子,对自己的容貌十分自卑,甚至平时都不愿意照相,因此提起名誉权诉讼。

影视拍摄中因有意无意展示了他人形象导致诉讼的情况还是存在的,此时的著作权人发表权的行使就会受到他人名誉权、肖像权或形象权等的制约。因此作为影视作品的参与制作者,要了解相应的法律规定和案例司法实践,在实际操作中注意遵守法律规范,避免侵犯他人的合法权益。

(二)署名权

署名权,是指作者在其创作的作品及其复制件上如何标记作品来源的权利。① 关于署名权,《著作权法》的表述是:"署名权,即表明作者身份,在作品上署名的权利"。对于影视作品而言,因为作者和著作权人不同一,因此,对于著作权人出品单位而言,署名权系表明制片者的身份,在作品上署名的权利。

法律规定对于署名权而言,从来没有排斥法人和非法人团体这种拟制人的主体的权利,出品单位作为制片者,是《著作权法》规定的影视作品的著作权所有者,必然依法享有署名权。

表明制片者的身份,在影视作品上标记法人或非法人团体的名称,是真实反映影视作品和出品单位之间"血缘"关系的说明。既是对出品单位出钱费力创作行为的尊重,也是满足社会公众知情权的保障。

一方面,电影作为文学艺术作品,为之付出劳动投入金钱的人,有要求在自己的作品上镌刻上自己的名字,因此署上出品单位、出品人名字是一种权利。

另一方面,虽然电影这种产品与我们生活中衣食住行所用的消耗性物质产品不同,但是也要承认其越来越突出的产业属性。从出品单位的产生过程可以推知,出品单位在行政法规上的地位相当于食品制造者的生产厂家,只不过出品单位是投资影视的人,不一定是具体制作影视的人。从一定意义上说,在电影片尾署上出品单位的名称就相当于告诉社会上其他的人:这个产品是我做的,有什么问题,找

---

① 刘春田主编:《知识产权法》(第3版),中国人民大学出版社2007年版,第89页。

我来说。从这个角度看,出品单位在片头和片尾写上自己的名字又是一种义务。

问题研究:出品人是否有署名权?

按照行业的惯例,如果一个影视机构制作一部电影或者电视剧,成为出品单位之一,在出品人的类名称下,会标注该影视机构法人代表姓名,作为出品人之一。但是,作为一个影视作品拍摄周期有的很长,此期间如果法人代表有更换,那么如何署名出品人呢?如果仅仅以影视作品获得发行许可证的时间节点来论,以现任的法定代表人作为出品人,而原来的法定代表人却又恰恰对该影视作品出力较多,怎么办,是否是构成著作权的侵害呢?还有的情况是,影视剧制作完成并播映,作为出品单位的法人代表也成为出品人被署名于影视作品之上,但是在广告宣传品上没有标明某个出品人的名字,是否构成侵权?

依据《著作权法》的规定,出品人并没有明文规定的署名权,但是可以根据身份权或者合同约定实现在影视剧上的署名。司法实践中也有法官提出这样的论点,认为这个权利可归类为身份权。①

1. 出品人没有法定的著作权

电影作品的署名权归属于制片者,但编剧、导演、摄影、作词、作曲等作者因其为影片的摄制完成付出了创造性的劳动,因而上述人员在电影作品中享有署名权。至于为他人创作进行组织工作,提供咨询意见、物质条件,或者进行其他辅助活动,均不视为创作。具有职务身份的出品人是否在电影作品中享有署名权,关键在于出品人的工作是否产生了具有独创性的作品,答案显然是否定的。其理由是:首先,出品人的劳动并不产生具有独创性的作品;其次,作者行使署名权主要是为了表明作者身份,而出品人并非作者。出品人在影视作品上的署名属于行业惯例,一般按照行业惯例来确定。

2. 出品人可以通过身份权实现署名权益

对于出品人通过个人劳动所获得的正当精神利益和财产利益,法律应该给予

---

① 一审:西安市中级人民法院(2011)西民四初字第00149号民事判决书。转引自《人民法院报》2012年8月9日第6版案例指导栏目《侵害电影作品中出品人署名权的法律界定——西安中院判决西安影视诉曲江影视等侵害著作权纠纷》,案例编写人:陕西省西安市中级人民法院 姚建军。该案在《人民法院报》案例指导栏目发表,对后续案件有指导意义。主审法官对署名权的法律属性、影视作品出品人法律界定等进行了评析,本书同意其观点,在下文论述中较多地引述该文论点、论据。

保护。这种权益的性质,可归类为属于身份权。身份权是指民事主体基于某种特定的身份而依法享有的一种民事权利。通常而言,自然人作为出品人的权益来自其特定的职务身份,在这一点上,与作者的权益来自其作者身份并不相同。既然《著作权法》通过设立署名权制度来保护作者的身份利益,我们也可以通过赋予出品人身份权,以达到对其身份利益进行保护的目的。

需要强调的是,虽然作为自然人的出品人身份权与作品作者的署名权存在相似之处,都表现为在电影片上署名,但是出品人身份权并不是《著作权法》意义上的署名权。出品人身份权与作者署名权有很大区别:

(1)二者的权利性质不同。作为自然人的出品人身份权仅仅限于人身权,这种身份权也可能为权利人带来一定的财产利益和荣誉;而署名权则属于著作权中的著作人身权。

(2)二者的权利内容不同。根据《著作权法》的规定,除作者同意外,署名权要求作品的使用者在作品上以署名的方式对作者身份予以明确,否则即侵犯了作者的署名权;而法律并未赋予出品人身份权的效力,只要能够通过一定的形式确认电影作品的出品人即可。

3. 出品人可以通过民法基本原则或者合同约定实现署名

由于法律并没有规定电影作品的身份权,可以通过两种途径保护出品人的合法权益:一是直接适用民法基本原则。如果出品人在某一作品的出版发行中付出了劳动,履行了应尽的职责,而在作品中否认其出品人身份,显然有违民法的公平原则和诚实信用原则。二是通过合同约定。如果出品人与电影作品发行者签订的合同对有关署名的问题作了约定,则可以依据约定的内容规范双方的权利义务。

影视制作过程中,一些公司会在合同约定中对出品人的署名权进行规定,这样就有章可循,最好不过了。例如,案例4中梦想者公司、乐视公司、北京猿川影视文化有限公司签订的《电影〈精绝古城〉上部和下部合作投资、承制合同》中,对于出品人、联合出品人的署名都有约定,则从其约定。

5 案·例 电影广告中涉及出品人署名应以影片署名为遵循

——西安影视制片公司诉西安曲江影视投资(集团)有限公司等侵害著作权纠纷①

| 当事人 |

原告:西安影视制片公司(以下简称"西安影视")

被告:西安曲江影视投资(集团)有限公司(以下简称"曲江影视")

| 基本案情 |

当事人双方签订的联合摄制电影《纺织姑娘》协议及补充协议约定:该影片所形成的权利,按其实际投资比例共有;署名由双方决定。西安影视授权曲江影视负责影片国内外发行,并根据市场情况决定宣传和发行推广方式。协议签订后,双方同意增加西安曲江文化产业投资(集团)有限公司(以下简称"曲江文化")为出品单位。原国家广电总局颁发的影片公映许可证载明:出品单位为西安影视、曲江文化、曲江影视。曲江影视制作的户外广告标明:影片由曲江文化公司、曲江影视、西安影视联合投资;在醒目位置载有曲江影视荣誉制造;电影海报宣传标明出品人周某嘉。

| 诉辩分歧 |

西安影视诉称,曲江影视未经其同意,在对外宣传的海报上将出品人周某嘉、王某变更为周某嘉;在户外广告中将西安影视列为联合投资单位,且放在联合投资的最后一位,在广告醒目位置标注曲江影视荣誉制造,其行为侵犯了西安影视对涉案影片的著作权,故诉至法院,请求判令:停止发放、收回并销毁其制作和发布《纺织姑娘》的海报及户外广告;公开赔礼道歉;赔偿损失50万元。

① 一审:西安市中级人民法院(2011)西民四初字第00149号民事判决书。转引自《人民法院报》2012年8月9日第6版案例指导栏目《侵害电影作品中出品人署名权的法律界定——西安中院判决西安影视诉曲江影视等侵害著作权纠纷》,案例编写人:陕西省西安市中级人民法院 姚建军。

法院判决

法院经审理认为，西安影视作为涉案影片联合摄制人，享有著作权；曲江影视公司未经同意，在户外广告和宣传海报上，未明确西安影视系涉案影片的联合摄制人，亦未署名西安影视王某为影片出品人，虽属不当，但该行为不属于侵害《著作权法》意义上的署名权行为；基于曲江影视公司在户外广告及宣传海报上的不当行为，给西安影视造成一定影响，对此曲江影视应承担相应的赔偿责任。判决曲江影视赔偿西安影视 2 万元；驳回西安影视其他诉讼请求。

| 案件分析 |

本案中争讼影片署名的出品单位为西安影视、曲江文化、曲江影视，且各方对涉案影片著作权的归属有明确约定，故上述出品单位为电影《纺织姑娘》的著作权人，享有署名权。而作为自然人的出品人因其并非电影作品的著作权人，故其当然就不享有电影作品的署名权；同时电影海报并非电影作品本身，故西安影视认为曲江影视制作的电影海报侵犯了其电影作品的署名权，当然得不到法院的支持。

本案中，因西安影视指控曲江影视等制作的电影海报及户外广告等行为并未侵犯其对涉案影片的著作权，法院本应驳回其诉讼请求，但考虑到曲江影视的确存在违反诚实信用的行为，为避免当事人讼累，由曲江影视适当地对西安影视进行赔偿，取得了法律效果与社会效果的统一。

（三）修改权

电影《苹果》在公映之后，出品单位对电影素材进行了重新剪辑，形成了新版本，并私自拿到国际大赛上参展，这属于业内所说一部电影两个版本情况，因此该出品单位被广电总局处罚，①涉案影片从影院提前下线。为此，2007 年广电总局发布《关于重申禁止制作和播映色情电影的通知》②规定："不得制作、传播未经广电总局的审查机构审查通过的第二个版本或内容片段，不得将未经审查通过或未按

① 2008 年 1 月 3 日，原国家广电总局向各省、自治区、直辖市广播影视局，新疆生产建设兵团广播电视局，各电影制片单位、电影发行公司、院线公司，在京电影直属单位发出《关于处理影片〈苹果〉违规问题的情况通报》。

② 《关于重申禁止制作和播映色情电影的通知》，原广播电影电视总局 2007 年 12 月 29 日向各省、自治区、直辖市广播影视局，各电影制片单位发布。

审查意见修改的作品在电影院、电视台播映,也不得在音像市场和互联网上传播,不得将未获得《电影片公映许可证》的作品及其内容片段提交国际电影节展和国际市场参展参赛。”

那么出品单位作为著作权所有人,有没有权利对自己的作品进行修改?什么情况下可以修改?这些就是影视作品的修改权问题。

根据《著作权法》第10条第3项规定,修改权即修改或者授权他人修改作品的权利。

根据一般性的认识,修改通常是对已经完成的作品形式进行改变的行为,既包括由于作者思想观点和情感倾向的改变而导致对作品形式的改变,也包括在思想和情感不变的情况下对纯表现形式的改变。如改变逻辑安排,增减文字。即使作品已经发表,作者也有权对作品实施修改。①

对于影视作品而言,修改权主要指电影、电视剧拍摄完毕之后,根据市场要求,或者行政管理机关的审查要求进行重新剪辑的行为。但是当著作权人行使影视作品修改权时要注意两个方面:

1. 影视作品的修改权属于出品单位

表面上看这个问题不需要探讨,《著作权法》规定影视作品的著作权归属于制片者,即我们明确下来的出品单位。但是我国《著作权法》也明确规定了影视作品的作者是导演、编剧、摄影、作词、作曲等。实际上,影视作品也确实是由这些导演、编剧等人通过智力劳动创作出来的,那么修改权是不是归这些影视作品的实际制作人呢?

在拍摄影视作品过程中,这些主创人员可以不断打磨、修改剧本,拍摄中可以修改剧本,不按原剧本拍摄,演员可以不断追求完美的表演,导演可以拍了一条又一条,摄影可以追求画面的质量要求重拍等,这都是影视作品的正常操作,是影视作品创作规律使然,这些都不是《著作权法》意义上的修改权的内涵。

修改权是影视作品完成之后谁有权来修改的问题,这个权利只能归属于出品单位。

根据《电影产业促进法》的规定,电影拍摄完成之后不是马上就可以与观众见

① 刘春田主编:《知识产权法》(第3版),中国人民大学出版社2007年版,第91页。

面，要经过国家电影主管部门审查通过。《电影产业促进法》第 17 条专门规定了完成片审查，[①]由出品单位负责完成片送审，这些都不是导演、编剧等主创人员应该做和能够做的事情。

在影视主管部门审查过程中，有时会提出修改电影完成片的要求，这就需要出品单位组织主创人员进行重新剪辑摄制甚至重新拍摄等。这些都是只能由出品单位行使的权利。

2. 制片者的修改权是有限制的修改权，有时甚至是义务

这是由影视作品本身公众产品、广泛传播等特性和国家基于此的管理要求决定的，也是符合《著作权法》要求的。

《电影产业促进法》第 19 条规定："取得电影公映许可证的电影需要变更内容的，应当依照本法规定重新报送审查。"

《电视剧内容管理规定》[②]第 27 条规定："已经取得电视剧发行许可证的电视剧，国务院广播影视行政部门根据公共利益的需要，可以作出责令修改、停止播出或者不得发行、评奖的决定。"因此，出于公共利益需要，行政管理部门可以要求其修改已经发行的影视剧。

《著作权法》第 4 条规定："著作权人行使著作权，不得违反宪法和法律，不得损害公共利益……"

所以，在此时，这种权利几乎变成义务。

二、出品单位的著作权财产权利

除了前 4 项的著作权人身权，《著作权法》第 10 条第 5 项至第 16 项共 12 项权利（第 17 项系兜底条款），都是著作权财产权利。本书认为，对于一部影视作品著作权而言，其中的展览权和表演权 2 项权利不属于影视出品单位，[③]应当分属摄制人员和演员，将在摄影和演员两章中详细论证，因此可以归属出品单位且有名有姓的财产权有 10 项。

---

① 《电影产业促进法》第 17 条规定，"法人、其他组织应当将其摄制完成的电影送国务院电影主管部门或者省、自治区、直辖市人民政府电影主管部门审查"。

② 《电视剧内容管理规定》（国家广播电影电视总局令第 63 号，2010 年 5 月 14 日）。

③ 一般而言，展览权是对于美术作品、摄影作品所特有的著作。所以本书在后面"摄影"一章中有涉及；表演权，是针对戏剧作品、录音录像制品特有的权利。

根据影视剧作品的特点,我们分类列表1-4简述可以归属于出品单位的影视作品10项著作权财产权。

表1-4 归属出品单位的影视作品10项著作权财产权

分类	名称	特点	实务中实现权利的具体形式	诉讼案例
一类:基础类(2项权利)	复制权	1. 是对作品的初始、最基本,也是最普遍的传播利用方式 2. 一般只是同样形式制作成品的权利	1. 胶片时代洗印影视剧 2. 数字时代复制影视剧	一般不会单独起诉侵犯复制权,和发行权联系紧密
	发行权	1. 这是一项法定绝对权利,以出售或者赠与方式向公众提供作品的原件或者复制件的权利 2. 可以按地区、区域和国别来“按面积分割”	1. 胶片时代发行影视剧拷贝 2. 数字时代通过网络数据传输影视剧	一般不会单独起诉侵犯发行权,和复制权联系紧密
二类:最常用或被单独使用类(3项)	放映权	1. 面向公众的放映; 2. 不问是否营利; 系2001年《著作权法》修改时新增权利	出品单位自己或者通过发行公司与电影院或者电影院线签订的影片放映合同	诉讼案件比较多,详见第三章
	广播权	1. 通过广播、电视等无线、有线、卫星或类似的技术手段传播影视作品的权利 2. 单向、线性传播,时间不能选择	1. 电视剧出品单位将自己拥有版权的电视剧卖给广播电台或电视台 2. 电影出品单位将自己拥有版权的电影卖给可以播映电影的电视频道	诉讼案件较多,详见第二、三、四章
	信息网络传播权	1. 以有线或者无线方式向公众提供作品,使公众可以在其个人选定的时间和地点获得作品的权利 2. 双向互动,可选择时间	1. 出品单位一般是将自己拥有版权的影视作品卖给某个网站 2. 应用范围不断扩大,如航空器等	诉讼特别多,情况也比较复杂,详见第四章

续表

分类	名称	特点	实务中实现权利的具体形式	诉讼案例
三类：不常用或被联合使用类（5项）	出租权	临时使用，到期奉还	随着曾经红火的录像带、光盘出租业的衰退而应用较少	诉讼很少
	摄制权	1. 以摄制电影或者以类似摄制电影的方法将作品固定在载体上的权利 2. 2001年《著作权法》修改时将摄制权从改编权中独立出来	1. 依据电影作品再行创作出电视剧； 2. 依据电视剧作品改编成电影	诉讼相对较少，案例4、案例6
	改编权	改变原作品，创作出具有独创性的新作品的权利	依据影视剧再创作出其他艺术类别作品	案例4、案例6、案例35
	翻译权	1. 将作品从一种语言文字转换成另一种语言文字的权利 2. 可以按国别、地区甚至区域来“条块分割”	翻译影视剧形成新的作品	纠纷不多
	汇编权	将作品或者作品的片段通过选择或者编排，汇集成新作品的权利	影视剧剪辑合成的作品	有纠纷

因各项财产权利都有专章后续论述，在此无须举例论述。仅就一个比较特别的涉及出品单位著作权财产权与原著作者著作权人身权的纠纷详细论述。

案例6 出品单位对原著小说的改编权（摄制权）与原著小说作者保持作品完整权之争

——张某野诉中国电影股份有限公司著作权权属、侵权纠纷①

本案原告有两个诉讼请求，被告侵犯署名权、侵犯保护作品完整权。第一个问题已

① 一审：北京市西城区法院（2016）京0102民初83号民事判决书；二审：北京知识产权法院（2016）京73民终587号民事判决书。该案与前面引用过的案例4是同一个案件，该案涉及多个争议。此处再次引用该案例，是为了说明拍摄电影的摄制权与原著小说作者保持作品完整权之间的分野，与案例4引用时选取内容不同。

经在一审中解决,一审判决被告中国电影股份有限公司、梦想者电影(北京)有限公司、乐视影业(北京)有限公司、第三人北京环球艺动影业有限公司侵犯了原告署名权,应当赔礼道歉。对此二审法院、双方当事人及理论界无争议。第二个争议是被告是否侵犯张某野的保护作品完整权,一审、二审判决不同,双方也各执一词,成为理论界的争议热点。

一审法院审理认为,虽然《九层妖塔》电影对原著《鬼吹灯之精绝古城》有许多改动,但是这是在出品单位著作权财产权之摄制权的范畴之内行使权利,并没有侵犯原告的保护作品完整权,因此驳回了原告此项诉讼请求。二审法院认为被上诉人中影公司、梦想者公司、乐视公司的行为侵犯了张某野的保护作品完整权,撤销原判,改判3个被上诉人立即停止发行、播放和传播电影《九层妖塔》,登报致歉,连带赔偿张某野精神损害抚慰金5万元。

| 当事人 |

上诉人(一审原告):张某野(笔名:天下霸唱)

被上诉人(一审被告):中国电影股份有限公司(以下简称"中影公司")

被上诉人(一审被告):梦想者电影(北京)有限公司(以下简称"梦想者公司")

被上诉人(一审被告):乐视影业(北京)有限公司(以下简称"乐视公司")

一审被告:陆某,导演

一审第三人:北京环球艺动影业有限公司(以下简称"环球公司")

| 诉辩分歧 |

原告认为《九层妖塔》电影内容对原著《鬼吹灯之精绝古城》歪曲、篡改严重,在人物设置、故事情节等方面均与原著差别巨大,侵犯了原告享有著作权中人身权利之保护作品完整权。并针对法院一审判决在二审中提出,(1)我国法律对保护作品完整权的保护力度高于《保护文学和艺术作品伯尔尼公约》(以下简称《伯尔尼公约》)的相关规定,并未规定保护作品完整权之侵权认定应以作者的声誉、声望受损作为构成要件。对作品进行歪曲、篡改与作者声誉的降低亦没有逻辑上的必然联系。(2)就本案而言,一审判决认定的网络评论可以看出涉案电影的改编使得涉案小说及作者的声誉遭到严重贬损。因此,即便以作者的声誉、声望受损为要件,中影公司、梦想者公司及乐视公司的行为亦足以构成对张某野保护作品完整权的侵害。(3)保护作品完整权属于著作人身权,其法益高于属著作财产权的改编权，故不应以获得改编权授权而对保护作品完整权进行限制。改编权的行使不应歪曲、篡改原作品，应当尊重作者与作品之间不可分割的、不可歪曲的精神纽带，这与原作者的声誉是否因改动而受损无关。

被上诉人中影公司、梦想者公司上诉答辩及一审第三人环球公司上诉陈述称：(1)涉案电影对涉案小说的改编是专业、善意且符合影视行业的专业特点以及内容审查需求的，是本案相关当事人依法行使改编权的行为；(2)在电影摄制方受让获得合法的电影改编权、摄制权的情况下，原作品作者所享有的保护作品完整权应有边界，应当以改编后的电影作品是否损害原作品作者声誉为侵权构成要件；(3)认定是否侵害原作品作者的保护作品完整权还应当考虑以下因素：《著作权法实施条例》第10条考虑到电影作品创作的特殊性，允许对原作品的内容进行较大幅度的必要改动；本案有关涉案小说改编权的授权文件中并不存在任何关于改编幅度、改编范围的限制；涉案小说已经发表且传播范围广、知名度高，因而公众已知晓涉案小说的内容，不会对涉案电影的内容与涉案小说内容产生误认。提交的证据还强调了为了规避内容审查风险而采取的具体改编方式上，建议法院裁判应当充分尊重改编者作为电影创作者的审美选择和创作自由。综上所述，一审判决认定事实清楚，适用法律正确，请求驳回张某野的上诉请求。

| 两审裁决之争 |

一审法院论述：

1. 涉案电影《九层妖塔》系通过合法转让方式获得原著小说《鬼吹灯之精绝古城》的改编摄制权。由于原著作者始终掌控着著作人身权，在履行合同过程中，作者应当保证交易秩序的安全稳定，按照诚实信用原则，积极协助被转让人实现合同转让的各项财产权利，确保被转让人最大限度地发挥作品的财产价值。

从《著作权法》的立法宗旨而言，也要平衡作品创作和传播之间的利益考虑，因此作者对于自身享有的著作权人身权中的保护作品完整权的行使应当受到一定程度的限制。关于被转让人的合法改编行为是否侵犯其保护作品完整权，不能简单依据是否违背作者在原著中表达的原意这一主观标准进行判断，而是应重点考虑改编后的作品是否损害了原著作者的声誉。

2. 涉案电影《九层妖塔》系对原著小说《鬼吹灯之精绝古城》的合法改编。由于电影创作的复杂性，要对原本是平面的、抽象的、文字叙述形式的小说进行三维的、具象的、形象的动态再现，这其间将包含有大量的创造性成分。在抽象的小说作品变成具象的电影作品过程中,必然要对原著的内容、观点发生一定程度的改动。因此,在判定涉案电影《九层妖塔》是否侵犯原著小说的保护作品完整权时,要综合考虑原著小说的表达和电影的创新部分,应当分析改动是否超出了必要的范围,即是否降低原著小说的社会评价、损害作者的声誉。

3. 小说《鬼吹灯之精绝古城》出版在先并具有较高知名度。原告提供的网上负面评论绝大部分是针对电影《九层妖塔》与小说《鬼吹灯之精绝古城》的差异对比,因此这些负面评论并没有对原著小说造成误解。

4. 涉案侵权作品电影《九层妖塔》是特殊的作品类型。根据《著作权法实施条例》第10条规定:著作权人许可他人将其作品摄制成电影作品和以类似摄制电影方法创作的作品的,视为已同意对其作品进行必要的改动,但是这种改动不得歪曲篡改原作品。根据文义解释中的同一解释规则,同一法律中的相同词汇,应作相同的解释。此处的"歪曲篡改"应与《著作权法》第10条第1款第4项"保护作品完整权,即保护作品不受歪曲、篡改的权利"中的"歪曲篡改"含义相同。从体系解释的角度来理解,《著作权法实施条例》第10条的主要目的是要明确电影作品可以对原著作品进行必要的改动。考虑到电影作品表现手法和创作规律的特殊性,应当充分考虑改编者的艺术创作自由,尽量缩小保护作品完整权的控制范围。

二审法院论述:

1. 作者的名誉、声誉是否受损并不是侵害保护作品完整权的要件,却是衡量侵权情节轻重的因素

首先,我国现行《著作权法》规定的保护作品完整权并没有"有损作者声誉"的限制,我国《著作权法》对保护作品完整权的表述与《伯尔尼公约》并不相同。是否有"有损作者声誉"的限制,涉及权利大小、作者与使用者的重大利益,对此应当以法律明确规定为宜,在《著作权法》尚未明确作出规定之前,不应对该权利随意加上"有损作者声誉"的限制。其次,即便因改动而导致作者的声誉有所降低也不能直接得出侵犯了作者保护作品完整权的结论,仍应审查是否确有歪曲、篡改的情况发生。因此,一审判决关于是否侵害保护作品完整权以"改动"是否损害了原作品作者的声誉为构成要件的认定于法无据,本院予以纠正。

2.《著作权法》对电影作品中保护作品完整权的特殊规定

根据我国《著作权法实施条例》第10条的规定,改编者获得了合法的改编权,即视为原作者允许对原作品进行必要的改动,但是这种改动依然不得歪曲、篡改原作品。因

此，改编者的自由不是绝对的，而是有限度的。改动是必要的，如违反电影审查规定，可以改动；改动应当在必要限度内。即便如此，这种改动也不得“歪曲篡改原作品”。

3. 涉案电影获得改编权授权对于保护作品完整权的影响

侵权作品是否获得了改编权并不影响保护作品完整权对作者人身权的保护。根据我国法律的规定，著作人身权始终是与著作财产权相分离的，著作财产权受让人并不能因为财产权的受让而相应获得著作人身权或限制了著作人身权。这种不得侵犯人身权的义务是受让人必须遵守的，其中并不存在作者的所谓协助义务。

4. 涉案电影的改动构成对涉案小说的歪曲篡改

二审法院从以下3个方面判断电影作品的改动是否歪曲、篡改了原作品：一是涉案电影与原作品创作意图、题材不一致；二是审查电影对原作品的主要情节、背景设定和人物关系的改动是否属于必要，认为涉案电影中改动的部分偏离原作品太远，且对作者在原作品中表达的观点和情感作了本质上的改变，构成对原作品的歪曲、篡改；三是结合社会公众对作品改动的整体评价进行综合考量，涉案小说作者的声誉因为涉案电影的改编而遭到贬损。

综上所述，一审法院关于中影公司、梦想者公司、乐视公司不侵犯张某野保护作品完整权的认定于法无据，二审予以纠正。

| 借鉴意义 |

如此复杂的案件，两级法院法官都引经据典，从法理到法条，从国际条约到国内法律进行论证，司法实践对于《著作权法》的解释作用凸显。二审判决作为终审判决①，将会影响今后通过改编原著小说方式的电影摄制。

本书对二审判决没有意见，但是认为一审判决更符合现实和产业发展。正如一审法院在判决书中特意说明“还需指出的是，本案争议的法律焦点是保护作品完整权的边界问题，但纵观小说创作、电影改编、公众观看的各环节，实际上涉及文化创造者、商业利用者和社会公众的多方利益。为协调好激励创作、促进产业发展和保障大众文化需求之间的关系，在充分尊重、维护小说作者人格尊严和声誉的前提下，考虑到电影行业上百年的改编历史和电影产业当下的发展现实，亦应充分尊重合法改编者的创作自由和电影作品的艺术规律，促进文化的发展与繁荣，满足社会公众的多元化文化需求，使

---

① 二审之后，中影集团提起再审，后撤诉。

利益各方共同受益、均衡发展”①。

对于将原著小说改编摄制为电影,二审中使用的是“改编权”,实为“摄制权”,这一点,一审判决中使用名称更为准确。

三、出品单位的第17项著作权

《著作权法》第10条第17项规定的“应当由著作权人享有的其他权利”属于兜底条款,囊括一切未尽事宜。

例如,网络直播权。随技术发展,原来明确的著作权——信息网络传播权已经突破了法定存在样态和原来的法定框架,而产生了新的权利。

7 案·例 网速快到直播成为常态,哪项著作权可以涵盖?
——优酷信息技术(北京)有限公司与央广视讯传媒股份有限公司侵害作品信息网络传播权纠纷②

|当事人|

原告:优酷信息技术(北京)有限公司(以下简称“优酷公司”)

被告:央广视讯传媒股份有限公司(以下简称“央广视讯公司”)

|基本案情|

优酷公司享有电视剧《大军师司马懿之军师联盟》(以下简称“涉案电视剧”)的著作权。涉案电视剧署名出品单位印纪公司、盟将威公司以及联合出品单位均明确表示仅享有涉案电视剧的署名权,不享有其他著作权权利。华利公司向不二公司出具授权书,授予不二公司涉案电视剧在全球范围内包括网络点播、直播等形式的权利及转授权权利。后不二公司向优酷公司授予涉案电视剧独占信息网络传播权及通过网络直播等方式的权利,期限自2017年6月22日起10年。

央广视讯公司通过其运营的“央广手机电视”APP向网络用户提供涉案电视剧的直

① 一审:北京市西城区法院(2016)京0102民初83号民事判决书。
② 一审:北京市海淀区人民法院(2017)京0108民初35053号民事判决书。

播及回看服务。

|诉辩分歧|

原告诉称央广视讯公司侵害了优酷公司就涉案电视剧享有的网络直播权和信息网络传播权,要求赔偿700万元。

被告辩称:(1)优酷公司仅享有独家信息网络传播权,直播该剧的行为系行使广播权的行为,网络直播权非《著作权法》规定的权利种类,不认可优酷公司享有该权利;(2)央广视讯公司对安徽卫视的节目直播是依据授权书和双方合作协议进行,不侵权。

法院判决

被告央广视讯公司赔偿原告优酷公司经济损失50万元及合理开支47,006元。

|案件分析|

法院认为央广视讯公司向用户提供涉案电视剧的网络直播服务落入不二公司授予优酷公司的权利范围,侵害了优酷公司对该剧享有的其他权利。

央广视讯公司认可优酷公司享有涉案电视剧独占信息网络传播权,否认优酷公司享有该剧网络直播的权利,但央广视讯公司对其质疑未提交相反证据。法院根据现有证据认为,优酷公司经授权取得涉案电视剧自首播日起10年的独占信息网络传播权及通过信息网络直播涉案电视剧的权利。通过信息网络直播涉案电视剧的权利属于《著作权法》第10条第1款第17项规定的其他权利。

最初的网络慢得像老牛拉车,一个视频须下载几个小时才能看到,所以网上视听节目主要卖点是可以随时看的"点播",信息网络传播权就以点播为其特征。现在互联网速度快速提升,直播成为常态,而广播权、信息网络传播权都无法涵盖网络直播的著作权权利。但这个权利属于著作权人,属于《著作权法》第10条第1款第17项规定。著作权人可以通过合同描述性地写清楚权利,进行转让。

第二章 发行企业(院线)的行政监管与法定权利

连接上下可撑天，
影视发行有区间。
失而复得更欢喜，
不同客体不同权。

影视发行在影视产业链中占有重要地位。影视发行是影视作品有效进入市场的流通环节，是联通影视生产端和放映、播放端的中间阶段。随着我国影视产业化程度的不断提高和专业分工的日益精细，影视发行已经成为影视产品营销的重要环节。影视发行主体不仅具有市场策划、宣传推介能力和特定的分销渠道，还负有票房统计和市场监察等责任，可以根据影视作品的不同情况采取有针对性的发行策略，从而以合理的成本实现影片最大的市场价值。

根据2016年统计数据，全年共有197家影视发行公司参与了国产影片的发行，其中年发行量在10部电影以上的发行公司有7家，仅发行1部影片的发行方有112家。目前，电影发行主体主要有制作发行一体型、宣传发行一体型、院线联盟型、产业链型、线上到线下(OTO)平台型等不同类型，并且围绕发行主业务，衍生出了宣传营销、预告片制作、影片拷贝分发、票房结算、票务监管等周边特色服务公司。

在电影或电视剧的片头片尾没有“发行人”这个称谓，一般是“某某公司发行”的字样。这一点与出品人不同。

第一节 · 电影发行的行政法规界定——电影发行权“失而复得”的历史回顾

从著作权角度而言，发行权是电影制片单位或曰出品单位著作权的一项内容，这在今天看是天经地义。1991 年《著作权法》颁布实施，规定发行权属于著作权的内涵之中。1996 年《电影管理条例》①规定，“电影制片单位可以按照国家有关规定在全国范围发行本单位摄制并被允许公映的电影片及其复制品”，这一条看似画蛇添足，实际上只有了解了电影发行的历史，才知道这一条规定的由来和深意。

一、产销脱节的历史

（一）1950 年规定

1950 年原政务院发布的《文化部关于电影五个暂行规定》规定，在新中国成立初，国产电影作为一个整体，其版权，包括发表权、修改权、署名权、复制、发行、展览、改编、播放等版权归制片厂所有。

（二）1953 年第 1682 号文

1953 年 5 月，原文化部电影局为实施政府对电影行业的统一集中管理，实行计划生产、统购包销、统收统支的计划经济经营方式，发布〔53〕电王字第 1682 号文②，对电影行业采取制片、发行、供应、洗印等进行专业分工，规定：“制片厂以摄制影片、译制影片及印制拷贝为主要业务。”“影片发行公司以收购制成影片发行权、发行影片、出售拷贝、出售或交换影片国内外发行权为主要业务。”

此文所指影片发行权，按当时国际、国内电影技术水平和传播手段，是指影片

---

① 1996 年 5 月 29 日国务院第 45 次常务会议通过，1996 年 7 月 1 日起实施的《电影管理条例》（中华人民共和国国务院令第 200 号），是我国电影史上第一部行政法规。于 2002 年 2 月 1 日废止。被新的《电影管理条例》（中华人民共和国国务院令第 342 号）取代。

② 原文化部电影局《关于电影企业推行经济核算制的权限、责任、业务范围及财务关系的指示》（〔53〕电王字第 1682 号文）。

持有人在一定期限内,为满足放映场所放映电影需要,向电影院、流动放映队、俱乐部、影剧场等以出租、出借、出售等方式提供影片拷贝的权利。所以,当时所规定的发行权问题,主要限于对放映场所提供(通过放映机放映电影)影片的发行权,一般不包含以其他形式使用电影作品的发行权。

此文发布后,国产影片发行权便按行政规定从整体版权中分离出来,划归原中国电影发行公司(以下简称"中影公司")收购享有,并形成我国国产影片产销脱节长达40年的历史,这是当时计划经济体制下所采取的一种行政措施。

我国电影发行在这个体制下即按行政区域计划供片模式,是单一的多层次发行。

20世纪80年代中期,虽然制片厂与发行公司曾先后对部分影片的发行期限、发行方式、收益分配等进行过改革试探,但均未涉及发行权的归属问题。

二、逐步恢复权利原状

(一)1993年3号文

原广电部1993年发布第3号文件,①规定从1993年开始电影事业实行分类指导,一是将国产故事片由中影公司统一发行改为由各制片单位直接与地方发行单位见面(进口影片仍统一由中影公司向各省、市、著作权公司发行);二是电影票价原则上放开,具体由各地政府掌握。

(二)1994年608号文

1994年原广电部发布《关于批转部电影局〈关于对1949年10月1日至1993年6月30日期间国产电影发行权归属的规定〉的通知》,②主要内容如下:

废止〔53〕电王字第1682号文,依据《著作权法》有关规定,将发行权归还制片单位。

明确扩展了1953年文件所规定的国产电影发行权的范围,扩大为包括电影作品磁带发行权和电视台播放、录像制品出版发行权以及印刷出版物和相关的特种制品的发行权。

---

① 《印发〈关于当前深化电影行业机制改革的若干意见〉的通知》(广发影字〔1993〕3号),该通知于1993年发布,于2003年12月17日经国家广播电影电视总局《关于公布废止部分广播影视法规性文件的通知》废止。

② 《关于批转部电影局〈关于对1949年10月1日至1993年6月30日期间国产电影发行权归属的规定〉的通知》(广发办字〔1994〕608号),1994年10月31日原广电部发布。

对1949年10月1日至1993年6月30日国产电影(包括故事片、纪录片、科教片、美术片)发行权的归属作出规定。

对原中影公司以录像带发行权、录像节目出版发行权、电视台播放权等其他形式使用电影作品及出口的国产影片问题都作出规定。

(三)1995年《影片交易暂行规定》

国家行政管理方面对于电影发行有许多规定,核心要求就是电影发行主体要经过行政许可,不能"无证营业"。例如,1995年原广电部电影局发布《影片交易暂行规定》①就规定"凡参与影片交易的卖方必须持有政府管理部门颁发的制片或者发行许可证以及所销售影片的准映证""凡参与影片交易的买方必须持有政府管理部门颁发的电影发行或放映许可证""影片著作权人不得委托没有影片发行许可证的单位或者个人代理发行影片"。

该文件正是案例1中原审被告在上诉中所引用的文件,以此证明原审原告与其签订影片发行合同时,主体资格不符合该文件规定而有瑕疵,因此主张合同无效。

此后1996年《电影管理条例》颁布,电影发行权完整地归还给电影制片单位。

第二节·行政法律法规对影视发行主体的监管

一、《电影产业促进法》和《电影管理条例》对电影发行主体的监管

依据《电影产业促进法》(表中简称《法》)和《电影管理条例》(表中简称《条例》),通过表2-1梳理对电影发行主体的行政监督管理。

表2-1　对电影发行主体的行政监管

序号	许可(备案)	义务(管理要求)	禁止性规定	法条出处	违法处罚
1	设立电影发行企业许可			《法》第24条;《条例》第36、37条	《法》第47条

---

① 《影片交易暂行规定》(电字〔95〕第43号),1995年2月1日实施,2010年11月12日国家广播电影电视总局发布《关于废止部分广播影视部门规章和规范性文件的决定》将其废止。

续表

序号	许可(备案)	义务(管理要求)	禁止性规定	法条出处	违法处罚
2	变更业务或者兼并其他发行单位或者因为合并、分立而设立新的发行单位须审批;变更名称、地址、法定代表人或者主要负责人,或者终止发行活动,应登记和备案			《条例》第39条	
3	16毫米电影发行备案			《条例》第40条	
4			未取得电影公映许可证的电影,不得发行	《法》第20条第2款 《条例》第42条	《法》第49条
5		应当执行行政部门要求停止发行的决定		《条例》第42条	《条例》第59条
6		利用电影片制作音像制品,应当遵守国家有关音像制品管理的规定	任何单位和个人不得利用电影资料片从事或者变相经营性发行活动	《条例》第43条	《条例》第59条

(一)电影企业发行许可

问:企业要发行电影,需要先申请许可。设立电影发行单位的条件是什么?

答:设立电影发行单位应当具备下列条件:(1)有电影发行单位的名称、章程;(2)有确定的业务范围;(3)有适应业务范围需要的组织机构和专业人员;(4)有适应业务范围需要的资金、场所和设备;(5)法律、行政法规规定的其他条件。①

① 《电影管理条例》第36条。

问：许可程序如何？

答：设立电影发行单位，应当向所在地省、自治区、直辖市人民政府电影行政部门提出申请；设立跨省、自治区、直辖市的电影发行单位，应当向国务院广播电影电视行政部门提出申请。所在地省、自治区、直辖市人民政府电影行政部门或者国务院广播电影电视行政部门应当自收到申请书之日起60日内作出批准或者不批准的决定，并通知申请人。批准的，发给《电影发行经营许可证》，申请人应当持《电影发行经营许可证》到工商行政管理部门登记，依法领取营业执照；不批准的，应当说明理由。

问：无证电影可否发行？

答：不可以。作为行政许可，本义就是行政机关根据公民、法人或者其他组织的申请，经依法审查准予其从事特定活动的行为，没有得到许可，自然不能从事该种业务活动。为此《电影管理条例》特意作了强调性规定，未经许可，不得从事发行未取得许可证的电影片。

问：变更业务范围需要什么手续？①

答：需要审批或备案，但是这不是单独的审批，是属于电影发行许可内容中的，同属于一个审批事项。电影发行单位变更业务范围，或者兼并其他电影发行单位，或者因合并、分立而设立新的电影发行单位应当依法办理审批手续，并到工商行政管理部门办理相应的登记手续。

电影发行单位变更名称、地址、法定代表人或者主要负责人，或者终止电影发行经营活动的，应当到原登记的工商行政管理部门办理变更登记或者注销登记，并向原审批的电影行政部门备案。

（二）16mm 电影发行须备案

《电影管理条例》第40条规定："申请从事农村16毫米电影片发行、放映业务的单位或者个人，可以直接到所在地工商行政管理部门办理登记手续，并向所在地县级人民政府电影行政部门备案；备案后，可以在全国农村从事16毫米电影片发行、放映业务。"

---

① 这不是单独的审批，是属于电影发行许可内容中的，同属于一个审批事项。

(三)执行行政部门停止发行决定

已经取得《电影片公映许可证》的电影片,国务院广播电影电视行政部门在特殊情况下可以作出停止发行或者经修改后方可发行的决定;对决定经修改后方可发行的电影片,著作权人拒绝修改的,由国务院广播电影电视行政部门决定停止发行。国务院广播电影电视行政部门作出的停止发行、放映的决定,电影发行单位应当执行。

二、行政规定对电视剧发行的监管

我国对电视剧发行主体的行政管理与电影发行主体的管理有区别,前面已经述及设立电影发行主体需要先行取得电影主管部门的许可,但是设立电视剧发行主体不需要事先取得电视剧主管部门的许可,当然作为市场主体还是需要取得市场监管部门(原来的工商行政管理部门)的许可。除此之外,电视剧发行和电影发行方面的行政监督管理大同小异。

目前管理电视剧发行的行政法规只有规章级别的,其中现行有效管理电视剧发行的行政规章主要有《电视剧内容管理规定》《广播电视节目制作经营管理规定》等。

(一)发行许可

未取得发行许可的电视剧,不得发行。所谓发行许可是和内容审查紧密相连的一个制度,即国产剧、合拍剧的完成片经过审查,或者引进剧通过许可,该剧取得了电视剧发行许可证,即可发行。

(二)不得重复申请审查的义务

已经向广播影视行政部门申请审查,但尚未取得电视剧发行许可证的,送审机构不得向其他广播影视行政部门转移送审。

(三)如因公共利益需要执行停止发行的决定

已经取得电视剧发行许可证的电视剧,国务院广播影视行政部门根据公共利益的需要,可以作出责令修改、停止播出或者不得发行、评奖的决定。

(四)原版本发行

已经取得电视剧发行许可证的电视剧,应当按照审查通过的内容发行和播出。

(五)变更内容须重新申请

变更剧名、主要人物、主要情节和剧集长度等事项的,原送审机构应当依照本规定向原发证机关重新送审。

案例8 已经发行的电视剧《武媚娘传奇》可否修改？
——冯某与国家新闻出版广电总局的行政纠纷①

| 当事人 |

原告：冯某

被告：国家新闻出版广电总局

| 基本案情 |

原告于2015年1月17日向被告提出政府信息公开申请，申请公开：(1)被告对电视剧《武媚娘传奇》颁发的拍摄许可证；(2)2014年12月被告责令该剧暂停播出及重新剪辑的相关理由及法律依据。针对原告的第一项政府信息公开申请，被告在原告起诉前未作出处理决定。针对原告的第二项政府信息公开申请，被告于2015年1月22日作出答复(以下简称"被诉答复")，内容为："该剧开播后，总局收到各地观众投诉，反映该剧存在一些有害未成年人身心健康的画面，希望总局采取措施。经检查，发现该剧确实存在一些依法应予进一步修改的画面。根据总局《电视剧内容管理规定》(总局令第63号)及相关细则的规定，通知该剧播出机构和制作机构对相关画面进行必要修改处理后再播出。"同年2月11日，原告认为被告未履行政府信息公开法定职责，向被告提出行政复议申请，复议请求为：(1)确认被告拒绝履行《政府信息公开条例》《国家新闻出版广电总局政府信息公开指南》规定的信息公开职责行政不作为违法；(2)责令被告按《政府信息公开条例》《国家新闻出版广电总局政府信息公开指南》的规定履行公开拍摄许可证、明确的法律依据等政府信息职责。被告于同年2月27日收到该申请，于同年4月20日作出被诉复议决定，以被告不存在不履行法定职责的情形为由，驳回了原告的行政复议申请。原告仍不服，向法院提起诉讼。

| 诉辩分歧 |

原告诉称，被告收到原告的政府信息公开申请后，至今未对原告的第一项申请进行答复，被告针对原告第二项申请所作被诉答复错误。原告查询了《电视剧内容管理规定》全文，未见责令《武媚娘传奇》暂停播出及重新剪辑播出的具体规定，相关细则规定

---

① 北京市第一中级人民(2015)一中行初字第1532号法院行政判决书。

的说辞亦属模糊,所以提出诉讼请求。

被告辩称,原告所称拍摄许可证应为电视剧的制作许可证。根据《广播电视节目制作经营管理规定》的相关规定,持有《电视剧制作许可证(甲种)》的影视公司在许可证有效期内制作电视剧,无须就该剧目另行取得制作许可证。电视剧《武媚娘传奇》系《电视剧制作许可证(甲种)》的持有者北京唐德国际文化传播有限公司(以下简称“唐德公司”)在该许可证有效期内拍摄,该公司未针对该剧单独取得制作许可证。因此,原告申请的第一项信息不存在。针对原告申请的第二项信息,被告已经履行法定公开职责。同时,被诉复议决定的作出程序合法。故请求法院判决驳回原告的诉讼请求。

法院判决

1.驳回原告关于确认被告不履行政府信息公开法定职责违法,并责令被告公开其责令电视剧《武媚娘传奇》暂停播出及重新剪辑的相关理由及法律依据政府信息的起诉;

2.责令被告于本判决生效后的法定期限内对原告关于公开电视剧《武媚娘传奇》拍摄许可证政府信息的申请进行答复;

3.撤销被告作出的《行政复议决定书》;

4.驳回原告冯某的其他诉讼请求。

|案件分析|

法院的判决正确,但从行业角度亦觉被告甚是“委屈”。原告提出公开电视剧《武媚娘传奇》拍摄许可证政府信息的申请,被告要满足这个申请比较困难,因为的确没有这个许可证。正如被告答辩所说的,在电视剧管理方面,持有《电视剧制作许可证(甲种)》的唐德公司在该许可证有效期内拍摄《武媚娘传奇》,无须再另行取得所谓拍摄许可证。原告申请的第一项信息事实上不存在。电视剧《武媚娘传奇》拍摄完成后,通过审查后可以取得发行许可证,但这亦不是原告申请公开的拍摄许可证。当然,被告作为行政机关,信息公开是基本原则,即使没有原告要求的许可证,也要就此项申请作出书面回复,说明清楚即可。

|借鉴意义|

选取本案,最值得借鉴的是法院作出的针对原告第二项申请的认定,法院厘清了行政机关信息公开的范围。根据最高人民法院《关于适用〈中华人民共和国行政诉讼法〉若干问题的解释》第3条第1款第8项之规定,行政行为对其合法权益明显不产生实际影响的,应当裁定驳回起诉。又根据《政府信息公开条例》第2条之规定“本条例所称政府信息,是指行政机关在履行职责过程中制作或者获取的,以一定形式记录、保存的信息”。本案中,原告关于公开被告责令电视剧《武媚娘传奇》暂停播出及重新剪辑的相关理由及法律依据政府信息的申请实质上是就相关问题进行咨询,并非《政府信息公开条例》所规定的政府信息公开申请。因此,被告是否履行答复职责均不会对原告合法权益产生实际影响。原告针对该项申请提起的诉讼,不属于人民法院行政诉讼的受案范围。

此外,这个案例事实部分也可以说明此前讲述的出品单位的修改权,该剧因公共利益需要而被广电总局要求修改后发行。

三、行政监管与民事法律冲突时的法律适用

民事主体在从事电影发行过程中,既要遵守行政法规对于主体资格等许可规定,也要遵守民事法律从事合同交易。经常发生的事情是,民事主体完成了电影、电视剧的拍摄甚至发行等民事行为,但是并没有完全遵照行政法规的规定取得合适的证照,那么其从事的民事活动是否有效呢?

案例9 偷漏瞒报票房首案

——国际华侨公司诉长江影业公司影片发行权许可合同纠纷①

|当事人|

上诉人(原审原告):广州国际华侨投资公司(以下简称“投资公司”)

上诉人(原审被告):江苏长江影业有限责任公司(以下简称“长江公司”)

① 一审:江苏省高级人民法院(1999)苏知初字第4号民事判决;二审:最高人民法院(2001)民三终字第3号民事判决书。系最高人民法院公报案例,发布于《中华人民共和国最高人民法院公报》2004年第5期。该案入选最高人民法院2008年首批公布的“全国知识产权100件司法保护典型案例”,载人民网:http://ip.people.com.cn/GB/8428418.html,最后访问日期:2020年3月28日。

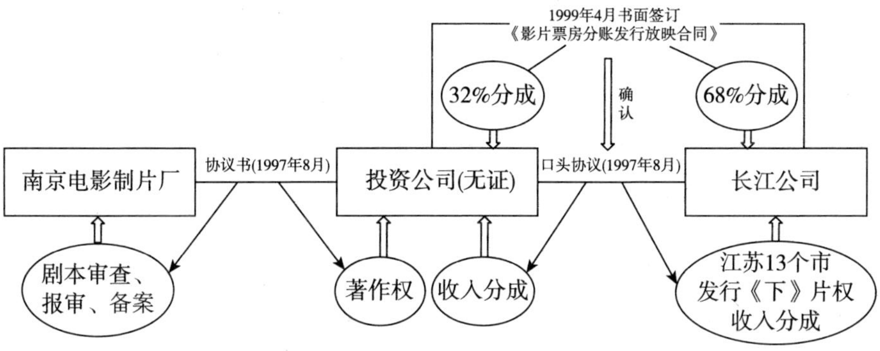

图 2-1 案件结构

| 基本案情 |

1997 年 8 月投资公司与南京电影制片厂签订协议书，约定双方合作拍摄影片《下辈子还做母子》(以下简称《下》片)，著作权归投资公司所有，南京电影制片厂负责《下》片剧本审定并上报主管部门和国家电影局备案。南京电影制片厂持有《摄制电影许可证》。1998 年 5 月，投资公司与长江公司经协商达成口头协议，约定投资公司许可长江公司在江苏省 13 个市发行放映《下》片。与本案相关的协议内容有：(1)《下》片在江苏的放映时间为 1998 年 5 月至 12 月底；(2)影片票房收入双方按比例分成；(3)长江公司须在首映之日起的次日上午用传真向投资公司通报前日“映出成绩日报表”，财务报表应于每周结束的 3 日内报送投资公司，并于上映两周后将投资公司应得的分成收入金额以电汇方式汇入指定账户，发行日期结束后的 1 周内，将投资公司应得所有分成汇入指定账户；(4)长江公司须检查各市、县电影公司和影院上报《下》片票房收入的真实性，如经投资公司查出发行放映《下》片的影院或公司有漏、瞒报票房收入，由长江公司按漏、瞒报票款的 10 倍对投资公司承担经济赔偿责任。1999 年 4 月投资公司与长江公司签订书面《影片票房分账发行放映合同》，对 1998 年 5 月口头协议予以确认，并进而对票房收入分成比例达成合意，约定投资公司分成 32%、长江公司分成 68%。

投资公司不具有政府部门颁发的制片许可证、发行许可证。

1998 年 5 月至 12 月底，长江公司在江苏省发行放映《下》片。1999 年 1 月，长江公司根据江苏省各市、县电影公司上报的《下》片《映出成绩日报表》《放映收入结算表》，汇总制作《分账影片江苏省映出成绩指标分析表》《江苏省映出成绩累计分析表》,统计全省《下》片票款总额为 1,337,081.40 元。1999 年 6 月 28 日长江公司致函投资公司称:《下》片在江苏的票房收入合计为 1,337,081.40 元,投资公司应得 387,937.20 元,长江公司已付 15 万元,剩余 237,937.20 元于 1999 年 10 月底前付清。投资公司接此函后于 1999 年 7 月 6 日向江苏省高级人民法院提起诉讼。认为长江公司偷漏瞒报,要求赔偿。

诉讼中投资公司向原审法院提交江苏省 1095 份学校填写的调查表。调查表源于有关部门向全省中小学校发函而进行的一项调查活动,调查目的是协助全国中小学生影视教育协调工作委员会对江苏省学生和家长观看《下》片情况进行调研,调查表中含有电影票款栏,并要求写明票款。原审法院对该 1095 份调查表进行逐项甄别,去除不具有证明力的调查表,就其中 852 所学校观影情况与投资公司提交的调查表并结合相关市县报表进行对比后认定,长江公司漏瞒报 42,680 元、查明市县漏瞒报 260,980.85 元、推定市县漏瞒报 5 万元,三项共计漏瞒报票款 353,660.85 元,认定长江公司构成违约。

同时,法院认为按 10 倍赔偿处理不符合我国《合同法》中的赔偿实际损失原则,依据公平原则,以漏瞒报票款额的 5 倍确定经济损失赔偿数额,即以法院认定的 353,660.85 元的 5 倍数额 1,768,304.25 元作为经济损失赔偿额。案件各方关系见图 2-1。

| 一审法院判决 |

一审判决:(1)长江公司向投资公司支付经济损失赔偿款 1,768,304.25 元;(2)长江公司向投资公司支付提成款 2771 元;(3)长江公司向投资公司支付未付款 237,937.20 元。

| 诉辩分歧 |

投资公司不服一审判决,向最高人民法院上诉,认为一审判决对长江公司瞒报票房数额的认定错误。原审法院仅仅在投资公司提供的 1095 所学校资料的范围内进行核查,所得结论不足以作为定案依据,刻意缩小了长江公司的瞒报范围。

长江公司亦不服一审判决,也提出上诉称:投资公司不具备有偿转让《下》片发行放映权的主体资格,故其与长江公司所签订的《影片票房分账发行放映合同》为无效合同。原审法院自行收集的证据违反程序法规定,且数据不客观,计算方法不对。对违约损失计算方法不公平,应当以投资公司实际损失为限。

| 最高人民法院判决 |

最高人民法院判定,投资公司与长江公司签订的《影片票房分账发行放映合同》为有效合同。并认定合同关于10倍赔偿责任的约定并未违反法律的禁止性规定,判定有效,作为确定长江公司承担漏瞒报违约责任的依据。

经过复杂细致的计算和甄别,法院认定漏瞒报票款数额共计227,731.2元。根据10倍赔偿责任,长江公司应当向投资公司承担赔偿2,277,312元经济损失的赔偿责任。

最高人民法院改判如下:

1. 撤销江苏省高级人民法院(1999)苏知初字第4号民事判决第1项;

2. 江苏长江影业有限责任公司向广州国际华侨投资公司赔偿经济损失人民币2,277,312元(于本判决生效后10日内支付);

3. 维持江苏省高级人民法院(1999)苏知初字第4号民事判决第2、3项。

| 案件分析 |

该案中最让法院伤神费力的是计算偷漏瞒报票房的数据,这是两级法院审理的核心争议点。但是该案例之所以被最高人民法院作为公报典型案例,更重要的意义在于解决了两个重大的分歧,明确了法院审理民事案件涉及行政管理事项内容案件时采取的两个基本规则:

1. 当行政法规规定与民事法律发生冲突时,倾向保护民事主体实体权利,容忍主体行政能力瑕疵;

2. 当合同本身有瑕疵,但是双方已经实际履行时,倾向于承认已履行合同的效力,容忍合同签订的瑕疵。

规则一:倾向保护民事主体实体权利,容忍主体行政能力瑕疵

本案中投资公司即无制片许可证,也无发行许可证,但是投资公司与南京电影制片厂合作拍摄了影片,并依据双方合同约定取得影片著作权。投资公司与长江公司签订发行合同,发行该影片。按照行政法规,投资公司违反了《电影管理条例》和《影片交易暂行规定》的有关规定,不具备影片交易主体资格。这正是长江公司抗辩《影片票房分账发行放映合同》合同无效的一个理由。

根据我国《著作权法》的规定,著作权人可以自己行使或者许可他人行使其著作权,并依照约定或者法律规定获得报酬。作为《下》片著作权人,投资公司与长江公司签订《影片票房分账发行放映合同》,就长江公司在江苏省范围内独家发行《下》片,以及双方按比例分成影片票房收入等问题达成协议,符合我国《著作权法》的规定。从电影行业及电影作品发行的特点看，投资公司的分账发行许可亦是电影作品著作权人行使著作权，获得投资回报的主要方式，与法律保护民事主体依法行使民事权利的宗旨不相违背，不为我国法律、行政法规的强制性规定所禁止。

《电影管理条例》和《影片交易暂行规定》有关电影制片、发行和放映、有偿转让等活动中对主体和客体所作的限制性规定，是在我国电影行业机制改革过程中，电影行业主管部门为了加强行业管理所制定的，其目的是进一步深化改革，发展和繁荣电影事业。投资公司虽无制片许可证和发行许可证，但其并不直接参与制片、发行活动，而《下》片的实际制片、发行者均持有相应的许可证，而且该片内容经主管部门审查通过具备准映证，投资公司将《下》片许可长江公司分账发行，无论主体还是客体均不影响电影市场的正常秩序，亦不妨碍国家对电影行业的行政管理，并且与电影行业机制改革的发展方向是一致的。此外，《影片交易暂行规定》是行政规章类的规范性文件，并不属于法律所明确规定的认定合同效力的依据，因此投资公司具有签订本案所涉合同的主体资格。

规则二：倾向于承认已履行合同的效力，容忍合同签订的瑕疵

长江公司认为，投资公司在《下》片已经放映结束的情况下，非出于履行合同的目的与其签订合同，且倒签签约时间，是欺诈行为。对此，法院认为，投资公司与长江公司于1999年4月签订的《影片票房分账发行放映合同》，是对双方1998年5月口头协议的确认，且在签订书面合同时，该口头协议已经实际履行。无论是口头协议的达成，还是补签书面合同的意愿，都是双方的真实意思表示，即使签订书面合同的要求是投资公司提出的，也不能据此认定其具有欺诈行为。虽然双方将合同签订时间倒签，也是经过长江公司认可，而且与口头协议达成和履行的实际情况相一致，并没有损害长江公司利益，亦未损害国家、集体或者第三人利益，因此，也不能因合同时间倒签而认为投资公司具有欺诈行为。至于投资公司是否出于履行合同的目的签订书面协议，与合同是否有效亦无关联，即使双方未补签书面合同，已经实际履行的双方1998年5月的口头协议仍然受法律保护。

在其他民事案件中法院也坚持这条原则，这是实体权利不因程序限制而消失原则的一种表现形式。

这一规则在广东省高级人民法院判决“肇庆市鸿辉投资有限公司与科威（肇庆）半导体有限公司建设用地使用权转让合同纠纷二审”①中引用：“广州国际华侨投资公司

① 广东省高级人民法院（2014）粤高法民一终字第20号民事判决书。

诉江苏长江影业有限责任公司影片发行权许可合同纠纷案"确立了如下裁判规则:经合同双方当事人一致意愿所认可的时间倒签合同,并没有损害合同履行方利益,亦未损害国家、集体或者第三人利益,不能因合同时间倒签认为合同签署中存在欺诈行为,合同合法有效。

第三节 · 院线的法律地位和权利

在发行领域我们需要专门研究一个重要主体——院线,而院线也并不完全属于发行领域,院线是将发行和放映两个领域整合起来的一种形式。

一、行政规制下的院线产生与发展

(一)2000 年院线诞生

2000 年原广电总局、原文化部印发《关于进一步深化电影业改革的若干意见》的通知[①]首次提出院线的概念。规定积极推行院线制,促进跨地区经营。减少发行层次,增加发行渠道。充分利用现有的发行放映资源,建立区域性院线和跨省院线,鼓励有条件的电影发行放映公司进行院线制改造,逐步建立以院线为主的供片机制,通过竞争活跃电影市场,促进影片收入在制片、发行、放映三个环节上的合理分配。

(二)2001 年 1519 号文[②]

2001 年原国家广播电影电视总局和原文化部共同发布《关于印发〈关于改革电影发行放映机制的实施细则(试行)〉的通知》。主要内容总结如下:

建立一家进口、两家发行的进口影片发行模式。组建中影集团影片进出口公司,统一进口外国及中国港澳台地区影片。建立两家进口影片发行公司,保留中影集团原进口影片发行公司,再组建一个进口影片股份制发行公司。两家进口发行公司发行进口影片的数量取决于上一年度发行放映国产影片尤其是推荐国产影片的发行业绩。

---

① 原广电总局、文化部印发《关于进一步深化电影业改革的若干意见》的通知(广发影字〔2000〕320 号),2000 年 6 月 6 日由原国家广播电影电视总局、原文化部共同发布,于 2010 年 11 月 12 日经国家广播电影电视总局令第 65 号《关于废止部分广播影视部门规章和规范性文件的决定》宣布失效。

② 2001 年 12 月 18 日由原国家广播电影电视总局、原文化部共同发布,现行有效。

实行以院线为主的发行放映机制。减少发行层次,发行公司和制片单位直接向院线公司供片。

以资本或供片为纽带,加快结构调整,推进院线组建。由一个发行主体和若干影院组合形成院线,实行统一品牌、统一排片、统一经营、统一管理。

(三)2004 年原广电总局 43 号令①

2003 年 11 月,原国家广播电影电视总局发布《关于进一步推进电影院线公司机制改革的意见》,加强电影院线公司整合,扩大电影院线公司投入。

2004 年 10 月,原国家广播电影电视总局、商务部发布《电影企业经营资格准入暂行规定》,极大地激发了社会资本参与电影发行和院线建设的积极性,涌现出博纳影业和北京万达院线等优秀民营电影企业。

(四)2018 年国家电影局发布院线最新规定②

2018 年国家电影局发布有关院线管理的最新规定,明确了成立电影院线公司具备条件:1. 控股影院数量不少于 50 家或银幕数量不少于 300 块;2. 控股影院上一年度合计票房收入不低于 5 亿元;3. 所属影院正常上缴电影事业发展专项资金;4. 最近 3 个年度申请主体无违法违规经营行为,未受到行政处罚或其他处理;5. 最近 3 个年度所属影院因违法违规经营行为受到行政处罚或其他处理的不超过 3 家,且处罚期已满,处罚措施已执行落实并整改到位。

此外,加快发展“人民院线”、艺术电影放映联盟,为国产优秀主旋律影片、优秀艺术影片提供更大放映空间。鼓励发展校园院线等特色院线。

二、院线的法律性质与分类

院线体制是由一个发行主体和若干影院组合形成院线,实行统一品牌、统一排片、统一经营、统一管理的电影发行放映体制。院线的英文是 theater chain,是国际上通行的一种影片发行放映方法,它意味着一个发行放映的连锁企业或机构。院线一方面对接电影制片方或者发行方,另一方面通过资产连接或者契约连接的方式对接电影院等电影放映终端。一般而言,电影院等放映主体都是相对独立于院线公司的主体。院线制之所以能够成为一种成功的运营模式被广泛借鉴,是因为

① 《电影企业经营资格准入暂行规定》(国家广播电影电视总局　商务部令第 43 号),2004 年 10 月,原国家广播电影电视总局、商务部发布。

② 国家电影局于 2018 年 12 月 11 日发布《关于加快电影院建设促进电影市场繁荣发展的意见的通知》(国影发〔2018〕4 号)。

它具有品牌统一、资源共享、连锁经营等优势,使影院能够在放映期间获得更好的利润,也有利于形成影院之间良性的竞争体系。

院线可以是影院与影院的联合,发行与影院的联合或制片与影院的联合,可以是以资产为纽带的紧密型院线,也可以是以供片签约为主的松散型院线。

从 2003 年起,经过十余年的改革,我国初步形成了覆盖全国主流市场、二级市场、农村市场和其他媒体终端市场的梯次发行放映网络和以院线公司为主的发行放映机制。院线公司也在向多元化方向稳步发展,在主流商业院线之外,校园院线、农村院线、艺术院线等特色院线尝试也取得了很大成绩。以艺术院线为例,2016 年 10 月,中国电影资料馆联合华夏电影发行有限责任公司、万达电影院线股份有限公司、百老汇电影中心、北京微影时代科技有限公司共同发起全国艺术电影放映联盟,以有效应对市场分层化、创作多样化、观众需求个性化的新态势。北京"惠民特色影院"和上海艺术电影联盟也已具有艺术院线的雏形。

院线公司的权利:院线购买的影片(不含单拷贝),其发行放映权只是本院线的发行放映权,而不是本区域或其他院线的发行放映权。鼓励跨区域影院间的合作经营。各省内区域性院线和跨省院线都可以平等地同影片著作权人或发行权拥有者交易影片,而不受行政区域市场的限制。各院线不得限制影片著作权人或发行权拥有者同其他院线交易影片。院线和影片著作权人或发行权拥有者之间拥有相互的选择权。继续实施单拷贝销售政策,允许影院自主购买影片单拷贝。

实践中,由于院线常常直接对接于电影制片公司,于是其本身起到一个发行公司的作用,成为电影进入影院的一个渠道。院线与影院的关系比较复杂,有的是投资关系、有的是合同关系,有的是参股方式。在最初制度设计时,以及后面的实践中也有股份参与式的院线联盟,但是实践中最多的还是合同关系的院线。不论哪种方式,对于院线和签约的影院及制片单位来说,至关重要的都是订立好合同,明确双方的权利义务关系。

三、合同关系的院线

依据合同签约的院线,与属于其院线的影院之间,通过合同确定各自的权利义务关系,对于院线而言,核心义务就是提供影片,业内简称为"供片",核心权利就是获得票房分成。

10 案·例 代人付款有瑕疵，责任谁负才合适？
——江苏东方影业有限责任公司与连云港市文化艺术城有限公司等经营合同纠纷①

| 当事人 |

再审申请人（一审被告、二审被上诉人）：连云港市文化艺术城有限公司（原名连云港市文化艺术中心）（以下简称“连云港文艺中心”）

被申请人（一审原告、二审上诉人）：江苏东方影业有限责任公司（以下简称“东方影业公司”）

被申请人（一审被告、二审被上诉人）：江苏熙茹文化传媒有限公司（以下简称“熙茹公司”）

被申请人（一审被告、二审被上诉人）：江苏熙茹文化传媒有限公司龙尚影城（以下简称“龙尚影城”）

本案基本案情见案件结构图2－2。

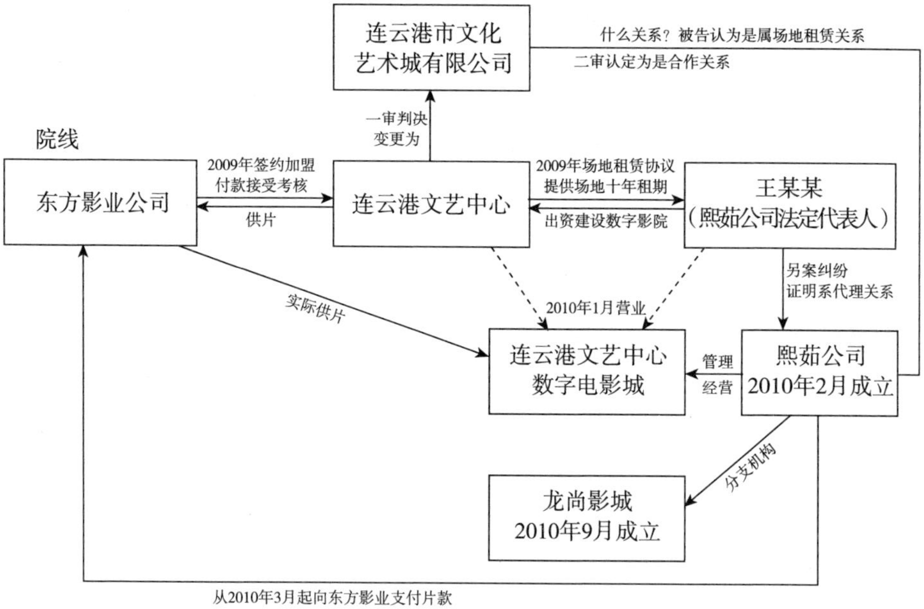

图2－2 案件结构

① 一审：连云港市海州区人民法院（2014）新商初字第364号民事判决；二审：江苏省连云港市中级人民法院（2015）连商终字第00114号民事判决书；再审：江苏省高级人民法院（2016）苏民申3460号民事裁定书。

| 诉辩分歧 |

东方影业公司一审诉称：东方影业公司与连云港文艺中心签订协议，约定连云港文艺中心加盟东方影业公司院线成员。连云港文艺中心履行合同数月后，在未经东方影业公司同意的情况下擅自将合同的权利义务转让给熙茹公司及龙尚影城，截至2013年3月底，已拖欠东方影业公司片款85万余元。请求法院：(1)判令连云港文艺中心、熙茹公司及龙尚影城共同给付东方影业公司片款85万余元及利息；(2)判令连云港文艺中心支付片款滞纳金25万余元，熙茹公司、龙尚影城对此承担连带责任。

连云港文艺中心一审辩称：协议签订后并未实际履行。连云港文艺中心只是将场地租赁给熙茹公司，并非东方影业公司所诉称的合作经营。从事电影放映的一直均是熙茹公司和龙尚影城。连云港文艺中心与熙茹公司是房屋场地租赁关系。因此东方影业公司应向熙茹公司主张权利。

| 一审查明事实 |

2009年7月8日，东方影业公司（甲方）与连云港文艺中心（乙方）签订一份《签约影院协议书》，该协议书约定，东方影业公司是专事电影一级发行的院线公司，经甲乙双方协商，乙方愿意加盟成为甲方院线成员，就电影发行、放映等有关事项签订本协议：甲方为乙方唯一发行方，甲方每季度对乙方的票房收入、市场规范操作、诚信等进行考核，并将根据考核情况，适当调整排片放映轮次。本院线发行的所有影片，均由甲方负责与片商洽谈和购买。乙方不得自行引进各类影片，如需购单拷贝影片，应在自购上映15天前，以书面形式通知甲方。分成结算：双方对发行放映影片实行分账、保底分账、版权分割、承包等多种方式。乙方每月5日前，将上月《电影放映情况月报表》和《电影放映收入结算月报表》送交或以快递方式报甲方。乙方当月影片放映结束后，次月3日内结清片款。乙方应按规定向甲方缴纳片款，每迟付1日，乙方应按拖欠片款金额的0.5%向甲方罚缴滞纳金；超过10日未缴片款，甲方有权暂停向乙方供片；超过30日未缴片款，甲方有权暂时停止或完全终止与乙方的协议，因此造成的后果由乙方负责。本协议有效期为3年，即2009年8月1日至2012年7月31日。本协议期满后，影片供应随即终止；如需继续合作，可由双方协商后续签。协议中还对其他事项进行了约定。协议签订后，东方影业公司派人协助连云港文艺中心对放映场所进行装修改造。

2009年12月4日，连云港文艺中心(甲方)与王××(乙方)签订了《场地使用及合作协议》，约定由乙方出资对连云港文艺中心4楼数字电影放映小厅、大剧院、音乐厅进行数字电影放映改造和建设，承担连云港文艺中心内与数字电影放映及售票系统相关的所有投资，并负责休闲区的设计和设施投资。乙方在经营期内拥有投资的数字电影放映设备的所有权和使用权。场地使用及合作期限暂定10年。协议期满，乙方必须无条件搬离甲方场地。协议中还对其他事项进行了约定。

2010年1月16日，连云港文艺中心数字电影城开始营业。2010年2月4日，熙茹公司成立数字电影城，由熙茹公司经营。2010年9月8日，龙尚影城成立，许可经营项目：电影放映。东方影业公司从2010年1月开始向连云港文艺中心数字电影城供应影片。根据双方统计的电影放映分成表，2010年1月至2013年3月，东方影业公司应得分成累计为4,475,460.35元。熙茹公司从2010年3月开始陆续向东方影业公司支付片款，截至2013年2月，共计支付片款3,625,089.46元。尚余850,370.89元片款未付。

2012年，连云港文艺中心向原审法院对王某、熙茹公司就房屋租赁纠纷提起诉讼，经原审法院审理确认，王某与连云港文艺中心签订《场地使用和合作协议》的目的是为熙茹公司经营准备所必需的经营场所和经营条件。熙茹公司成立后也实际占有使用了连云港文艺中心大楼部分房屋和场地，并按照协议约定履行了经营数字电影放映、支付电费等权利义务。因此，王某与连云港文艺中心签订协议的行为是在代表熙茹公司的权限范围内，相关民事责任应转移至熙茹公司承担，并确认连云港文艺中心与熙茹公司之间系房屋及场地使用关系。原审法院连云港市新浦区人民法院依法作出(2012)新民初字第2149号民事判决。王某、熙茹公司不服原审法院判决，向连云港市中级人民法院提出上诉，后因未缴纳上诉案件受理费，连云港市中级人民法院依法作出(2014)连诉字第0179号民事裁定，裁定按自动撤回上诉处理。

原审法院另查明：龙尚影城系熙茹公司设立的领取营业执照的分支机构。

| 一审裁判 |

东方影业公司与连云港文艺中心之间签订的《签约影院协议书》合法有效。但在该份合同签订后，连云港文艺中心将其用于数字电影放映的场地租赁给熙茹公司及龙尚影城使用，接收东方影业公司影片从事电影放映并向东方影业公司支付分成片款的均为熙茹公司。东方影业公司开具的发票也确认客户为熙茹公司，即与东方影业公司发生电影放映、片款分成业务的相对方为熙茹公司及龙尚影城。东方影业公司与连云港文艺中心的《签约影院协议》并未实际履行。因此,东方影业公司要求熙茹公司及龙尚影城支付片款850,370.89元及利息的诉讼请求,原审法院予以支持。东方影业公司要求连云港文艺中心给付片款,无事实和法律依据,原审法院不予支持。关于东方影业公司主张255,111.27元滞纳金的诉讼请求,因东方影业公司与熙茹公司及龙尚影城之间并无明确的约定,不予支持。

| 二审查明事实 |

除认定一审事实外,另查明:连云港市新浦区人民法院(2012)新民初字第2149号一案中,连云港文艺中心诉称其与王某约定将其相关场地交付王某用于建设“连云港市数字电影城”,王某对房屋场所的设施进行投资,连云港文艺中心派驻财务人员对数字电影城的经营状况进行监督和常规管理,同时根据数字电影城的需要派驻工作人员,所派驻人员由王某支付劳务补助,作为对连云港文艺中心的回报。王某应在第一、二年分别将电影票房收入的5%、7%及休闲区营业额的10%、20%支付给连云港文艺中心作为场地使用费和管理费,经营期间的水电暖费由王某承担。而王某、熙茹公司答辩称:对双方的经营合作没有异议,只是对合作条款细节和数量分配并不认同。

在一审判决后,连云港市文化艺术中心变更为连云港市文化艺术城有限公司,原连云港市文艺中心债务一并由连云港市文化艺术城有限公司承担。

| 二审判决 |

虽然《签约影院协议书》该份合同签订后,向东方影业公司支付分成片款的为熙茹公司,但从连云港市新浦区人民法院(2012)新民初字第2149号一案中连云港文艺中心、王某、熙茹公司的诉辩主张及该案判决的内容来看,连云港文艺中心与熙茹公司双方是合作关系,熙茹公司的付款行为只是一种第三人代连云港文艺中心为履行债务的行为。判决撤销原判决;连云港市文化艺术城有限公司给付江苏东方影业有限责任公司片款850,370.89元及滞纳金255,111.27元。

| 案件分析 |

本案在一审和二审作出了截然相反的判决,并且连云港市文化艺术城有限公司(一审被告、二审被上诉人)提起再审,再审维持了二审的判决,说明这个案件的争议很大。

本案中争议焦点不在于拖欠原审原告东方影业公司的85万元影片片款,当事人对此均无异议。争议焦点在于由谁来付这笔钱。问题在于与原告东方影业公司签订合同的是被告连云港文化中心,可是合同履行过程中却是熙茹公司付的款。这才造成几方各执一词,法院两审判决不同的情况。

总结与本案同类的合同型院线联盟,重点说明两个关键词:合同"最大"和债务承担。

1. 合同"最大"

何为合同"最大"?也可以表述为书面合同优先。原被告之间订立了《签约影院协议书》,对双方权利义务进行了明确规定,包括违约金的规定。被告说没有实际履行,可是没有证据证明。而证据显示原告提供了影片,熙茹公司也汇款过去,说明合同曾经履行得很好。被告认为是等于原告与熙茹公司建立了事实上的合同关系,但是,这只是被告的一厢情愿。在没有提供证据证明经法定程序解除原被告连云港文艺中心与东方影业公司之间的合同之前,原被告的合同在法律上是存在的,所以法院就认定合同有效。连云港文艺中心与熙茹公司双方是合作关系,于是按照合同,被告就得履行付款义务,以及承担违约金。

2. 债务承担

那么如何认定熙茹公司的付款行为?这只是一种第三人代连云港文艺中心履行债务的行为,法理中称为债务承担,①是指在不改变合同的前提下,债权人、债务人通过与第三人订立转让债务的协议,将债务全部或者部分转移给第三人承担。首先债务承担需要债权人同意,所以本案中原告在起诉时称,被告未经其允许而让第三人承担合同义务,这正是说明原告很明白债务承担的法律构成要件。

根据法律规定,②当事人约定由第三人向债权人履行债务,第三人不履行债务或者履行债务不符合约定,债务人应当向债权人承担违约责任。

因此,承担支付片款责任的主体应为连云港文艺中心。连云港文艺中心变更

① 《合同法》第84条规定:"债务人将合同的义务全部或者部分转移给第三人的,应当经债权人同意。"《民法典》相应的条款是第551条,并增加了第2款规定"债务人将债务的全部或者部分转移给第三人的,应当经债权人同意。债务人或者第三人可以催告债权人在合理期限内予以同意,债权人未作表示的,视为不同意。"

② 现行有效的《合同法》第65条如此规定,《民法典》第523条规定与此相同。

为连云港文艺城公司后,相关债务由连云港文艺城公司承继,故连云港文艺城公司应承担相应的付款责任。

第四节·发行企业如何依据著作权法行使权利

根据《著作权法》的规定,发行权是指“出售或者赠与方式向公众提供作品的原件或者复制件的权利”。影视剧的发行权大抵如此,影视剧只有通过售卖才能实现资本回收,当然也可以赠与的方式实现发行。同时,在影视剧发行的具体内涵上有自己的特点和特色。

一、影视剧发行著作权基本内涵

影视作品发行,是指为满足公众对作品的需求,向公众提供一定数量的影视作品的复制件的行为。这是一项法定绝对权利,不以影视观众是否同意为前提,也不以受众是否有偿观赏为条件。只要提供的方式合法,作品原件或者复制件所有权发生了转移,都属于发行行为。① 通常情况下,多指通过各种商业渠道向公众提供影视作品复制件的行为。

影视发行实务中,当年胶片电影时期发行电影拷贝,即是电影作品的复制件所有权转移,是电影发行权的一种行使方式。现在进入数字电影时代,电影作品几乎都实现了数字化,电影通过网络数据传输到异地,就实现了发行权。此外通过对影视作品制作 VCD/DVD 售卖,也是实现影视作品发行权的方式。

出品单位一般会和专门的电影发行公司签订合同,通过发行权的售卖获得投资回报。或者在制作过程中,就引入专门的电影发行公司的投资,签订合同确定双方的投资收益比例。无论何种形式,都是对影视作品发行权的行使。

发行权与复制权是紧密相连的,复制的目的是发行,发行是复制的必然结果,所以复制和发行统称为出版。

根据《世界版权公约》和《伯尔尼公约》的精神,对电影作品的表演,目的仅是让作品为公众所知,因为没有向公众提供复制件,因此这种行为不构成发行,这是

---

① 刘春田主编:《知识产权法》(第3版),中国人民大学出版社2007年版,第97页。

行使影视作品的邻接权。

二、如何行使影视剧发行权

(一)影视剧发行权的外延不断扩大,需要条块分割

发行权的特点是可以按地区、区域和国别来“按面积分割”。理论上讲,作品可以卖到世界上任何地方,当然,前提是有人来买你的影视作品。美国好莱坞的电影就几乎卖到了世界各地。可喜的是,正在崛起的中国电影,已经迈开了向全世界销售的脚步。《中国电影报》2018 年 1 月 17 日报道,2018 年 1 月落幕的美国电影市场(AFM)上,中国电影《中国推销员》在短短 7 天会期中,竟收到美、加、英、法等 60 多个国家发行商的购买合同,影片销售额突破 600 万美元。①

某种程度上,甚至可以认为发行无限可分,不仅可以分区域发行,分国别发行,还可以分平台发行,另外还要区分电影与电视剧在不同平台上比如电影院、电视台、网络上发行。例如,出现 DVD,那么发行到 DVD 上是一种发行;飞机上可以看电影了,那么发行到航空器上也是发行权;网络上看电影网速快了,于是发行到网络上的电影发行权出现;手机上可以看电影了,那么在合同中又可以签订手机作为接受平台的电影发行权了。

(二)发行到不同介质上要结合不同的权利

发行人在不同的平台发行电影或者电视剧,影视剧发行人与放映(播映)人签订的转让合同要一并转让一些其他的权利,比如放映权、广播权还是信息网络传播权。换言之,发行人发行标的是什么,决定其发行权结合的权利类型。这也就意味着不同发行人要同时获得出品人不同权利的转让或者授权。

发行电影到电影院要一并转让放映权,否则电影院无权放映电影;发行主体有偿允许电视台播出,就要一并转让合法取得广播权;发行影视作品给某个网站,这里卖的就是影视作品的信息网络传播权。

① 《专访导演檀冰:“好莱坞流程制作 + 中国崛起”缺一不可》,载《中国电影报》2018 年 1 月 17 日,第 16 版。

11 案·例 授权在某地域放映的影片,可否再卖给电影频道?

——广州茂森公司与深圳新经典公司著作权许可使用合同纠纷①

|当事人|

上诉人(原审原告):广州茂森广告文化传播有限公司(以下简称“茂森公司”)

被上诉人(原审被告):深圳市新经典广告制片厂有限公司(以下简称“新经典公司”)

|基本案情|

新经典公司系影片《走路上学》(以下简称《走》)的出品单位之一。其余4家出品公司分别出具《授权书》授权新经典公司享有涉案影片《走》在全球范围的复制权、发行权、出租权以及放映权,授权期限自2010年1月1日至2059年12月31日。该权利为可转让的专有使用权,被授权人在授权期限内可以自行许可第三方使用,所得全部收益归被授权人所有。

2013年8月28日,茂森公司与新经典公司签订《电影拷贝许可使用合同》(以下简称《拷贝许可使用合同》)。约定:新经典公司作为甲方,提供影片《走》供茂森公司(乙方)在广州行政区域内数字及胶片拷贝放映机上的许可使用,茂森公司自行开展影片在广州行政区域内的发行工作;许可费为人民币59万元;甲方保证独家授权乙方在广州行政区域内的数字及胶片拷贝使用许可;本合同签订生效后,乙方成为广州行政区域内独家发行数字及胶片拷贝影片《走》的发行单位,享有该影片在广州行政区域内的唯一性和排他性。乙方只得在所授权的广州行政区域内从事市场推广及放映活动,不得跨区域运作。

茂森公司另签订《保密函》作为附件,承诺影片仅在广州行政区域内影院场地、学校场地或本公司自有渠道,通过数字及胶片拷贝放映机放映影片,不得通过其他渠道播放。

2013年8月30日,茂森公司向新经典公司支付了许可费59万元。

---

① 二审:广东省高级人民法院(2015)粤高法民三终字第619号民事判决书;一审:广东省深圳市中级人民法院(2014)深中法知民初字第1018号民事判决书。

2014年2月11日,新经典公司与某电影频道(以下简称电影频道)签订《影片许可使用合同》,约定:电影频道获得涉案影片在全球范围的广播权以及以无线或有线方式直接公开广播或者传播作品的权利(包括但不限于有线电视、无线电视、卫星电视等免费或收费的播放),权利起始时间为2014年1月1日至2059年12月31日。电影频道获得涉案影片在全球范围的信息网络传播权。

某电影频道于2014年3月8日播放了涉案影片。

教育部办公厅和原国家广电总局办公厅印发的《教基一厅〔2010〕9号的通知》要求,两部门在2010年2月将涉案影片作为优秀影片向全国中小学生推荐。茂森公司提交的证据表明,涉案影片在2010年已经在国内公映。2012年12月,新经典公司与海口鑫经典文化传媒有限公司签订许可使用合同,授权海口鑫经典文化传媒有限公司就涉案影片在海南省区域内胶片放映机上的许可使用。授权期限为18个月。

|原告诉称|

茂森公司于2014年5月16日起诉,认为新经典公司对第三方授权的行为打破了茂森公司对广州区域的专有授权,违反合同约定。请求法院判令:(1)解除双方当事人于2013年8月28日签署的《电影广东省(市)拷贝许可使用合同》;(2)新经典公司向茂森公司退还许可使用费人民币59万元;(3)新经典公司向茂森公司赔偿人民币590万元;(4)本案所有诉讼费用由新经典公司承担。

法院判决

一审法院判决:驳回广州茂森广告文化传播有限公司的全部诉讼请求。

一审案件受理费人民币57,230元,由广州茂森广告文化传播有限公司承担。

二审维持原判。

|案件分析|

原被告双方签订的《拷贝许可使用合同》约定,"新经典公司作为甲方,提供自有版权影片《走》供茂森公司(乙方)在广州行政区域内数字及胶片拷贝放映机上的许可使用","甲方保证独家授权乙方在广州行政区域内的数字及胶片拷贝使用许可";作为合同附件的《保密函》约定,茂森公司承诺影片"仅在广州行政区域内影院场地、学校场地或本公司自有渠道,通过数字及胶片拷贝放映机放映影片。不得通过其他渠道播放”。由此可见,关于授权的约定非常明确,即授权地域范围为广州行政区域,权利内容为数字及胶片拷贝放映机上的使用,授权方式为指定区域的独家许可。根据《著作权法》第10条第10项放映权、第11项广播权、第12项信息网络传播权的规定,当事人约定的著作权中的具体权利内容为放映权,并不包括广播权和信息网络传播权。

《著作权法》第10条明确规定了著作权人享有的人身权与财产权共17项权利,其中放映权与广播权、信息网络传播权是并列的权利。《著作权法》第10条第3款规定,著作权人可以全部或者部分转让著作权人享有的财产权利。因此新经典公司是将其享有的影片《走》享有的放映权和广播权、信息网络传播权分别授予了本案茂森公司和案外人。《著作权法》明确认可著作权人可以将其享有的著作权财产权利部分转让,且著作权财产权可以分别并行行使。涉案影片的放映权与广播权、信息网络传播权的使用方式是通过不同的介质进行,彼此并不冲突。新经典公司将涉案影片广播权和信息网络传播权授予案外人不影响茂森公司在授权期限内放映权的行使。

案件中还有一个小问题,因涉案影片的其他著作权人对新经典公司的授权不包括广播权、信息网络传播权,故新经典公司将涉案影片的信息网络传播权、广播权授予案外人没有法律效力。但是,新经典公司将涉案影片的广播权和信息网络传播权授权给案外人的行为是否有效不影响新经典公司对茂森公司的授权效力,这属于另外的法律关系。

第三章 放映（播映）场所的行政监管与法定权利

日增成百上千屏，
承载千家万户情。
末端回资任务重，
主体多元权分明。

目前，我国已经成为世界第二大电影市场，电影银幕数量稳居全球第一。电影院是电影产业的重要基础设施，是人民群众观赏电影的主要场所，也是实现电影价值、回收电影投资的关键环节。电影要发展产业，必须加快建设电影院，大幅度提高银幕数量，才能促进电影市场持续繁荣，业内有云，“无影院，不电影”。

放映是专门针对电影而言的一个概念，对于电视台而言叫作电视剧播放。以往一般的形式是观众在家中电视上收看电视台播映电影、电视剧，随着新媒体的产生，电影电视剧的播放也可以在网络上实现，观看平台更加多元，法律权利也更为复杂。

第一节·行政法律法规对电影放映、电视播出的监管

一、《电影产业促进法》和《电影管理条例》对电影放映主体的监管

如表3－1所示，依据《电影产业促进法》(表中简称《法》)和《电影管理条例》(表中简称《条例》)电影放映主体需要遵守的规定。

表3－1 对电影放映主体的行政监管

序号	许可	义务(管理要求)	禁止性规定	法条出处	法律责任
1	具备条件的企业、个体工商户可申请电影放映许可			《法》第24条第2款 《条例》第36、38条	《法》第47条
2	企业非重大事项变更需备案			《条例》第39条	
3			无证电影不得放映	《法》第20条 《条例》第42条	《法》第49条
4	流动放映业务备案			《法》第26条	
5		16毫米电影放映备案		《条例》第40条	
6			不得骗取国家对于农村公映放映补贴	《法》第27条	《法》第54条
7		电影放映数量质量要求		《法》第29条 《条例》第44条	
8		电影院硬件、软件要求		《法》第30条	
9			禁止非法录音录像	《法》第31条	
10		电影放映广告要求		《法》第32条	《法》第51条第2款

续表

序号	许可	义务(管理要求)	禁止性规定	法条出处	法律责任
11		电影院等放映场所治安、消防、公共场所卫生等责任		《法》第33条《条例》第45条	
12			禁止制造虚假交易、虚报瞒报销售收入	《法》第34条	《法》第51条第1款
13		执行停止放映决定		《条例》第42条第2款	

(一)放映活动许可

问:什么人可以申请电影放映活动许可?

答:企业、个体工商户具有与所从事的电影放映活动相适应的人员、场所、技术和设备等条件的,经所在地县级人民政府电影主管部门批准,可以从事电影院等固定放映场所电影放映活动。①

与电影发行许可的区别是申请主体不同,电影发行许可的申请主体是企业,而电影放映许可申请主体更多,还包括个体工商户。

问:申请放映许可的条件是什么?

答:具体条件和电影发行许可基本相同。设立电影放映单位应当具备下列条件:(1)有电影放映单位的名称、章程;(2)有确定的业务范围;(3)有适应业务范围需要的组织机构和专业人员;(4)有适应业务范围需要的资金、场所和设备;(5)法律、行政法规规定的其他条件。②

问:哪个部门负责审批电影放映许可?

答:所在地县级人民政府电影主管部门。

作为放映活动许可的内容,当电影放映单位发生非重要事项变更的,需要备案。电影放映单位变更名称、地址、法定代表人或者主要负责人,或者终止放映经营活动的,应当到原登记的工商行政管理部门办理变更登记

① 《电影产业促进法》第24条第2款。

② 《电影管理条例》第36条。

或者注销登记,并向原审批的电影行政部门备案。①

(二)流动放映备案

企业、个人从事电影流动放映活动,应当将企业名称或者经营者姓名、地址、联系方式、放映设备等向经营区域所在地县级人民政府电影主管部门备案。②

《电影管理条例》规定了16mm电影放映备案,是包含在流动放映中的一种形式。

(三)电影放映单位在放映电影过程中需要遵守6点义务

1. 电影放映质量、数量要求

电影院应当合理安排由境内法人、其他组织所摄制电影的放映场次和时段,并且放映的时长不得低于年放映电影时长总和的2/3。电影院以及从事电影流动放映活动的企业、个人应当保障电影放映质量。③

2. 电影院硬件、软件要求

电影院的设施、设备以及用于流动放映的设备应当符合电影放映技术的国家标准。电影院应当按照国家有关规定安装计算机售票系统。④

3. 广告要求

电影院在向观众明示的电影开始放映时间之后至电影放映结束前,不得放映广告。⑤

4. 电影院等放映场所治安、消防、公共场所卫生等责任

电影院应当遵守治安、消防、公共场所卫生等法律、行政法规,维护放映场所的公共秩序和环境卫生,保障观众的安全与健康。

任何人不得携带爆炸性、易燃性、放射性、毒害性、腐蚀性物品进入电影院等放映场所,不得非法携带枪支、弹药、管制器具进入电影院等放映场所;发现非法携带上述物品的,有关工作人员应当拒绝其进入,并向有关部门报告。⑥

5. 如实申报义务

电影发行企业、电影院等应当如实统计电影销售收入,提供真实准确的统计数

---

① 《电影管理条例》第39条第2款。
② 《电影产业促进法》第26条。
③ 《电影产业促进法》第29条。
④ 《电影产业促进法》第30条。
⑤ 《电影产业促进法》第32条第2款。
⑥ 《电影产业促进法》第33条。

据，不得采取制造虚假交易、虚报瞒报销售收入等不正当手段，欺骗、误导观众，扰乱电影市场秩序。①

6. 执行行政部门停止发行决定

已经取得《电影片公映许可证》的电影片，国务院广播电影电视行政部门在特殊情况下可以作出停止发行、放映或者经修改后方可发行、放映的决定；对决定经修改后方可发行、放映的电影片，著作权人拒绝修改的，由国务院广播电影电视行政部门决定停止发行、放映。②

(四)两项禁止规定

1. 不得骗取补贴

从事农村电影公益放映活动的，不得以虚报、冒领等手段骗取农村电影公益放映补贴资金。③

2. 禁止非法录音录像

未经权利人许可，任何人不得对正在放映的电影进行录音录像。发现进行录音录像的，电影院工作人员有权予以制止，并要求其删除；对拒不听从的，有权要求其离场。④

12 案·例 在影院住所外的其他场所放映电影是否需要另行取得放映许可？

——济南龙田影城有限公司与济南市历城区市场监督管理局、济南市历城区人民政府行政纠纷⑤

该案经历复杂：行政处罚——行政复议——行政诉讼一审——行政诉讼二审。该案2018年年底提起再审申请，山东省高级人民法院裁定本院提审，目前尚无再审判决。可见该案的具有相当难度和典型意义。

---

① 《电影产业促进法》第34条。
② 《电影产业促进法》第42条。
③ 《电影产业促进法》第27条第3款。
④ 《电影产业促进法》第31条。
⑤ 二审：济南市中级人民法院(2017)鲁01行终503号行政判决书；一审：济南市历城区人民法院(2017)鲁0112行初116号行政判决书；再审：山东省高级人民法院(2018)鲁行申558号行政裁定书。

| 当事人 |

上诉人(原审原告):济南龙田影城有限公司

被上诉人(原审被告):济南市历城区市场监督管理局(原济南市工商行政管理局历城分局)(以下简称“市场监管局”)

被上诉人(原审被告):济南市历城区人民政府

| 基本案情 |

2015 年 12 月 31 日,济南市历城区市场监督管理局执法中发现,原告济南龙田影城有限公司住所为济南市,却在山东建筑大学三楼影音厅,擅自从事放映活动,遂当日立案,进行了调查,并扣押了原告的放映设备。2016 年 1 月 14 日制作了延长扣押期限决定书,并于当日送达原告。后又进行了调查、现场检查,原告亦提交了相关证据。就本案,经案审委集体研究审议,法制法规科核审同意,行政机关负责人集体讨论决定,对原告下达了行政处罚告知书,认为原告行为违反了《电影管理条例》第 39 条的规定,构成擅自设立放映单位,擅自从事放映活动的行为,根据该条例第 55 条的规定,拟对原告进行处罚。2016 年 1 月 29 日,制作了解除行政强制措施决定书和财物清单,对所扣物品除电影票据外予以解除扣押。2016 年 2 月 6 日,根据原告申请,被告市场监管局举行了听证会。听证会后,听证主持人制作了听证报告,该报告认为,经听证听取原告意见后,仍应对原告进行处罚,但适用法律条文应修改,即应适用《电影管理条例》第 5 条第 1 款及第 55 条。经被告市场监管局案审委集体研究,审议通过。2016 年 3 月 2 日,被告市场监管局作出了济历城工商注处字(2015)23 号行政处罚决定书。原告不服,向济南市历城区人民政府(以下简称历城区政府)申请行政复议,历城区政府作出济历城复决字(2016)28 号行政复议决定书,维持了被告市场监管局的处罚决定。

另查明,2016 年 2 月 3 日,国务院作出《关于第二批取消 152 项中央指定地方实施行政审批事项的决定》(国发〔2016〕9 号文件),其中对《电影管理条例》第 39 条规定的县级新闻出版广电行政部门审批的电影放映单位变更业务范围或者兼并、合并、分立事项予以取消。2016 年 2 月 4 日,济南市文化广电新闻出版局(以下简称济南文广新局)根据被告市场监管局要求,作出《关于〈电影管理条例〉适用相关条款的说明》(以下简称《说明》),认为“龙田公司所从事的放映活动为定点固定放映,其在住所外另设立放映场所从事放映经营活动,须按规定办理经营许可、消防许可、工商注册登记等手续。电影企业即使进学校、进社区从事流动放映业务,也要到当地电影行政部门报备。原告设立‘建大影院’从事放映经营活动，既违约了与加盟所在电影院线的合同，同时，也违反了《电影管理条例》第5条、第55条的规定，应予处罚”。

| 一审判决 |

一审法院认为原告在住所外从事放映活动，属于“擅自”从事放映活动，是违反《电影管理条例》的行为。被告市场监管局认定事实的证据确实充分，适用法律正确，其执法程序合法。被告历城区政府作出维持被诉行为的复议决定，符合法律规定。原审法院判决：驳回原告济南龙田影城有限公司的诉讼请求。案件受理费50元，由原告济南龙田影城有限公司负担。

| 诉辩分歧 |

上诉人龙田公司不服原审判决，上诉称，我公司与山东建筑大学团委于2015年9月签署校企文化建设合作备忘录，投资改造了山东建筑大学大活中心的文艺厅及影音空间，改造后完全符合学生排练、表演、比赛、报告、观影等条件要求。影视厅属山东建筑大学大活中心七大活动空间之一，不只是放映所用，平时各院系、团委、学生会经常做其他使用，并非为固定的经营性质，此项目本意就是校企文化合作建设活动，并非以商业经营为目的。

公司是拥有合法营业执照、电影经营放映许可证，放正规院线合法版权的电影，属正当的合法经营活动。2015年9月20日开始开展放映工作，根据行业规定，实际实行半价政策，即15元/票。根据实际售票数量通过公司上报，并每月上缴分账，基本上是略有盈余的原则运营。根据《电影管理条例》第39条第1款的规定：“电影发行单位、电影放映单位变更业务范围，或者兼并其他电影发行单位、电影放映单位，或者因合并、分立而设立新的电影发行单位、电影放映单位的，应当依照本条例第三十七条或者第三十八条的规定办理审批手续，并到工商行政管理部门办理相应的登记手续。”我公司认为把自己单位一个厅的数字电影设备送至大学生活动中心放映正版渠道电影，并且缴纳票房和专资，没有变更业务范围；没有兼并任何电影放映单位，不是合并其他放映单位。在山东建筑大学的电影放映活动，只是我们电影进校园、进社区、进厂矿、进农村，响应党的政策和服务上门的一个正常经营行为，当然也是我公司和校方文化建设合作的一个具体形式和成果。《电影管理条例》当初设立的时候，那时没有完善的加密技术，拟定条款时主要是防止拷贝流失，所以禁止擅自从事电影放映活动；而现在的数字加密技术使得擅自弄到片源及放映是不可能发生的事情。只要能够播放正版电影,必须是符合条件的正规合法电影放映单位。况且,《电影管理条例》没有一条规定电影放映单位不可以在住所外从事电影放映活动。公司的《电影放映经营许可证》明确注明经营区域:济南市历城区,公司虽在住所外但依然在历城区放映电影并非"未经许可"。如果认为我公司在山东建筑大学分立新的放映单位,根据上述国家最新规定,我公司也无须再办理许可手续。请求:(1)撤销原审判决;(2)撤销济历城工商注处字(2015)23号行政处罚书、济历城复决字(2016)28号行政复议决定书;(3)诉讼费用由被上诉人承担。

被上诉人市场监管局辩称,我们对上诉人的处罚事实认定基于我们的现场调查,另一方面基于两次对济南文化广播电视新闻出版局(以下简称文广新局)发出的协助调查函,对上诉人在山东建筑大学放映行为进行调查,得出的结论为上诉人放映行为为擅自放映。依据国家新闻出版广电总局《关于加强电影市场管理规范电影票务系统使用的通知》(2014年1月17日新广电发〔2014〕12号)第3条第6款规定:影院不得擅自将数字放映服务器用于注册地点以外的场所放映。《电影管理条例》第5条规定,国家对电影实施许可制,未经许可,任何单位和个人不得从事电影放映活动,不得放映未取得许可证的电影片,该条规定在第一章总则部分是电影放映活动的总原则。国务院作出的《关于第二批取消152项中央指定地方实施行政审批事项的决定》中,其中对电影管理条例第39条规定的县级新闻出版广电行政部门审批的电影放映单位变更业务范围或者兼并、合并、分立事项予以取消,是指电影放映单位如遇变更业务范围或者因兼并、合并、分立而设立新的电影放映单位时,市场竞争机制可有效调解,无须由县级新闻广电出版部门进行审批才可设立。并非指不经许可,经兼并、合并、分立的新部门便可直接从事放映活动。对于放映许可国务院并未作出取消的规定,上诉人在住所外从事放映活动,仍没有经过许可,故上诉人在住所外从事放映活动认定为擅自从事放映活动。

被上诉人历城区政府辩称,一审法院认定事实清楚,适用法律正确,应当驳回上诉人的上诉请求。

| 二审新证据 |

二审法院另查明,2016年9月5日,济南市历城区机构编制委员会下发《关于明确区卫生和计划生育局等部门有关机构编制事项的通知》,将原历城区工商行政管理局整建制移交历城区市场监督管理局管理。2016年1月20日,济南文广新局向被上诉人市场监管局出具《关于协助济南市工商行政管理局历城分局调查的回函》(以下简称《回函》),该函载明,根据《电影管理条例》第39条的规定,龙田公司如在住所外设立新的放映单位,从事电影放映活动,必须办理《电影放映经营许可证》。

|二审判决|

二审法院认定市场监管局作出处罚的法律依据不足,但是也不等于认可上诉人的行为合法,上诉人应自本案吸取经验教训,恪守法律、诚信经营,自觉接受行政部门的监督、检查与管理。原审判决认定事实清楚,但适用法律不当,本院予以纠正。上诉人的上诉理由成立,予以支持。依法判决:

1. 撤销济南市历城区人民法院(2017)鲁0112行初116号行政判决;

2. 撤销被上诉人济南市历城区市场监督管理局济历城工商注处字(2015)23号行政处罚决定书;

3. 撤销被上诉人济南市历城区人民政府济历城复决字(2016)28号行政复议决定书。

一审、二审案件受理费各50元,由被上诉人济南市历城区市场监督管理局负担。

|案件分析|

初看判决结果像是各打五十大板,但是细致研究后认为,二审判决可以说是在存在法律漏洞的情况下,运用现有法律框架保持法律正义、保护行政相对人的选择。

龙田公司于2012年11月18日通过济南文广新局的审批,取得电影放映许可;2013年2月5日注册成立公司,取得营业执照;龙田公司系具有合法手续的电影放映单位,可以在其住所内进行电影放映。因此本案的争议问题是:

上诉人在住所外(经营区域内)的其他场所放映电影是否需要另行取得放映许可。

要注意,行政诉讼审查行政机关作出的行政处罚,不仅要审查其事实是否清楚,还要审查其适用法律是否正确。因此按照审查的顺序,就审理过程剥丝抽茧分析。

1. 双方对案件事实没有争议,但是行政处罚决定书中事实陈述有误

市场监管局对龙田公司进行处罚的主要理由是:龙田公司与山东建筑大学进行校企文化建设合作,由山东建筑大学提供放映场地、龙田公司提供影片及放映设备,面向该校师生进行电影放映。处罚决定中载明:“在未取得《电影放映许可证》的情况下,在其公司住所以外的山东建筑大学三楼设立电影放映厅擅自从事电影放映活动。”此处罚中“未取得《电影放映许可证》”表述不对,因龙田公司已合法取得电影放映许可证。

2. 行政处罚书依据电影主管部门的意见,但是该意见的可参考性值得商榷

济历城工商注处字(2015)23号行政处罚决定书中本局认为部分,主要引用了济南文广新局向被上诉人市场监管局出具的《回函》和《说明》中的意见,该两文件核心观点认为"龙田公司在住所外设立新的电影放映单位,未办理相关手续,违反了《电影管理条例》第55条规定"。然而,济南文广新局出具的上述函件和对法律条款理解说明系行政机关对行政法规应用进行的自行解释,这些具体应用解释并非正式的法律渊源,不能成为行政机关作出行政处罚的法律依据,对人民法院亦不具有法律规范意义上的约束力。被上诉人市场监管局仍应当以《电影管理条例》及相关法律作为行政处罚的依据。

3. 对法律适用中法规引用条款无争议,对条款解释成为该案核心争议

处罚决定中引用了《电影管理条例》第5条和第55条。《电影管理条例》第5条第1款规定:"国家对电影摄制、进口、出口、发行、放映和电影片公映实行许可制度。未经许可,任何单位和个人不得从事电影片的摄制、进口、发行、放映活动,不得进口、出口、发行、放映未取得许可证的电影片。"《电影管理条例》第55条规定:"违反本条例规定,擅自设立电影片的制片、发行、放映单位,或者擅自从事电影制片、进口、发行、放映活动的,由工商行政管理部门予以取缔;依照刑法关于非法经营罪的规定,依法追究刑事责任;尚不够刑事处罚的,没收违法经营的电影片和违法所得以及进行违法经营活动的专用工具、设备;违法所得5万元以上的,并处违法所得5倍以上10倍以下的罚款;没有违法所得或者违法所得不足5万元的,并处20万元以上50万元以下的罚款。"从上述法律规定可以看出,任何单位进行电影的放映必须取得行政许可,未经许可的放映行为应当承担行政甚至刑事责任。

《行政诉讼法》第63条第1款规定:"人民法院审理行政案件,以法律和行政法规、地方性法规为依据。地方性法规适用于本行政区域内发生的行政案件。"即法律和行政法规、地方性法规是审理行政案件的法律依据,亦是行政机关对相对人作出行政处罚等行政行为的法律依据。

被上诉人市场监管局作出的济历城工商注处字(2015)23号行政处罚决定书中,处罚所依据的行政法规为《电影管理条例》第5条及第55条。双方当事人对于《电影管理条例》作为认定上诉人行为性质的法律依据并无争议,其争议点在于如何理解法条中"擅自设立电影放映单位"的含义。

本案中,双方当事人对于《电影管理条例》中何为"设立新的放映单位"有不同理解,上诉人认为自己已经取得电影放映许可证,只要在经营区域内放映电影,即使不在注册

登记的住所进行，亦不属于设立新的放映单位，不属于擅自放映行为。被上诉人认为，上诉人虽已取得电影放映许可证，但该许可仅限于在住所进行放映，在住所以外的场地放映电影属于“设立新的电影放映单位”，应当依法办理放映许可手续。

4. 对争议条款解释弥补了法律漏洞

对于双方两种不同的解释，法院认为，应当在考察《电影管理条例》立法目的的前提下，遵循行政法的解释原则，运用法律解释方法确定法条的真实含义。

首先，《电影管理条例》旨在加强对电影行业的管理，杜绝电影市场违法违规和不规范行为；同时，发展和繁荣电影事业，满足人民群众文化生活需要。上诉人龙田公司已经获得放映许可、具备电影放映资格，其在住所之外放映电影有利于电影市场的发展与繁荣，但同时，因其放映场所未向监管部门进行申报，会在一定程度上造成行政机关的监管困难，出现电影市场的不规范竞争，破坏市场秩序。国家新闻出版广电总局《关于加强电影市场管理规范电影票务系统使用的通知》第 3 条第 6 款对该行为予以禁止，亦说明该行为的不规范性。虽然该通知并非行政法规或规章，不能作为行政处罚的依据，但该通知系国务院部门作出的其他规范性文件，从行政管理的角度看，违反该通知的禁止而进行的电影放映行为具有不正当性。

其次，行政法的主要目的在于规范行政权力的行使、限制行政权力的范围，避免行政权力扩张而侵害行政相对人的合法利益。因此，在对行政法的某些概念出现不同理解时，应当作出有利于行政相对人的解释。

最后，从法律解释的角度看，一方面，从文义上进行解释，“单位”是公司、组织机构等的统称，是与“个人”相对应的概念，不包含“场地”“地点”的含义；另一方面，从体系上进行解释，由《电影管理条例》第 36 条及相关条款可知，“设立电影放映单位”的含义为成立新的电影公司或者分支机构，上诉人在山东建筑大学并未成立新的电影公司或分支机构并以其名义放映电影，而是使用自己注册登记的电影公司对外经营。综上所述，“在住所地以外放映电影”不属于“设立新的电影放映单位”的擅自放映行为，现行法律并未要求该行为必须另行获得行政部门的放映许可。故被上诉人市场监管局以上诉人“设立新的电影放映单位、未经许可擅自进行电影放映”为由，并依据《电影管理条例》第 55 条对上诉人进行处罚，被上诉人历城区政府对处罚决定予以维持的行为，均自行扩大了该条例规定的处罚适用范围，系法律适用不当，应予纠正。

行政权力的行使应以管理、规范社会秩序为初衷，以保障社会的有序运行。从被上诉人市场监管局提交的证据看，其在对上诉人进行处罚的整个过程中，经过了调查取证、与相关部门就法律适用问题进行沟通、进行处罚听证等一系列法定程序,可以看出其在权力行使时的自我拘束与克制。此案之所以产生对立的观点,因为对于上诉人行为,法律缺乏与之对应的规范,即存在法律漏洞。权力必须被限制,权利亦不得滥用。因此法院认定市场监管局作出处罚的法律依据不足,不等于认可上诉人的行为合法,上诉人也应当诚信经营,自觉接受行政部门的监督、检查与管理。

案件二审之后,济南市历城区市场监督管理局提出再审申请,并提交新的证据:2017年10月18日取得国家新闻出版广电总局电影局作出的影字〔2017〕396号《关于电影院在住所以外从事电影放映活动有关问题的回复》,认为该新证据足以推翻二审判决。山东省高级人民法院作出裁定自行提审该案。① 我们可以持续关注后续判决结果。

二、行政法规对电视播映的监管

与《电影产业促进法》《电影管理条例》为骨干的电影监管法律体系相比,电视剧监管规范的层级相对较低,主要有行政法规《广播电视管理条例》、部门规章《电视剧内容管理规定》《广播电视节目制作经营管理规定》等,总体上监管措施不多。包括电视剧播出管理:播前审查和重播重审原则、总局对全国电视台播放电视剧进行宏观调控、电视剧片首标明电视剧发行许可证编号、电视剧片尾标明电视剧制作许可证编号、完整播出原则等。

(一)禁止播放无证电视剧

广播电视播出机构不得播放未取得发行许可的电视剧、动画片。

(二)电视台需要播前验证

电视台在播出电视剧前,应当核验依法取得的电视剧发行许可证。②

(三)播前审查和重播重审

电视台对其播出电视剧的内容,应当依照本规定内容审核标准,进行播前审查和重播重审;发现问题应当及时经所在地省、自治区、直辖市人民政府广播影视行政部门报请国务院广播影视行政部门处理。③

(四)播出电视剧要标明许可证编号

电视剧播出时,应当在每集的片首标明相应的电视剧发行许可证编号,在每集

① 再审:山东省高级人民法院(2018)鲁行申558号行政裁定书。

② 《电视剧内容管理规定》(国家广播电影电视总局令第63号)第30条。

③ 《电视剧内容管理规定》(国家广播电影电视总局令第63号)第31条。

的片尾标明相应的电视剧制作许可证编号。①

（五）完整播出

电视台播出电视剧时，应当依法完整播出，不得侵害相关著作权人的合法权益。②

三、部门规章对点播影院、点播院线的监管

从法律归属上，点播影院、点播院线都属于影院和院线的范畴内，但是由于“点播”突破了以往“我放你看”的简单线性放映模式，遵循不同的规律，所以采取不一样的监管。2018 年 2 月原国家新闻出版广电总局颁布的《点播影院、点播院线管理规定》③作了详细规定：

问：何谓点播影院、点播院线？

答：点播影院，是指在电影院和流动放映活动场所之外，为观众观看自选影片提供放映服务经营活动的文化娱乐场所。

点播院线，是指由一定数量的点播影院组成，拥有一定数量影片的发行权，并对所辖点播影院的电影放映活动提供影片、实施运营管理的发行企业。④

问：设立点播影院，应当符合什么条件？

答：企业、个体工商户设立点播影院，应当向所在地县级人民政府电影主管部门提出申请，并应当符合以下条件：（1）放映设备、放映质量和计费系统符合国务院电影主管部门规定的技术规范；（2）所设单个影厅的银幕宽度不超过 6 米，观众有效座位数不超过 20 个；（3）有拟加入的点播院线或者处于筹建期的点播院线；（4）法定代表人或者主要负责人未处于电影从业禁止期间。⑤

问：设立点播院线，应当符合什么条件？

答：企业设立省内点播院线，应当向所在地省、自治区、直辖市人民政府电影

① 《电视剧内容管理规定》（国家广播电影电视总局令第 63 号）第 33 条。

② 《电视剧内容管理规定》（国家广播电影电视总局令第 63 号）第 34 条。

③ 《点播影院、点播院线管理规定》（国家新闻出版广电总局令第 14 号），经 2018 年 2 月 12 日原国家新闻出版广电总局局务会议审议通过，自 2018 年 3 月 30 日起施行。

④ 《点播影院、点播院线管理规定》第 2 条。

⑤ 《点播影院、点播院线管理规定》第 5 条。

主管部门提出申请;设立跨省点播院线,应当向国务院电影主管部门提出申请,并应当符合以下条件:(1)有与其业务相适应的影片来源;(2)计费系统符合国务院电影主管部门规定的技术规范;(3)法定代表人或者主要负责人未处于电影从业禁止期间;(4)省内点播院线所辖点播影院数量不少于30家,跨省点播院线所辖点播影院数量不少于60家。①

问:点播影院和点播院线许可证是否相同?

答:不同。电影主管部门应当依照《电影产业促进法》第25条的规定,对符合条件的点播影院,颁发电影放映经营许可证;对符合条件的点播院线,颁发电影发行经营许可证。②

问:许可证是否有期限?

答:有。点播影院的电影放映经营许可证和点播院线的电影发行经营许可证的有效期为2年。③

问:点播影院、点播院线管理与其他传统影院、院线管理有相同的地方吗?

答:一些基本的管理内容相同。例如,点播影院放映和点播院线发行的影片,应当依法获得电影公映许可。④ 放映国产电影时长不得低于年放映电影时长总和的2/3。⑤ 点播影院应当遵守治安、消防、公共场所卫生等法律、法规规定,维护放映场所的公共秩序和环境卫生,保障观众的安全与健康。⑥

问:点播影院、点播院线管理与其他影院、院线管理有什么重大区别?

答:1.著作权保护措施更加具体。如国务院电影主管部门建立全国点播影院经营管理信息系统和影片著作权授权信息公示查询系统。⑦ 点播院线发行的影片,应当依法取得著作权人许可其在点播影院放映的授权。

---

① 《点播影院、点播院线管理规定》第6条。
② 《点播影院、点播院线管理规定》第7条。
③ 《点播影院、点播院线管理规定》第7条。
④ 《点播影院、点播院线管理规定》第16条。
⑤ 《点播影院、点播院线管理规定》第19条。
⑥ 《点播影院、点播院线管理规定》第21条。
⑦ 《点播影院、点播院线管理规定》第10条。

点播院线应当及时将影片著作权授权状况上传至影片著作权授权信息公示查询系统。[①]

2.实行唯一编码管理。[②] 点播影院编码、点播院线编码是电影主管部门对点播影院、点播院线实施管理的唯一数字标识。点播院线负责在全国点播影院经营管理信息系统上办理注册登记,申请点播影院编码。

省、自治区、直辖市人民政府电影主管部门应当自收到相关材料之日起10日内,依据所报材料对全国点播影院经营管理信息系统所载点播影院相关信息进行核对。核对无误的,依点播院线申请向其发放所辖点播影院编码。省、自治区、直辖市人民政府以上电影主管部门应当自颁发电影发行经营许可证之日起10日内,在全国点播影院经营管理信息系统上办理注册登记,并向点播院线发放点播院线编码。

3.传统影院保护期制度

电影著作权人对其作品由电影院进入点播影院放映的期间有限定的,点播院线在限定期间不得发行。[③]

4.业务互斥原则

点播影院不得在同一影厅内开展电影院的电影放映活动。[④] 在法规层面对点播影业和传统影院业务进行了物理隔离。

第二节 · 法律对放映单位、电影院的促进扶持措施

根据《电影产业促进法》(表中简称《法》)的规定,为了从经营活动终端促进电影产业的发展,法律给予其一系列的扶持促进措施(见表3-2)。对于放映单位、电影院而言,这些扶持措施就是其依法享有的权利。

---

① 《点播影院、点播院线管理规定》第17条。
② 《点播影院、点播院线管理规定》第12~14条。
③ 《点播影院、点播院线管理规定》第18条。
④ 《点播影院、点播院线管理规定》第20条。

表 3-2 法律给予放映单位、电影院的促进措施

序号	促进性措施	权利	法条出处
1		国家对农村公益放映进行补贴	《法》第 27 条
2	国家鼓励放映主体对未成年人等特殊群体提供观影保障	对特殊群体提供观影的放映主体,政府可以发放奖励性补贴	《法》第 28 条
3	鼓励公益广告		《法》第 32 条
4	电影院建设和改造扶持		《法》第 39 条
5	财政扶持	可以申请影院建设和设备更新改造基金	《法》第 37 条及其他规范性文件
6	税收优惠		《法》第 38 条

一、放映单位、影剧院依法享有四项促进性措施

(一) 农村公映放映扶持

国家加大对农村电影放映的扶持力度,由政府出资建立完善农村电影公益放映服务网络,积极引导社会资金投资农村电影放映,不断改善农村地区观看电影条件,统筹保障农村地区群众观看电影需求。①

(二) 未成年人等特殊群体观影保障

国务院教育、电影主管部门可以共同推荐有利于未成年人健康成长的电影,并采取措施支持接受义务教育的学生免费观看,由所在学校组织安排。②

(三) 鼓励公益广告

国家鼓励电影院在向观众明示的电影开始放映时间之前放映公益广告。③

(四) 电影院建设和改造扶持

县级以上地方人民政府应当依据人民群众需求和电影市场发展需要,将电影院建设和改造纳入国民经济和社会发展规划、土地利用总体规划和城乡规划等。县级以上地方人民政府应当按照国家有关规定,有效保障电影院用地需求,积极盘

① 《电影产业促进法》第 27 条第 1 款。
② 《电影产业促进法》第 28 条第 1 款。
③ 《电影产业促进法》第 32 条。

活现有电影院用地资源，支持电影院建设和改造。[1]

二、放映单位、影剧院依法享有的两项补贴

(一)国家对农村公益放映进行补贴

县级以上人民政府应当将农村电影公益放映纳入农村公共文化服务体系建设，按照国家有关规定对农村电影公益放映活动给予补贴。[2]

(二)对特殊群体提供观影的放映主体，政府可以发放奖励性补贴

国家鼓励电影院以及从事电影流动放映活动的企业、个人采取票价优惠、建设不同条件的放映厅、设立社区放映点等多种措施，为未成年人、老年人、残疾人、城镇低收入居民以及进城务工人员等观看电影提供便利；电影院以及从事电影流动放映活动的企业、个人所在地人民政府可以对其发放奖励性补贴。[3]

三、国家关于电影放映财政扶持、税收优惠的其他政策

(一)财政扶持政策

2016年，财政部、原国家新闻出版广电总局发布《中央级国家电影事业发展资金预算管理办法》，其中对电影发行、放映活动奖励、资助予以了规范。该办法第8条规定，中央级电影专项资金奖励优秀国产影片的发行和放映，对发行政府推荐的重点影片、工作成绩突出的单位予以奖励，每部影片奖励金额不高于150万元；对放映国产影片成绩达标的影院予以奖励，每家影院奖励金额不高于其因放映国产影片而上缴的国家电影事业发展专项资金的40%。该文件第9条规定，中央级电影专项资金资助文化特色、艺术创新影片的发行和放映，对经专家推荐并经国家电影专项资金管理委员会审定的传承中华文化、具有艺术创新价值的国产影片发行、放映单位予以适当资助，资助金额不高于发行、放映支出的50%。[4]

(二)税收优惠政策

电影行业的优惠措施主要针对增值税。根据财政部、海关总署、国家税务总局《关于继续实施支持文化企业发展若干税收政策的通知》(财税〔2014〕85号)的规

---

① 《电影产业促进法》第39条。
② 《电影产业促进法》第27条第2款。
③ 《电影产业促进法》第28条。
④ 柳斌杰、聂辰席、袁曙宏主编：《中华人民共和国电影产业促进法释义》，中国法制出版社2017年版，第117页。

定,自2014年1月1日至2018年12月31日,新闻出版广电行政主管部门(包括中央、省、地市及县级)按照各自职能权限批准从事电影制片、发行、放映的电影集团公司(含成员企业)、电影制片厂及其他电影企业取得的销售电影拷贝(含数字拷贝)收入、转让电影版权(包括转让和许可使用)收入、电影发行收入以及在农村取得的电影放映收入免征增值税。一般纳税人提供的城市电影放映服务,可以按现行政策规定,选择按照简易计税办法计算缴纳增值税。①

2010年3月11日,财政部、国家税务总局下发《关于国家电影事业发展专项资金营业税政策问题的通知》(财税〔2010〕16号),规定电影放映单位营业税为全额计税,上缴的国家电影事业发展专项资金不得扣除。

2012年12月4日,财政部、国家税务总局下发《关于交通运输业和部分现代服务业营业税改征增值税试点应税服务范围等若干税收政策的补充通知》(财税〔2012〕86号),将试点地区的电影业纳入营改增的范围,同时规定对试点电影企业转让电影版权免征增值税。2013年5月24日,财政部、国家税务总局下发《关于在全国开展交通运输业和部分现代服务业营业税改征增值税试点税收政策的通知》(财税〔2013〕37号),明确从2013年8月1日起,将全国范围的广播影视服务业纳入增值税征税范围。②

(三)专项资金扶持

国家电影局2018年发布《关于加快电影院建设促进电影市场繁荣发展的意见的通知》③,其中明确了专项资金扶持电影放映的最新规定:

1. 鼓励电影院积极采用先进技术,对放映环境和设备设施进行升级改造,提高放映质量。通过国家电影事业发展专项资金对电影院安装巨幕系统、激光放映机等先进技术设备给予资助,资助金额不超过设备采购支出的20%,每家影院不超过50万元。

---

① 柳斌杰、聂辰席、袁曙宏主编:《中华人民共和国电影产业促进法释义》,中国法制出版社2017年版,第202页。

② 柳斌杰、聂辰席、袁曙宏主编:《中华人民共和国电影产业促进法释义》,中国法制出版社2017年版,第203页。

③ 《关于加快电影院建设促进电影市场繁荣发展的意见的通知》(国影发〔2018〕4号),国家电影局2018年12月11日发布。

2. 通过国家电影事业发展专项资金资助中西部地区(含国务院规定全面比照享受西部开发政策的地区)县城(县级市)新建(改扩建)影院,每家新建影院资助不超过 30 万元,每家改扩建影院不超过 20 万元。对位于“集中连片特殊困难地区”的县级城市影院的运营发展,给予每家 10 万 ~15 万元的资助。

3. 对新建或改扩建并加入城市院线的乡镇电影院给予资助,每家不超过 30 万元。

第三节·放映(播映)人如何依法行使著作权

一、在不同介质上所使用的权利不同

(一)电影院放映是电影放映权的表现形式

《著作权法》第 10 条第 10 项规定:“放映权,即通过放映机、幻灯机等技术设备公开再现美术、摄影、电影和以类似摄制电影的方法创作的作品等的权利。”

电影在电影院放映是放映权的最经典表现形式。出品单位自己或者通过发行公司与电影院或者电影院线签订影片放映合同,以出售、出租电影拷贝或者电影票房分账等方式实现电影投资的回收,即实现出品单位著作权中放映权的转让。

(二)电视台播放是电视剧(电影)广播权的表现形式

《著作权法》第 10 条第 11 项规定:“广播权,即以无线方式公开广播或者传播作品,以有线传播或者转播的方式向公众传播广播的作品,以及通过扩音器或者其他传送符号、声音、图像的类似工具向公众传播广播的作品的权利。”

影视作品的广播权是指著作权人依法通过广播、电视等无线、有线、卫星或类似的技术手段传播影视作品的权利。

实践中,电视剧出品单位将自己拥有版权的电视剧售卖给广播电台或电视台,电影出品单位将自己拥有版权的电影出售给电影频道,转让的都是影视作品的广播权。双方签订了合法有效的合同,在法律意义上就是出品单位授权或转让影视作品著作权中的广播权,于是广播电台、电视台才能播放合法取得广播权的影视作品。

(三)网络播放是影视作品信息网络传播权的表现形式

《著作权法》第10条第12项规定:“信息网络传播权,即以有线或者无线方式向公众提供作品,使公众可以在其个人选定的时间和地点获得作品的权利。”

实践中,出品单位将自己拥有版权的影视作品转让或授权某个网站,允许网站播放自己的影视作品,这里转让的就是影视作品的信息网络传播权。

放映权是针对电影在影院的放映而设立的,法条中强调的是放映机为特征。相对于放映权而言,广播权和信息网络传播权在实践中经常会混淆。因为从定义上看广播权和信息网络传播权都强调的是无线、有线的传输方式。区别如下:

区别之一:广播权原本就是对于广播、电视上播出的电视节目而设立,信息网络传播权则针对在互联网上传播作品。

区别之二:广播权的行使是单向的,线性的。就是我传输了,你看也得看,不看就传过去了。而信息网络传播权的观看方式是用户自己说了算,我什么时间想看,就什么时间看,想看那段就看那段,用专业术语来说,就是双向互动的传输方式。

区别之三:并不是在电视机上看到的电视剧只要有广播权就足够了,有时还需要有信息网络传播权。因为广播权覆盖的权利是电视台“线性”播放的电视剧,即以无线、有线或者卫星传输的方式播放的电视剧。而如果通过电视回看和电视点播看到的电视剧可就要涉及电视剧的信息网络传播权了。这将在下一章详细讨论。

二、“播映权”之谬——电视台播放影视剧须获得广播权

影视剧在电视台播出时使用的是出品单位、制作单位著作权中的广播权,但是在实际影视实务中经常使用“播映权”的概念,播映权转让合同、获得影视剧播映权等表述比比皆是,几乎约定成俗,甚至在法院的判决中也会使用。但当涉及权利性质时,要清楚该权利在《著作权法》中叫作广播权。在此对比两个典型案例,明确概念,去除谬误。

13 案·例 播映权？放映权？广播权？

——上海某文化发展有限公司与某城广电台播放电视连续剧侵犯著作权纠纷①

|当事人|

原告：上海某文化发展有限公司

被告：某城广电台

|基本案情|

原告与海南某公司联合制作《大案组》电视连续剧，约定版权由原告独家拥有。涉案剧2007年获得发行许可证。原告通过签订播映权转让合同形式在北京、上海、贵州等省级电视台进行播映。2008年9月5～16日，某城电视台未经原告许可，每天播出二集。原告前往核实、取证，向被告发出通知，被告随之将该剧停播，但仍播出了21集。2008年9月19日，原告向被告发出传真，称因被告行为造成巨大损失，要求被告按照当地首轮价格买下该剧放映权，被告表示无力接受原告要求。原告诉至法院，要求赔偿25万元及其他费用2.5万元。法院经过审理判决被告赔偿原告经济损失5万元。二审法院经过调解达成协议，某城广电台一次性向上海某文化发展有限公司支付人民币8万元。

|案件分析|

选取这个案例可见诉讼实践中普遍存在的对"播映权"概念的使用。本案当事人合同与一审判决中可见3个错误：

一是双方合同名称有误。

原告上海某文化发展有限公司与海南某公司双方签订的合同，名称为"播映权转让合同"，表述错误，应当为广播权转让合同，《著作权法》没有播映权这项权利名称。

二是原告转让放映权错误。

被告将侵权电视剧停播后，原告向被告发出传真，要求被告按照当地首轮价格买下该剧放映权，表述错误。被告电视台上播映电视剧使用的是广播权，不是放映权。

---

① 一审：安徽省宣城市中级人民法院（2008）宣中民三初字第6号民事判决书；二审：安徽省高级人民法院（2009）皖民三终字第00081民事调解书。案件查自无讼案例网。

三是法院判决有误。

法院判决说,“被告某城广电台未经原告许可,或合法受让取得该剧的放映权,擅自在电视节目中本地播放该剧,系对原告著作权中放映权的侵犯。其公开放映行为影响了原告对该剧电视放映权商业目的的实现”,表述错误。某城广电台未经许可擅自在本地播放涉案剧,侵犯的是原告享有的电视连续剧广播权。

14 案·例 未经著作权人许可在电视台播映电视剧侵犯其广播权

——美亚长城影视文化(北京)有限公司与四川峨眉电影频道管理有限公司侵害作品广播权纠纷①

| 当事人 |

原告:美亚长城影视文化(北京)有限公司(以下简称“美亚公司”)

被告:四川峨眉电影频道管理有限公司(以下简称“峨眉公司”)

| 基本案情 |

香港影业协会2010年5月3日出具的《发行权证明书》载明:兹证明天下电影制作有限公司是《算死草》的出品公司,该片的发行公司为北京美亚长城影视咨询有限公司(以下简称“美亚咨询公司”),发行地区为中华人民共和国境内(中国香港、澳门及台湾地区除外),发行期限自2009年3月6日至2014年3月5日。

在庭审中,播放了原告提供的影片《算死草》的DVD光盘和《电视台节目播放监播报告》所附光盘,其显示的片名、出品人、导演、领衔主演与原告提供的《发行权证明书》所载明的情况一致。

另,2010年1月8日,北京市工商行政管理局出具《名称变更通知》,载明美亚咨询公司于2009年12月18日经该局核准,名称变更为美亚公司。

① 四川成都高新技术产业开发区人民法院(2012)高新民初字第2347号民事判决书。

| 诉辩分歧 |

原告诉称,原告为电影作品《算死草》的著作权人,依法享有其全部著作权。2010 年 12 月 13 日,被告未经原告许可、未向原告支付报酬,向公众传播了该电影作品,侵犯了原告对该电影作品享有的广播权,给原告造成了巨大的经济损失。诉请:(1)被告停止对电影作品《算死草》广播权的侵害;(2)被告赔偿原告经济损失 4 万元;(3)被告承担原告因本案产生的合理费用 8000 元。

被告辩称,原告不能证明其是案涉电影作品的著作权人,也不能证明该影片的著作权人将该片的广播权独占性地许可给其行使,故原告并不享有相应的权利;案涉影片未经我国大陆进口许可和放映许可,属我国《电影管理条例》第 5 条禁止擅自进口和放映的对象,依法不受《著作权法》保护。

法院判决

1.被告赔偿原告经济损失及合理费用共计 4000 元。

2.驳回原告其他诉讼请求。

| 案件分析 |

法院认为,原告所举香港影业协会出具的《发行权证明书》系国家版权局认可的香港地区影视作品在大陆出版、发行的认证机构所出具的证明文书,其载明 EIAHDEVELOPMENTCOLTD 是案涉影片的版权持有人,美亚咨询公司(原告变更前名称)系案涉影片在中华人民共和国(中国香港、澳门、台湾地区除外)范围内的发行公司,享有该影片在发行地区包括但不限于电影放映、电视播映、录像复制出版发行,以及信息网络传播的专有独占性权利、维权权利及上述权利的转授权权利。根据《著作权法》,上述《发行权证明书》中所述的通过电视播映的权利即涵盖在《著作权法》规定的广播权之中。被告不认可该证明书的效力,但未能举出充分的反驳证据,其认为案涉影片未经我国大陆进口许可和放映许可,属我国《电影管理条例》第 5 条禁止擅自进口和放映的对象,依法不受著作权法保护。上述条例系行政法规,原告是否取得了相关行政许可并不影响其依据法律规定合法享有案涉作品的相关著作权,故对被告该主张不予采纳。

三、"放映权"之谬——点播影院放映电影须取得信息网络传播权

《点播影院、点播院线管理规定》第 17 条仅规定,"点播院线发行的影片,应当

依法取得著作权人许可其在点播影院放映的授权”。作为行政规章,不好直接对影片民事权利指手画脚。于是实际操作中就五花八门了,有的点播影院认为既然是影院放映,那么有电影放映权就足够了,有的认为还应当有信息网络传播权?到底谁对呢?

案·例 15 点播影院“放映”行使的是放映权吗?

——杭州翱屋影视文化有限责任公司与捷成华视网聚(常州)文化传媒有限公司侵害作品信息网络传播权纠纷①

|当事人|

上诉人(原审被告):杭州翱屋影视文化有限责任公司(以下简称“翱屋公司”)

被上诉人(原审原告):捷成华视网聚(常州)文化传媒有限公司(以下简称“捷成公司”)

|基本案情|

捷成公司合法拥有影片《美人鱼》的独占专有信息网络传播权。(2018)浙杭钱证内字第9821号公证书显示,在翱屋公司经营的“乐汀私人银幕”浙江大学店可以点播观看电影《美人鱼》。

翱屋公司经营范围包括电影放映等。其与广东星网联盟影视文化传媒有限公司签订《乐汀品牌连锁特许加盟合同书》,约定合同期限为2017年6月19日至2020年6月18日。2018年12月,法院召集双方当事人到涉案影院核对影院播放模式,双方确认影院使用的是深圳碧维视科技有限公司研发的碧维视点播影院系统,点播设备包括前台装有碧维视计费系统的电脑PC端、机房内的点播服务器、各包厢内的播放机、投影仪、投影幕布及音响功放等设备。双方确认影院点播影片无须互联网环境,影片片源存储于机房内的点播服务器上,各个包厢中没有存储影片的设备。

---

① 二审:杭州市中级人民法院(2019)浙01民终4309号民事判决书;一审:杭州互联网法院(2018)浙0192民初5817号民事判决书。

| 一审判决 |

一审法院经审理认为,翱屋公司在未经捷成公司许可的情况下,在其运营的"乐汀私人银幕"浙江大学店,将涉案电影《美人鱼》存储于机房内点播服务器上,通过局域网连接各包厢播放终端,向不特定的用户提供涉案电影的播放服务,使公众可以在其个人选定的时间和地点观看涉案影片,侵犯了捷成公司享有的涉案作品信息网络传播权。

判决:(1)翱屋公司立即停止在其经营的"乐汀私人银幕"浙江大学店通过局域网向公众提供涉案电影《美人鱼》的播放服务;(2)翱屋公司赔偿捷成公司经济损失(含为制止侵权行为所支付的合理开支)22,000元。

| 诉辩分歧 |

翱屋公司上诉称,翱屋公司从事的点播电影放映,并未侵害涉案电影的信息网络传播权。首先,从经营内容上,翱屋公司系加盟广东星网联盟影视文化传媒有限公司"乐汀私人银幕","乐汀"品牌一直从事"点播院线"经营。《点播影院、点播院线管理规定》中明确点播影院是……为观众观看自选影片提供放映服务的……场所。明确翱屋公司的行为属于放映权。其次,从放映模式上,点播影院应当取得电影放映经营许可证,实质是影片的放映,其模式与现行电影院的放映模式基本一致,其观影流程:(1)客人到店后告知想看哪部影片;(2)客人支付完成;(3)店员通过计费系统查询合适影厅;(4)为客人开房,影厅中的播放机只有在计费系统开房以后才能正常播放影片;(5)店员通过计费系统从点播服务器影片库中查询到客户选择的影片并进行播放;(6)客人在影厅等待2分钟左右开始播放影片;(7)播放完毕。该模式是典型的在固定的场所、时间选择固定影片,而非信息网络传播可以自主的选择信息内容、传播时间和地点。

捷成公司答辩称,一审判决认定事实清楚,适用法律正确,判决数额合理,应当予以维持。

| 二审判决 |

维持原判。

| 案件分析 |

本案核心争议是翱屋公司被诉行为是放映行为,还是信息网络传播行为?

首先,涉案电影作品系存储于机房内的点播服务器上,其所使用的碧维视点播系统中介绍“通过局域网可支持100个终端同时点播平局码流达60Mbps的高清蓝光3D电影,实现海量影音内容在高清点播平台内各终端之间的高效运行”,即各终端设备通过局域网与服务器相连接,符合利用信息网络实施该行为的特征。

其次,“信息网络传播权”的实质在于控制“交互式”网络传播行为,《著作权法》中关于“使公众可以在其个人选定的时间和地点获得作品”的用语亦系用于描述“交互式”传播的特征。因此,凡符合“交互式”网络传播特点的行为均应当受到“信息网络传播权”的控制,而不能将“个人选定的时间和地点”绝对地理解为个人可以随意选择24小时内任一时刻和世界上任何一个角落。翱屋公司运营的店铺系将涉案电影作品置于机房内的点播服务器上,同时通过其搭建的局域网连接至包厢内的播放终端,向不特定的用户提供播放服务,至于其指定用户进入具体哪个影厅以及用户在影厅等待了多长时间并不影响该行为客观上实现了公众在其个人选定的时间和地点获得作品的结果。

综上所述,翱屋公司实施的被诉侵权行为系信息网络传播行为,其未经许可实施该行为侵犯了捷成公司享有的涉案电影作品的信息网络传播权。

第四章 三网融合背景下的影视网络领域的“法定权利”

群雄逐鹿三网融，
圈地跑马权朦胧。
何时待定成法定，
产业发展止纷争。

三网融合背景下，原来的权利使用范围和行使样态发生改变。有些权利变化之后也能够清晰界定，例如，在广播电视台自办网站上同步观看的所谓“时移”电视，虽然只有小于 7 天的观看期间，但是司法实务中一致认为是信息网络传播行为。但也有些权利样态变化之后不太容易界定，这里要讨论的就是三网融合影响下原有的权利延展，使不同权利之间发生交叉而产生的一些新的“法定权利”，打上引号是因为目前判例结果不同，还处在“待定权利”状态之中。讨论重点放在三网融合背景下有线电视网、互联网、IPTV、OTT 专网等播出、传输电影电视剧的法律问题。

第一节 · 三网融合下影视剧播映领域的新型法律问题

一、三网融合的行政法规界定

2010 年之前,在部分城市的广电、电信企业已经先行开展了网络电视、IPTV、手机电视、移动多媒体广播电视、有线电视网互联网接入等试验性质的活动,受到了观众的欢迎,有一定成熟的经验,于是 2010 年国家加快推动三网融合的步伐。

所谓三网融合,是指计算机互联网、广播电视传输网、电信传输网在向宽带通信网、数字电视网、下一代互联网演进过程中相互兼容,技术功能趋于一致,业务范围趋于相同,网络互联互通、资源共建共享,能为用户提供话音、数据和广播电视等多种服务。

三网融合是一个技术概念,需要通过技术手段实现广电、电信业务双向进入,需要三个网络的升级改造,需要信息技术创新,因此必然产生原来没有的新的产业形态和市场推广模式,比如移动多媒体广播电视、IPTV、手机电视、数字电视宽带上网等。

数字电视技术的发展,“三网融合”带来的机遇,以及社会公众对信息共享多样、便捷的需求,使广播电视业务也由传统的实时线性传送逐渐发展到了可以点播、回看等新的业务领域,以往固定地点收视、单向收听收看、视听效果差等收视效果和习惯都会有所改变。

二、IPTV 业务的行政法规界定

所谓 IPTV,其中 IP,是英文 Internet Protocol 的缩写,即“互联网协议”;TV,是英文 television 的缩写,即“电视”。因此,IPTV 的字面含义就是通过互联网传播、以电视机为接收终端的电视。IPTV 只是在传播方式上通过互联网传播,从而区别于通过无线传播的模拟电视、通过卫星传播的卫星电视、通过有线传播的有线电视等。IPTV 是“IP”和“TV”的连接,在业务上属于广电业务和电信业务的双向进入。根据广播电视主管部门最新的管理规定中定义 IPTV 是交互式网络电视。①

---

① 《专网及定向传播视听节目服务管理规定》(2016 年 4 月 25 日,国家新闻出版广电总局令第 6 号)第 2 条。

按照国务院三网融合总体方案、试点方案的要求,[1]IPTV 集成播控业务由广电部门负责,符合条件的国有电信企业可以从事 IPTV 传输业务。具体地,IPTV 集成播控平台的建设和管理是由广播电视播出机构负责的。

(一)几个基本概念

为了了解 IPTV 业务,须以三网融合为背景,了解 IPTV 集成控制平台、IPTV 集成控制总平台和分平台、IPTV 传输企业、IPTV 内容服务平台等广电业内熟知而大众很是糊涂的概念。

IPTV 集成控制平台指对 IPTV 节目从播出端到用户端实行管理的播控系统,包括节目内容统一集成和播出控制、电子节目指南(EPG)、用户端、计费、版权等管理子系统。[2]

IPTV 集成控制平台实行两级构架,中央设立 IPTV 集成控制总平台,由原中央电视台组织建设,IPTV 集成控制总平台牌照由原中央电视台申请;原中央电视台与地方电视台联合建立试点地区 IPTV 集成控制分平台。IPTV 集成控制分平台牌照由地方电视台申请。从局部试点到全面铺开,目前各省都建立了 IPTV 集成控制分平台。

(二)IPTV 内各方关系

除去其他管理要求,有关版权方面的要求,原广电总局的有关文件中规定:[3] IPTV 集成控制总平台负责全国性节目源的集成、分发和播出情况监看,负责全国 IPTV 数字版权保护系统的统一部署和应用。IPTV 集成控制分平台负责本地区节目源的集成和播出情况监看,负责数字版权保护系统的本地部署和应用。

IPTV 传输企业负责为 IPTV 集成控制平台与用户端之间提供信号传输和相应技术保障。

IPTV 内容服务平台对应于 IPTV 集成播控平台,分为全国性 IPTV 内容平台和

① 《关于印发推进三网融合总体方案的通知》(国发〔2010〕5 号)。

② 国家广播电影电视总局文件《广电总局关于三网融合试点地区 IPTV 集成控制平台建设有关问题的通知》。

③ 对此,有多个文件进行了规定,参见广电总局《关于三网融合试点地区 IPTV 集成控制平台建设有关问题的通知》(广局〔2010〕344 号)、《关于 IPTV 集成播控平台建设有关问题的通知》(广发〔2012〕43 号)、《国家关于 IPTV 集成播控平台建设有关问题的通知》等。

地区性 IP 电视内容平台。全国性 IPTV 内容平台负责全国性覆盖节目的组织、编辑、打包、转码、产品化、审看、价格制定、广告投放等;地区性 IPTV 内容平台负责本地覆盖节目的组织、编辑、打包、转码、产品化、审看、价格制定、广告投放等。全国性 IPTV 内容平台接入 IPTV 集成播控总平台,地区性 IPTV 内容平台接入 IPTV 集成播控分平台。全国性 IPTV 内容服务平台牌照由原中央三台和拥有全国性节目资源的省、市广播电视播出机构申请,地区性 IPTV 内容服务平台牌照由拥有地区性节目资源的广播电视播出机构申请。

(三)IPTV 监管

IPTV 业务主要由广播电视行政主管部门监管,实行严格的业务准入制度。根据广播电影行政管理部门发布的规章规定,①从事内容提供、集成播控、传输分发等专网及定向传输视听节目服务,应当受广播电视行政部门管理,实行业务许可制度,业务许可由广播电视行政部门按专网及定向传播视听节目的业务类别、服务内容、传输网络、覆盖范围等项目分类核发。其中,只有取得“以电视机为接收终端的《信息网络传播视听节目许可证》(IPTV 牌照)”的单位才能从事 IPTV 业务。

从行政规章角度讲,IPTV 内各个主体的业务分工是“法定分工”,“TV”部分广电部门提供视听内容服务,即内容服务平台,管理 IPTV 业务的内容,包括版权问题;“IP”部分电信部门提供传输渠道,即媒体传输平台,对视听内容不得插手。

三、OTT 的行政法规界定

互联网电视业务(OTT)是指以公共互联网为传输介质向公众提供视听节目内容,用户可通过互联网电视终端设备接收节目内容。

OTT 业务,简单地说,就是不通过中介,直接将电视机接入互联网的业务。有两种技术手段来实现 OTT 业务,一种是外置机顶盒,连接电视机和互联网后,实现通过电视机看到互联网上所有资源的目的;另一种是在电视机中内置芯片,只要打开电视机即可直接上网。

---

① 《互联网等信息网络传播视听节目管理办法》(2004 年 7 月 6 日,国家广播电影电视总局令第 39 号)、《专网及定向传播视听节目服务管理规定》(2016 年 4 月 25 日,国家新闻出版广电总局令第 6 号)。

互联网电视(OTT)与交互式网络电视(IPTV)的区别:

1. OTT 模式基于开放的互联网,OTT 节目不依赖任何专网亦不受网络运营商不同之限制;收看 OTT 节目时占用网络带宽;OTT 只提供视频点播及图文信息服务。从技术上看,互联网电视业务运营主体可提供直播,也可同时提供直播和回看,或者只提供回看而不提供直播。但是目前三网融合政策不允许 OTT 直播。OTT 的点播系再编辑的内容,永久续存随时点播。

2. IPTV 基于专用网络,离开专用网络就不能使用;IPTV 可提供广播电视节目直播内容以及不超过 7 天的广播电视节目回看功能。回看功能属 IPTV 业务的功能,系对电视节目的线性播放,一般不超过 7 天(有的只有 3 天),7 天(3 天)以后直接覆盖,对节目信号无编辑拆分等。直播回看基于流媒体闭环服务系统下的附属服务,回看未改变流媒体服务系统时间码及特征码,在回看服务中依然使用的是直播系统的相关技术参数和系统,未进行二次编辑加工,节目内容来源由直播产生,未打破闭环。

四、回看、点播影视剧案例类型特点分析

三网融合新的建构下电视台、内容提供商、设备提供商、网络服务提供者等多个主体交织,技术复杂、权利交错带来法律上权利混乱。法律没有明确规定,可是现实的纠纷扑面而来,法院必须裁决,怎么办?只能通过司法实践来逐步摸索,不同的技术解释、学理解释、法理解释使各地、各级法院的判例呈现不同的判决结果。

这里收集研究了几百个有关电视播映、回看、点播影视剧方面的案例,涵盖了有线电视网、IPTV 专网、OTT 专网及互联网、电信网等各种发展样态,展示了三网融合过程中网络服务提供者、设备提供商、内容平台之间多种法律冲突和纠纷。这些案例较大概率地反映了三网融合发展过程中的突出问题和法律纠纷,可以一窥电视播映中各个主体权利的全貌。通过对这些案例分别进行归类,分类进行研究,得出如下一些结论:

(一)各时期案件数量与三网融合的发展历程正相关

无讼案例网搜索到有关电视回看、点播的 90 个相关案例,其中 2013 年 3 件、

2014 年 7 件、2015 年 15 件、2016 年 42 件、2017 年 15 件、2018 年 8 件。①

聚法案例网搜索到有关电视回看、点播的 99 个相关案例，其中 2013 年 5 件、2014 年 10 件、2015 年 17 件、2016 年 47 件、2017 年 14 件、2018 年 6 件。如图 4 – 1 所示。②

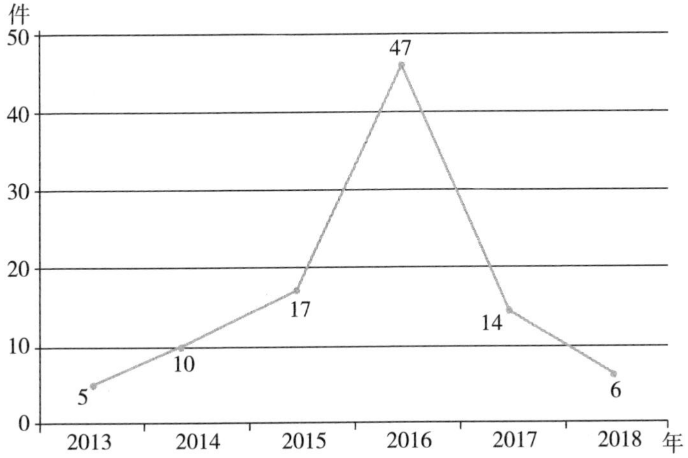

图 4 – 1 电视点播、回看案例时间与数量关系

查询了关于 IPTV 平台方面案例 249 件，这些案例中有相当多的案例是关于 KTV 歌曲侵权的，真正属于我们讨论的三网融合的 IPTV 平台的案件也仅有 100 多个。年份分布如图 4 – 2 所示。③

---

① 在无讼网 https://www. itslaw. com/bj 输入“回看”“民事”“电影”后显示有 90 件案例，从 2013 年开始有 3 件案件至 2018 年 8 件；在两个网站上搜索到的案例大部分是重复的。在无讼网输入“回看”“民事”“有线电视”后显示有 17 件案例。最后访问日期：2019 年 2 月 16 日。

② 在聚法案例网（www. jutaanll. com）在输入“回看”“民事”“电影”后显示有 99 件案例。显示从 2013 年 5 件案例至 2018 年 6 件案件；图片来自该网站，最后访问日期：2019 年 2 月 16 日。

③ 2019 年 2 月 23 日通过聚法案例（www. jutaanll. com）搜索，关于点播的案例可以搜索出 2000 多件，因为包括 KTV 的歌曲点播类案件，所以还需要更为科学的搜索方式，改为搜索 IPTV 平台，案件范围缩小至 249 件。

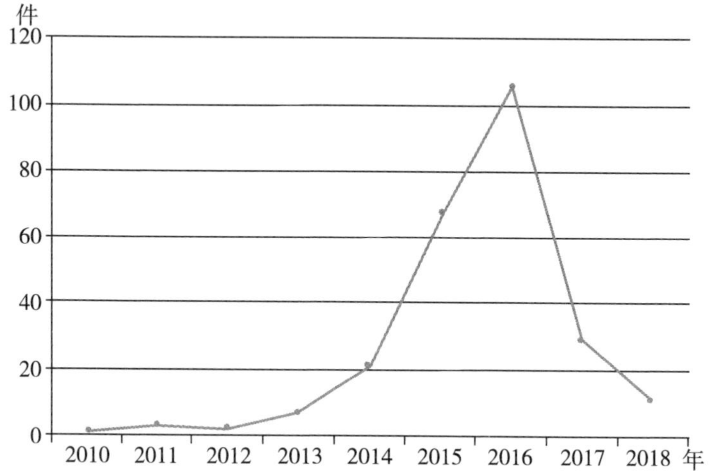

图 4-2　IPTV 案件数量与时间关系

电视回看、点播是随着三网融合而出现的新概念,普遍地存在于 IPTV、OTT、移动互联网电视等技术形态中。三网融合是从 2010 年正式从国家层面宣布开始的,此前已经有些试验性质的融合。电信网和互联网的融合更快一些,2012 年开始有线电视网也加快了与电信网、互联网的融合,IPTV 的经营样态出现的早,但是大约从 2012 年之后全面铺开,此后 2014~2015 年出现 OTT,这些数字在不同省份会有所不同。因此从 2013 年开始出现法院判例,2013 年的判例一般是在 2011 年以后发生的。

(二)不同地区的对同类型的案件判决并不相同

例如,关于在有线电视网内进行电视回看甚至点播就在广州和长沙有截然相反的案例,反映了对这一问题法律认识的不同。在 IPTV 点播侵权案件中责任主体的判定方面也有比较大的差别,可以分为湖北模式、重庆模式、广州模式、海南模式四种。

(三)案件涵盖了三网融合中五类交叉业务

通过归类研究,以广电业务为基础,可以将这 100 多个有关回看、点播的案例分为 5 种类型:

1. 有线电视网内电视回看和点播(约 20 个案件):涉及著作权权利交叉,广播权与信息网络传播权的认定。

2. 在网上同步进行电视回看(约 10 个案件):都是在广播电视台办的网站上进行与电视同步的回看业务。尽管电视回看业务限制在 7 天之内,但是这些网站均为互联网,此类案件的判决一致认定为信息网络传播权行为。不存在争议,不再赘述。

3. IPTV 平台业务(近 50 个案件):这方面的案例最多,法律关系也相对复杂。首先是回看和点播是什么权利,存在争议;其次是在 IPTV 业务中在机构设置、行政许可方面要遵守广播电视管理和电信管理两个方面的法律法规,在内容管理方面则要遵守著作权法律规定,尤其是广播权与信息网络传播权的内涵外延界定不能清晰到新的技术样态时,会出现技术实现在前,法律跟不上的情况,法律纠纷较多。

4. OTT 业务(近 20 个案件):涉及互联网电视的案件,对侵权责任没有太多争议,主要争议在于设备提供商和内容提供商分别承担什么样的责任,还是一起承担连带责任的问题。

5. 其他机顶盒业务(近 10 个案件):非广电领域内的其他生产厂家,通过机顶盒方式接入互联网,使得观众可以通过电视看到互联网上的海量视听节目。这类案件的判决也高度一致,就是互联网案件,属于信息网络传播权行为,责任分担也比较清晰,在此不再论述。

下面将以“回看”“点播”两种形式作为横向指标,将各种三网融合业务作为纵向指标,如表 4－1 所示。

表 4－1　回看、点播在各类网络中纠纷情况

分类	“回看”	“点播”
有线电视网	有“回看”业务,产生纠纷时,法院裁决对回看的性质有争议	有“点播”业务,产生纠纷,法院裁决对“点播”性质有争议
广电台官网	有“回看”业务,产生纠纷时,法院裁决对回看的性质无争议,认为是信息网络传播行为	有“点播”业务,产生纠纷,法院裁决对“点播”性质无争议,认为是信息网络传播行为
IPTV	有“回看”业务,产生纠纷时,法院裁决对回看的性质有争议	有“点播”业务,产生纠纷,法院裁决对“点播”性质无争议,认为是信息网络传播行为。但是对于责任承担有很大争议,呈现四种模式
OTT	无回看业务	主营“点播”业务,产生纠纷,法院裁决对“点播”性质无争议,认为是信息网络传播行为。但是对于责任承担有争议

第二节 ·“回看”“点播”的“法定权利”

一、有线网内电视“回看”“点播”是什么权利?

有线电视网“回看”“点播”模式下收看影视剧等电视节目的法律属性,理论界和实务界有分歧,判例分为两种情况,一种认为这与观看普通电视一样仍然是广播行为,另一种认为属于信息网络传播行为。

正方观点:有线电视网内“回看”“点播”属于广播行为

---

16 案·例

“回看”“点播”属于传统广播电视业务延伸

——乐视网信息技术(北京)股份有限公司与广州珠江数码集团有限公司侵犯著作财产权纠纷①

该类案案件数量不止三个,代表十几个案例。②

| 当事人 |

原告:乐视网信息技术(北京)股份有限公司(以下简称“乐视网公司”)

被告:广州珠江数码集团有限公司(以下简称“珠江数码公司”)

---

① 一审:广东省广州市越秀区人民法院(2012)穗越法知民初字第1101号民事判决书;二审:广州市中级人民法院(2013)穗中法知民终字第1174号民事判决书。

② 影视剧要实现点播或者回看都以大量为前提,涉及侵权一般不止一部。因为法院是根据一个涉案电影或电视剧就立一个案件,因此一个原告一次起诉同一个被告可能十几个甚至几十个的同类型案子,所以这里面每个类型案件都有相类似的几个或十几个案例。

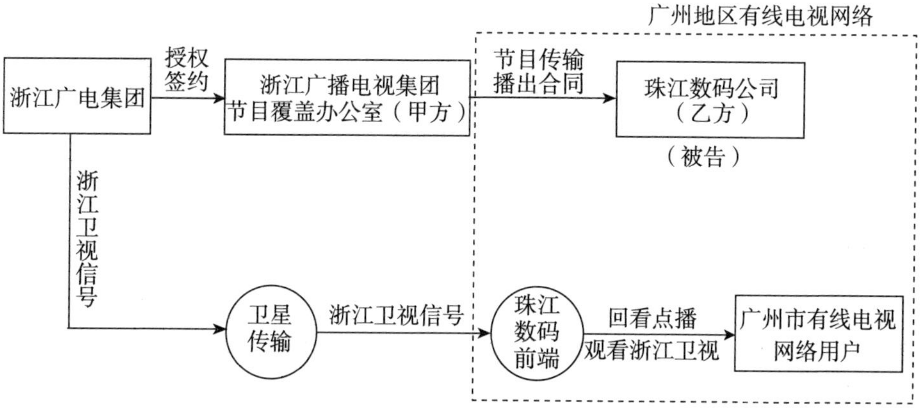

图4-3　案件结构

|基本案情|

乐视网公司拥有影视节目《青盲》的独占性信息网络传播权。原告发现，将“甜果时光”互动电视机顶盒连接电源、电视机，并接上珠江宽频网络设备，通过“点播”“回看”可以观看《青盲》，认为构成对乐视网公司信息网络传播权的侵害，故要求停止侵权、赔偿损失。

庭审中原告确认涉案电视剧由“浙江卫视”频道进行首播。

2011年7月14日，案外人浙江广播电视集团授权浙江广播电视集团节目覆盖办公室（以下简称浙电）（甲方）与珠江数码公司（乙方）签订《节目传输播出合同》，合同约定双方在珠江数码公司有线电视网络覆盖区域内进行合作，浙电负责将浙江卫视频道信号通过卫星传输到珠江数码公司前端，由珠江数码公司再自行传送给用户；在合作期限内，珠江数码公司通过有线网络向终端用户提供的节目频道为浙江卫视；珠江数码公司不得擅自对浙电的电视频道内容进行调整、变更，不得对播出画面进行修改，不得擅自截传、转让、扩散上述内容，不得插播广告；浙电同意珠江数码公司可将浙江卫视节目进行录播，以用于珠江数码公司开展的“电视回看”（电视时移）和“点播”业务，但珠江数码公司在开展上述业务时必须保留浙江卫视台标；浙电声明并保证其集成的频道节目内容拥有合法的知识产权，并对内容的合法性和相关版权问题承担全部责任。

珠江数码业务受理单载明，互动电视是基于有线电视网络的服务，用户报装互动电视需要该地址已经安装有线电视线路；互动电视基本套餐费按自然月计算，超出基本套餐费所含服务范畴的业务需要额外付费（见图4-3）。

法院判决

一审判决驳回乐视网公司的全部诉讼请求。乐视网公司提起上诉,二审维持原判。

| 法院审理思路 |

本案核心争议:被告根据与案外人浙电签订的《节目传输播出合同》,通过卫星传输接收"浙江卫视"频道信号,将"浙江卫视"频道播放的节目进行录制后,通过有线电视网络提供给其有线电视用户"回看"和"点播"的行为,其性质是属于广播行为,还是信息网络传播行为,是认定珠江数码公司有否构成侵权的前提。

首先,根据《著作权法》关于"广播权,即以无线方式公开广播或者传播作品,以有线传播或者转播的方式向公众传播广播的作品,以及通过扩音器或者其他传送符号、声音、图像的类似工具向公众传播广播的作品的权利"的规定,可以看出,广播权的实施主体具有特殊性,一般是广播电台、电视台。本案中,浙电是"浙江卫视"频道对外覆盖入网签约部门,有数字电视频道传输和营销资质。珠江数码公司的前身是广州市有线电视网络工程有限公司,经广州市委、市政府批准授权,负责广州市行政区域内有线电视网络建设、管理和运营。根据浙电与珠江数码公司的传输合同,双方在珠江数码公司有线电视网络覆盖区域内进行合作,浙电负责将频道信号通过卫星传输到珠江数码公司前端,再由珠江数码公司自行传送给用户,珠江数码公司将浙电节目频道摆放在数字电视平台中播出,节目频道的传输播出费用由浙电按本合同约定价格支付给珠江数码公司。可见,无论是浙电,还是珠江数码公司,均是具有广播电台、电视台性质的特殊的广播主体。

其次,从广播权的表现行为来看,共有三种,分别是无线广播作品的行为、有线传播或转播被无线广播的作品的行为、以扩音器等工具传播被无线广播的作品的行为,三种行为之间具有一种事实上的承接关系,也就是说,从发生先后顺序来看,先有第一种行为,即先有无线广播组织发射无线节目信号,然后再有第二种或者第三种行为,即在无线广播组织发射出信号后,再由有线电视网络经营者通过其设备转播或者传播无线广播组织发射的信号,或者再由他人通过扩音器等工具传播无线广播组织发射的信号。法律规定第二种和第三种广播行为的初衷是为了更好地传送广播节目,由于电磁波的覆盖面、地形等原因,有的地区接收不到或者不能很好地接收电磁波信号或者为了更好、更稳定地接收电磁波信号，需要有线传输解决这一问题。本案中，涉案电视剧由浙电的“浙江卫视”频道首播，可认定其取得了涉案电视剧的广播权。浙电将“浙江卫视”频道信号通过卫星传输给珠江数码公司，珠江数码公司作为广州地区的有线电视网络运营商，通过自己的设备转播浙电发射的无线信号，属于广播行为中的有线转播行为。

最后，浙电将节目同步传输给珠江数码公司，仅限于珠江数码公司在约定的期限内传输给其网络内的用户收看，珠江数码公司不得擅自对电视频道内容进行调整、变更、修改，不得擅自截传、转让、扩散，不得插播广告，虽然珠江数码公司经许可将“浙江卫视”节目进行录制，用于其开展的电视“回看”和“点播”业务，但仍必须保留“浙江卫视”台标，因此，本质上珠江数码公司是对“浙江卫视”频道节目的重复使用，其实施的还是广播行为。而且，珠江数码公司提供作品的对象仅限于其有线电视的用户，并非所有的社会公众，不符合我国《著作权法》规定的“使公众可以在其个人选定的时间和地点获得作品”的信息网络传播权的定义。

二审中，法院又强调一点：电视时移的信号限于电视台前几天播放的信号而并非扩延至该电视台已播放过的任何时间段的信号，并且时间上仅仅几天之内，也不符合信息网络传播权要求的公众可在其个人选定的任何时间观看任何内容。

综上所述，珠江数码公司通过有线电视网络提供给其有线电视用户“回看”和“点播”的行为，属于传统广播电视业务的发展和延伸，其行为性质是广播行为。

反方观点：有线电视网内电视回看行为属于信息网络传播行为

---

17 案·例

“回看”属于信息网络传播行为

——长沙国安广播电视宽带网络有限公司与乐视网(天津)信息技术有限公司侵害作品信息网络传播权纠纷①

| 当事人 |

上诉人(原审被告)：长沙国安广播电视宽带网络有限公司(以下简称“长沙国安公司”)

① 一审：湖南省长沙市中级人民法院(2016)湘01民初253号民事判决书；二审：湖南省高级人民法院(2017)湘民终661号民事判决书。

被上诉人(原审原告):乐视网(天津)信息技术有限公司(以下简称"乐视公司")

原告版权链:

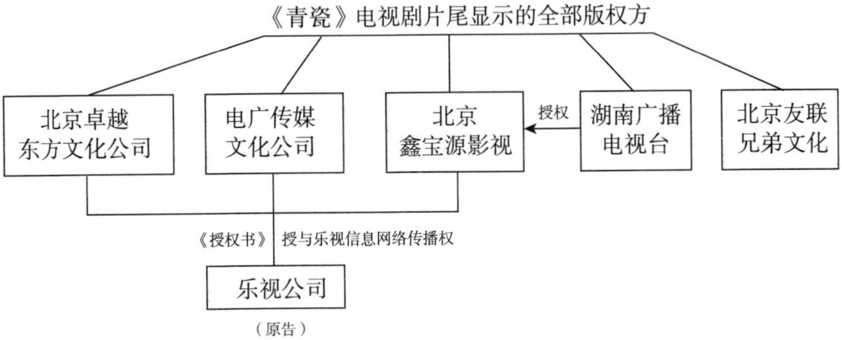

被告播放涉案作品流程:

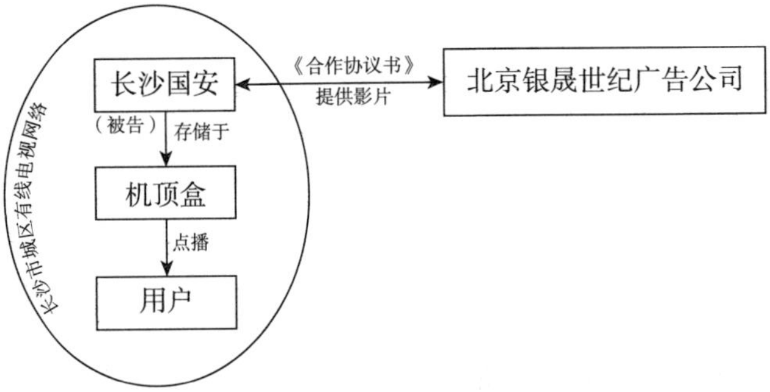

图4-4　案件结构

| 基本案情 |

乐视公司经合法授权独占取得影视作品《青瓷》的信息网络传播权。长沙国安公司利用其运营的"长沙国安数字电视"有线宽带平台传播了涉案作品,获取非法经济利益。乐视公司认为,长沙国安公司为谋取商业利益,未经许可传播涉案影视作品的行为侵害了乐视公司依法享有的信息网络传播权,要求赔偿损失及合理开支共计5万元。

被告称观看涉案影片需要安装被告的机顶盒(赠送),不需要连接网络即可播放,涉案影片系通过有线电视网络提供,并存储在被告公司的本地服务器上,因此不构成侵犯信息网络传播权的行为(见图4-4)。

法院判决

一审判决被告长沙国安公司赔偿原告乐视公司经济损失人民币50,000元(含合理开支)。

长沙国安公司上诉。二审驳回上诉,维持原判。

| 法律审判思路 |

1. 广播电视网也属于信息网络的范畴,通过有广播电视网传播作品的行为也受信息网络传播权规制。

根据最高人民法院《关于审理侵害信息网络传播权民事纠纷案件适用法律若干问题的规定》第2条规定:“本规定所称信息网络,包括以计算机、电视机、固定电话机、移动电话机等电子设备为终端的计算机互联网、广播电视网、固定通信网、移动通信网等信息网络,以及向公众开放的局域网络。”第3条规定:“网络用户、网络服务提供者未经许可,通过信息网络提供权利人享有信息网络传播权的作品、表演、录音录像制品,除法律、行政法规另有规定外,人民法院应当认定其构成侵害信息网络传播权行为。通过上传到网络服务器、设置共享文件或者利用文件分享软件等方式,将作品、表演、录音录像制品置于信息网络中,使公众能够在个人选定的时间和地点以下载、浏览或者其他方式获得的,人民法院应当认定其实施了前款规定的提供行为。”因此,被告所称的广播电视网也属于信息网络的范畴。

2. 未经许可在线播放,构成侵权。

根据原告公证书显示:被告的用户向被告选择购买指定服务套餐的情况下,可在获得观看有线电视服务的同时,获得1台机顶盒的免费使用权以及1年互动;机顶盒安装时与电视机连接,安装后可在其自带的点播界面中搜索涉案电视剧并进行播放。因此,被告长沙国安公司在未经原告许可的情况下,通过其向用户提供的高清机顶盒,提供涉案作品的在线播放服务,使公众能够在个人选定的时间和地点以点击播放的方式获得涉案作品,构成对涉案作品的信息网络传播权的侵害。

案例18 下载节目观众择，不是“重播”是“点播”

——昆明广播电视网络有限责任公司、北京爱奇艺科技有限公司侵害作品信息网络传播权纠纷二审民事判决书①

|当事人|

上诉人(原审被告):昆明广播电视网络有限责任公司

被上诉人(原审原告):北京爱奇艺科技有限公司

该案也是涉案影片通过有线广播电视网“时移”或“回看”提供,法院认定有线电视网内点播行为系信息网络传播行为,一审被告赔偿4万元,二审改判赔偿1万元。该案二审判决理由论理相对充分,摘录如下。

|经典裁判论述|

本案中,上诉人作为从事广播电视节目传送和接入服务的机构,在其运营的“昆广网络”互动电视平台上履行为电视机构传送电视节目的职责并不违法,但该公司利用该平台本身具有的存储、时移、回看等功能,将其接收的相关电视台播出的节目存储下来,随后向使用该平台的用户提供涉案电视剧的在线点播服务,使用户能够在其自己选定的时间和地点点播该剧,且在涉案电视剧的剧集选择页面,昆广网络公司还附加广告,而昆广网络公司作为网络服务提供者,没有证据证明其播放涉案电视剧已取得权利人许可,其行为侵犯了爱奇艺就涉案电视剧所享有的信息网络传播权,昆广网络公司应承担相应的侵权责任。至于昆广网络公司关于其行为属于“重播”电视节目的抗辩,本院认为,涉案电视剧是由相关电视台播放的,昆广网络公司只应当在电视台播放该节目时,使用其设备自动接收该节目并向用户传送,因此即使要“重播”该电视剧,也只能是电视台在特定时间自己从事的行为,昆广网络公司利用其系统存储的电视节目向用户提供点播服务,属于在线点播行为,不属于“重播”。

二、IPTV专网内“回看”是什么权利?

IPTV专网内限时回看是比较普遍的一种IPTV观看方式,对其法律属性,当前

① 一审:云南省昆明市中级人民法院(2017)云01民初2287号民事判决书;二审:云南省高级人民法院(2018)云民终609号民事判决书。

理论界和实务界存在分歧,主要包括信息网络传播行为和广播行为两种观点。

正方观点:认为“IPTV限时回看”模式属于广播行为

19 案·例 “IPTV回看”模式不属于典型信息网络传播行为

——西藏某公司与杭州某公司侵害作品信息网络传播权纠纷①

|当事人|

原告:西藏某公司

被告:杭州某公司

|诉辩分歧|

原告拥有《芈月传》的独家信息网络传播权,被告未经许可在其运营的“杭州IPTV”中回看板块向公众提供了涉案电视剧在线播放服务,侵犯了原告信息网络传播权,请求法院判令立即停止侵害,赔偿经济损失。

被告辩称,“杭州IPTV”内容传播途径、受众范围均没有超出原直播的范围,节目只能在已安装IP网络、电视的终端获取,直播信号流只在服务器上存储备份72小时,观众不能在其选定的时间和地点获得涉案作品,因此被控侵权行为是广播行为。乐视网仅享有信息网络传播权,而不享有广播权,无权对被控侵权行为提出任何主张;此外,电视回看服务的播放内容、传播途径、受众范围均没有突破广播电视组织原本享有的广播权,不会对著作权人权利造成侵害和冲击。

|法院认定事实|

IPTV即交互式网络电视,电信部门与当地广电部门合作,广电部门提供IPTV集成播控平台的建设和管理,电信部门利用互联网架设虚拟专网提供信息网络传输和技术

① 布鲁斯:《法院判决:IPTV“回看”电视剧不侵权!(附判决书)》,载流媒体网:https://lmtw.com/mzw/content/detail/id/178849,最后访问日期:2020年3月22日。一审:杭州互联网法院(2018)浙0192民初4603号民事判决书。

保障。回看过程主要为:广电部门接受卫视的频道信号,通过电信的 IPTV 专用网络定向传输通道,将直播流不加任何删改地进行 72 小时缓存,自动覆盖、删除,从而实现向局域网内用户提供限时电视节目回看。

2017 年 6 月 27 日,中国电信股份有限公司浙江分公司(甲方)与浙江广电新媒体有限公司(乙方)签订"2017 年度 IPTV 合作备忘录",载明:甲方遵循乙方集中播控的原则,甲方的 IPTV 基础视听节目由乙方提供,甲方向乙方购买 IPTV 基础视听节目并支付相应费用。

被告"天翼宽带电视节目单"宣传页面显示"72 小时可回看 3 天内直播节目回看,精彩不容错过""4 小时时移快退、快进和暂停,再无广告烦恼"。

国家广播电视总局 2019 年 3 月 27 日召开的 IPTV 建设管理工作会讲话上,其中称 IPTV 业务为"重要的广播电视节目覆盖方式",从业务属性看,IPTV 是广电业务。

法院判决

认定"杭州 IPTV"中的"IPTV 回看"模式不侵犯乐视网对《芈月传》享有的信息网络传播权。驳回原告乐视网的诉讼请求。

| 审理思路 |

从产业政策上看,IPTV 是广播电视新业态,属于广播电视业务。"IPTV 回看"模式实质上是利用电信运营商的通讯网络,以专网方式定向传输广播节目,开展的有线电视业务。其本质上仍然是广播电视业务结合回看技术后全新业务形态,是广播电视在新媒体领域的重要延伸,符合国家的三网融合政策及相关规定。

在法律层面上,"IPTV 回看"模式既有时间限制,又有地点选择限定,并不符合严格意义上的信息网络传播的"选定"特点。其仅限于 IPTV 专网的用户,播放的信号仅限于相应电视台限定时间内播放的信号,特定用户仅能在限定回放时间内,在特定环境下通过特定入口按需求观看电视节目。

"IPTV 回看"模式并没有对著作权人作品的信息网络传播方式、传播范围和传播条件等进行破坏或改变,二者不会构成实质性的替代竞争关系,不会对原告诉称的信息网络传播的市场用户以及经济利益构成实质性损害。因此,"IPTV 回看"模式不会改变广播组织提供广播的单向性和观众的被动性,在来源、传播途径、受众、获得方式上均区别于典型意义上的信息网络传播行为。

从技术层面看,IPTV 的本质是利用 IP 技术及电信运营商线路,通过物理网络、设备以及独立账号认证实现完全封闭传输 IPTV 节目信号的专网。电信方作为信号分发方实际上只是对电视节目内容的重播提供了回看的技术手段。中国电信杭州分公司属于信号分发方,对信号发出方的版权内容是无法审查的,也无权干涉;"IPTV 回看"服务通过专网专送提供的信号束实现,同传统的广播权的二次利用之间没有本质区别。

从利益平衡上分析,IPTV 本质上是传统广播电视产业借助现代网络技术,以低成本的方式传播尽可能多的广播电视信息,将"IPTV 回看"模式从广播电视的产业角度进行调整,界定为广播权二次使用的规制范畴,有利于国家政策中公共利益目的的实现。基于我国广播电视行业的公共属性,将"IPTV 回看"模式从广播电视的产业角度进行调整和规制,与当前的司法政策和司法价值导向相符。

综上所述,法院综合认定涉案"IPTV 回看"模式不属于典型意义上信息网络传播行为。

反方观点:认为 IPTV 回看属于信息网络传播行为

有观点认为,"IPTV 限时回看"功能实际上是提供服务的网络运营商通过技术手段缓存了节目的电视频道直播视频文件在本地,使得用户能够在一定时间内,自行对作品进行选择播放,且在播放过程中,用户可以点击进度条进行快进播放的行为,这一行为很明显更符合法律所界定的信息网络传播权的法定标准,而非广播权人享有的广播权。① 该文中引用案例是北京市海淀区人民法院的一审民事判决。② 案件中法院判定:"用户可在相应时间段内按照其选定的时间和地点通过点击'回看'获取涉案作品,故被诉行为落入了信息网络传播权的控制范围。"

有观点认为"关于限时回看的法律属性,其实仍有不少可以探讨的空间""也很难一口咬定 IPTV 限时回看服务不属于信息网络传播行为"。③ 核心论据在于

---

① 卢山人:《热点案例:"IPTV 限时回看"的法律性质探析》,载个人图书馆公众号:http://www.360doc.com/content/19/1213/18/40280294_879539831.shtml,最后访问日期:2020 年 3 月 22 日。

② 卢山人:《热点案例:"IPTV 限时回看"的法律性质探析》,载个人图书馆公众号:http://www.360doc.com/content/19/1213/18/40280294_879539831.shtml,最后访问日期:2020 年 3 月 22 日。该文中引用了北京市海淀区人民法院(2019)京 0108 民初 3738 号民事判决书,经查证海淀区法院确有其案,但是在中国裁判文书网上无法查询,因此本书未能详细引用分析。

③ 刘宗鑫:《要案解读:IPTV 限时回看不侵犯信息网络传播权》,载《知乎》,首发于《周公观娱》,https://zhuanlan.zhihu.com/p/97872122,最后访问日期:2020 年 3 月 22 日。

"公众范围的界定",一般引用王迁教授的观点:"向公众提供作品……使公众可以……获得作品"的定义,绝不意味着要构成信息网络传播行为,提供作品的范围必须是全世界或全中国每一个人,或者必须将作品置于"公网"之中,认为,只要公众能够在相应时间段内按照自行选定的时间和地点获得作品,就应该认定为这种行为侵害了信息网络传播权。①

本书认为:有线电视网络内和 IPTV 专网内的"限时回看"应当属于广播行为,"点播"属于信息网络传播行为。

关于"回看"法律性质的争议,其实是对信息网络传播权"使公众可以在其个人选定的时间和地点获得作品的权利"的解释问题。认为"回看"属于广播行为的正方观点看重选定时间有限制,认为"回看"属于信息网络传播行为的反方观点强调"几天时间也是可以选定的时间"。这是一道需要立法者最终抉择的选择题。案例 19 中引用的最高人民法院文件说明了司法者的态度,不仅仅是简单的法律文字解释:

最高人民法院《关于充分发挥知识产权审判职能作用推动社会主义文化大发展大繁荣和促进经济自主协调发展若干问题的意见》②关于"三网融合"中明确指出"在涉文化类知识产权案件的审判中,各级法院要——密切关注电信网、广电网、互联网三网融合等信息技术发展带来的新问题,在保护著作权益的同时,注重促进新兴产业的发展,促进我国信息化水平的提高——在审理涉及网络著作权、三网融合等新兴产业著作权案件时,尤其要准确把握技术中立精神,既有利于促进科技和商业创新,又防止以技术中立为名行侵权之实"。因此,在认定"IPTV 回看"模式法律属性时,一方面要考量电信网、广电网、互联网"三网融合"等信息技术发展带来的新特点和新变化,考量如何处理好技术中立与加强网络著作权保护的关系;另一方面,还要从国家政策层面和法律规范层面进行综合考量,既要注意促进信息网络

---

① 刘宗鑫:《要案解读:IPTV 限时回看不侵犯信息网络传播权》,首发于《周公观娱》,载 https://zhuanlan.zhihu.com/p/97872122,最后访问日期:2020 年 3 月 22 日。

② 最高人民法院印发《关于充分发挥知识产权审判职能作用推动社会主义文化大发展大繁荣和促进经济自主协调发展若干问题的意见》的通知(法发〔2011〕18 号),发布对象为各省、自治区、直辖市高级人民法院,解放军军事法院,新疆维吾尔自治区高级人民法院生产建设兵团分院,2011 年 12 月 16 日发布。

技术创新和商业模式发展，确保社会公共利益，也要兼顾权利人、三网融合提供者和社会公众之间的利益平衡，从而促进作品的传播和利用，适应互联网新技术带来的改变。①

从广电业务性质和公共利益角度出发，本书赞同“回看”属于广播行为的观点，支持广州珠江案件中法院的审理思路。三点理由决定电视回看的广播行为特征：

1. 专网。能够进行回看的是有线电视网，在广播电视行业内叫作“专网”。能够看到“IPTV 回看”必须是有线电视网的用户，而不是更大范围的互联网用户。

2. 限时。必须在小于 7 天的范围内，有的仅仅可以回看 3 天的内容。

3. 限内容。内容限定表现在两个方面，一是范围上仅仅是存储于有线电视网内的视听内容。二是这些节目都是获得广播电视、电影管理部门发行许可的内容。

但是对于电视“点播”的性质，有所不同。“点播”不受 7 天限制，是可以在任意时间内点播的，更加符合“使公众可以在其个人选定的时间和地点获得作品的权利”的要件，倾向于认定为信息网络传播行为。

第三节 · IPTV、OTT 的“法定责任”承担

对于新型的三网融合业务的突出表现形式就是 IPTV 和 OTT 业务，IPTV、OTT 两种业务涉及案件起因均为内容侵权，由内容提供商承担责任理所当然。那么为其提供网络传输渠道服务的运营商是否共同侵权，设备提供商要不要承担责任？各地法院判例不尽相同，在一定意义上是“待定”的责任承担，我们通过研究希望确定其“法定”的责任承担方式。

一、IPTV 点播业务纠纷——网络服务提供者、内容提供商的责任之争

IPTV 业务案例最多，各地案例数量不同，通过图 4－5、图 4－6、图 4－7 说明。

---

① 杭州互联网法院（2018）浙 0192 民初 4603 号民事判决书。

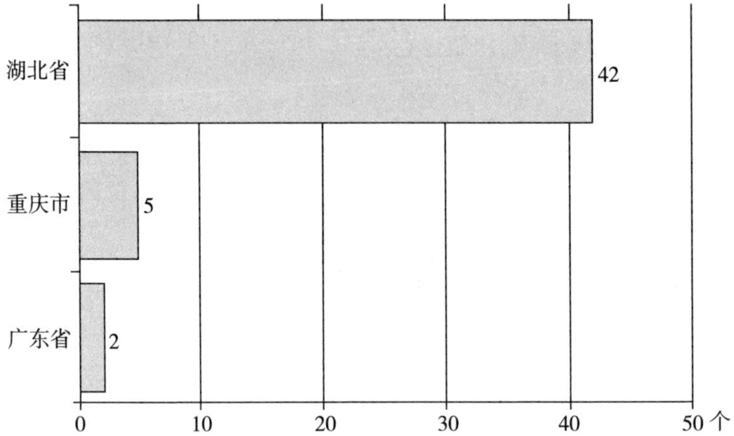

图4-5　有关IPTV平台案例在各省的大致分布①

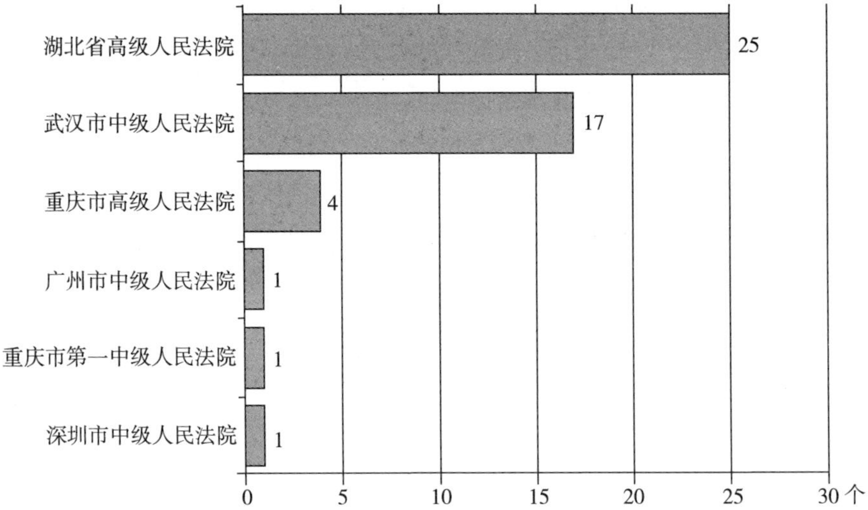

图4-6　IPTV案件审理法院分布

---

① 2019年2月23日在聚法案例网(www.jutaanll.com)在输入"IPTV平台""电视""电影""回看"后显示有49件案例。因为搜索关键词的局限,尚不能穷尽IPTV平台点播、回看影视剧的案例。比如输入"IPTV平台",会显示有关案例2300余件,其中大量的涉及KTV中歌曲侵权的,但是逐个排查,力所不逮。如果缩小至"回看"又只有49件了,肯定会有遗漏的。所以这里的分布图只能是大致的。图中数据也来自聚法案例网站。

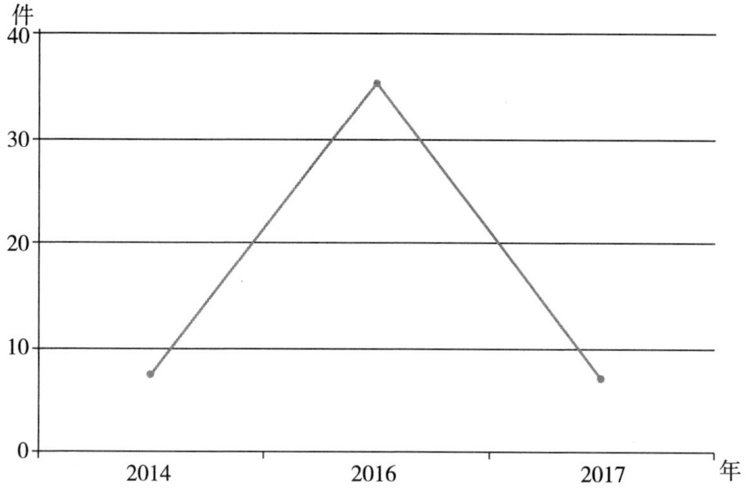

图 4－7　IPTV 案件审理时间

IPTV 案件类型的区分。各地判决相类似的案件时一般会参照本地相关案例判决,研究中发现由同一个法院审理的当事人相同,只是涉案内容不同的十几个案例,判决几乎相同,这里将其归类为某地模式(见表 4－2)。

表 4－2　4 种模式的 IPTV 案件的责任承担情况

序号	模式	审理法院、审理时间	责任承担		
			网络服务提供者	设备提供者	内容提供者
1	湖北模式	武汉市中级人民法院一审(2015) 湖北省高级人民法院二审(2016)	免除其责任	免除其责任	IPTV 平台经营者共同承担责任
2	重庆模式	重庆市第一中级人民法院一审(2013) 重庆市高级人民法院二审(2014)	无责任	没有设备提供者	有涉案影片的信息网络传播权,因此未侵权

续表

序号	模式	审理法院、审理时间	责任承担		
			网络服务提供者	设备提供者	内容提供者
3	广州模式	深圳市福田区人民法院一审(2012) 广东省深圳市中级人民法院二审(2014) 广东省高级人民法院再审(2014)	承担责任	没有设备提供者	原告在起诉时免除了其责任
4	海南模式	海口市中级人民法院一审(2011) 海南省高级人民法院二审(2012)	不是信息网络传播行为	无	因为原告选择不起诉内容提供者,法院认为无法查清版权问题

(一)"湖北模式"

20 案·例

免除网络服务提供者责任,由 IPTV 内容提供平台共同承担责任

——深圳市迅雷网络技术有限公司与湖北广播电视台等侵害作品信息网络传播权纠纷①

该类案件有 16 个案件,均经过一审、二审。

|当事人|

上诉人(原审被告):湖北广播电视台

被上诉人(原审原告):深圳市迅雷网络技术有限公司(以下简称"迅雷公司")

原审被告:湖北广电长江新媒体集团有限责任公司(以下简称"湖北广电公司")

原审被告:UT 斯达康通讯有限公司(以下简称"斯达康公司")

① 一审:湖北省武汉市中级人民法院(2015)鄂武汉中知初字第 02498 号民事判决书;二审:湖北省高级人民法院(2016)鄂民终 1108 号民事判决书。

原告版权链：

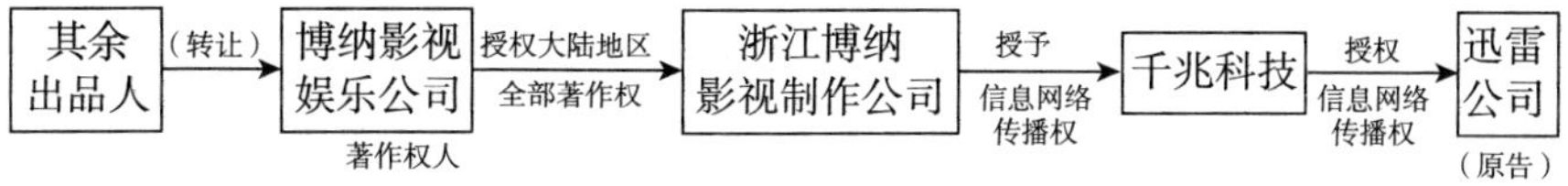

被告IPTV内部流程图：

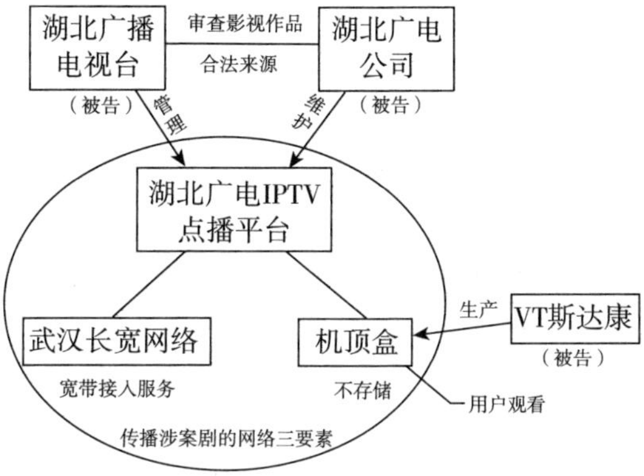

图4-8 案件结构

| 基本案情 |

迅雷公司拥有电影《画皮Ⅱ》自2012年6月28日至2017年6月27日在中国大陆地区(中国香港、澳门和台湾地区除外)的独占性信息网络传播权及转授权、维权权利。

迅雷公司签订《高清IP电视、宽带入网服务协议》后，将获得的机顶盒接入宽带网络，可直接进入“湖北IPTV”的播放平台界面，提供点播、回看、应用、专题、空间、搜索等选项，选择“搜索”选项，在搜索主界面通过选择《画皮Ⅱ》电影名称后，可以在线播放。该传播过程须通过湖北广电IPTV点播平台、长城宽带网络、机顶盒三者结合运行方能完成。

“湖北广电IPTV点播平台”系由湖北广播电视台管理，湖北广电公司运营维护。长城宽带网络服务有限公司武汉分公司(以下简称“武汉长宽”)提供宽带网络服务以及赠送高清机顶盒。涉案MC6098型电视机顶盒系由斯达康公司生产，该机顶盒的主要功能是接收和处理媒体流、向用户呈现媒体流，并不存储包括涉案电影《画皮Ⅱ》在内的影视作品(见图4-8)。

| 一审法院裁判 |

法院认为“湖北广电 IPTV”点播平台传播涉案电影的行为构成对迅雷公司享有的信息网络传播权的侵害，故湖北广播电视台、湖北广电公司作为管理运营的共同主体，依法应承担责任。判决立即停止通过湖北广电 IPTV 点播平台播放电影作品《画皮Ⅱ》的行为；湖北广播电视台、湖北广电公司赔偿迅雷公司经济损失 10,000 元。

| 二审诉辩分歧 |

上诉人湖北广播电视台称：上诉人主观上并非恶意、积极侵权。上诉人是遵守《国务院关于推进三网融合总体方案》等文件精神，与中国网络电视台合作，涉案影片由中国网络电视台提供，上诉人无权筛选或拒绝播放。并且，上诉人接到律师函后立即对涉案影片下线处理，涉案“湖北广电 IPTV 点播平台”用户数量很少，几乎未从侵权行为中获利。一审判令上诉人赔偿经济损失过高，请求改判。

被上诉人迅雷公司未出庭，也未提交书面答辩意见。

原审被告湖北广电公司同意上诉人的上诉意见。

原审被告斯达康公司未出庭，但提交书面意见述称，IPTV 机顶盒只接收 IPTV 系统下发的音视频，无法审查 IPTV 系统所传输视频的内容是否合法，更无法改变所接收到的视频内容，不构成侵权。

| 二审裁判 |

二审维持原判。

| 评析“湖北模式” |

以湖北省判例为代表，法院认为武汉长宽仅提供宽带网络接入服务，而涉案机顶盒的主要功能是提供物理接收和处理媒体流、向用户呈现媒体流，并不存储包括涉案电影《画皮Ⅱ》在内的影视作品。因此免除网络服务提供者武汉长宽和设备提供者 UT 斯达康公司的责任。湖北广播电视台提出涉案影片是由中国网络电视台提供的。法院认为湖北 IPTV 平台与中国网络电视台系共同合作关系，湖北广播电视台作为互联网电视集成平台的管理运营者，当内容服务平台提供的影片侵犯权利人的著作权时，也应承担相应的侵权责任。

(二)“重庆模式”

21 案·例 获得影片信息网络传播权是内容提供者免责的“法宝”

——乐视网信息技术(北京)股份有限公司与中国电信股份有限公司重庆分公司,中国电信股份有限公司著作权权属、侵权纠纷①

该类案件有5件,均经过一审、二审。

| 当事人 |

上诉人(原审原告):乐视网信息技术(北京)股份有限公司(以下简称“乐视公司”)

被上诉人(原审被告):中国电信股份有限公司重庆分公司(以下简称“电信重庆分公司”)

被上诉人(原审被告):中国电信股份有限公司

原审第三人:百视通网络电视技术发展有限责任公司(以下简称“百视通网络公司”)

原审第三人:上海百视通电视传媒有限公司(以下简称“上海百视通公司”)

1.被告与第三人合作事实(见图4-9)

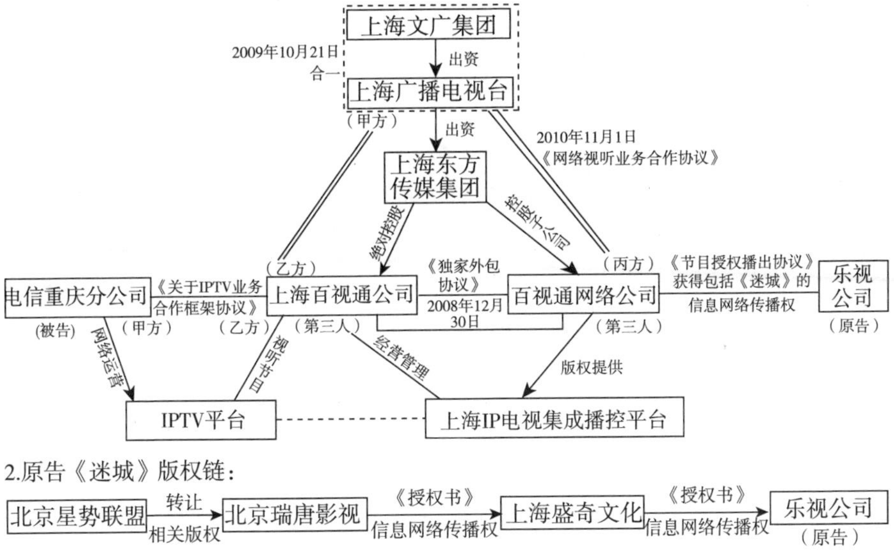

图4-9 案件结构

① 一审:重庆市第一中级人民法院(2013)渝一中法民初字第01202号民事判决书;二审:重庆市高级人民法院(2014)渝高法民终字第00316号民事判决书。

| 基本案情 |

乐视公司拥有电影《迷城》的信息网络传播权。原告发现电信重庆分公司未经许可,擅自通过其所有和运营的“重庆电信网络电视ITV”非法在线播放了涉案电影作品《迷城》。

庭审中,被告解释,ITV只是中国电信为视听节目提供商提供优良的网络接入和技术支持等服务推出的对外推广合作服务标识,相当于中国电信成为一个门户,为节目内容提供商提供窗口,将IPTV产品通过中国电信的ITV服务平台向外界进行传播。

2005年11月23日,国家广播电视主管部门下发给上海××传媒集团的某复函载明:上海电视台在开办IPTV业务时,可以成立由该集团绝对控股的“上海百视通公司”,负责集成播出平台的日常管理和经营性业务。

2008年12月30日,上海百视通公司(甲方)与百视通网络公司(乙方)签订了《独家外包服务协议》载明:甲方委托乙方提供除国家法令法规规定的在IPTV业务的经营环节中必须由甲方自身负责的业务环节以外的所有其他配套业务,包括但不限于节目版权提供等。乙方从事的内容与版权服务包括但不限于IPTV业务播出的所有节目、内容与增值服务的引进、采购与版权购买。

2010年11月1日,百视通网络公司(甲方)与乐视公司(乙方)签订的《节目授权播出协议》载明:甲方是上海东方传媒集团有限公司所属公司。乙方是甲方的版权供应商。乙方授权甲方与甲方的关联企业,按照本协议约定的授权期限、授权平台、授权区域与授权性质,可重复播放节目,播放形式包括但不限于直线播放、点播播放或剪辑片段播放、局域网播放等形式(不包括互联网机顶盒和互联网电视机)。乙方授权节目包括涉案电影作品《迷城》,授权期限为2010年11月25日至2012年11月24日。授权平台为百视通网络公司运营的IPTV平台和上海东方龙新媒体有限公司运营的手机电视平台。授权范围为通过网络对机顶盒、电脑等终端客户提供视频点播、直播(包括VOD、IPTV等)方式进行传播的权利,不包括数字电视、互联网机顶盒和互联网电视机。授权区域为中华人民共和国境内(中国香港、台湾与澳门地区除外)。授权性质为非独家不含转授权。

2011年9月1日,电信重庆分公司(甲方)与上海百视通公司(乙方)签订了《关于IPTV业务的合作框架协议》。甲乙双方确定IPTV业务总体分工为:甲方负责IPTV业务支撑系统及基础网络的规划、建设、运营和管理。乙方负责IPTV内容集成运营平台的规划、建设、运营和管理，负责 IPTV 内容集成平台上节目源的组织、发布和管理、播出及监看等。

| 诉辩分歧 |

原告认为被告侵权，要求赔偿 3 万元。

被告中国电信公司、电信重庆分公司以及第三人百事通网络公司、上海百事通公司共同答辩称：播放涉案影片的平台属于两位第三人共同运营的 IPTV 集成播控平台，而 IPTV 集成播控平台必须由基础电信运营商提供接入服务。电信重庆分公司正是提供了这样的接入服务，并为第三人在重庆当地提供一定的业务支撑，以保障第三人开展 IPTV 的运营，二被告在这个过程中没有任何过错，故二被告主体不适格。同时，第三人就涉案影片已经获得了浙江博纳影视制作有限公司的许可。因此应当被驳回原告的诉讼请求。

法院判决

一审判决驳回乐视公司的全部诉讼请求。乐视公司上诉，二审驳回上诉，维持原判。

| 评析“重庆模式” |

本案中法院的最核心判定依据，就是经过严密逻辑论证得出如下结论。

1. 第三人上海百视通公司与百视通网络公司共同运营着一个 IPTV 平台，百视通网络公司成立的目的就是解决版权问题。

2. 第三人百视通网络公司经原告授权取得涉案电影《迷城》作品的非独家信息网络传播权，有权在其运营的 IPTV 平台播放涉案电影作品。相当于上海百视通公司也合法取得涉案电影《迷城》版权。

3. 被告电信重庆分公司与第三人上海百视通公司共同发展运作的 IPTV 平台上播放的涉案电影作品《迷城》就是合法的作品。

因此，被告电信重庆分公司不存在侵犯原告信息网络传播权的行为。

（三）“广东模式”

案例22

网络服务提供者承担责任

——中国电信股份有限公司深圳分公司、上海百视通电视传媒有限公司与乐视网信息技术（北京）股份有限公司侵害作品信息网络传播权纠纷①

该类案件有2件，全部经过一审、二审、再审。这类案件共同特点是，原告在起诉时主动免除了内容提供平台的责任。

| 当事人 |

上诉人（原审被告）：中国电信股份有限公司深圳分公司（以下简称“电信深圳分公司”）

上诉人（原审第三人）：上海百视通电视传媒有限公司（以下简称“上海百视通公司”）

被上诉人（原审原告）：乐视网信息技术（北京）股份有限公司（以下简称“乐视公司”）

被告与第三人合作情况

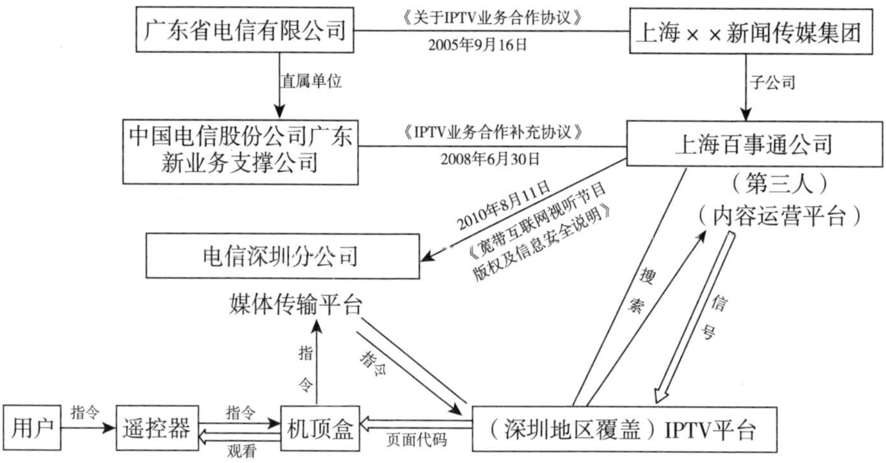

图4-10　案件结构

---

① 涉案电视剧为《男人帮》和《潜伏》。一审：深圳市福田区人民法院（2012）深福法知民初字第315、344号民事判决书；二审：广东省深圳市中级人民法院（2014）深中法知民终字第560、328号民事判决书；再审：广东省高级人民法院（2014）粤高法民三申字第97、98号。

| 基本案情 |

原告拥有电视连续剧《男人帮》独占专有信息网络传播权。原告认为被告未经原告授权,通过自己架设的局域网向其宽带用户提供付费或免费的《男人帮》回看服务(后经庭审判定为点播业务),侵犯其就涉案影视作品的信息网络传播权。原告明确在本案中不对第三人提出诉讼请求。

2005年9月16日,广东省电信有限公司(甲方)与上海××新闻传媒集团(乙方)签订了《关于IPTV业务的合作协议》,双方确定的业务总体分工如下:甲方负责IPTV业务支撑系统及基础网络的规划、建设、运营和管理,包括宽带接入网、城域网、内容分布系统和计费结算系统等;乙方负责IPTV内容集成运营平台的规划、建设、运营和管理,包括平台上节目播放系统和监管系统等系统;乙方负责基于IPTV系统平台上的所有视听节目内容的组织、转播、监看及统一对外内容合作签约。双方保证本方所提供的内容或技术不存在侵犯第三方知识产权的情况,若发生侵权,提供方承担责任。

2008年6月30日,中国电信股份有限公司广东新产品新业务支撑中心(甲方)与上海百视通公司(第三人、乙方)签订了《IPTV业务合作补充协议》:甲方作为中国电信股份有限公司广东分公司(原广东省电信有限公司)的直属单位,负责中国电信股份有限公司广东分公司经营的IPTV业务对外合作、内容运营和平台保障工作,代表中国电信广东公司按基本协议实际履行合同义务,承担合同权利,乙方作为上海××新闻传媒集团控股子公司,已取得广播电视行政管理部门批准,负责IPTV业务集成播出平台日常管理和经营性业务,乙方经上海××新闻传媒集团授权与甲方签订本IPTV补充协议。

2010年8月11日,第三人向被告出具《宽带互联网视听节目版权及信息安全说明》,声明第三人已经获得双方合作的广东宽带互联网视听业务附件所列栏目下所有节目的合法授权,并保证信息(播控)安全,且符合国家政策及相关规定。上述节目可以在广东地区宽带互联网视听平台播出至授权到期日止;播出期间,凡第三人提供并出现广东宽带互联网视听附件所列栏目下的节目涉及版权纠纷的,均由第三人承担相应责任。

2012年9月17日,原国家广电总局在《广电总局关于同意中国电信集团公司从事IPTV传输服务的批复》中称,同意中国电信集团公司在广东省深圳市开展IPTV传输服务。服务内容为,为IPTV集成播控平台与电视用户端之间提供信号传输和相应技术保障。传输网络为利用固定通信网络(含互联网)架设IPTV信号专用传输网络。中国电信集团公司在从事IPTV传输服务时,应遵守以下要求:(1)在提供服务前应当查验

IPTV 集成播控服务机构的许可证;(2)IPTV 传输内容由取得许可的集成播控平台统一集成和提供;(3)保障节目信号传输安全及质量,不得更改、插播、截留 IPTV 集成播控平台播出的节目信号。

被告与第三人履行上述协议至今。IPTV 平台架构主要分为"内容运营平台"和"媒体传输平台",内容运营平台完成电子节目导视系统制作和管理、内容处理与发布;媒体传输平台完成用户身份识别、流量结算、信号分发、网络运维支撑等功能。第三人经广播电视行政管理部门批复具备集成播控平台资质,负责 IPTV 内容运营平台管理和经营业务。被告作为 IPTV 业务的网络运营商负责 IPTV 媒体传输平台业务(见图 4-10)。

法院判决

一审判决被告电信有限公司深圳分公司赔偿原告乐视公司经济损失 10,000 元。

被告深圳分公司和第三人不服,提起上诉,二审维持原判。

电信深圳分公司又提起再审,被驳回再审申请。

| 评析"广东模式" |

法院认为被告与第三人存在 IPTV 业务合作关系,被告负责用户开户、安装、收费,相关公众要成为被告的 IPTV 业务用户才能收看在线播放的电视剧《男人帮》,被告提供的媒体传输平台与第三人提供的内容运营平台链接,被告所提供的并非一般意义上的自动接入、自动传输服务。尽管被告与第三人分工不同,但 IPTV 业务用户实现对涉案电视剧《男人帮》在线观看,是被告、第三人分工合作、共同提供作品的结果。被告与第三人构成共同侵权,应共同承担侵权责任,连带赔偿原告因涉案侵权行为遭受的损失。但是原告明确在本案中不对第三人提出诉讼请求,系对其诉讼权利的自行处分,所以法院也不会追究第三人在本案中应承担的责任。因此法院只判定由网络服务提供者被告承担责任。

本书对该案持保留态度。IPTV 的业务分工明确,电信部门只是网络服务渠道提供商,对广电部门提供的内容不能更改,因此不应当承担赔偿责任。

(四)“海南模式”①

23 案·例 因原告事先免除内容提供者的责任，网络提供者无责任

——北京某文化传播有限公司与中国电信某公司侵害作品信息网络传播权纠纷②

|当事人|

上诉人(原审原告):北京某文化传播有限公司

被上诉人(原审被告):中国电信某公司

原审第三人:上海百视通公司

|基本案情|

原告独家享有电影《江山美人》在中国大陆地区的信息网络传播权。原告发现被告未经授权在其经营的 IPTV 业务中播放涉案电影作品，要求被告赔偿经济损失 8 万元，公证费 16,400 元，合计 96,400 元。

电影《江山美人》的版权方保利公司在与原告的授权书中附带特别说明条款，百视通网络公司等公司可以在 IPTV、数字电视播映业务中使用该电影，但不能转许可其他第三方在 IPTV、数字电视业务中使用该电影。后在一审结束后，二审前，保利公司等版权方出具《版权授权确认函》，确认百视通网络公司作为版权提供方，在上海百视通公司的 IPTV 播控平台传播涉案影片，上述业务模式不构成百视通网络公司对上海百视通公司的转授权或许可。

2010 年，原告(甲方)与上海百视通公司(乙方)签订《关于开展 IPTV 业务的合作框架协议》。约定甲方负责 IPTV 业务支持系统及基础网络的规划、建设、运营和管理，乙方负责 IPTV 内容集成运营平台的规划、建设、运营和管理，包括平台上节目播放系统……数字版权保护系统等。

---

① 虽然海南的相关案件只有一个，但是原告在请公证人员对涉案影片在 IPTV 上点播的情况作出《3162 号公证书》时，该公证共涉及影视作品 74 部。如果这个案件判决原告胜诉，很可能会继续起诉另外 73 个案件。

② 一审：海口市中级人民法院(2011)海中法民三初字第 159 号民事判决书；二审：海南省高级人民法院(2012)琼民三终字第 26 号民事判决书。查自无讼案例网。

2008年5月，百视通网络公司（甲方）与保利公司（乙方）签订《合作协议》，约定甲方购买乙方电影《江山美人》非独家IPTV信息网络权在甲方自行经营平台的使用权，授权时间为两年。至原告起诉前该合同已经过期。

另外，原告（甲方）、中国联合网络通信有限公司沈阳分公司（乙方）、百视通网络公司（丙方）、沈阳制衣厂（丁方）在辽宁省沈阳市中级人民法院签订了一份《和解协议》，其中，甲方承诺放弃对丙方就《江山美人》等6部影视作品在全国范围内的网络信息传播权侵权索赔权利。

| 审理思路 |

法院认为，根据双方的约定，上海百视通公司负责IPTV包括影视剧等内容的收集和组织，并储存于其服务器；被告作为网络运营商，负责IPTV业务的技术管理，利用其网络资源为上海百视通公司IPTV的收视内容提供接入、传输、传送等技术、设施支持的帮助行为。电信海南分公司为上海百视通公司的传输内容提供技术支持的行为不构成直接的信息网络传播行为，故其未实施侵犯原告涉案电影《江山美人》的信息网络传播权的行为，依法不应承担相应的民事责任。

法院判决

一审判决驳回原告的诉讼请求。原告上诉。二审中第三人提出了新证据，证明自己对涉案影片拥有信息网络传播权。二审维持原判。

| 评析"海南模式" |

此案显示，法院更加清晰地论述了IPTV业务融合中（TV）广电方和（IP）电信方的责任划分。电信方负责传输，对内容管理无责任。广电方面对于传输内容版权负责。侵害信息网络传播权行为的重要特征是未获得权利许可，将作品放置于信息网络供公众点播或下载使用。侵害信息网络传播权行为包括直接侵权行为和协助侵权行为。

电信海南分公司有理由相信其为上海百视通公司提供连线服务的影视作品的信息网络传播权具有合法来源，已尽到了作品的审查义务，主观上没有侵权的故意或过失。因电信海南分公司不存在过错，因此不构成协助侵权。

原告放弃对能够说明涉案影片版权问题的第三人的诉讼，只要求IPTV中的网络服务提供商赔偿。应当说，这至少不利于将案件事实讲清楚。因为只有第三人能够说清楚涉案影片的版权问题,一般情况下版权问题也比较复杂,在海南案件中更为复杂,有版权的转授权问题,有独家授权和非独家授权的问题,有授权合同期限问题,甚至还涉及签订和解协议放弃诉权等复杂的问题,电信海南分公司一审申请将上海百视通公司作为本案共同被告时,经一审法院释明,原告明确表示不将上海百视通公司列为共同被告,且在本案中不予追究上海百视通公司的相关侵权责任。可以说,第三人不做被告参与诉讼,这个版权问题无法查清楚。因此法院作出对版权问题不再予以审查的结论。因为上海百视通公司向电信海南分公司提供的电影《江山美人》是否具备合法的信息网络传播权的事实在案件中无法认定,因此法院认为原告越过上海百视通公司直接向电信海南分公司主张侵权赔偿责任无事实和法律依据。

小结:1. 以上海百视通电视传媒有限公司(以下简称"上海百视通公司")为例,百视通网络电视技术发展有限责任公司(以下简称"百视通网络公司")获得影视剧信息网络传播权,但是百事通公司出面与各地的电信公司合作 IPTV 签订协议,可否视同百事通公司有信息网络传播权。

答:有。

问:可否视同该 IPTV 有信息网络传播权?

答案:有。

2. 百事通网络公司取得某部影片的信息网络传播权,可否在全国范围内的 IPTV 网络内合法使用,不侵权?

答:看百事通网络公司与相关版权方的协议如何约定,如果约定在全国范围内都可以使用,即可。

问:从相对方角度说,某主体享有的信息网络传播权可否按照使用地域进行划分?

答:可以划分。

3. 可否按照接受载体不同而划分为不同的信息网络传播权,比如在电视机上观看 IPTV 某影视剧,需要一个信息网络传播权的授权;那么获得授权的同一家公司在手机上观看该影视剧,是否需要新的授权。

答:是的。

二、OTT 业务——设备提供商与内容提供商责任划分

OTT 业务实现了电视机上随时观看海量影视剧的功能,内容提供商要拥有的

就不能仅仅拥有影视剧的广播权了，还要购买其信息网络传播权。如果在机顶盒中集成了权利有瑕疵的影视作品，就侵犯了拥有该影视剧信息网络传播权的主体的权利。

从2010年开始，网络视频飞速发展的几年里，关于信息网络传播权的纠纷呈现几何级增长，仅仅乐视公司就起诉了百十起案件。对于内容提供主体未经许可使用某影视作品的信息网络传播权的侵权认定方面，法院判决是一致的，但是关于设备提供商是否承担连带责任，判决并不一致。有的判决设备提供商不承担责任，有的判决设备提供商承担连带责任。到底应当由谁来承担责任呢？

（一）正方观点：内容侵权，设备提供商不承担责任

24 案·例 免除设备提供商责任

——未来电视有限公司与乐视网信息技术（北京）股份有限公司侵害作品信息网络传播权纠纷①

｜当事人｜

上诉人（原审被告）：未来电视有限公司（以下简称"未来公司"）

被上诉人（原审原告）：乐视网信息技术（北京）股份有限公司（以下简称"乐视公司"）

原审被告：深圳雷柏科技股份有限公司（以下简称"雷柏公司"）

｜基本案情｜

原告拥有电影《永不消逝的电波》信息网络传播权专有使用权。原告发现通过使用"RATV"无线电视机顶盒连接ICTV中国互联网电视，可以播放《永不消逝的电波》等原告拥有版权的电影、电视剧，认为被告侵犯其著作权，要求赔偿。

2014年2月28日，被告未来电视公司同雷柏公司签订互联网电视业务合作协议。双方约定，被告未来电视公司提供符合互联网电视全国运营要求的播出控制平台和内

① 二审：深圳市中级人民法院（2015）深中法知民终字第1269号民事判决书；一审：深圳市龙岗区人民法院（2014）深龙法知民初字第1154号民事判决书。

容分发平台,拥有全部视听节目内容的终审权、发布权和控制权,保证由其提供、经其审核在平台上上传的视听节目内容拥有合法版权;被告雷柏公司自行完成终端产品的设计、开发、生产、市场宣传、营销推广、物流库存和售后服务等,拥有对终端产品定义、设计、定价、服务的权利;在合作期限内,雷柏公司就合作的互联网电视终端产品向未来电视公司给付ID授权费(亦称平台接入许可费)。庭审中,被告未来电视公司、雷柏公司确认,涉案互联网电视平台由未来电视公司管理与控制,涉案侵权作品系由未来电视公司上传的。

被告雷柏公司于2014年8月28日收到涉案起诉书后,于2014年9月1日向未来电视公司发出通知函,要求未来电视公司对涉案侵权作品进行审查与删除,并将结果告知未来公司。未来电视公司于2014年9月5日向雷柏公司复函,确认已收到雷柏公司的函件。未来电视公司称其已于2014年9月1日删除涉案侵权作品。原告确认删除。

法院判决

一审判决被告未来电视有限公司赔偿原告乐视网经济损失人民币50,000元。二审维持原判。

(二)反方观点:内容侵权,设备提供商承担帮助侵权责任

案例25 设备提供商承担责任

——中国华录集团有限公司与乐视网信息技术(北京)股份有限公司等侵害作品信息网络传播权纠纷①

|当事人|

上诉人(一审被告):中国华录集团有限公司(以下简称“华录公司”)

被上诉人(一审原告):乐视网信息技术(北京)股份有限公司(以下简称“乐视公司”)

一审被告:未来电视有限公司(以下简称“未来公司”)

① 二审:北京知识产权法院(2016)京73民终990号民事判决书。

| 基本案情 |

乐视公司在淘宝天猫网店购买了由华录公司生产华录 HuaLu 蓝光播放机。将其连接电视机和互联网,发现“CNTV”在线播放该公司拥有版权的《敢死队》电影。

乐视公司认为央视公司、未来电视公司、华录公司通过合作方式,向用户提供涉案电影的在线播放服务,未经授权,侵害了该公司的信息网络传播权,应当共同承担侵权责任。请求依法判决三家公司赔偿经济损失及合理支出计人民币 6 万元。

未来电视公司是央视公司的控股子公司,该公司在 2011 年 12 月后负责运营互联网电视平台。此前,央视公司与华录公司合作,未来电视公司成立后,相关协议由未来电视公司签署,同时未来电视公司承接了原来央视公司的业务及相关人员。

| 裁判结果 |

一审法院判决:一审判决生效之日起 10 日内,华录公司、未来电视公司连带赔偿乐视公司经济损失 3 万元。

二审维持原判。

| 案件分析 |

央视网无须承担责任。因为未来电视公司承接了原来央视公司的权利义务。

未来公司应当承担责任。其与华录公司在其经营的高清播放器中提供涉案影片的在线播放服务,应当取得该剧著作权人的许可。未来公司在其平台上使用他人享有著作权的作品,必然影响相关著作权人的权利,也影响与其合作的服务商的利益。因此,未来公司应对其平台上使用的他人作品负有更严格的审查义务,才能有效地维护著作权人的利益,并确保与平台合作的服务商业务顺利开展。未来公司的行为主观过错明显,侵害了乐视公司对涉案影片享有的信息网络传播权,应当承担侵权责任。

那么,华录公司是否应当承担侵权责任?这是本案最大的争议点,也是二审审理的重点。

一审认为,华录公司与未来电视公司系合作关系,华录公司未采取必要措施制止未来电视公司侵犯信息网络传播服务的行为,存在过错,应当与未来电视公司承担连带侵权赔偿责任。

二审否认了一审简单认定华录公司与未来电视公司具有共同侵权的故意的观点。认为未来电视公司实施的是侵权行为,而华录公司实施的是帮助侵权行为。

| 裁判依据回放 |

根据《侵权责任法》第36条的规定：“网络服务提供者知道或者应当知道网络用户利用其网络服务侵害他人民事权益，未采取必要措施的，与该网络用户承担连带责任。”①

包含“明知”和“应知”两种情况。二审法院排除了华录公司“明知”未来电视公司侵权的情形，但是认为华录公司是“应知”未来电视公司利用其硬件设备侵害信息网络传播权而仍向其提供硬件设备。理由如下：涉案蓝光播放机的外包装上印有“海量视频资源、上千部影视剧、尽享院线大片、缤纷娱乐呈现、经典卡通动画、科教人文记录”等广告宣传语，故华录公司对于未来电视公司通过蓝光播放机提供海量视频资源、上千部影视剧及院线大片的事实是应当知晓的，如果未来公司没有获得所有海量视频、影视剧的合法授权，其提供海量视频、影视剧的行为即构成了侵犯信息网络传播权的行为。因此，华录公司对未来公司未经授权提供他人作品的可能性是应知的，其既然将蓝光播放机可以提供海量视频、影视剧作为宣传卖点并就此获利，就应当就此承担相应的注意义务。现未来公司未经授权提供了涉案作品的在线播放，华录公司在未经任何审核的情况下向未来电视公司提供了硬件设备，客观上帮助了未来电视公司实施了侵害涉案作品信息网络传播权行为，构成了帮助侵权，应当就此承担连带侵权责任。

本书对该案判决不敢苟同，这种“应知”确有牵强。

未来电视公司拥有海量视频就一定会有侵权作品吗？不一定，而且“海量视频”就是一个宣传口号，符合广告法规定，华录公司将其印制在设备上只要没有违反广告法“夸大宣传”的规定，就没有过错。

1. 华录公司与未来公司约定明确

作为蓝光播放机硬件生产商，与未来电视公司之间签订有合作协议，双方对于在蓝光播放机生产过程中的分工作出了明确约定，对未来电视公司应提供合法播出平台并承担相关法律责任的内容作出了明确约定。

2. 尽到了足够的注意义务

双方合作是基于对广电总局认可的合法播出平台的信任而产生的，未来电视公司确系央视的子公司，华录公司选择未来电视公司合作的行为已经尽到了必要的注意义务。

---

① 本条内容现对应《民法典》第1197条。

3. 技术上华录不能对内容进行操作

作为硬件生产商,华录公司既无法甄别未来电视公司播出平台中播出内容的合法性,也无法对该播出平台的内容进行任何限制、屏蔽或修改。

| 借鉴意义 |

对比两案找差距,实务操作怎么办?

比较分析两个案件,原被告都相同,情况也大致一样。雷柏公司和华录公司都是提供设备的,法院没有判决被告雷柏公司承担连带责任,而判决未来电视公司对传输的内容负责。

双方在合作提供网上视频服务的合同中都明确了双方的责任和义务。那么作为设备提供商,如何能够证明自己已经尽到足够的注意,而不至于对传输的内容负连带责任呢?

雷柏公司与华录公司相比,有一个通知撤下侵权内容的环节。雷柏公司收到涉案起诉书后,马上向未来电视公司发出通知函,要求未来电视公司对涉案侵权作品进行审查与删除。这是一个关键环节。法院在判决中论述道:"涉案影视作品由未来电视公司上传与管理,被告雷柏公司未选择与改变所传输的作品,仅向指定的服务对象提供该作品,未从涉案侵权行为中获取直接收益,且在收到侵权信息通知后已通知平台管理方予以审核与删除。"所以认为被告雷柏公司已经履行了与自身能力相适应的注意义务而不应当承担侵权赔偿责任。

内容侵权时,由内容提供商来承担责任,天经地义。作为内容提供商,就要认真做好版权管理,对提供内容的版权做到无瑕疵。

那么作为设备提供商,面对现在并不一致的判例情况下,如何做好风险防范呢?

第一道屏障——在合同中明确责任划分

要在与内容提供商双方之间的合同中明确下双方的权利义务,尤其是对内容侵权时的责任主体要明确。虽然法院可能不按合同约定判决,但是这是充分的抗辩理由。订立合同时,尽量细致。

第二道屏障——尽到民法上的"足够注意"

首先是选取的合作方,应当是有可能有内容版权的人,不要看上去就不靠谱。其次如果原告发过来通知函,应当及时作出反应。

第五章 摄制组的法律地位和民事责任能力

无名无分无地位，
有人有钱有公章。
有证之过循章考，
挂靠之责他人扛。

摄制组是个现实需要，可以说，有电影的那一天开始，就有摄制组存在，即便是中国最早的电影《定军山》，也还有负责管理道具、灯光、服装等几个简单工种的组织，那是摄制组的雏形。对于导演、制片、演员而言，一般不会亲见全部出品单位、摄制单位、发行单位和放映单位，但是必须在摄制组之中。可以说摄制组就是影视拍摄的实现形式，摄制组的存在就是影视剧参与人工作所在的单位，是拍摄电影的必要条件和必经阶段。如此重要的一个存在，在法律层面却没有任何规制，几乎是法律规定的一个空白点。这么重要的一个影视圈“人物”，自然应当在影视圈规则研究中有所说明。

由于摄制组本身是个临时性的组织，不属于民法所规定的法人、企业、其他组织等合格民事主体，对于摄制组这种法律空白或者模糊的主体，主要研究的内容应是摄制组的法律地位,即其如何承担法律责任的问题。①

第一节·行政规定对摄制组的监管

1987 年原广电部发布《关于故事片摄制程序规定》(〔87〕电字第 317 号)②,这是最早的关于摄制组正式全面的规定,相当长时间内(大约从中华人民共和国成立初到 2000 年左右的五十多年中)是电影摄制的遵循。结合该规定和摄制组实际情况,从法律角度对其特点特性进行整体的描述。

一、摄制组的特征

(一)摄制组是人的集合

生产电影是一种有组织的创作、制作活动,是编剧、导演、摄影、美工、化妆、服装、道具、制景、照明、剪接、录音、特技等人员综合创造而产生的。

1987 年第 317 号通知规定:故事片摄制组基本成员 26 个,分别是导演 1 名,副导演 1 名,场记 1 名,摄影 1 名,副摄影 1 名,摄影助理 1 名,摄影机械员 1 名,录音 1 名,录音助理 1 名,美术 1 名,美术助理 1 名,剪辑 1 名,制片主任 1 名,剧务(事务)2 名,照明组长 1 名,置景组长 1 名,化妆 1 名,化妆助理 1 名,服装 1 名,服装助理 1 名,道具 1 名,道具助理 1 名,场务 1 名,核算员 1 名,跟班木工 1 名。并规定有条件的厂可以根据工作需要配备总导演、总摄影师、总美术师。

因为人多,设备多,摄制组要对整个拍摄的生产安全负责。原文化部曾于 1981 年 8 月 15 日同时发布 3 个规定:《电影摄制组烟火工作规定》《电影烟火工作安全暂行规定》《电影烟火部门工作管理规定》。③ 其中《电影摄制组烟火工作规定》详细规定了在拍摄各个阶段对摄制组烟火工作的要求,其中筹备阶段 6 条规定、摄制

---

① 王艳梅:《影视摄制组的分类管理》,载《中国广播影视》2006 年 4 月上半月,总 361 期。本书作者在 14 年前撰文研究过影视剧摄制组,本章在原文基础上作了较大的修改。

② 原广电部电影局《关于颁发〈关于故事片摄制程序及阶段划分的规定〉的通知》(〔87〕电字第 317 号),其中言明这个规定是在 1978 年电影局颁发的《关于故事片摄制程序及阶段划分的规定(草案)》基础上,总结经验,修订完成的。发布对象是各电影制片厂(公司)。该规定现已失效。

③ 当时电影行政主管部门是文化部。

阶段15条规定、结束阶段1条规定,共22条规定。《电影烟火工作安全暂行规定》中也有对摄制组的要求。

上述规定已经废止,相关内容后续通过国家对大型密集场所生产安全规定和影视行业自律规定、企业自行内部规定等方式来实现管理。

(二)摄制组是财产的集合

资金是摄制组进行各种活动的经济保障和基础。电影从筹备到摄制完成需要在较短时间内投入大量的资金,且资金占用时间长、成本回收慢。摄制一部电影动辄几百万元以上,2004年拍摄的电影《无极》,号称投资2.3亿元,电影《长城》投资1亿美元。

为了管理资金的方便,有些摄制组(后来发展为几乎所有摄制组)在实际运行中独立刻公章,设账户,这样签订合同时就不必再与产生单位传来传去了,往来的资金也可实现"专款专用"了,而在与之发生民事关系的相对人看来,这个摄制组也就更类似一个经济主体了。

(三)摄制组具有短期性

摄制组的存活期少则数月,多则一二年。一方面拍摄行为有自身规律,从文学剧本到导演台本到摄制到后期制作,要有一定的拍摄周期。另一方面即使影视剧拍完并制作出标准拷贝送审后,摄制组也不能马上解散,有些人要再等一段时间。尤其是在用胶片拍摄的时代,因如果经审查要求修改,还需要补拍镜头、修改情节、重新配音等。现在,随着电影产业发展,出现了如横店等大型专业拍摄场所后,摄制时间大幅度减少,拍摄后期工作简便许多。

1987年第317号通知规定:故事片拍摄经过"酝酿时期"(此间成立酝酿小组)、"筹备时期"(此间成立筹备小组,30天到60天不等)、生产时期(此间成立摄制组,一般定为120天至220天)。

当分镜头剧本基本经过电影制片厂审查通过之后,宣布成立摄制组,之后便进入了电影的生产时期,这个时期根据影片的规模,一般定为120天至220天。整个生产时期摄制组都是存在的。分4个阶段完成电影拍摄任务:(1)拍摄前准备阶段;(2)拍摄阶段;(3)混录双片制作阶段;(4)完成片制作及总结结束工作阶段。

(四)摄制组具有临时性

摄制组是一次性的组织,拍摄完成某个电影或电视剧后,大家也就各奔东西了。当然有时拍了一部口碑好的影视剧，投资人在拍摄第二部时，会打出"×××原班人马"的宣传牌，但是由于档期等客观原因，要做到完完全全原来的主创人员是很少的，即使演员不换，导演、编剧、摄影等幕后人员也会换。

（五）大部分摄制组具有流动性

大部分影视剧摄制组流动性强，对电影摄制组而言，这个特点更突出，不仅可能辗转祖国各地，还可能出国选取外景。电视剧倒是有的仅在室内摄制，如英氏系列情景喜剧。

（六）摄制组面临复杂的民事法律关系

摄制组摄制电影和电视剧，从筹备到完成，无时无处不在发生着大量复杂的民事、经济关系。比如：投资各方要签订融资合同；租借使用摄影棚、录音棚、剪接室、放映室，租用摄影、照明、移动、剪接、录音器材等涉及租借合同；购买胶片、录音磁带、服装、制作场景的原料等要签订买卖合同；聘任导演、演员、美工、特技及其他演职人员、群众演员等要签订劳务合同或者聘用合同；洗印底片、样片要签订加工承揽合同；保管道具、服装涉及仓储合同等。

二、摄制组的分类

一般说来，摄制组是由影视制作出品人、投资人（以下称为产生单位）为了完成影视摄制工作而成立的，依据文学剧本或影视剧本，组织演职人员共同制作出影视剧工作底片的临时组织。

产生单位是否取得了合乎行政法律法规规定的许可证件，对摄制组的法律地位有重要作用，因此，根据产生单位的不同，对摄制组分为三种类型。

第一类　产生单位具有合乎行政法规要求的许可证——"有证"摄制组

为了拍摄影视剧，影视制作单位应当符合行政许可的相关要求，应当具有相应的资质。随着市场经济的发展，几十年来行政管理改革的推进，国家影视摄制行政管理准入门槛逐步降低。尤其是2016年11月通过了《电影产业促进法》，划时代地取消了《电影摄制许可证》和《摄制电影片许可证（单片）》的审批，也就是电影业内俗称的长期证和短期证。对于成立电影摄制组的产生单位已经没有资质方面的门槛了。电视剧拍摄还是需要有相应资格证。

以具有合乎要求许可证的单位作为出品单位或者出品单位之一而共同设立摄制组的情况：

1. 电影制作单位持证情况(见表5－1)

表5－1 电影制作单位持证情况

时间	1996年7月~2002年2月	2002年1月~2017年3月	2017年3月1日之后
许可证名称	《摄制电影许可证》	《摄制电影许可证》或《摄制电影片许可证(单片)》	不需要许可证

2. 电视剧制作单位持证情况

原国家广播电影电视总局2004年发布《广播电视节目制作经营管理规定》①规定:“电视剧由持有《广播电视节目制作经营许可证》的机构、地市级(含)以上电视台(含广播电视台、广播影视集团)和持有《摄制电影许可证》的电影制片机构制作,但须事先另行取得电视剧制作许可。”“电视剧制作许可证分为《电视剧制作许可证(乙种)》和《电视剧制作许可证(甲种)》,由广电总局统一印制”。②

第二类 产生单位与有“证”单位有关联——“挂靠”摄制组

产生单位以挂靠方式从属于持有《摄制电影许可证》或《电视剧制作许可证(甲种)》的单位,摄制组由其产生并固定地摄制电影或电视剧。在电影专著中称为“独立制片”,鉴于国外早已有独立制片人的明确概念,又与国内所指意义不同,莫如“隐名制片”更为适合。

在《电影产业促进法》颁布之前,行政法规规定影视制作门槛较高的时期,“挂靠”摄制行为比较普遍。“挂靠”摄制组盛行于20世纪80年代至2002年,即国家电影管理放开单片管理之前。2002年之后情况有所减少,不过从案例上看依然存在。

这类摄制组有如下几个特点:第一,通过买“证”规避行政管理,实现拍摄影视剧的意图。“挂靠”摄制组一般情况除了支付摄制影视剧所有正常费用外,还要额外支付一笔钱,用以向其挂靠或从属单位购买许可证的一次性使用权。第二,影视剧的发行合乎行政法规。此类摄制组拍摄出来的电影和电视剧要经过国家影视管理行政机关审查通过,取得电影片公映许可证或电视剧发行许可证,并经国家规范

① 《广播电视节目制作经营管理规定》(国家广播电影电视总局令第34号)原国家广播电影电视总局2004年7月19日发布。

② 《广播电视节目制作经营管理规定》第12条、第13条规定。

管理的发行、放映网络进入发行主渠道，因此，其发行放映都是合法的。

案例1陈某德诉中国香港地区某公司案件中，就是典型的挂靠型关系。陈某德向某电影厂缴纳的30万元作为挂靠费用；而作为对价，陈某德得到《铁血昆仑关》影片的2年发行权。

第三类　纯粹的“草台班子”——无证摄制组

这类往往既无摄制许可证，也不买许可证，只是有人投资、有人导演，找来演员就算是摄制组了，拍摄完成后大家一拍两散。这在电影专著中称其拍摄的电影为“地下电影”。在电影拍摄中存在这种摄制组，其拍摄的电影有着极强的个人化风格，并有强烈的反叛意图，也有的是为了到国外去参加评奖，显身扬名。此类摄制组在电影产业发展中出现过一些，但是很少。在电视剧领域目前还没有发现这种现象。这类摄制组与第二类摄制组相比几乎完全是体制之外的个人行为，不仅面临所拍影片无人问津，回报小等市场风险，还要面临遭到金钱惩罚和禁止拍片等风险，后面只作简单讨论。

第二节 · 摄制组的民事法律地位分析

一、摄制组是合格民事主体吗？

具有民事主体资格，意味着它可以在法律规定的范围内自主的，独立地参加各项民事活动，享有民事权利和承担民事义务，并自主独立承担民事法律责任。依据《民法通则》的规定可知，民事主体包括公民（自然人）、法人、个体工商户、农村承包经营户，个人合伙属于特殊自然人主体，联营组织则属于特殊的法人主体。国家也可以作为民事法律关系的特殊主体。

根据上述理论，我们来考察现实中的各种类型的摄制组。由于摄制组是人的集合，排除了自然人主体的可能，那是否是法人或其他特殊主体呢？

第一类“有证”摄制组的产生单位是法人，而该摄制组仅是法人的一部分，不是法人，也不是其他特殊主体，因此这类摄制组不是合法的民事主体。“有证”摄制组要以其产生单位名义进行各种民事活动，不能以摄制组甚至某个负责人或业务员的名义来订立合同。

第二类“挂靠”摄制组其法律地位有如下几种情况：

1. 产生单位不是独立法律主体。摄制组与产生单位重合，仅是某个人组织建立的，或签订了明确各自权利义务的合伙合同几个人组织建立的，则可以认定为个人或个人合伙，是自然人主体或特殊自然人民事主体，具有完全的民事权利和民事义务。这种情况是挂靠类摄制组最多的情况。例如案例1中陈某德就是挂靠到广西电影制片厂。陈某德后来又拉来1300万元投资，拍摄了《铁》影片。

2. 摄制组的产生单位是独立法律主体，是公司或者其他组织。摄制组与公司重合，则摄制组即为法人民事主体，享有完全的民事权利和民事义务，能够独立承担因为合同纠纷或侵权所造成的民事责任。

3. 如果其产生单位是一个大型的公司或几种民事主体的组合形式，摄制组仅是其派出部分人组成的，那么该摄制组没有民事主体地位。这是在行政法规没有规定“单片证”时代比较多的挂靠形式，因为没有电影制片许可证，需要去向有证的单位挂靠。1995年之后，允许法人主体申请“单片证”，这种情况就很少了。

第三类“无证”摄制组本身存在量就少，仅是少数几人的一次性组合，无长期打算，一般不会签订合伙合同，因此，在民事地位上没有独立的法律地位。

从前面的论证可以看出，除第二类在摄制组与公司重合时，能够以公司名义独立进行民事行为并承担责任外，其余的都不是合格民事主体。

二、摄制组具有民事诉讼法律地位吗？

所谓民事诉讼法律地位，就是指发生纠纷诉至法院后，某个体或组织能否作为原告起诉，被诉时，可否对被告身份进行抗辩。换言之，摄制组合法交易的情况或不合法交易情况下进行民事活动产生纠纷时，是否有起诉资格和成为被告的能力。

《民事诉讼法》①第48条规定，“公民、法人和其他组织可以作为民事诉讼的当事人”。最高人民法院《关于适用〈中华人民共和国民事诉讼法〉的解释》②第52条规定，《民事诉讼法》第48条规定的其他组织是指合法成立、有一定的组织机构和财产，但又不具备法人资格的组织，包括：(1)依法登记领取营业执照的个人独资企业；(2)依法登记领取营业执照的合伙企业；(3)依法登记领取我国营业执照的中

---

① 2012年8月31日发布的经过第二次修订的《民事诉讼法》。

② 法释〔2015〕5号，2015年1月30日最高人民法院发布，现行有效。

外合作经营企业、外资企业;(4)依法成立的社会团体的分支机构、代表机构;(5)依法设立并领取营业执照的法人的分支机构;(6)依法设立并领取营业执照的商业银行、政策性银行和非银行金融机构的分支机构;(7)经依法登记领取营业执照的乡镇企业、街道企业;(8)其他符合本条规定条件的组织。

可见,诉讼主体的范围要比民事法律主体的内容宽泛,但是依然很难涵盖摄制组这种松散的临时性组织。

小结:摄制组也不是合格的诉讼主体,不能作为原告和被告。

摄制组不具有民事主体地位,也不是合格民事诉讼主体,并不意味着他们什么也不能。影视剧拍摄现实是,无论是否"有证""无证",无论"挂靠"还是"自营",大量地以摄制组名义签订合同,摄制组有资金往来账户,有公章。不能因为这些民事行为有不合乎法律要求的形式就直接判定这些民事交易违法。合法的民事主体从事民事行为只是意味着它可以独立承担自己的民事行为后果,而作为非民事主体的这些摄制组只是不能或者不完全能承担自己民事行为的后果而已。换句话说,摄制组以自己名义签订的合同、发出的钱款、作出的行为都是合法有效的,只是一旦出现纠纷,以摄制组名义签订的合同将要由能够承担民事责任的其他合法单位来承担责任。谁来承担摄制组制造的民事关系的责任呢?

第三节·"有证"摄制组的民事责任承担——看"章"行事

第一类"有证"摄制组是由一个法人派出内部成员组成,或者几个联合投资的法人共同派出人员来组成的临时性组织,不具备民事诉讼主体资格。

一、以摄制组名义从事民事活动的情况

如果该摄制组私自或在法人授意下刻了公章,在订立合同时盖了摄制组公章,或盖上法人内部机构如财务专用章等,案件进入法院后,法院就要根据证据情况来认定责任最终由谁来承担。

如果法院经审理认定,该合同是法人授意并委托摄制组订立的,委托程序和手

续都合法,就可以认定法人来负担责任。

如果公章属于私刻,法人未授权,那么要追究私刻公章人的责任。法人如果没有管理失职,也可以免除责任。

以摄制组名义订立的合同,法院都是以成立摄制组的产生单位来做共同诉讼当事人。一般而言,法院在开列当事人时,就是以影视剧的出品人作为当事人,而不论缔结合同双方是否对各自权利有约定。哪怕双方合意只由其中一方享有全部权利,承担一切义务,这都是内部约定,不能对抗善意第三人。

例如,温某某诉广西电影制片厂、广东满天星影视娱乐发展有限公司演出合同纠纷上诉案,①满天星影视公司(甲方)与广西电影制片厂(乙方)签订《关于联合摄制〈别无选择〉的合同书》,约定由甲方成立摄制组,出现纠纷由甲方独自负责。后因为主演温某某生病请假,摄制组与其解约,发生纠纷诉至法院。乙方就此答辩"请求法院驳回温某某对我厂的起诉"。但该摄制组与温某某签订了演出合同,从法律关系上看实质是摄制组代表甲乙双方与演员温某某签订的合同。由于该摄制组的名称是"广西电影制片厂·满天星影视公司《别无选择》摄制组",因此法院应当以甲乙双方作为共同被告,判决甲乙双方共同承担责任。

26 案·例 合同主体认定,主要看"公章"

——北京某文化传播有限公司等与广西某影视文化传播有限公司著作权合同纠纷②

| 当事人 |

上诉人(原审被告):北京某文化传播有限公司(以下简称"北京文化")

上诉人(原审被告):某部某影视文化中心(以下简称"影视中心")

被上诉人(原审原告):广西某影视文化传播有限公司(以下简称"广西文化")

① 北京市第二中级人民法院(2000)二中民初第287号民事判决书。本书后面将要详细介绍。序号为案例36。

② 二审:北京市高级人民法院(2006)高民终字第267号民事判决书;一审:北京市第一中级人民法院(2005)一中民初字第566号民事判决书。

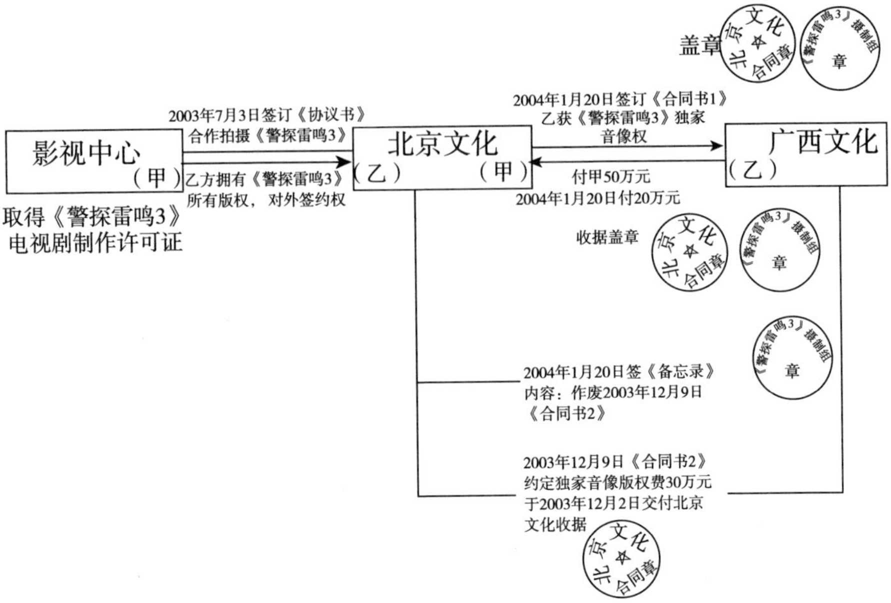

图 5－1　案件结构

| 基本案情 |

2003 年 4 月 1 日，影视中心取得广电总局颁发的《警探雷鸣 3》电视剧制作许可证，该许可证有效期自 2003 年 4 月 1 日至 2005 年 4 月 1 日。

2003 年 7 月 3 日，影视中心(甲方)与北京文化(乙方)签订《协议书》。约定双方合作拍摄 20 集电视剧《迷案侦查》(警探雷鸣系列)。甲、乙双方共同商议导演及主要演员，乙方具有最后确定权，并以乙方名义对外签订合约，剧组建立由乙方全权负责；本剧的所有版权与发行销售权及相关权利为乙方独家拥有；本电视剧播放权、音像产品权、其他相关产品版权归乙方独家所有……

2004 年 1 月 20 日，北京文化(甲方)与广西文化(乙方)签订《合同书 1》，约定乙方独家取得甲方所拥有的 20 集电视连续剧《警探雷鸣 3》在中国的一切音像版权；乙方支付甲方《警探雷鸣 3》版权费每集人民币 25，000 元，20 集总计人民币 50 万元。《合同书 1》甲方签字盖章处盖有“北京盛世金盾文化传播有限公司合同专用章”和《警探雷鸣》摄制组印章。2004 年 1 月 20 日，北京文化作为甲方与广西文化作为乙方还就 20 集电视连续剧《警探雷鸣 3》事宜签署《备忘录》，约定双方于 2003 年 12 月 9 日签署的 20 集电视连续剧《警探雷鸣3》的《合约2》由于本合同的签署作废；甲方于2003年12月2日收到乙方支付合约总款项中的人民币30万元；以上新合同签署后，乙方再支付甲方人民币20万元，即乙方已支付甲方20集电视连续剧《警探雷鸣3》50万元的全部版权费。《备忘录》甲方签字公章处打印了北京文化的名称，但该公司未加盖印章。在《备忘录》甲方签字公章处盖有《警探雷鸣》摄制组的印章。

2003年12月2日，广西文化向北京文化支付《警探雷鸣3》VCD版权费30万元。北京文化出具编号为No.0550478的收据，收据上盖有北京文化印章。2004年1月20日，广西文化支付《警探雷鸣3》版权费20万元，北京文化和《警探雷鸣3》摄制组出具收据，内容是："今收到《警探雷鸣3》电视剧音像版权预付款贰十万元人民币整。"收据署名"《警探雷鸣3》摄制组××"，并加盖了"北京盛世金盾文化传播有限公司合同专用章"和《警探雷鸣》摄制组印章。

2004年6月9日，北京文化出具《授权书》，将该剧的一切音像制品的出版、发行、销售、出租权授予广西文化独家拥有。

2004年4月19日，广电总局发布《关于加强涉案剧审查和播出管理的通知》，该通知规定严格控制涉案题材电视剧、播出数量大幅度削减涉案题材电视剧播出的政策。

因北京文化在《合同书1》约定的期限内未向广西文化交付电视剧《警探雷鸣3》的母带，所以广西文化起诉，要求：(1)解除《合同书1》；(2)被告北京文化、《警探雷鸣》摄制组返还已经收取的音像版权费；(3)按照《合同书1》的约定承担违约责任。本案关系结构见图5－1。

法院判决

一审判决：(1)解除广西文化与北京文化、《警探雷鸣》摄制组签订的版权转让合同；(2)北京文化、影视中心返还广西文化人民币50万元；(3)北京文化、影视中心支付广西文化违约金人民币15万元。

二审驳回上诉，维持原判。

|案例分析|

该案原告广西文化因为被告没有如期交付涉案电视剧的母带而起诉，要求返还已经支付的版权费50万元，被告抗辩的理由是广电总局出台新规定，由于政府行为导致不能履约，这个理由不构成抗辩，被告败诉没有什么悬念。而本案核心的争议是民事责任承担主体的问题。如图5－1所示，原告与被告北京文化签订的《合同书1》，而北京文化与影视中心有约在先，北京文化享有完全的独家的发行销售权、电视剧播放权、音像产品权。看似版权链完整，都是通过合同双方合意来处置自己合法拥有的权利，为什么法院还要把影视中心“拉过来”承担共同的赔偿责任呢？

这也是影视中心不服一审判决，向北京市高级人民法院提起上诉的理由，认为一审法院将争议合同上约定明确的由广西文化负担的义务强加给影视中心，违反了《合同法》《民事诉讼法》的规定。但是北京市高级人民法院维持了一审的判决。

问题的症结就在于《合同书1》上的盖的《警探雷鸣》摄制组的印章，虽然《合同书1》只是北京文化与广西文化双方之间签订的。

北京文化与广西文化2004年1月20日签订的合同中虽未涉及《警探雷鸣》摄制组的权利义务，但在该合同上盖有《警探雷鸣》摄制组的公章，且在广西文化支付《警探雷鸣3》版权费20万元的收据上加盖该摄制组印章，说明《警探雷鸣》摄制组依据《合同书1》收取了广西文化应支付的款项，故其上述行为应认定为《警探雷鸣》摄制组已经实际履行了《合同书1》。《警探雷鸣》摄制组应是《合同书1》的甲方当事人之一。

由于《警探雷鸣》摄制组不是法人单位，其权利义务应由依照2003年7月3日《协议书》组建该摄制组的影视中心和北京文化承担。

在对合同签订主体的认定上，法院的裁判原则是主要看盖章，盖章效力大于签名。

二、以法人名义从事民事活动的情况

如果该摄制组完全以法人名义从事各种民事交往，发生诉讼时就以该法人为当事人；如果是几个法人联合投资，一般会以该影视剧的出品单位作为共同原告和共同被告。

27 案·例 一枚没有及时收回的公章带来的法律责任

——张某诉中国电影集团公司电影音乐创作合同纠纷①

| 当事人 |

原告：张某

① 北京市海淀区人民法院(2005)海民初字第10657号民事判决书。转引自国家新闻出版广电总局政策法制司编：《广播影视案例分析——经营管理篇》，中国广播影视出版社2015年版，第17页。案例简介摘自该书中描述，具体案件的分析基于本书论述意图进行了调整。

被告:中国电影集团公司(以下简称“中影集团”)

|基本案情|

2002年8月26日,北京实践无限文化艺术有限公司(以下简称“实践公司”)取得影片《旅程》的《电影摄制许可证(单片)》,该公司法定代表人为杨某军。随后,实践公司与中影集团、北京世纪英雄电影投资有限公司(以下简称“世纪公司”)拟联合拍摄该片,后因世纪公司系中影集团投资参股的公司,双方考虑须有一家退出,最终中影集团于2002年12月退出。

2002年12月,暗夜公爵乐队成员张某(乙方)与中影集团《旅程》摄制组(甲方)的工作人员杨某军就甲方委托乙方为电影《旅程》创作、制作电影音乐一事签订合同。合同约定:乙方提供由其自行创作并演录的电影音乐作品,甲方支付人民币35,000元作为电影音乐的使用费,甲方只能在该影片中剪辑、使用乙方的音乐作品,不得单方转卖、转载或出售一切与乙方演录、制作的该电影音乐有关的音乐制品;乙方负责该电影音乐的全部词曲创作、编曲、制作等前期工作;甲方向乙方支付该电影音乐制作、创意、演录费用共计35,000元整,分4次支付(具体时间略)……合同加盖有“中国电影集团公司《旅程》摄制组”公章。杨某军于合同签订时支付了5000元,合同签订后又支付3000元。合同签订时,中影集团退出联合拍摄一事并未告知张某。

合同签订后,在2002年12月至2004年3月,张某及其乐队按时完成了该电影的音乐创作(MIDI版)及其主题曲,但张某除了在合同签订时收到8000元外,再未收到其他款项。张某经多次催讨未果,起诉至北京市海淀区人民法院,请求判令:(1)支付拖欠的音乐制作费27,000元以及音乐使用费35,000元,共计62,000元;(2)承担工商查询费100元。

|诉辩分歧|

原告认为,杨某军代表中影集团,该合同加盖的公章是“中国电影集团公司《旅程》摄制组”,就是与中影集团签订,因此中影集团是合同当事人。

被告抗辩理由有三:(1)公章系杨某军私刻;(2)中影集团于合同订立当月已经退出,并于2003年1月禁止杨某军继续使用涉案公章;(3)影片出品人没有中影集团。

法院判决

判决被告中影集团向原告张某支付剩余的《旅程》电影音乐使用费27,000元并赔偿原告损失100元。

| 案件分析 |

该案的主要争议是张某与中影集团《旅程》摄制组订立的合同，中影集团是否为合同当事人？只有中影集团是该电影音乐创作合同的当事人，才能因而确定中影集团是合适的被告，然后才能研究中影集团在合同订立当月退出电影联合摄制合作后，是否仍要承担合同义务，即履行给付乙方价款的义务的问题。

可以说，案件核心争议集中于这枚"中国电影集团公司《旅程》摄制组"的公章。

如此公章确系杨某军私刻，中影集团事先对拍摄电影一事并不知情，更未允许杨某军从事相关业务，那么这个公章的产生就是非法的，随之这个音乐创作合同就成了张某和杨某军两个自然人之间的合同了，自然可以免除中影集团的赔偿责任。

但是根据原被告提供的证据分析，法院判定中影集团抗辩的理由不能成立。理由有三：第一，经过法院查证，公章是根据中影集团第四制片分公司介绍信刻制的。中影集团第四分公司作为中影集团的分支机构，不具有独立的法人资格，不能承担民事责任，其从事民事活动产生的法律后果由法人承担。[①] 因此，所刻公章应视为中影集团授权的行为，后果由中影集团承担。

第二，原告与被告签订合同的时间是在2002年12月，且有证据表明公章的使用期限至2003年1月，因此该合同是在公章的有限期内签订的，合同合法有效。

第三，根据中影集团提供的介绍信存根，其曾指派杨某军或者授权杨某军指派他人以《旅程》摄制组的名义从事诸如挑选演员、联系场地等拍摄筹备工作；中影集团应当知道冠以其名义进行拍摄的摄制组。但在2002年12月中影集团退出时并未及时要求工作人员停止使用该公章，且未就此事通知合同相对人张某。

故合同主体视为未发生变更，仍为中影集团。

---

① 所谓分支机构，是指根据法人的意志、依法设立的组织机构，是法人的组成部分，根据法人授权、在既定的业务活动范围内为一定行为，因此，法人分支机构从事民事活动视为代表法人所为，其产生的一切法律后果均由法人承担。

因此,虽然中影集团于合同签订当月即退出联合摄制,但是由于这枚未被及时收回的公章,以及冠以中影集团摄制组名义的合同,而因此承担了赔偿责任。

对于赔偿主体,本书认为法院判决有误,应当是实践公司、世纪公司和中影集团共同承担责任。因为虽然在合同上公章是“中国电影集团公司《旅程》摄制组”,但是《旅程》电影的出品方是实践公司和世纪公司,应当是实践公司、世纪公司和中影集团一起承担连带责任。

三、以摄制组中某个人名义从事民事活动的情况

如果合同仅仅由摄制组某个负责人或经手人签字,并没有摄制组盖章,这种合同进入法院后,法院就要根据证据情况进行甄别。

根据民法理论,一般说来,法人的内部人员执行法人的意志,在法人授权的职权范围内,以法人的名义和财产并且为了法人的利益实施的行为,就应当视为法人的行为。法院经审理认定,该合同是法人授意并委托摄制组订立的,委托程序和手续都合法,就可以认定法人来负担责任。

如果法人内部人员在实施行为时超越或违反了它的职权,就是法人机关成员个人的过错了,法人不再承担责任,要由个人承担责任。

---

28 案·例

剧组人员签字吃饭,产生单位连带付款

——北京某民俗旅游城有限公司与北京某影视文化传播有限公司等餐饮服务合同纠纷①

|当事人|

原告:北京某民俗旅游城有限公司

被告:北京某影视文化传播有限公司

被告:张某某

被告:某制作有限公司

① 北京市怀柔区人民法院(2009)怀民初字第02005号民事判决书。

| 基本案情 |

2007 年 1 月，三被告签订《合约书》，约定共同投资拍摄电影《天下第二》，该剧版权和票房收益由三方按照各自投资比例进行分配，投资风险由三方共同承担。为解决拍摄剧组的就餐问题，三被告与原告达成口头协议，剧组人员在原告开办的“芷园”餐厅就餐，待电影拍摄完毕后再由剧组结账。2007 年 1 月 3 日至 3 月 31 日，《天下第二》剧组人员在原告开办的“芷园”餐厅就餐，餐费共计 119,150.50 元，但三被告拍摄完电影后一直未结账。

| 诉辩分歧 |

原告曾经于 2009 年 3 月 3 日起诉要求北京某影视文化传播有限公司给付拖欠的餐费，因所诉主体不全撤诉。在确定三被告的主体身份后，原告于 2009 年 4 月 7 日再次起诉要求三被告给付上述拖欠的餐费。

被告北京某影视文化传播有限公司答辩称：首先，对原告起诉的拖欠餐费数额本身没有异议，但其中一部分餐费已超过 2 年的诉讼时效，不应受法律保护；其次，原告为被告提供餐饮服务时双方未约定违约金，原告现在要求利息损失没有依据；最后，电影《天下第二》系三被告合作拍摄，应由三被告共同负担拍摄期间的餐费。

被告张某某答辩称：首先，根据三被告之间的合作协议，本人只负责承制、宣传、策划工作，对于原告起诉的餐费不应承担责任；其次，原告起诉的餐费一部分已超过诉讼时效，不受法律保护；最后，原告主张的利息损失应当有证据证明与此笔欠款有关。

被告某制作公司答辩称，根据三被告签订的合作协议，本公司以《天下第二》拍摄前期设备、场景、住宿、道具、发电车等实物投资。鉴于《天下第二》早已制作完成并发行，足以证明本公司已履行相关的出资义务，故不应再承担餐费的还款义务。

法院判决

三被告给付原告餐费 119,150.50 元并支付利息，三被告互负连带责任。

| 案件分析 |

本案核心争议是民事责任承担主体问题。

1. 摄制组中个人签字的民事行为,摄制组同意的,视为摄制组的行为

被告所有人员在原告处用餐共欠餐费 119,150.50 元。所有餐费日结单均有被告摄制组相关人员签字。三被告在拍摄前曾与原告有口头协议,剧组人员在原告开办的"芷园"餐厅就餐,待电影拍摄完毕后再由剧组结账。因此,对于摄制组相关人员的签字,视为摄制组的行为。

2. 摄制组不能承担民事责任,由产生单位共同承担

三被告在合作拍摄电影《天下第二》期间,成立摄制组,剧组人员在原告开办的"芷园"餐厅就餐,由此产生的餐饮费由剧组的三个被告依法承担连带给付责任。

三被告于 2007 年 1 月签订的《合约书》虽然对各自的投资金额及负责事项进行了约定,但该约定只具有对内的效力,而不能对抗本案原告的债权。

第四节 ·"挂靠"摄制组的民事责任承担——代人受过

之所以选择挂靠某公司的原因,一是因为挂靠单位没有行政许可不能从事影视剧摄制业务;二是被挂靠单位一般都是业内有一定资金和名气的单位。所以对于以挂靠关系成立的摄制组,无论其是法人单位还是属于法人单位或者是个人,一般都是以被挂靠单位名义开展各种活动。这样才能充分发挥"挂靠"的作用,方便拍摄中与其他演职人员和相关单位打交道。

具体活动形式表现为,摄制组或者借用被挂靠单位业务介绍信、合同专用章、盖章的空白合同书或者银行账户等从事业务往来,或者经过被挂靠单位同意,出具被挂靠单位介绍信,刻制摄制组专用章,然后从事各种相关业务。那么一旦出现诉讼,怎么办?法院就会把被挂靠单位和摄制组所在的法人单位或者能够负担责任的个人列为共同诉讼人,在民事责任承担中判令他们承担连带责任。所谓连带责任是指各个责任人对外都不分份额,不分先后次序地根据权利人的请求承担责任。当权利人提出偿还债务的请求时,各个责任人都有义务履行全部责任,然后再向其他的责任人追偿。

29 案·例 挂靠协议的免责条款不能免除被挂靠单位的责任

——朱某某与江苏华娱公司、陈某演出合同纠纷①

|当事人|

原告:朱某某

被告:江苏华娱公司

被告:陈某

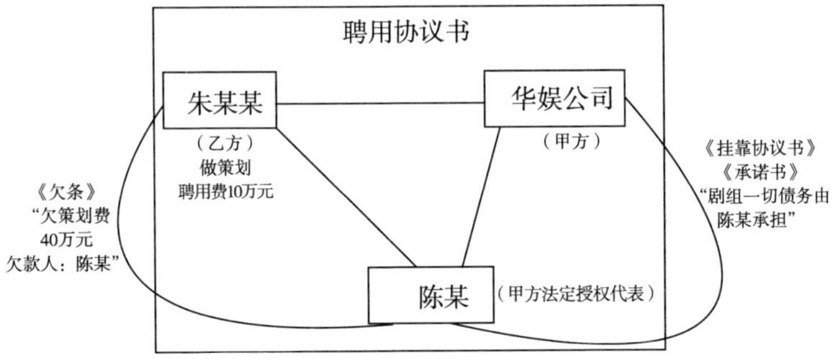

图5-2 案件结构

|基本案情|

因拍摄电影《刘老庄八十二壮士》,原告朱某某与被告华娱公司、被告陈某于2012年6月16日签订一份聘用协议书,甲方为华娱公司,法定授权代表为陈某,乙方为朱某某,协议约定:甲方同意聘请乙方担任电影《刘老庄八十二壮士》策划工作,外兼电影《刘老庄八十二壮士》影视基地策划工作,重建当年刘老庄十几户小村庄的房屋和八十二壮士抗日时的战场;甲方同意给乙方聘用费共计10万元。在拍摄电影《刘老庄八十二壮士》过程中,原告朱某某承担了电影的总策划、总设计、总负责等相关工作,在淮阴区政府对该电影的投资协议签署后,被告陈某与原告朱某某商定,支付原告朱某某在这部电影里所参与全部工作费用40万元,冠名为"策划费",并于2012年10月13日出具了支付欠条。欠条载明:今欠朱某某同志电影《刘老庄八十二壮士》策划费肆拾万元整

① 江苏省淮安经济技术开发区人民法院(2013)河开民初字第2590号民事判决书。

(400,000 元),淮阴区政府付第一次款,陈某付给朱某某20万元,区政府付第二次款,陈某付清给朱某某20万元整,以上为税后款。欠款人:陈某。2012年10月13日。本案关系结构如图5-2所示。

| 诉辩分歧 |

原告朱某某诉称:在拍摄电影《刘老庄八十二壮士》过程中,原告朱某某承担了电影的总策划、总设计、总负责等工作,两被告应当支付策划费40万元。

被告华娱公司辩称:(1)本公司之前与陈某互不相识,是陈某拿着自己的电影《刘老庄八十二壮士》题材慕名找到我公司,由前法人代表支某某认可挂靠我公司并签订挂靠协议书;(2)电影从开机到关机的全过程本公司从未参与过,对挂靠协议书及陈某交给本公司的筹备开支单原件全部认可;(3)陈某与本公司签订的挂靠协议纯属是挂靠关系,本公司只收取电影的管理费1.5%(管理费已付清),陈某在2013年2月21日已写过了一份承诺书给本公司,剧组里产生的一切债务由陈某自己承担。

被告陈某辩称:原告起诉被告陈某要求给付电影策划费40万元没有根据,因为原告与两被告于2012年6月16日签有挂靠协议约定:被告应付的酬金是10万元。

法院判决

判决被告陈某支付给原告40万元,被告华娱公司对被告陈某挂靠该公司所欠原告朱某某策划费40万元承担连带清偿责任。

| 案件分析 |

本案关于责任承担方面核心争议是华娱公司是否应承担连带责任。

华娱公司与陈某之间签订了的挂靠协议看起来十分"标准":约定只收取电影1.5%的管理费,约定剧组里产生的一切债务由陈某自己承担,并且华娱公司未参与具体摄制。但是,华娱公司要承担连带赔偿责任。原因有三:

1."公章"代表认可

华娱公司同意陈某使用自己公司的公章及资质从事电影《刘老庄八十二壮士》的拍摄,同意陈某刻制电影《刘老庄八十二壮士》摄制组公章,并收取了管理费,这种行为法律上视为法人的授权行为,就是对被告陈某以华娱公司名义从事拍摄工作及承担相应法律责任的认可。

2. 挂靠协议无对外效力

华娱公司与陈某之间的挂靠协议只对内有效，即对合同双方有效，不可对抗第三人。这是保护民事交易安全的法律规定。一个与摄制组进行民事交易的人，看到华娱公司的公章或者以华娱公司名义拍摄《刘老庄八十二壮士》摄制组的公章，必然认为这是在和华娱公司进行民事行为，而不能要求交易人了解公章背后的挂靠关系。因此华娱公司应当为陈某的挂靠行为产生的民事结果承担连带赔偿责任。

3. 陈某是合格的承担民事责任的主体

民法规定自然人可以承担民事责任，是合格的民事诉讼主体和责任主体。陈某实际上也全权代理整个摄制组从事各种活动，因此可以列陈某被公共被告，并要求其承担民事连带责任。

小结：“挂靠”对于被挂靠单位而言，最大的风险是与挂靠单位一起承担连带责任。即使挂靠单位与被挂靠单位双方在确定“挂靠”关系时签订了明确各方权利义务的合同，被挂靠单位只收取一定的费用(业内称为变相卖证)，不承担任何责任，但是依据法律，法院会判决被挂靠单位承担连带责任。

第三类摄制组只是一个简单的合伙组织，不成立公司。在拍摄过程中进行各种民事交易都以该摄制组的名义，那么诉讼主体就是该摄制组本身。但在承担责任方面与法人的有限责任不同，在这里承担的是个人合伙的无限连带责任。法人以自己所有会经营管理的财产承担有限民事责任；个人合伙的无限连带责任是指，个人合伙负有的债务，先由合伙财产承担责任，当合伙财产不足承担时，以个人出资的，以合伙人个人的财产承担，以其家庭共有财产出资的，以其家庭共有财产承担。

中·篇

影视业自然人的法定权利与行政监管

影视作品作为艺术产品，作者是制作产生影视剧的最终决定力量，没有人的创作，有再多的资本，也不可能产生文艺作品。影视活动中应用最多的权利是著作权，《著作权法》明确规定影视作品著作权归属、著作权人及其权利、权利的保护期、权利的限制等。本章研究的重点是讨论作为影视作品作者的导演、编剧、摄影、作词、作曲等自然人的法定著作权权利。

作为自然人参与影视剧拍摄这样的民事活动必然发生民事关系，如何保护其民事权利？本篇表演者为“麻雀”，通过对其“解剖”研究参与影视剧自然人的人身权。此外还特别研究了实践案例中相对突出的如导演名誉权纠纷等。

当然，行政法规管理也没有缺席，只是有些行政规定已经失效，这是因行政法理念的不断进化、民事法律意识的逐步提高，民事活动领域“民进行退”的法律思想而使然。本章对曾经有效、对目前影视剧活动有影响的法规进行研究，更对目前继续有效的有关影视剧片头片尾的署名和涉及公共利益方面的公众人物行为规制作出梳理，系统阐释行政法规对于影视剧参与人的监管。

第六章 行政法规对影视参与人员的监管

行规曾经也疯狂，
为谁辛苦为谁忙？
民行分野更清晰，
该监管处亦在行。

本章重点介绍影视除导演、编剧、摄影、动画设计、作词作曲以外其他主创人员的署名管理，和所有影视人员的行政监管，劳动合同等，作为影视圈自然人行政监管的总括论述部分。其余有《著作权法》明确规定法定权利的导演、编剧、摄影、动画设计、作词作曲将在后面专章论述。

第一节 · 影视行政法规对参与影视制作人员的界定

一、何谓主创人员？

（一）行政法规对"主创人员"的规定

先说一个电影界的"常识"，如果提到导演、编剧、美术，甚至是灯光、剪辑，大家也还是都听得懂，也大致知道是做什么的，但是在电影业内常说的是"主创人员"的名称，大致的范围也许清楚，具体较真就说不明白了，所以我们就从这个概念出发。

1994 年规定

《关于中外合作摄制电影的管理规定》规定:以第 4 条第 1 项规定的形式合作摄制电影的导演、摄影师等主要创作人员须报经广电部批准,一般应以中国境内公民为主。①

1996 年规定

《关于国产故事片、合拍片主创人员构成的规定》规定国产故事片、合拍片主创人员(包括导演、编剧、摄影师、主要演员)。国产故事影片导演必须是境内居民,其他主创人员一般也应是我境内居民……②

《关于进一步加强故事影片制片生产管理的通知》规定主创人员包括:编剧、导演、摄影、主要演员、录音、美工、制片或者制片主任等。③

2004 年规定

申请中外联合制作电视剧立项,提交境内外主创人员(编剧、制片人、导演、主要演员)名单及履历。④

2006 年规定

摄制完成的电影片报送审查时,提交的材料包括影片主创人员名单。⑤

行政规范性文件所规定的主创人员属于列举 + 总括式表述,有的表述不完整,并随时间发生变化。汇总一下,包括编剧、制片人、导演、主要演员、摄影、录音、美工、制片、制片主任等。

(二)"主创人员"的内涵与外延

所谓主创人员,即与影视剧创作有更为紧密联系的参与影视剧制作的人员。通常包括导演、编剧、制片人、监制、摄影、主要演员、美术、音乐、录音、服化道团队等。

---

① 《关于中外合作摄制电影的管理规定》(广电部令第 14 号,1994 年 7 月 5 日)第 10 条,该规章被《中外合作摄制电影片管理规定》(广播电影电视总局令第 19 号,2003 年 10 月 8 日)废止。

② 《关于国产故事片、合拍片主创人员构成的规定》(电字〔96〕第 465 号),现已失效。

③ 《关于进一步加强故事影片制片生产管理的通知》(电字〔96〕第 292 号),现已失效。

④ 《中外合作制作电视剧管理规定》(国家广播电影电视总局领导第 41 号,2004 年 9 月 21 日),现行有效。

⑤ 《电影剧本(梗概)备案、电影片管理规定》(国家广播电影电视总局令第 52 号,2006 年 5 月 22 日),现行有效。

参与影视剧制作的人员很多,按照参与影视剧制作的紧密程度分为三类:主创人员、非主创人员和其他人员。

与主创人员相对应的,是非主创人员,即为影视剧创作服务的人员,不直接参与影视剧的创作,如场记、剧务、场务、替身、配音、混音、后期剪辑等。

此外,还有临时聘用人员,如司机、保安、助理、群众演员等。

二、参与影视剧制作人员及分工规范

前一章讨论的摄制组,其成员包含全部影视剧制作人员。1987 年 317 号通知①对摄制组成员进行了规定,其附表有“摄制组基本成员编制及参加期限表”(见表 6-1),直观清晰。

表 6-1 摄制组基本成员编制及参加期限

职别	参加人数	酝酿时期	筹备时期	生产时期				备注
				拍摄前准备阶段	拍摄阶段	混录双片制作阶段	完成片制作及总结结束阶段	
导演	1	—	—	——	——	——	——→	
副导演	1	—	—	——	——	——	——→	
场记	1			——	——	——	------→	
摄影	1	—	—	——	——	------→	------→	
副摄影	1			——	——→			
摄影助理	1			——	——→			
摄影机械员	1			——	——→			
录音	1			---→	——	——	——→	
录音助理	1			——	——	——	——→	
美术	1	—	—	——	——→			
美术助理	1			——	——→			
剪辑	1		---	——	——	——	——→	

① 原广电部电影局《关于颁发〈关于故事片摄制程序及阶段划分的规定〉的通知》(〔87〕电字第 317 号),现已失效。

续表

职别	参加人数	酝酿时期	筹备时期	生产时期				备注
				拍摄前准备阶段	拍摄阶段	混录双片制作阶段	完成片制作及总结结束阶段	
制片主任	1	—	—	——	——	——	——→	
剧务(事务)	2			——	——	——→	------	
照明组长	1			——	——→			
置景组长	1			——	——→			
化妆	1			——	——→	------→		
化妆助理	1			——	——→			
服装	1			——	——→	------→		
服装助理	1			——	——→			
道具	1			——	——→			
场务	1			——	——→			
核算员	1			——	——	——	——→	
跟戏木工	1			——→				

注:实线为常规到组时期,虚线为根据不同情况,由厂决定的到组期限。

此外,在说明中规定有条件的可以配备总导演、总摄影师、总美术师。还可以视情况配备司机和发电车人员和医生。

1987年发布此317号通知,此后在计划经济体制下,被电影摄制长期依循,电视剧的拍摄也基本类似。即使进入21世纪影视业加速发展,制作团队的分工更加细化,也万变不离其宗。因此尽管附表连同其正文已被废止,但仍对理解电影制作有现实意义。

三、制片团队分工情况

这里我们介绍好莱坞制作团队分工,实践中我国目前的制作团队情况比较复杂,大制作的团队基本与此相同,或者大同小异,小制作影视剧则各有缩减。以此作为借鉴吧。

好莱坞现代的制片团队除了制片和导演,制片组全体成员包括摄影、服装、照明、照明助理、灯光、道具、外景、化妆和发型、制片设计、公关、剧本、布景、音响、特效、特技以及运输等部门。[①] 具体如下：

制片组：制片人、现场制片人、副制片人

导演组：导演、第一助理导演、第二助理导演、对话导演、第二单元导演

制片主任：单元制片主任、制片协调人、制片助理

摄影：摄影导演、摄影师、第一摄影助理、第二摄影助理

服装部门：服装设计师、剧装监督

照明部门：照明负责人、照明助理、灯光师、照明操作工

布景部门：总布景师、移动布景师、布景人员

外景拍摄场地：外景经理

化妆部门：总化妆师、化妆助理、发型师、身体化妆师

制片设计（艺术部门）[②]：制片设计师、艺术导演、情节串联师、绘图师、布景设计师、特效人员、制景人员、花匠

道具组：道具管理员、道具制作员

公共关系：公关人员、剧照摄影师

剧本：剧本监督

布景搭建：布景搭建领班、木工、油工、舞台布景人员、布料职员、裱糊工人、焊接工、泥水匠

音响部门：现场录音师、吊杆操作员、电缆人员

特殊效果：特殊效果协调人

特技：特技协调人

运输：运输队长、司机

动物专家：驯养员、牛仔

其他人员：熟练服务人员、救护人员、教师

---

① [美]格里格雷·古德尔(Gregory Goodell):《独立制片——从构思到发行的全程指导》,高福安、王雪松、董悦秋、杨晓明译,高福安、刘利群审校,北京广播学院出版社,第 129 ~ 139 页。(买到的是影印本,没有出版版次的标注,以下情况相同,不再赘述)参考该书第二部分第 12 章"制作团队"总结提炼。

② 相当于我国美术设计部门。

他山之石可以攻玉，了解好莱坞的电影工业情况，有助于我们丰富演职人员的种类以及合理分工。

第二节 · 影视人署名的行政法规渊源

关于影视人署名权问题，主要有两个问题，一是署名范围问题。参与电影制作人员众多，前面已经论述过有主创人员、非主创人员还有其他人员，是不是所有参加演出的演员都要在电影的片头片尾署上名字？二是署名方式问题。是署名在片头还是片尾？是在影片的第几帧上呈现？在电影宣传品上如何署名？

电影管理机关历史上发布了一系列规范性文件，对电影片头片尾的署名进行管理，这些延续了几十年的管理规定逐渐形成了影视剧片头片尾署名的行业惯例。

一、四个字幕规定

（一）1993 年字幕规定①

故事影片的常规署名只列部门负责人以上人员：编剧、导演、摄影、美术、录音、作曲、剪辑、化妆、服装、道具、置景、照明、副导演、场记、责任编辑、拟音、演奏、指挥、制片或者剧务主任（1～3 人）、制片主任（1～2 人）、演员、协拍单位。

根据影片不同类型，特殊需要署名人员：原著、改编、顾问（军事、历史、法律、公安、民族、民俗、艺术）、指导（艺术、技术）、策划（1～2 人）、主演（国内外获奖，知名度较高的主要演员）、设计（造型、发型、道具、服装、武打、特技等）、特技摄影、副摄影、副美术、副录音、原舞台导演、编舞、领舞、烟火、枪械、绘景、泥塑、模型制作、动物驯养、歌词作者、独唱、合唱、乐器独奏。

这一规定很细致，罗列了几乎全部参与影视制作的人员，可见当时行政管理②事无巨细，这是那个时代所有行业行政管理的共同状态。

---

① 原广电部电影局《关于修订故事影片字幕规定的通知》（电字〔93〕第 531 号），发布对象是上海市电影局、各故事片厂和各省办制片厂。早在 1986 年广电部就对故事影片的排名字幕发布了〔86〕电字第 684 号规定，1990 年 9 月《著作权法》颁布，为了体现影片主要创作者和专业人员的贡献和责任，对影片字幕进行了修正，形成 1993 年发布的规定，现已失效。

② 当时管理电影的部门是原国家广电部电影局。

这一规定中对电影各个“工种”的称谓比较专业，后期电影的大部分门类岗位的称谓还是沿袭了这个规定的名称。

中国从1905年开始制作出第一部电影《定军山》，其后进入19世纪二三十年代才开始有比较大规模的电影制作，而法国从1895年卢米埃兄弟摄制第一部电影开始，可以说一直从技术到设备到对电影的生产规模都是领先于我国的，因此这些导演、制片、美术、摄影甚至服装、道具等称谓都不是中国人的原创。于是在这部分论述中也只能引用西方电影工业理论的“工种”名称进行基本定义。不过随着电影产业的发展，中国也给世界电影的“行当”中贡献了我们的智慧，增添了极具中国元素的电影行当，即武打设计或者叫作武术设计、武术指导。武术是中国的元素，但在名称设计上还是沿袭其他“工种”的叫法习惯，叫作××指导，或者××导演，因此也有的电影中出现武打导演的称呼。

（二）1998年字幕规定①

片头字幕：(1)影片片头字幕包括……第四幅出品单位法人代表；以下依次为：编剧、导演、主演、摄影（此四项亦可置于片尾字幕中）；(2)如设置总导演、总摄影须符合该影片在2集以上的条件，并专项报批。

这是所有字幕规定中最短的一个，与1993年规定相比简单得多，在片头字幕第四幅后只罗列了编剧、导演、主演、摄影四类，并说明这些人的署名也可以放在片尾，此前此后都没有这种提法。

另外，首次规定了“电影片全片字幕内容由电影出品单位承担相应的法律责任”，并成为其后每一个字幕管理规定的“压轴条款”。

（三）2000年字幕规定②

影片片头第三幅以后各幅可包括：出品人、监制、策划、顾问、编剧、导演、摄影、主要演员、作曲、剪辑、美术、制片主任等。各电影制片单位可根据实际情况对第三幅以后的字幕进行适当调整和增减，但片头字幕的总数不得超过15幅。影片原则上不设总导演、总摄影，因特殊情况须增设的，须专项报批。

---

① 《关于重新修订故事影片字幕规定的通知（试行）》（电字〔1998〕第178号），1998年4月23日原国家广播电影电视总局电影局发布，发布对象是各电影制片厂（公司）。

② 《关于印发〈国产电影片字幕管理暂行规定〉的通知》（电字〔2000〕第64号），原国家广电总局电影局2003年2月3日发布，发布对象是各电影制片厂（公司）、中国电影集团公司、电影频道。

与1998年字幕规定相比较有3个特点：

1. 增加了片头三幅之后人员的名单，罗列了更多的人员，包括了作曲、美术、剪辑人员等。

2. 首次提出了“监制”“策划”，并且字幕显示位置比较靠前，在第四幅出品人后，第五幅显示监制，第六幅显示策划，可见其地位。

3. 将“顾问”位置单列出来作为常规署名，并且位置在编剧前。1993年字幕规定中仅在特殊需要署名人员中列举了“顾问”。

（四）2003年字幕规定①

完全没有列举署名人员名称，片头字幕规定：第一幅，“电影片公映许可证”；第二幅，电影出品单位厂标（标识）；以后各画幅为：片名（中、英文同画幅，英文片名须经批准）、出品人、主创人员及直接与影片有关的人员。各电影制片单位可根据影片创作的实际情况确定第三幅以后的影片字幕。

片尾字幕规定凡与电影创作生产有直接关系的人员、单位，均可列入影片片尾字幕，项目和名称由电影制片单位自行决定。

二、行政法署名规定的演进规律

总结影视行政法规关于电影片署名规定的制定规律：

（一）民进行退，越管越松

历史地看，对影视参与人员署名，电影行政管理机关一直是有宏观管理的，并呈现越管越松的趋势，例如，对于演员原来还要区分知名演员和普通演员，区分是否单独署名。原来还要区分是否特殊署名，后来不再细分类别。原来还规定是在电影片头还是电影片尾署名，后来更多强调电影制片单位的决定权。这也体现了行政法的“民进行退”的立法思想，将越来越多的民事主体可以解决的问题交给市场主体来自行解决，行政法规“退”到自己合适的区域里。

（二）法条已末，余威犹存

这些规定影视参与人员署名的行政性规定虽已失效，但是影视行业贯彻落实遵照执行了几十年，法规规定的内容已经深入影视制作“骨髓”中了，内化成了影视行业的惯例。现在很多影视作品的片头片尾署名仍然体现着这些规定，只不过随

① 《关于印发〈国产电影片字幕管理规定〉的通知》（广影字〔2003〕第669号）。

着时代变迁,有了一些别样的措辞,比如"领衔主演""友情出演",就是 1993 年知名演员单独署名的规定后来演变而成的行业惯例。

三、影视剧参与人员署名实例

由于投资人情况越来越复杂,影视剧管理也更多强调民事意思自治,所以以往的影视剧署名规律被更多新奇的署名突破,要用发展、包容的眼光看待。这里,我们仅仅总结影视剧一般署名情况。

(一)片头的署名

影视剧片头出品人之后的各幅,依次为:监制、策划、制片人、编剧、导演、摄影、主要演员、作曲、剪辑、美术、录音,顺序不固定,可以调整。现在大制作的电影更多出现总出品人、总制片人、总监制等画幅;

如果是动画电影,美术在制片人或者导演之后;

如果是武打片,在片头出武打设计的画幅;

如果有顾问,可以放在制片人前,顾问前可以加"军事、历史、法律、公安、民族、民俗、艺术"等限定语;

如果根据原著小说改编,一般在出品人后出原著、改编的画幅。

例如,1986 年上映的电影《芙蓉镇》的片头署名情况①

第一幅:上海电影制片厂

第二幅:芙蓉镇

第三幅:上海电影总公司监制　中国电影发行放映公司协助拍摄(此后顺延幅数)

原著　古华

编剧　阿城　谢晋

摄影　卢俊福

美术　金绮芬　作曲　葛炎

录音　朱伟刚　剪辑　周鼎文

副导演　胡立德　陆伯炎　编辑　徐银华　祝鸿生

副摄影…… 副美术……

---

① 署名情况是笔者根据电影网上《芙蓉镇》影片实际放映时,手工肉眼记录的。

特技设计…… 特技摄影……

化妆…… 照明……

服装…… 道具……

置景…… 绘景……

烟火…… 拟音……

演奏…… 指挥…… 独唱……

制片主任 汤严绚

演员表……

导演 谢晋

再看近期的电影署名:2019 年十一期间上映的《我和我的祖国》片头署名①

各个电影出品单位的动画标志

出品人 于冬 樊路远 陈红等

联合出品人……

总出品人 傅若清

总导演 陈凯歌

总制片人 黄建新

总策划 张一白

导演 陈凯歌 张一白 管虎 薛晓路 徐峥 宁浩 文牧野

领衔主演 黄渤 王千源……

主演 耿乐 姜武……

(二)片尾的署名

在演员表之后,一般有化妆、服装、道具、置景、照明、副导演、场记、责任编辑、拟音、演奏、指挥、剧务、设计(造型、发型、道具、服装、武打、特技等)、特技摄影、副摄影、副美术、副录音、原舞台导演、编舞、领舞、烟火、枪械、绘景、泥塑、模型制作、动物驯养、歌词作者、独唱、合唱、乐器独奏。

为了清晰,也可以归类书写,比如造型设计:造型设计总监 × × 、造型师 × × 、

---

① 看电影时,手动记录,如果画面中人名太多,无法全部记录。因为前面出品单位动画标志太多,无法准确记录帧数,只能顺序列出。

造型助理××等。

例如2018年上映的《后来的我们》片尾部分署名①：

1. 演员表

……

2. 监制

……

3. 制片组

制片人……

联合制片人……

制片主任…… 制片助理…… 剧务……

车辆管理…… 大连部分……

外联制片…… 行政助理……

4. 摄影组

摄影指导……

大助理…… 二助理…… 摄影助理

跟机员…… 斯坦尼康摄影师……

航拍组长……

航拍机师……

航拍助理……

移动组……

5. 灯光组

……

6. 美术组

美术指导…… 执行美术……

副美术…… 现场美术……

效果图……

7. 道具组

① 手工记录，序号是本书加上的，“……”省略了人名。

道具组长……　　道具副组长……

现场组长……

戏用道具……　　道具员……

现场道具……

8. 置景组

置景道具组长……

置景组长……　　置景副组长……

木工组长……　　木工……

瓦工……　　电工……

焊工……

装景组长……　　效果组长……

效果……

9. 造型组

造型指导……　　服装指导……

服装助理……　　服装组长……

……

四、"民进行退"时代法院审理影视人署名权纠纷趋势

由于行政法规对于影视剧署名越来越放松的管理，出品单位的民事自主意识不断加强，影视剧的片头片尾署名越来越百花齐放，因此诉讼到法院的署名权纠纷也越来越多。基本可以分为两大类，一是承担了某项工作，比如做了导演，但是没有在影视剧上署上名字，这在后续各个章节中都会论述。二是署上了名字，但是对其他人署上某个名字不满意。比如署上了编剧的名字，但是发现别人署上了总编剧，对此不满意。本节以两个突出案例来说明法院对这类案件的审理趋势。

(一)导演案例

30 案·例 出品单位将“武打设计”升级为“武打导演”是否侵犯导演的署名权?[1]

——张某勋、张某诉华诚文化传播公司侵犯署名权案

|当事人|

原告:张某勋

原告:张某

被告:华诚文化传播公司

|基本案情|

1995年,华诚文化传播公司(以下简称“华诚公司”)与刘某成签订了关于聘用刘某成为电视连续剧《隋唐演义》“武术指导”工作的协议。1996年2月26日,华城公司与张某勋、张某签订了关于拍摄电视连续剧《隋唐演义》(前20集)的聘用导演合同书(此前张某勋、张某实际已参与了该剧的拍摄,但未签协议,此合同系补签)。合同约定:聘请张某勋为该剧的总导演,张某为导演。导演是电视连续剧《隋唐演义》(前20集)艺术生产的领导,要对全剧的艺术质量把关负责,并有权检查、指导服装、化妆、道具、摄像、美术、照明、武术指导各部门的工作。该剧在拍摄过程中,张某勋、张某与制片人因工作发生矛盾,未参与该剧的后期制作。刘某成除按合同约定完成了该剧的武打设计外,并参与了该剧的部分分镜头的设计、指挥等工作。鉴于刘某成在剧组的表现及剧组的生产需要,1996年4月,华城公司与刘某成签订补充协议。协议约定由刘某成负责该前20集武打分镜头设计、现场指挥、后期制作,并在此后的40集拍摄中为武打导演。刘某成依合同约定参加了后期剪辑工作。1996年7月,华城公司在其张贴的电视连续剧《隋唐演义》的广告招贴画中将张某勋署名为总导演(前20集),张某署名导演(前20集),刘某成署名为武打导演。

---

① 本书编写组编写:《知识产权纠纷与处理实用全书》,专利文献出版社1999年版,第1022页。

| 诉辩分歧 |

原告张某勋、张某诉称，被告张贴的《隋唐演义》电视剧广告海报上印有“武打导演刘某成”字样，这种署名方式违反了双方合同约定，使得本属于原告创作的整个作品中的武打部分消失，使从事武打设计的人成为该部分的作者，这是对原告著作权的侵犯。要求被告华城公司停止侵权，取消《隋唐演义》广告中“武打导演刘某成”的字样，消除影响，赔礼道歉并承担诉讼费。

被告华城公司答辩：《隋唐演义》的著作权归其所有，张某勋、张某只享有前20集的署名权。在该剧广告中为刘某成署名武打导演，是根据其在整个拍摄过程中所起的作用决定的，而且也是有协议约定的。聘请其担任武打导演，并无过错。且刘某成作为武打导演并未影响张某勋、张某在该剧中的导演作用，也未影响其署名。因此，并未侵犯原告的著作权，请求法院驳回其诉讼请求。

| 一审裁判 |

北京市海淀区人民法院经审理认为：华城公司违反合同约定，擅自把在该剧制作中不具有导演身份的武术指导刘某成署名为武打导演，并以招贴画的形式对外公开传播。其行为在事实上淡化了两原告在剧中的导演身份，混淆了作者的创作分工，侵犯了两原告在作品中的署名权。判决：

1. 被告在电视连续剧《隋唐演义》前20集的广告招贴画中署名不当的行为，侵犯了原告的署名权；

2. 判决生效之日起被告在修改侵权的电视连续剧《隋唐演义》广告招贴画前，停止传播该招贴画；

3. 判决生效后10日内被告在一家全国发行的非专业报纸上向原告赔礼道歉、消除影响。

| 上诉理由 |

一审判决后，华诚公司不服，向北京市第一中级人民法院提起上诉。其上诉理由是：依照双方所签订合同的约定，制片人对剧组人、财、物有终审权，因而有权决定聘用武打导演。由于两被上诉人未切实履行合同所约定的全部义务，该剧中武戏的设计、分镜头剧本现场拍摄以后及后期武戏部分的剪辑是由刘某成完成的，故刘某成享有署名权。因此请求二审法院撤销原判，驳回张某勋、张某的诉讼请求。

| 二审判决 |

二审法院判决：

1. 撤销一审判决书中第一、二、三项；

2. 驳回张某勋、张某的诉讼请求。

| 案件分析 |

作为一种权利，署名权意味着作者有在作品上署名、不署名、署真名或者署假名的权利；同时，还包括禁止未参加作品创作的人署名的权利。

本案中，华诚公司与张某勋、张某及刘某成签订的关于拍摄电视连续剧《隋唐演义》合同中明确约定，张某勋、张某享有对该剧前20集的总导演、导演的署名权。刘某成依据合同约定参加了对该剧的武打设计、指导以及武戏部分的分镜头设计、现场指挥、摄像等工作，特别是在张某勋、张某与制片人发生矛盾未参加后期制作的情况下，刘某成担当了本属于导演完成的后期制作工作。就是说，刘某成不仅在实际工作中按照合同约定履行了义务，并且及时"补位"导演的部分工作。因此，根据刘某成在该剧拍摄过程中武戏部分的实际劳动付出和所起的作用等情况，华诚公司在该剧的广告招贴画中将刘某成冠名为武打导演，而在该电视剧广告招贴画和电视剧的字幕中，总导演和导演均署名为张某勋、张某。就是说，张某勋、张某总导演、导演的署名客观存在，并没有侵犯张某勋、张某的署名权。

问题的关键是将刘某成署名为武打导演，是否淡化了张某勋、张某的导演作用？在影视剧业内，武打导演这一称谓并不多见，并不是《著作权法》规定的，在行政法规中也未见涉及，并不是一个法律术语。署名其他人是武打导演，并不会产生淡化导演、总导演作用的作用。

（二）编剧案例

在电视剧剧本创作中，制片方根据实际情况，依照合同约定，组织二名以上编剧参与共同创作，此种做法有利于聚合创作智慧，提高创作效率和质量。二人以上参与共同创作时，每位编剧所发挥的作用各有不同。每位编剧均付出大量创作劳动，对剧本的最终完成发挥重要作用。那么在几位编剧付出的劳动和发挥的作用不存在悬殊差异的情况下，谁来确定编剧排序？其中某位编剧可否禁止其他编剧署名“总编剧”或者“编剧指导”呢?

案例31 署名他人“总编剧”并未侵犯“编剧”署名权
——《芈月传》署名权纠纷①

|当事人|

上诉人(原审原告):蒋某某

被上诉人(原审被告):王某某

被上诉人(原审被告):东阳市乐视花儿影视文化有限公司

原被告双方争议的焦点之一是将王某某作为《芈月传》第一编剧和“总编剧”的署名行为是否侵害蒋某某署名权?被告方认为,花儿影视与蒋某某签订《电视剧剧本创作合同》后,蒋某某创作的剧本未能达到剧组要求,后找到王某某,后者极大提升了蒋某某剧本质量,鉴于王某某对剧本的重大贡献,决定署名为“总编剧”。原告方表示,蒋某某交付剧本完毕以后,花儿影视并未提出对剧本不满意及相关修改意见,即便有权决定署名顺序,也没有对他人署名“总编剧”的权利。一审法院认为电视连续剧视频、新闻发布会、新浪微博等处署名“总编剧:王某某”的行为没有侵害蒋某某的署名权;蒋某某提起二审,二审维持原判。

|经典裁判摘录|

1. 蒋某某和花儿影视公司签订的《剧本创作合同》约定:“乙方(蒋)应按照甲方(花儿影视公司)对该作品的时间和艺术质量的要求所提交的各项工作成果经修改仍不能达到甲方要求至满意,甲方有权在解除合同或继续履行合同时聘请其他编剧在乙方已完成的剧本基础上进行修改,对剧本所作修改不视为对乙方权利的侵犯,但乙方仍享有《芈月传》一剧在电视剧片头中编剧之一的署名权,但排序由甲方定。”因此聘请王某某在蒋某某剧本的基础上进行修改创作,上述约定的事实条件已经成就,花儿影视公司有

---

① 一审:浙江省温州市鹿城区人民法院(2015)温鹿知初字第74号民事判决书;二审:浙江省温州市中级人民法院(2017)浙03民终351号。

权决定王某某和蒋某某作为剧本作者的署名排序。

2. 制片方在电视剧作品上为编剧署名时冠以特定的称谓(如本案的“总编剧”“原创编剧”等)以体现每位编剧不同的分工和作用,这种做法本身并没有被《著作权法》或其他法律所禁止。在不违背善良风俗,侵害国家利益、公共利益和他人合法权益的情况下,制片方可以实施上述行为。故花儿影视公司为王某某署名时冠以“总编剧”称谓的行为本身并不违法。

王某某除完成创作任务外,从剧本创作开始,多次就剧本大纲、初稿评判、剧情安排等剧本创作事项提出指导意见。在剧本开始拍摄后,其又根据拍摄现场情况对剧本内容进行修改调整。王某某客观上发挥了指导性、全局性作用。花儿影视公司为王某某署名时冠以“总编剧”称谓,与其工作性质和发挥的作用匹配,并无不当。同时,花儿影视公司根据约定为蒋某某冠以“原创编剧”称谓进行署名,该称谓也客观反映了蒋某某在《芈月传》电视剧剧本创作中本源性、开创性的作用。

根据文意理解,“总编剧”和“原创编剧”称谓反映不同编剧在创作中的工作性质和分工侧重,二者并不存在明显的优劣之分。况且,也没有证据表明,在剧本创作领域存在总编剧必然比其他编剧对作品的贡献更高、地位更显著的标准或者惯例。当然,如花儿影视公司在确定署名称谓前事先和蒋某某沟通,对相应称谓进行适当解释,会更有利于增进理解,避免引发纠纷。

(三)结论

案例30与案例31对照分析,两案性质上十分类似,判决结果也大致相当。两个案件共同点如下。

1. 案例30中的原告张某勋、张某是总导演和导演,实际参与了电视剧拍摄,但是因故没有参与后期制作。无奈,剧组让刘某成负责后期制作;案例31中原告是编剧,完成了全部工作。但是被告出品方认为未达到剧组要求,又找到王某某提升了剧本质量。

2. 案例30中出品方在广告招贴画中将刘某成署名为“武打导演”,原告认为侵犯自己署名权;案例31中出品方在电视剧、微博、发布会上署名王某某为“总编剧”,原告认为侵犯自己署名权。

3.《著作权法》没有对“武打导演”和“总编剧”作出明确规定。

两案裁决的总体方向基本一致,都没有支持原告的诉求,而是确立了一个基本规则:以支持出品单位的自由裁量权为基本价值取向,并不过多以司法干预民事经济活动。这一点与行政法规是一致的,行政法规也规定由出品单位自主决定电影、电视剧的片头片尾署名。

如果能够在合同中明确规定,就再好不过了。案件 31 中出品方已经在合同中设立了专门的相对明确条款,对编剧的排序决定权予以明确,值得借鉴。

对于当事人而言,要避免或减少此类纠纷的出现,尚须多方努力,比如认真研究,针对导演、编剧行业完善标准,加大影视生产职业化的探索。如果导演、编剧特别在意这些,那么在与出品方合作时,可以在合同中提出“身份唯一条款”,即除自身作为导演、编剧以外,该影视剧不得设有“总导演”“总编剧”之类的称谓。当然,导演、编剧可以提出要求,出品人是否同意,就不好预测了。

第三节 · 对导演、编剧、演员等名人明星的行政监管

一、行政规定对劣迹名人限制执业——“限丑令”

广播影视作品是传播社会主义先进文化、弘扬社会主义核心价值观的重要载体。广播影视行政部门历来倡导广播影视从业人员遵纪守法,自觉践行社会主义道德,抵制庸俗、低俗、媚俗之风;历来倡导广播影视文艺工作者追求德艺双馨,通过优秀作品和良好形象在社会上传播正能量。

以往作出的行业规范都是从正面角度规定行为引导,但是随着影视产业迅速发展,从业人员队伍急剧增大,良莠不齐,再加上从业人员收入快速增加,盲目跟从不良生活习惯,各个大家熟知的名字不断与毒品联系在一起,比如 2007 年谢某吸毒、2009 年满某军吸毒被抓等,在 2014 年更是进入高潮,先后出现李某沫、房某名、张某、尹某杰、宁某、黄某波等因吸毒、嫖娼违法行为被公安机关查处情况。编剧、导演、演员等影视从业人员作为社会公众人物作出这些违法行为,不仅损害了行业形象,更对广大青少年健康成长产生不利影响,社会各界对此反应强烈,所以广电总局才下发了最严格的禁令。这一禁令对促进行业健康有序发展和从业人员行为规范产生了深远影响。

“限丑令”[①]乃业内简称,该规范性文件的名称是国家新闻出版广播电视总局办公厅《关于加强有关广播电视节目、影视剧和网络视听节目制作传播管理的通知》[②]。有关要求如下:

1. 各级广播电视播出机构要坚持正确导向,不得邀请有吸毒、嫖娼等违法犯罪行为者参与制作广播电视节目;不得制作、播出以炒作演艺人员、名人明星等的违法犯罪行为为看点、噱头的广播电视节目;暂停播出有吸毒、嫖娼等违法犯罪行为者作为主创人员参与制作的电影、电视剧、各类广播电视节目以及代言的广告节目。

2. 各级有线电视网络公司在电视视频点播、电视回看等业务服务中,暂停播出(点播)有吸毒、嫖娼等违法犯罪行为者作为主创人员参与制作的电影、电视剧和各类电视节目。

3. 城市电影院线、电影院、农村电影放映院线和电影队暂停放映有吸毒、嫖娼等违法犯罪行为者作为主创人员参与制作的电影。

4. 网络视听节目服务机构暂停传播有吸毒、嫖娼等违法犯罪行为者作为主创人员参与制作的电影、电视剧、网络剧、微电影和各类节目,不得邀请有吸毒、嫖娼等违法犯罪行为者参与制作网络视听节目、网络剧、微电影;不得制作传播以炒作演艺人员、名人明星等的违法犯罪行为为看点、噱头的网络视听节目。

5. 在广播影视对外交流中,暂停有吸毒、嫖娼等违法犯罪行为者作为主创人员参与制作的电影、电视剧和各类节目的赠送、销售和交流。

该规定刚刚发布不久,电影《捉妖记》举行电影发布会之际爆出了主演柯某东吸毒被抓丑闻,无奈之下,剧组花费了很大的精力将柯某东的戏份删除,邀请井柏然出

---

① 这里所谓的业内简称,实际上是媒体宣传使用的简化用语,大众传播时简便易记,并非是影视管理命名的名称。这项规定从发布伊始,就在业内和理论界有不同的声音,主要集中在两个方面:一是认为因为某个演员导演个人的不良行为导致整个影视作品不能发行,是用个别参演人员的错误来惩罚整个制作团队,出品单位的利益受到“莫名”侵害;二是没有确定参演人员被禁止参加拍摄电影、电视剧的时限,导致事实上的“无期徒刑”。认为不能因为演员一时的错误,就要永远受到惩罚。随着这一规定执行了6年,被处罚的演员、导演等也多达数十人之多,于是前述问题也更加突出,关于修改这一规定的呼声也更高了。

② 国家新闻出版广播电视总局办公厅《关于加强有关广播电视节目、影视剧和网络视听节目制作传播管理的通知》(新广电办发〔2014〕100号文件),2014年9月29日发布。发布对象为各省、自治区、直辖市新闻出版广电局,新疆生产建设兵团新闻出版广电局,总局机关各司局,中央三台,中国电影集团公司,中国电影股份有限公司,电影频道,中国教育电视台。

演,为此该电影增加7000万元成本。此后影视公司在与编剧、导演、演员签订聘用合同时,都会加上限制条款,要求从业人员对其不良行为给影视造成后果负责。

二、行政规定限制演员过高薪酬——“限薪令”

对于明星演员薪酬过高问题,一直被社会诟病,广播影视行政主管部门和行业协会曾以多个文件多种办法对其进行管理。“限薪令”是业内简称,该文件主要是指国家广播电视总局《关于进一步加强广播电视和网络视听文艺节目管理的通知》①,还包括广电总局发布的规范性文件、广播电视行业协会发布的自律规则等一系列关于限制演员薪酬的管理规定。

(一)五部委通知

2017年9月8日,原国家新闻出版广电总局、国家发改委、财政部、商务部、人力资源和社会保障部联合发布《关于支持电视剧繁荣发展若干政策的通知》,首次以多部委联合发文方式提出规范“明星片酬”,要“规范购播和宣传行为,维护行业健康发展,严禁播出机构以明星为唯一议价标准”。

(二)行业自律规定

2017年9月22日,中国广播电影电视社会组织联合会电视制片委员会、中国广播电影电视社会组织联合会演员委员会、中国电视剧制作产业协会、中国网络视听节目服务协会联合发布《关于电视剧网络剧制作成本配置比例的意见》,规定“全部演员总片酬不超过制作总成本的40%,其中主要演员不超过总片酬的70%,其他演员不低于总片酬的30%。如果出现全部演员总片酬超过制作总成本的40%的情况,制作机构需向所属协会(中广联制片委员会、电视剧制作产业协会或中国网络视听节目服务协会)及中广联演员委员会进行备案并说明情况”。

(三)主管部门规范性文件

国家广播电视总局《关于进一步加强广播电视和网络视听文艺节目管理的通知》是针对一些文艺节目和电视剧等明星高价片酬,推高制作成本、破坏行业秩序生态等情况,作出限制演员薪酬的规定:严格执行已出台的电视剧网络剧(含网络电影)成本配置比例行业自律规定,每部电视剧网络剧(含网络电影)全部演员片

---

① 国家广播电视总局《关于进一步加强广播电视和网络视听文艺节目管理的通知》(广电发〔2018〕60号),2018年11月9日发布。

酬不超过制作总成本的40%,其中主要演员不超过总片酬的70%。特殊情况的备案。如果出现全部演员总片酬超过制作总成本的40%的情况,制作机构须向所属协会(中广联制片委员会、电视剧制作产业协会或中国网络视听节目服务协会)及中广联演员委员会进行备案并说明情况。

问:如果违反该规定,将对电视剧出品单位如何处罚?

答:无正当理由或者隐瞒不报的,一经查实,由所属协会上报国家广播电视总局,视情况依法采取暂停直至永久取消剧目播出、制作资质等处罚措施。演员片酬超过配置比例规定或最高片酬限额的电视剧网络剧(含网络电影)不得参加党委政府部门和群团组织的评选奖励,不能享受政府资助补贴。

问:演员违反该项规定的,如何惩戒?

答:对违反规定的电视剧网络剧(含网络电影)演员,定期向社会公布名单并实施联合惩戒。

第四节·劳动行政法规对影视人的监管与保护

影视人参与电影、电视剧、网络剧的制作、发行等影视公司的业务,可能形成两种关系:一种是劳动行政法调整的劳动关系,本节研究劳动关系;另一种是合同法律调整的劳务关系,在后续章节中论述。

一、劳动关系特征

劳动关系是劳动者向用人单位提供劳动过程中形成的持续性、相对稳定的社会关系;兼具财产依附关系与人身隶属关系的双重性质;受《劳动合同法》等劳动关系行政法律法规调整;劳动者依据劳务关系可以享受工伤赔偿、加班费、社会保险、经济补偿、法定休息等权利。比如未签订书面劳务合同,用人单位要双倍支付工资,解除劳动合同,劳动者可以获得补偿等。

二、如何确认劳动关系成立?

确认参与影视制作的人员是否与影视公司成立劳务关系,主要依据原劳动和社会保障部《关于确立劳动关系有关事项的通知》[①]第 1 条的规定：用人单位招用劳动者未订立书面劳动合同，但同时具备下列情形的，劳动关系成立。(1)用人单位和劳动者符合法律、法规规定的主体资格；(2)用人单位依法制定的各项劳动规章制度适用于劳动者，劳动者受用人单位的劳动管理，从事用人单位安排的有报酬的劳动；(3)劳动者提供的劳动是用人单位业务的组成部分。

其中第 1 项要求用人单位和劳动者都具有法定的主体资格，这是一个基本要件。比如摄制组就没有民事主体资格，因此许多与摄制组签订合同的演职人员，就不符合这一要件，无法主张劳动关系成立。除非能证明是与成立摄制组的影视公司之间建立了管理关系而发放工资。

三、如何运用劳动关系保障影视人权利

劳动关系依据《劳动合同法》确定和执行。中国境内的企业、个体经济组织、民办非企业单位等组织（以下简称"用人单位"）与劳动者建立劳动关系，订立、履行、变更、解除或者终止劳动合同，都适用该法。国家机关、事业单位、社会团体和与其建立劳动关系的劳动者，订立、履行、变更、解除或者终止劳动合同，也依照该法执行。参与影视制作的人员依据《劳动合同法》有如下重要权利。

1. 获得劳动报酬权

用人单位应当按照劳动合同约定和国家规定，向劳动者及时足额支付劳动报酬。[②]

2. 取得加班费的权利

用人单位应当严格执行劳动定额标准，不得强迫或者变相强迫劳动者加班。用人单位安排加班的，应当按照国家有关规定向劳动者支付加班费。[③]

3. 劳动者单方解除劳动合同并获得经济补偿的权利

用人单位有下列情形之一的，劳动者可以解除劳动合同：[④]

未按照劳动合同约定提供劳动保护或者劳动条件的；

未及时足额支付劳动报酬的；

未依法为劳动者缴纳社会保险费的；

---

① 原劳动和社会保障部《关于确立劳动关系有关事项的通知》（劳社部发〔2005〕12 号）。

② 《劳动合同法》第 30 条。

③ 《劳动合同法》第 31 条。

④ 《劳动合同法》第 38 条。

用人单位的规章制度违反法律、法规的规定，损害劳动者权益的；

以欺诈、胁迫的手段或者乘人之危方式订立合同的等。

4. 劳动者在协议解除劳动合同、企业无过失性辞退、企业破产、经济性裁员、被撤销等情况下可以获得经济补偿的权利①

5. 用人单位不得解除劳动合同的情形②

劳动者有下列情形之一的，用人单位不得解除劳动合同：

从事接触职业病危害作业的劳动者未进行离岗前职业健康检查，或者疑似职业病病人在诊断或者医学观察期间的。

在本单位患职业病或者因工负伤并被确认丧失或者部分丧失劳动能力的。

患病或者非因工负伤，在规定的医疗期内的。

女职工在孕期、产期、哺乳期的；在本单位连续工作满 15 年，且距法定退休年龄不足 5 年的。

法律、行政法规规定的其他情形。

6. 未订立书面劳动合同的劳动者获得双倍工资的权利③

用人单位自用工之日起超过 1 个月不满 1 年未与劳动者订立书面劳动合同的，应当向劳动者每月支付 2 倍的工资。

32 案·例 劳动关系？劳务关系？

——北京某影业传媒有限公司与王某劳动争议④

| 当事人 |

上诉人（原审被告）：北京某影业传媒有限公司（以下简称“北京影业”）

---

① 《劳动合同法》第 46 条，第 36 条，第 38 条，第 40 条，第 41 条第 1 款，第 44 条第 4、5 项。

② 《劳动合同法》第 42 条。

③ 《劳动合同法》第 82 条。

④ 一审：北京市朝阳区人民法院（2017）京 0105 民初 33409 号民事判决；二审：北京市第三中级人民法院（2017）京 03 民终 11351 号民事判决书。

被上诉人(原审原告):王某

| 基本案情 |

北京影业于2016年1月成立,公司的经营范围为电影摄制、广播电视节目制作、电影发行等。王某于2016年2月12日为北京影业工作,双方未签订劳动合同,王某在工作期间共收到10,000元工资,2月、5月、6月的工资均未发放。2016年7月26日,北京影业以经营困难为由与王某解除劳动关系,7月25日以银行转账形式发给王某6300元。王某曾申请仲裁,朝阳区仲裁委驳回其请求,遂诉至法院。

| 诉辩分歧 |

王某主张与北京影业自2016年2月12日至7月26日存在劳动关系,要求被告支付工作期间未签劳动合同的双倍工资差额55,000元;支付拖欠的工资差额共计28,735.6元;支付违法解除劳动关系的赔偿金10,000元。

北京影业辩称,公司与王某是项目合作关系,金某向王某支付款项系个人行为,不是工资,双方之间不存在劳动关系。二审中又提出王某是金某创作小组的成员之一,与北京影业不存在任何关系。

法院判决

确认了原告与被告之间存在劳动关系,并支持了原告要求的部分工资差额、未签订劳动合同双倍工资差额、解除劳动关系赔偿金,共计7万余元。

| 案件分析 |

根据原劳动和社会保障部的通知,结合王某提供的各项证据逐条分析,首先王某和北京影业符合主体资格;其次王某在工作期间接受北京影业管理,从事北京影业安排的有报酬的工作,公司已向其发放了部分工资;最后金某向王某账户汇款时已担任北京影业的法定代表人,双方微信聊天记录亦显示王某的工作内容为该公司的主营业务,因此可以认定证明王某与北京影业之间符合建立劳动关系的基本要件。

关于未签订劳动合同的双倍工资差额。建立劳动关系,应当订立书面劳动合同。用人单位自用工之日起超过1个月不满1年未与劳动者订立书面劳动合同的,应当向劳动者每月支付2倍的工资。因北京影业未与王某签订劳动合同,故应当支付王某从2016年3月12日至7月26日未签订劳动合同双倍工资差额4万余元。

因用人单位作出的开除、除名、辞退、解除劳动合同、减少劳动报酬、计算劳动者工作年限等决定而发生的劳动争议,用人单位负举证责任。王某主张北京影业违法解除双方劳动关系,该公司未就此提交证据,因此认定北京影业解除与王某的劳动关系系违法解除,其应支付王某违法解除劳动关系赔偿金1万元。

第七章 导演的法律地位和法定权利

威名镇寰宇，
署名挟天下。
片中我为尊，
仗艺走生涯。

大部分观众看电影时，最关注的还是电影的叙事，也就是电影是如何说故事的。美国电影评论家赫曼·G.韦恩伯格曾有简单的论述："一个故事如何被叙述是那个故事的一部分。同样的故事可以说得好也可以说得坏，也可以说得不错或极伟大，这全看谁在说故事。"①而导演正是这个讲故事的人。所以，讲故事的能力决定了导演的水平，讲故事的水平决定了电影的质量。

第一节·行政规定赋予导演的权利

计划经济时代的影视行政法规规定了导演对于摄制组的领导权，这是

① [美]路易斯·贾内梯：《认识电影》，[瑞典]英格玛·伯格曼、[日]黑泽明等供图，焦雄屏译，世界图书出版公司2007年版，第7页。

由整个国家大的经济环境和观念决定的,与美国好莱坞盛行的制片人制度不同。本节根据早期影视行政法规的规定,对行政法规赋予导演的领导权、艺术决定权进行阐述,也为后面章节将要讨论的导演最终剪辑权问题做个铺垫。

一、导演拥有艺术负责权

无论中外影视,大部分情况下可以认为,出品人掌握钱,关注影片是否盈利,导演把控艺术,关注影视剧的艺术水平。

根据1987年317号通知①规定:"自酝酿工作开始,导演和制片主任受厂长任命和委托负责实现厂对摄制组的全面领导。在摄制组,实行厂长领导下的以导演为主的导演制片主任共同负责制,导演以负责艺术创作为主,制片主任以负责生产、行政为主。"

由此可见,历史上导演就是对影片艺术负责的人,自然可以认为,最终剪辑等关乎影片艺术成果的程序是在导演指导下完成的。当然导演在实施这一权利或者说承担这项责任时要与制片主任通力合作,有重大分歧可以报制片厂决定。

如1987年第317号通知附件2中规定,导演在摄制组内要组织创作人员对分镜头剧本的主题和表现形式进行研究,并尽可能求得统一理解,如有个别意见分歧,应由导演、制片主任研究决定,重大问题应报厂批准决定。还要求:混录双片送电影局审查时,导演和制片主任应到局听取审查意见。

这个规定是对当时电影业内情况的总结,也影响了电影业乃至影视业许多年,即使文件失效之后,电影业界对于导演的艺术决定权也是持肯定态度的,尽管原来的制片厂、后来的出品单位都可能并实际对影片艺术问题提出意见甚至是颠覆性、决定性意见,但是导演的艺术决定权始终不可轻视。所以,很多名导演、大导演的影视作品会在影视剧片头单独打出导演的字幕,如"张艺谋作品""陈凯歌作品"等。

二、与制片主任一起行使对摄制组的领导权

根据1987年第317号通知规定,"自酝酿工作开始,导演和制片主任受厂长任命和委托实现厂对摄制组的全面领导"。并且"在摄制组,实行厂长领导下的以导

---

① 原广电部电影局《关于颁发〈关于故事片摄制程序及阶段划分的规定〉的通知》(〔87〕电字第317号),现已失效。

演为主的导演制片主任共同负责制”。“导演、制片主任对影片思想、艺术技术质量和工作进度、成本核算均负有共同责任”。可见导演拥有更多的领导权。也就是说,导演主导整个摄制过程。这个领导权包括摄制过程的方方面面,不仅管艺术创作,甚至包括拍摄安全等。

1987 年 317 号通知中规定,“有条件的厂可根据工作需要配备总导演、总摄影师、总美术师。酝酿和筹备时期原则上规定导演、制片主任、摄影师、美术师、副导演等人参加工作”①。对于一些有条件的制片厂,可以设立总导演之职位,可见这个工作的复杂和重要。总导演对导演乃至整个摄制工作进行方向性的指导,以往一般是电影厂的领导担任,现在电影厂已经不是生产电影的主力军了,但是总导演却更多了,一般由业内有名望的大导演担任。副导演呢,可以理解为导演的助手。有的拍片需要几个地点,可以派几个副导演分别前往拍摄,副导演的工作对导演负责。

导演对于摄制组的领导,也持续了许多年,当然随着影视剧制作过程中资本比重的增加,出品单位的代表制片人的话语权越来越强,导演和出品单位关于影片最终艺术决定权的博弈就呈现更多可能的现实。将在后面合同篇中专门对导演的最终剪辑权进行讨论。

第二节 · 依据《著作权法》导演享有的法定权利和地位

根据《著作权法》第 15 条规定,“电影作品和以类似摄制电影的方法创作的作品的著作权由制片者享有,但编剧、导演、摄影、作词、作曲等作者享有署名权,并有权按照与制片者签订的合同获得报酬”。因此编剧、导演、摄影、作词、作曲是电影的作者。

一、导演享有作者的法定地位

依据《著作权法》,导演是电影的作者,这是导演的法定权利。

导演可以像画家或者摄影家一般,强调视觉对比主导来引导观众的眼睛。比

---

① 在 1987 年 317 号通知的附件 1“摄制组基本成员编制及参加期限表”说明中作出的规定。

如拍摄暴力场面,他可以用倾斜、弯曲的线条、富侵略性的色彩、特写、大仰角、强烈灯光对比、不平衡的构图等。与其他视觉艺术家不同的是,他还可以用动作表达。此外,剪辑、声音(高亢急速的对白、强烈的声效、急速的声音)均可表达。而且,导演还有场面调度、服装设计、场景设计,最终将人与物依三维空间观念安排,但是经过摄影机后,再经过剪辑和后期,即依照导演的风格呈现给大众平面影像。

在20世纪50年代中期,法国《电影手册》推广了作者论,强调导演在电影艺术中的重要性,认为负责场面调度者即为"真正的作者",其余合作的人,像剧作家、摄影师、演员及剪辑师等,都只是这位作者在技术上的助手。作者论无疑夸大了导演的权力。① 在美国,因制片厂制度注重的是团队合作,而非个人的表现;曝光的是明星而非导演,因此导演的"作者"地位不是那么明显和确定。

电影是集体完成的作品,导演是完成作品的决定因素与核心。一部电影的摄制既是艺术创造又是系统工程,导演从整体上把握并全面设计了影片。导演在文学剧本提供的情节和形象的基础上形成艺术构思,并选取摄制和演艺人员(一般来说是这样的,当然也有出品方或者制片人选择摄制和演艺人员的情况),运用视听作品的表现手段,将其转换为银幕形象的语言。电影理论称电影导演是用镜头写作的作家。②

但是现实总是能为理论提出新的问题:很多故事并非由单一说故事的人创造,集体创造影视作品很普遍,比如我们熟知的20世纪80年代万人空巷的电视剧《渴望》。不仅仅在美国,在我国,在印度,电影越发达,故事呈现的可能就越多,经常是由制片人、导演和演员共同合作为完成。而此时,导演还是法定的作者,那么其他人付出的劳动呢,有的就是为了追求艺术而"甘愿奉献"了,有的可因其工作对影视贡献程度而成为编剧或者副导演等。

二、导演享有法定署名权和获得报酬的权利

导演的作者身份具体表现为两项重要的法定权利:署名权和获得报酬权。其"法定性"至少有下两种表现:

---

① [美]路易斯·贾内梯:《认识电影》,[瑞典]英格玛·伯格曼、[日]黑泽明等供图,焦雄屏译,世界图书出版公司2007年版,第263页。

② 刘春田主编:《知识产权法》(第3版),中国人民大学出版社2007年版,第126页。

(一)合同不是导演的身份确认书

法定权利意味着,即使导演和出品单位或者制片人没有签订合同或者签订的合同中没有写明“导演署名”,导演依然在其电影作品上享有署名权。只要可以证明导演实际上付出了创作,承担了导演工作即可。

为了避免纠纷,明确权利义务,最好签订合同确定导演身份,更可以确定署名的具体方式以及酬金。但是导演作者权利的法定性决定其是以实际工作为其安身立命的本事,所以并不以是否签订合同为必要条件。

(二)以实际工作定身份

有的导演因为各种原因没有完全履行合同,那么最后身份的确定应当以实际工作为标准。如案例30,张某勋、张某只参加了前20集拍摄导演工作,华城公司将及时“补位”导演其他部分工作的刘某成署名为武打导演,而将张某勋署名为总导演(前20集),张某署名导演(前20集)。可见,影视剧的署名都是根据影视剧拍摄付出的劳动、承担的作用来最终确定“冠名头衔”。

33 案·例 是实习导演,还是导演?

——上海某影视文化传播有限公司与许某服务合同纠纷①

|当事人|

上诉人(原审被告):上海某影视文化传播有限公司(以下简称“上海公司”)。

被上诉人(原审原告):许某

|基本案情|

上海公司出品《说好不分家》电视连续剧(以下简称《说》剧),署名导演是孟某、张某。许某没有与上海公司签订服务合同。

2008年10月,上海公司作出一份“《说》剧预算”。“预算”分前期项目筹备、拍摄期

① 一审:上海市松江区人民法院(2009)松民三(民)初字第1338号民事判决书;二审:上海市第一中级人民法院(2010)沪一中民一(民)终字第219号民事判决书。

费用、全体演职员劳务费3项。其中导演为20集,每集15,000元,计300,000元;执行导演为20集,每集3000元,计60,000元;副导演20集,每集2500元,计50,000元;场外副导演20集,每集1500元,计30,000元。

2009年1月,上海公司(乙方)与中共崇明县委宣传部(甲方)签订一份《合作拍摄协议书》,约定甲方尽最大可能为乙方协调解决电视剧拍摄所需景点的无偿使用等。2009年7月3日,中共崇明县委宣传部出具一份"情况说明",称20集电视连续剧《说》剧拍摄组于2009年1月13日进入崇明岛,该剧导演许某带领全体演职人员在崇明岛区域内进行拍摄;鉴于许某多年来对崇明县委宣传部所做的大量有益工作和付出,对该剧在崇明岛内拍摄免收场租费用;该剧于2009年1月22日在崇明岛拍摄完成。

| 诉辩分歧 |

许某认为自己是《说》剧的导演,应得到相应的报酬30万元。

被告辩称许某只是实习导演,被剧组其他人员误认为导演。

法院判决

法院认为许某向法院提供了照片、证人证言等大量证据能够证明其是《说》剧的导演。考虑到许某确实未参加该剧的后期制作,另有一位导演朱某参与了该剧的前期准备等因素,故酌定许某应获取报酬180,000元。

被告不服上诉,提起二审。二审维持原判。

| 案件分析 |

因为许某事先没有和上海公司签订劳务合同,所以案件核心争议是如何证明许某履行了导演的职责?许某提供新闻发布会的照片与录像、该剧拍摄过程中的照片等足以说明许某在该剧中的地位,显然不可能仅是一名实习导演;而8位证人均是该剧组的成员,身份涵盖了主要演员、服装设计、场记、副导演等多个方面,如此众多的剧组工作人员、包括具有多年拍摄经验的老演员,从不同的视角均确认许某就是该剧的导演。还有中共崇明县委宣传部出具的"情况说明",法院认定许某是《说》剧的导演。以此为根据,许某才能获得报酬。

第三节·依据民事基本法律导演享有的法定权利

前面我们讨论的是导演依据民法中的特别法——《著作权法》所拥有的法定权利。而导演作为民事主体,在影视活动中依据民事基本法律规定也拥有法定权利,主要依据《民法典》等民事基本法律。

《民法典》第110条规定,“自然人享有生命权、身体权、健康权、姓名权、肖像权、名誉权、荣誉权、隐私权、婚姻自主权等权利”,这是民事主体的基本人身权。此外,自然人还享有物权、债权、知识产权、继承权等财产权利。

导演作为自然人,依据民事基本法律享有上述权利。从影视纠纷案例看,涉及导演、演员等名人的名誉权纠纷相对更多一些。这里仅举例导演名誉权纠纷,导演的其他民事权利可以借鉴表演者一章相关介绍。

名誉权是指公民和法人就其自身属性和价值所获得的社会评价、享有的保护和维护的人格权。公民的人格尊严受法律保护,法律禁止他人用侮辱、诽谤等方式损害公民、法人的名誉。

在所有侵权诉讼案件中,名誉权纠纷是属于比较难以认定的案件,尤其是对于导演这个“职业”,认定侵犯导演的名誉权更难。

认定侵权人是否构成名誉侵权,一般要从这三个方面予以综合考量:

1. 侵权事实。侵权人是否使用了贬损受害人人格的语词、行为,或捏造、散布虚假事实。

2. 侵权结果。该侵权事实是否足以造成受害人社会评价降低等方面。

3. 主观故意。侵权人是否存有侵害受害人名誉的主观故意。

案例 34

被署名为副导演，是否侵犯导演的名誉权？
——许某诉上海某影视文化传播有限公司、上海某职业学院、上海某实业有限公司等侵犯导演名誉权纠纷①

此案与案例33是关联案件，许某先起诉案例33，胜诉后又起诉本案。

| 当事人 |

原告：许某

被告：上海某影视文化传播有限公司（以下简称"源秋公司"）

被告：上海某职业学院（以下简称"电影学院"）

被告：上海某实业有限公司（以下简称"裕珠公司"）

被告：上海某文化发展有限公司（以下简称"中瀚公司"）

被告：孟某

被告：张某

被告：北京某文化传播有限公司（以下简称"盛世公司"）

第三人：上海某贸易有限公司

| 基本案情 |

《说好不分家》电视剧（以下简称《说》剧）的导演署名为被告孟某、张某，原告被署名为副导演。该剧的出品单位为被告源秋公司、电影学院、裕珠公司、中瀚公司。

2010年6月10日、6月28日，电影学院、裕珠公司、中瀚公司分别出具声明确认《说》剧的一切著作权（复制权、发行权、销售权、转授权）事宜，授权被告源秋公司独家行使。2010年7月15日，被告源秋公司出具授权书，授予第三人使用《说》剧（22集）在中华人民共和国境内的信息网络传播权，该授权书明确该剧导演为孟某、张某。

2010年年底，第三人转授予被告盛世公司，被告盛世公司又转授予12家网络、媒介等公司。该片在网络传播过程中片头部分明确……导演为被告孟某、张某；副导演为许

① 上海松江区人民法院（2011）松民一（民）初字第2355号。名誉权案件涉及当事人的隐私，所以案例对当事人的姓名均进行了处理。

某、×××。

｜诉辩分歧｜

原告许某诉称:2008 年 11 月至 2009 年 1 月底,原告作为《说》剧的导演,完成了《说》剧的前期创作和拍摄工作,但未获得应得的导演报酬,经过诉讼法院判决确认了原告许某在该剧中的导演身份。出品单位在明知原告是《说》剧导演的情况下,将原告署名为副导演,恶意贬低了原告人格,诋毁了原告的声誉。因此原告要求:(1)7 个被告立刻停止侵害原告的名誉权,并在公开发行的国家级报纸上和被告盛世公司的网站(www. sun-tv. com. cn)、新浪、搜狐等网络媒体上公开刊登经法院或原告认可的书面赔礼道歉,恢复原告的全部名誉,消除对原告所造成的负面社会影响;(2)7 个被告和第三人共同赔偿原告公证费 1200 元、律师费 18,000 元;(3)7 个被告和第三人共同赔偿原告身份贬低损失 240,000 元(系导演和副导演报酬的差额)、精神损失费 240,800 元。

被告源秋公司、电影学院、裕珠公司、中瀚公司共同辩称:被告有权利根据原告在该片中所起到的作用对其职务进行定性及署名,将原告署名为副导演是结合原告的工作内容和所起的作用而确定,并未造成原告的人格、社会评价的降低,故原告诉请没有事实和法律依据。《说》剧是在 2009 年 9 月报送审批的,此时法院还未作出判决,被告按照原告工作性质署名为副导演是合法的。在第三人及被告盛世公司就导演问题提出异议后,为了使该片能顺利发行,4 个被告已将原告更正为导演,故 4 个被告主观上不存在恶意。关于原告提出要求被告孟某、张某不能列为导演的诉讼请求,属于著作权纠纷,不属于本案处理范围。原告主张要求被告赔偿 50 万元损失无事实和法律依据。故要求驳回原告的诉讼请求。

被告孟某、张某辩称:原告提供的证据均是证明出品人的行为,与他们无关。

第三人辩称:该剧的网络传播权是由制片方合法授权予其,其无署名的权利,不存在侵害原告名誉权的行为,故不应承担责任。

被告盛世公司辩称:其系通过授权协议从第三人处合法获取信息网络传播权,并按照协议正当行使信息网络传播权,对原告与其他被告间的纠纷不知情,且其在收到原告的律师信函后即与第三人联系,在得知判决结果后,已于 2011 年 4 月进行了更正,已将原告署名为导演,并对其授权的下游公司发出了更正通知,其已尽了注意义务且主观上无侵害原告权利的故意。要求驳回原告对其的诉讼请求。

法院判决

法院经审理确认许某的导演身份，判决被告源秋公司、电影学院、裕珠公司、中瀚公司共同赔偿原告精神损害抚慰金 2 万元。

| 案件分析 |

虽然双方之前有纠纷，但是根据已生效的民事判决书，法院确认了原告系《说》剧的导演身份，因此双方就应当以法院既定判决行事。导演和副导演在作品创作过程中所发挥的功能作用以及创作的主导性上显然存在较大的差异。被告源秋公司、电影学院、裕珠公司、中瀚公司作为出品人在明知此情况下仍将原告署名为副导演，其主观具有故意。出品人将该剧的信息网络传播权许可使用权授权予第三人，第三人又授权予被告盛世公司，被告盛世公司再行授权予 12 家网络、传媒公司，使得该剧在网络等媒介上予以播放，具有传播速度快、范围广的特点，被告源秋公司、电影学院、裕珠公司、中瀚公司的行为使原告的名誉在一定程度上受到了侵害，故应当对原告的侵权损害承担相应的赔偿责任。

法院最终没有完全支持原告要求的 24 万元的精神损害抚慰金，是因为双方产生矛盾的起因是原告在进入《说》剧剧组担任导演一职时，未能与制片人签订相应的服务合同明确职务、报酬及权利义务才造成的，因此原告也有一定的责任。所以最后法院酌情确定精神损害抚慰金为 2 万元。

| 借鉴意义 |

结合该案来看导演名誉权的侵犯构成：

1. 侵权事实。根据已生效的民事判决书，法院确认了原告系《说》剧的导演身份。但是在网络上传播的《说》剧署名上许某是副导演。就一般公众的认知而言，导演与副导演在称谓上有比较明显的差别，影视剧体现的是集体艺术创作，导演和副导演在作品创作过程中所发挥的功能作用以及创作的主导性上存在较大的差异。

2. 侵权后果。出品人将该剧的信息网络传播权许可使用权授权予第三人，第三人又授权予被告某公司，再行授权予 12 家网络、传媒公司，使得该剧在网络等媒介上予以播放，具有传播速度快、范围广的特点。被告的行为使原告的名誉在一定程度上受到了侵害。

3. 主观故意。被告作为出品人应当明知副导演和导演的区别,此情况下仍将原告署名为副导演,其主观具有故意。

被告把“导演”许某,署名成“副导演”许某,构成了对许某名誉权的侵害,因此被告对原告的侵权损害承担相应的赔偿责任。

本章小结:《著作权法》明确规定了导演是作者,即明确了导演署名权的法定性;行政法确定了导演在影视摄制历史上的指导权和领导权,从而形成了行业惯例;法定权利意味着即使未签订合同但履行了导演的工作,导演的署名权和获得报酬权依然受到法律保护,但是如何证明他是导演,而不是别的什么人,最好由双方签订合同来约定清楚避免纠纷。

第八章 编剧的法律地位和法定权利

故事是戏核，
编者任不轻。
权利可独立，
影剧有区分。

编剧是除了导演外，最常被人称为“作者”的一位影视圈人物。编剧的任务包括写对白、动作（有时候得写得很仔细），甚至制定主题。编剧对电影的贡献是很难测定的。有些大导演，如伯格曼、科迪埃、爱森斯坦都自己写剧本。美国的导演如格里菲斯、卓别林等都是编导合一的。大部分好的导演都会参与编剧，但也会聘请好的编剧来帮他们推展意念。①

好莱坞特别喜欢鼓励集体创造剧本。不同的编剧擅长的东西也不一样，有人擅长写对白，有人专长喜剧、结构、气氛。也有人会补救烂剧本，这在好莱坞业内叫作“剧本医生”，经过他们的神来之笔，马上让一些看似很差的剧本熠熠生辉，有此神功，自然收费不菲，但是他们却不见得在定稿上挂名。

① [美]路易斯·贾内梯：《认识电影》，[瑞典]英格玛·伯格曼、[日]黑泽明等供图，焦雄屏译，世界图书出版公司2007年版，第324页。

一、依据《著作权法》编剧享有剧本作者的法定地位

根据《著作权法》第15条第2款的规定："电影作品和以类似摄制电影的方法创作的作品中的剧本、音乐等可以单独使用的作品的作者有权单独行使其著作权。"据此，编剧对其剧本有法定的作者的权利，享有独立的著作权，这个独立是独立于制片者的著作权之意。

编剧对于剧本之独立著作权，即是该剧本作品的作者，对该剧本享有完整的著作权。权利的具体内容就是《著作权法》第10条规定的17项权利①（参见前面论述的出品单位的著作权内涵），享有发表权、署名权、修改权、保持作品完整权、复制权、发行权、出租权、摄制权、改编权、翻译权、汇编权等。其中前4项是著作人身权。

（一）两种创作方式的编剧享有著作权的内涵不同

1. 编剧独立完成剧本创作："无中生有"的创作

编剧独立完成剧本创作，没有改编自其他文学作品，对该剧本而言编剧可以拥有完整的著作权。现实中委托方会与编剧签订委托创作合同。《著作权法》第17条规定："受委托创作的作品，著作权的归属由委托人和受托人通过合同约定。合同未作明确约定或者没有订立合同的，著作权属于受托人。"也就是说，如果编剧没

---

① 《著作权法》第10条规定：著作权包括下列人身权和财产权：（一）发表权，即决定作品是否公之于众的权利；（二）署名权，即表明作者身份，在作品上署名的权利；（三）修改权，即修改或者授权他人修改作品的权利；（四）保护作品完整权，即保护作品不受歪曲、篡改的权利；（五）复制权，即以印刷、复印、拓印、录音、录像、翻录、翻拍等方式将作品制作一份或者多份的权利；（六）发行权，即以出售或者赠与方式向公众提供作品的原件或者复制件的权利；（七）出租权，即有偿许可他人临时使用电影作品和以类似摄制电影的方法创作的作品、计算机软件的权利，计算机软件不是出租的主要标的的除外；（八）展览权，即公开陈列美术作品、摄影作品的原件或者复制件的权利；（九）表演权，即公开表演作品，以及用各种手段公开播送作品的表演的权利；（十）放映权，即通过放映机、幻灯机等技术设备公开再现美术、摄影、电影和以类似摄制电影的方法创作的作品等的权利；（十一）广播权，即以无线方式公开广播或者传播作品，以有线传播或者转播的方式向公众传播广播的作品，以及通过扩音器或者其他传送符号、声音、图像的类似工具向公众传播广播的作品的权利；（十二）信息网络传播权，即以有线或者无线方式向公众提供作品，使公众可以在其个人选定的时间和地点获得作品的权利；（十三）摄制权，即以摄制电影或者以类似摄制电影的方法将作品固定在载体上的权利；（十四）改编权，即改变作品，创作出具有独创性的新作品的权利；（十五）翻译权，即将作品从一种语言文字转换成另一种语言文字的权利；（十六）汇编权，即将作品或者作品的片段通过选择或者编排，汇集成新作品的权利；（十七）应当由著作权人享有的其他权利。著作权人可以许可他人行使前款第（五）项至第（十七）项规定的权利，并依照约定或者本法有关规定获得报酬。……

有和出品单位签订合同或者虽然签订了委托创作合同,但是合同中没有对剧本的著作权作出明确约定的情况下,剧本的独立著作权就当然地归编剧所有。

如果编剧与出品单位明确约定归属,按合同履行。但是有一点需要特别说明,即使委托创作合同明确规定剧本"一切权利归属于委托方"。① 但是根据《著作权法》的规定,作者的著作权精神权利是不可以转让的。因此,无论合同如何措辞,"无中生有"型编剧的发表权、署名权、修改权和保护作品完整权依然归编剧所有。

2. 编剧根据原著文学作品改编创作出剧本:"锦上添花"的创作

编剧创作剧本另一种形式是从已有的文学作品改编而来,电影剧本相对于文字作品而言,就是二度创作,那么编剧之于剧本的作者权利就依赖原著文学作品作者,此时编剧对于剧本的独立著作权是一种"有一定限制"的著作权。

这个"有一定限制"表现在两个方面:

一是编剧要取得原著文字作品的改编权、摄制权。至于如何取得这个改编权,可以是编剧自己取得,是买,是被赠与,在所不问。实践中大部分情况下是委托编剧创作剧本的委托方以购买的方式取得文学作品的改编权,然后委托编剧来对其进行电影、电视剧的剧本创作。编剧在与委托方签订合同前,应当过问原著文学作品作者是否与出品单位签订著作权许可或者转让协议。否则如果出品单位没有取得原作品作者同意或者授权,那么不仅出品单位会面临版权诉讼,编剧的权益也会受到影响。

二是编剧行使著作权有限制。《著作权法》第 12 条规定:"改编、翻译、注释、整理已有作品而产生的作品,其著作权由改编、翻译、注释、整理人享有,但行使著作权时不得侵犯原作品的著作权。"也就是说,编剧在行使剧本的著作权时,不得侵犯原来文学作品的著作权。比如,如果原作者没有授权编剧出版剧本,那么编剧就没有出版自己剧本的权利。

---

① 这是许多与编剧签订的委托创作合同中的常用语,出品单位或者是委托方一般占据强势地位,与编剧签订的合同中经常可见"该剧本包括版权在内的全部知识产权均归属甲方"。

（二）两种编剧的著作权权利列表分析

表 8－1　两种类型编剧著作权权利对照

<table>
<tr><th colspan="2">编剧权利
（法定权利）</th><th>委托创作合同明确剧本著作权归委托方</th><th>没有签订委托合同；合同中未对著作权归属作出明确约定；合同约定剧本著作权归受托方</th></tr>
<tr><td colspan="2">“无中生有”型编剧</td><td>编剧享有著作权人身权</td><td>对剧本拥有作者权利</td></tr>
<tr><td rowspan="3">“锦上添花”型编剧</td><td>原著文学作品转让给出品单位（或编剧）改编权、摄制权等著作权</td><td>编剧享有著作权人身权</td><td>对剧本拥有作者权利</td></tr>
<tr><td>原著文学作品附条件许可出品单位（或编剧）著作权</td><td>编剧享有著作权人身权</td><td>按照原著文学作品所附条件拥有和行使权利</td></tr>
<tr><td>没有取得原著文学作品著作权</td><td colspan="2">剧本是侵权作品，没有著作权</td></tr>
</table>

35 案·例　《马文的战争》引发的“战争”

——叶某某诉某大学出版社、陈某等侵犯著作权纠纷上诉案①

| 当事人 |

原告：叶某某

被告：陈某

被告：某大学出版社

被告：先锋书店

① 江苏省南京市中级人民法院（2010）宁知民终字第 8 号民事判决书，该案例北大法宝显示是最高人民法院公布的 2010 年中国法院知识产权司法保护 50 件典型案例之二十二：叶某言诉北京大学出版社、陈某、南京先锋图书文化传播有限责任公司侵犯著作权纠纷上诉案，参见【北大法宝】pkulaw.cn，【法宝引证码】CLI. C. 349942。

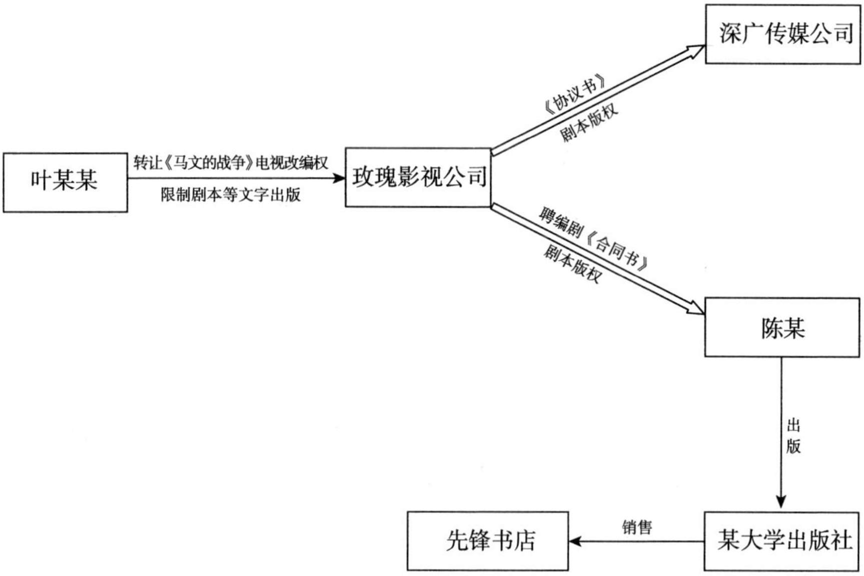

图8-1 案件结构

| 基本案情 |

原告叶某某创作的中篇小说《马文的战争》获得《小说月报》第十届百花奖。2006年7月21日，原告将该中篇小说的电视改编拍摄权许可给玫瑰影视公司，但约定"不承诺乙方或乙方聘请的编剧以含电视小说和电视剧本在内的任何文字形式出版根据小说《马文的战争》改编的文字作品"。

被告陈某系电视剧《马文的战争》的编剧，2006年9月1日，玫瑰影视公司(甲方)和陈某(乙方)签订《合同书》，双方约定：甲方按每集15,000元，共计300,000元，邀请乙方作为20集电视连续剧《马文的战争》的编剧；《马文的战争》的电视剧版权以及与电视有关的一切音像制品版权归甲方拥有，乙方只享有编剧署名权，但电视剧《马文的战争》的剧本版权及文字版权归乙方自然拥有。2007年10月19日，深广传媒公司与玫瑰影视公司签订《协议书》，约定玫瑰影视公司将其合法拥有的由陈某作为编剧的20集电视连续剧《马文的战争》的剧本版权等相关权益全权转让给深广传媒公司用以抵偿欠款，深广传媒公司从2007年10月1日起全权独家享有由陈某作为编剧的20集电视连续剧《马文的战争》的剧本版权以及与电视有关的一切音像制品版权，陈某享有剧本著作权及独立署名权。

其后，陈某将其根据叶某某同名小说改编的电视小说许可被告某大学出版。某大学出版社出版的陈某版《马文的战争》的版权页上载明："马文的战争/陈某(春日迟迟)著 文学剧本—中国—当代"，封底有"上架建议 畅销小说"或"上架建议 电视小说"字样。本案关系结构见图8-1。

| 诉辩分歧 |

原告叶某某诉称：2006年，自己将中篇小说《马文的战争》的电视剧版权转让给玫瑰影视公司，但并未许可玫瑰影视公司或其聘请的编剧出版根据该小说改编的文字作品。2008年10月，陈某未经许可，将我的同名小说改编并许可某大学出版社出版陈某版《马文的战争》，先锋书店销售了陈某版《马文的战争》，三被告的行为侵犯了我的著作权。请求判令三被告立即停止侵权行为，消除影响，赔礼道歉，并赔偿经济损失970,200元以及为制止侵权行为所支付的合理开支30,611.6元。

被告陈某辩称：叶某某已将其作品的电视拍摄权许可给了玫瑰影视公司，我受玫瑰影视公司的委托改编创作了《马文的战争》电视剧本，我改编并许可某大学出版社出版陈某版《马文的战争》，已经叶某某合法授权许可，并不构成著作权侵权。

被告某大学出版社辩称：我社以为陈某已获得出版陈某版《马文的战争》的必要授权，不存在侵权的故意；我社收到叶某某的律师函后，立即停止陈某版《马文的战争》的发行和媒体连载，并在我社网站上向叶某某赔礼道歉、消除影响；叶某某并未举证证明其遭受的损失，我社以4折至6折批售陈某版《马文的战争》，扣除成本后，并无获利。

被告先锋书店辩称：我店销售陈某版《马文的战争》有合法来源，并未侵犯叶某某的著作权。

法院判决

陈某、某大学出版社以及先锋书店立即停止对叶某某就其小说《马文的战争》享有的著作权的侵权行为；陈某和某大学出版社在国家级报刊上刊登声明，向叶某某赔礼道歉、消除影响；陈某向叶某某赔偿经济损失100,000元和合理费用13,238.6元，某大学出版社向叶某某赔偿经济损失200,000元和合理费用20,000元。

| 案件分析 |

叶某某通过许可合同的方式,在特定期限内将小说《马文的战争》的电视改编、拍摄和经营权授予玫瑰影视公司,并特别约定玫瑰影视公司及其聘请的编剧不得出版根据该小说改编的文字作品。陈某对叶某某同名小说《马文的战争》的改编权及其行使方式源自其与玫瑰影视公司、深广传媒公司签订的合同,叶某某对玫瑰影视公司或深广传媒公司改编权及其行使方式的限制当然及于陈某。因此,陈某未经叶某某同意改编并许可出版陈某版《马文的战争》的行为,某大学出版社未经叶某某同意出版陈某版《马文的战争》的行为,均违反了我国《著作权法》规定的法定义务,侵犯了叶某某的署名权、改编权等权利,应当承担停止侵权、赔礼道歉、赔偿损失的民事责任。

二、依据《著作权法》编剧享有法定署名权和获得报酬权

(一)法定的署名权

根据《著作权法》第 15 条第 1 款的规定,编剧作为电影作品作者之一享有法定的署名权。

这里的署名权是专指"编剧"这个类名称下的署名权。前面所述的编剧对于其作品——剧本的独立著作权也涉及署名权问题。这两个署名权是不同的。比如编剧写完了剧本,应用于影视剧创作,在影视剧片头(一般情况下)署名编剧:某某。这是因编剧的署名权使然。而剧本作者署名权常见表现形式是,在影视作品的剧本的纸质文本上标注。更多时候,是在影视剧的剧本出版为纸质图书时,作为作者行使署名权。案例 35 中玫瑰影视公司(甲方)和陈某(乙方)签订《合同书》对此有明确的诠释,现对照合同中的语言进行法律定性解释:

"甲方邀请乙方作为二十集电视连续剧《马文的战争》的编剧"——确定乙方作为编剧的法律地位

"《马文的战争》的电视剧版权以及与电视有关的一切音像制品版权归甲方拥有"——甲方作为出品单位,即制片者,获得电视剧版权、音像制品版权等相关版权

"乙方只享有编剧署名权"——按照法律规定,乙方作为编剧,具有法定署名权(其实没有这一句,编剧也拥有法定的署名权)

"但电视剧《马文的战争》的剧本版权及文字版权归乙方自然拥有。"——乙方作为剧本作者拥有剧本版权。

(二)法定获得报酬权

根据《著作权法》第15条第1款的规定,编剧作为电影作品作者之一,有权按照与制片者签订的合同获得报酬。影视实务中,编剧和出品单位之间签订的合同至关重要,虽然根据《合同法》[①]规定,口头合同也是要保护的,但是很难证明,因此建议通过书面合同方式明确双方权利义务以及如何履行合同、违约责任等,将在第三篇第十七章中讨论。

编剧新的生存状态,使编剧权利更加多元化,保护难度加大。2018年发布的"中国编剧生存状态"的报告[②]指出,2017年我国共发行电影798部,电视剧313部,网剧约300部,按每个项目平均1.5个编剧来算,每年需要编剧数量大概6000人。而这些是已播出的项目,按照10%的"成活率"计算,则每年至少需要6万名编剧。报告认为,编剧模式进化史分三个阶段:1.0时代,万物生长,自生自灭,项目多是通过熟人模式;两年前到了2.0时代,特点是出现了工作室、经纪公司,但是经纪公司还在初级阶段;现在已经进入3.0时代,随着资本介入,创作更加体系化、工业化,策划、责编都陆续进入。[③]

根据这份中国编剧生产状态报告,编剧也和演员、导演一样,从个体的"单打独斗",走向经纪公司,开始"集团军"作战,这从维护编剧利益方面而言,是个好事情,编剧有了更多的话语权。但是正如不断爆出的演艺经纪合同纠纷所展示的,原来只有编剧和其他主体之间的纠纷,现在又多了一层:经纪公司。利益主体的增加,在磨合的过程中也必然会增加纠纷的可能性,因此,法律关系更为复杂,权利义务也更加难以分析清楚,只能拭目以待。

---

① 《合同法》第10条规定:"当事人订立合同,有书面形式、口头形式和其他形式。"《民法典》与之相对应的是第469条。

② 2018年5月18日,第十五届中国国际影视节目展上,"2018中国电视剧创作高峰论坛"上,创意星球文化传媒有限公司董事长王浩一现场发布了题为"中国编剧生存状态"的报告。

③ 冷成琳:《揭秘"中国编剧生存状态":国内编剧的"成活率"究竟有多低?》,载微信公众号《广电独家》2018年5月18日。

36 案·例 委托方不满意的"中间"剧本,其编剧是否有署名权?

——北京苍狼天下影视制作有限公司与吴某盈侵害作品署名权纠纷①

| 当事人 |

上诉人(原审被告):北京苍狼天下影视制作有限公司(以下简称"苍狼公司")

被上诉人(原审原告):吴某盈

| 基本案情 |

2011年6月7日,苍狼公司(合同甲方)与吴某盈、赵某(合同乙方)签订《电视剧编剧聘用合同》,双方约定:

1. 关于工作内容:甲方应向乙方介绍电视剧的总体设想和要求。乙方应按照甲方的总体要求进行文学剧本的创作。乙方工作为:根据甲方要求,为电视剧编写原创文学剧本;对未定稿的电视剧文学剧本进行修改、润色直至定稿。电视剧规模暂定为30集,每集片长约为50分钟。

2. 剧本的审核:乙方每完成一集文学剧本即提交甲方审核,甲方在前20集完成后次日将审核结果通知乙方,第21集至第30集按前20集方式执行;剧本按如上方式创作期间,阶段性审核如最终未获甲方通过,甲方有权解除本合同,停止向乙方支付后续款项,甲方并有权另行委托编剧利用乙方的已创作剧本进行继续创作或重新创作。

3. 著作权的归属及署名:文学剧本的著作权由甲方享有,甲方还享有依据文学剧本拍摄本合同所指电视剧的摄制权。电视剧的著作权由甲方依法全权享有,若电视剧得以拍摄并发行成功,乙方依法享有在电视剧及相关衍生品中的署名权(署名人员:吴某盈　赵某　门某胜——作者注),乙方署名的格式、具体位置及字体大小由甲方根据国家的相关规定决定。

4. 剧本的最终修改权:甲方享有文学剧本的最终修改权,甲方有权要求乙方按照甲方的意见对剧本进行相应的修改,乙方应按照甲方的要求对剧本进行修改、完善。若乙方无力完成任务或剧本经修改仍不能达到甲方要求,甲方有权另聘编剧参与剧本创作

---

① 二审:北京市第三中级人民法院(2014)三中民终字第09689号民事判决书;一审:北京市顺义区人民法院(2013)年顺民初字第08519号民事判决书。

和修改，有权决定编剧的署名排列，并有权根据乙方后来参与文学剧本创作和修改的情况，酌情减少支付直至不再支付尚未向乙方支付的酬金，乙方不得提出异议。

2011 年 6 月 8 日，苍狼公司支付吴某盈、赵某第一期稿费 45，000 元。2011 年 7 月 30 日，苍狼公司支付吴某盈、赵某第二期稿费 45，000 元。

| 诉辩分歧 |

一审中原告吴某盈诉称：合同签订后，吴某盈全面履行了合同义务，依约完成了《十指连心》电视剧前 20 集剧本的创作，后因苍狼公司拒不支付相应稿酬，在双方多次协商无果的情况下，苍狼公司遂另行聘请编剧完成后 10 集剧本的创作，吴某盈退出创作。2012 年 9 月，电视剧《十指连心》成功发行，并陆续在天津电视台、陕西电视台、中央电视台等电视媒体及网络上进行首轮播出，但在播出中不仅未将吴某盈署名为编剧，反而将马某、闫某成两位未参与创作的人员列为编剧，严重侵犯了吴某盈作为剧本作者的著作权，给吴某盈造成了不良影响和巨大损失。

一审苍狼公司作为被告提出的答辩和二审上诉理由基本一致。理由是：(1) 吴某盈交付的剧本存在严重的质量问题，虽经过修改仍未通过苍狼公司的审核；(2) 吴某盈交付的剧本是在苍狼公司提供《十指连心》电视剧剧情构思、剧情分集大纲及人物角色设定的前提下进行的剧本创作，并非吴某盈独立创作；(3) 电视剧《十指连心》最终剧本是由马某、闫某成、门某胜、徐某红联合创作完成，与吴某盈无关，因此，吴某盈无权主张编剧的署名权。

法院判决

一审法院将吴某盈提交的发送给苍狼公司的剧本和苍狼公司提交的最终拍摄所使用的剧本进行比对后认为，两剧本在人物设置、主要故事情节等方面基本相同，甚至在剧本中的相关具体情节、语句也有多处完全相同，认定吴某盈参与了涉案剧本的创作。因此，吴某盈作为电视剧《十指连心》剧本的作者之一，对该电视剧享有署名权。

一审判决：(1) 苍狼公司于本判决生效之日起 30 日内在传播电视剧《十指连心》时更正吴某盈为电视剧《十指连心》编剧之一；(2) 苍狼公司在一家全国发行的报纸上就涉案侵权行为刊登声明，更正吴某盈为电视剧《十指连心》编剧之一，并赔礼道歉。

二审维持原判。

| 案件分析 |

本案中吴某盈所写的《十指连心》前20集剧本,并不是最终拍成电视剧《十指连心》的30集剧本。那么如何确定吴某盈是否有署名权?

署名权是通过署名来昭示作者身份,以保障作品与作者之间的联系。编剧作为剧本的创作者,依法享有在剧本上署名的权利。因此,本案的核心问题是吴某盈是否对涉案剧本进行了创作从而享有署名权。

根据双方当事人签订的《电视剧编剧聘用合同》,由吴某盈为苍狼公司计划摄制的电视剧《十指连心》进行文学剧本的创作,从2011年5月2日至11月18日,吴某盈通过电子邮件向苍狼公司工作人员何某、马某等陆续发送了涉案电视剧第1集至第20集的剧本,苍狼公司对此亦予以认可。在诉讼中,吴某盈提交了其发送给苍狼公司的剧本,苍狼公司也提交了其最终拍摄所使用的剧本。原审法院对两个剧本进行了比对,两剧本在人物设置、主要故事情节等方面基本相同,甚至在剧本中的相关具体情节、语句也有多处完全相同。这些足以认定吴某盈参与了涉案剧本的创作。吴某盈作为电视剧《十指连心》剧本的作者之一,对该电视剧应当享有署名权。

为了最终确定吴某盈署名权问题,还需要排除苍狼公司提出的3点理由。

1. 苍狼公司主张涉案剧本的构思、剧本人物名称、人物关系等为苍狼公司提供和设计,苍狼公司还向吴某盈提供了第1集至第5集剧本。这是否构成排除吴某盈编剧身份的合法理由呢?

答:不能。

根据《电视剧编剧聘用合同》的约定,双方的合作方式为:苍狼公司向吴某盈介绍电视剧的总体设想和要求。吴某盈应按照苍狼公司的总体要求进行文学剧本的创作,并根据苍狼公司要求,为电视剧编写原创文学剧本,对未定稿的电视剧文学剧本进行修改、润色直至定稿。由此可见,苍狼公司提供涉案剧本的构思、人物名称、人物关系等是吴某盈进行剧本创作的基础,但并不能因此否认吴某盈作为编剧创作前20集剧本的事实。吴某盈通过具体的文字表达,使这些人物设定、故事框架丰满、生动起来,形成能够为电视剧拍摄所使用的剧本,并且在其创作的剧本中对苍狼公司提供的内容进行了重要修改,如将二满由男性改变成女性角色,围绕二满这一人物展开新的叙事,其与冯三的感情纠葛,大满为保护二满殴打冯三入狱,二满婚后无子,抚养三满的私生子等剧情内容,对《十指连心》整体剧情产生重大影响;冯三、女小偷、刘光头等人物及相关故事情节为吴某盈创作,未在苍狼公司之前向吴某盈提供的人物小传、大纲等材料中出现,这些内容都被电视剧《十指连心》拍摄版剧本使用。苍狼公司在原审庭审中亦认可吴某盈在其提交的剧本中对原定大纲中的人物二满进行了较大改动,并且这一改动对全剧整个故事发展走向产生了很大影响,由此可见,苍狼公司最终拍摄的《十指连心》剧本中采用了吴某盈独创性的智力劳动成果。此外,双方亦认可苍狼公司最终拍摄的《十指连心》电视剧中的部分桥段和台词与吴某盈交付的前20集剧本中的桥段和台词相似。因此吴某盈的创作符合《著作权法》及双方合同约定的"原创文学剧本"要求。

2. 苍狼公司提出吴某盈交付的剧本存在严重的质量问题,虽经过修改仍未通过苍狼公司审核的主张,是否影响吴某盈的署名权呢?

答:这是两码事。

吴某盈交付的剧本是否存在质量问题与吴某盈是否享有署名权是两个不同的法律关系,换言之,即便吴某盈交付的剧本确实存在质量问题,但只要苍狼公司在最终的剧本中采用了吴某盈独创性的表达,苍狼公司亦负有为吴某盈署名的法律义务。

3. 苍狼公司还主张电视剧《十指连心》最终剧本是由马某、闫某成、门某胜、徐某红联合创作完成,与吴某盈无关,这是否证明吴某盈无权主张编剧的署名权呢?

答:都有署名权,各不相干。

编剧可以是一个人,可以是多个人,甚至可以集体创作,法律保护的原创性的劳动。虽然吴某盈本人没有参与到最终剧本的创作中,但是最终剧本来源于吴某盈创作的"不符合出品单位要求"的"中间剧本",吴某盈扶持的智力劳动依然体现在最终剧本中。所以并不能因此否认吴某盈的创作性劳动,也就不能抹杀吴某盈的编剧身份和署名权。

三、剧本抄袭的司法判定规则

编剧的作者身份,要通过编剧的具体劳动——写作剧本来实现,写作剧本过程中,不可避免要学习借鉴前人、他人的作品,什么情况下的借鉴学习是正确的,什么情况下的"借鉴"就演变成抄袭呢?

(一)基本原则:接触+实质性相似

因认为电视剧《宫锁连城》和剧本抄袭《梅花烙》小说和剧本,琼瑶起诉编剧于正和投资方，一年诉讼，二审终审，判决被告赔偿琼瑶500万元及禁播。[①] 该案入选"最高人民法院2015年十大知识产权案件"，法院审理中重申了判断抄袭的原则：通常需要满足接触+实质性相似两个要件。在判断两作品是否构成实质性相似时，采取《著作权法》中最重要的概念，即思想表达二分法，排除思想，保留表达。一些公知素材、必要场景、有限表达划归思想领域被排除在著作权法的保护范围之外。[②]

这些不断通过诉讼实践发展的著作权判定原则，也陆续应用于后续的著作权纠纷审判中。

（二）最新进展：缩小公知素材排除范围

编剧抄袭案例诉讼最新发展。2016年11月，唐嫣、罗晋主演的电视剧《锦绣未央》在北京卫视、东方卫视首播，并登顶同期收视率冠军，网络点击超过60亿。引起轰动的同时，原著小说作者秦简（周某）被曝涉嫌抄袭209本小说，全书294章仅9章未抄袭，反抄袭志愿者自发提供了整理3年的"作品比对"证据。这一抄袭案件，也成为一场声势浩大的全网"反抄袭"运动，备受各界关注。[③]

历时两年半，2019年5月8日北京市朝阳法院宣判《锦绣未央》侵权案。被告周某（秦简）侵权成立，赔偿原告沈某文（《身历六帝宠不衰》作者）13.65万元。5月30日后又宣判了相关的11个案件，判赔3万~5万元不等。

这些案件更新了认定作品抄袭的规则，对琼瑶诉于正案件中的公知素材的内容进行了更加细致的分类，肯定了其中一些惯常表达的单个语句结合入整体所表达出的独创性。

---

① 于正等与琼瑶侵害著作权纠纷上诉案，北京市高级人民法院（2015）高民（知）终字第1039号民事判决书，最高人民法院发布2015年中国法院10大知识产权案件之七、2015年度人民法院十大民事行政案件之十、2015年度北京法院知识产权十大典型案例之一：于正等与琼瑶侵害著作权纠纷上诉案。

② 周俊武编著：《当明星撞上法律》，人民出版社2016年版，第94页。

③ 标星球：《独家！全网激愤，官媒点名批判，我们如何打垮〈锦绣未央〉们？》，载百度网：https://baijiahao.baidu.com/s?id=1633013672111788042&wfr=spider&for=pc，最后访问日期：2020年3月25日。

案例37 《锦绣未央》编剧抄袭案
——沈某文与周某、北京当当科文电子商务有限公司侵害著作权纠纷①

| 当事人 |

原告:沈某文

被告:周某

被告:北京当当科文电子商务有限公司(以下简称"当当公司")

| 基本案情 |

原告以"追月逐花"为笔名创作了小说《身历六帝宠不衰》(以下简称《身》),于2009年7月1日在百花文艺出版社出版。被告周某于2012年6月14日至2013年12月5日,以"秦简"为笔名创作了小说《庶女有毒》(后改名为《锦绣未央》),登录"潇湘书院"网站可在线阅读并于2013年7月由江苏文艺出版社出版小说《锦绣未央(1、2、3)》。

| 诉辩分歧 |

原告认为网络版小说《锦绣未央》对《身》存在侵权的事实,包括抄袭了580句语句及2处情节。其中,语句部分涉及字数约2.7万字,情节部分具体包括人物设置、故事结构、表达的核心内容、相同或相似的语句4个方面。当当网亦对图书《锦绣未央》进行了销售。提出诉讼请求:(1)停止复制、发行、网络传播《锦绣未央》一书;(2)当当公司停止销售《锦绣未央》一书;(3)周某赔偿经济损失394,000元及维权合理开支16,500元等。

被告周某就侵权问题辩称,小说《锦绣未央》未侵害《身》作者的著作权。沈某文主张的语句抄袭中,有11句为在先创作的其他小说已发表过的内容;其他语句大多为惯常表达,并非沈某文独创;部分语句与《身》不构成相同或实质性相似。沈某文主张的情节抄袭为公知领域题材和惯常写法,并非沈某文独创,且该情节并不相似。请求法院驳回原告诉讼请求。

当当公司辩称,我公司仅为图书销售平台,如法院认定《锦绣未央》一书构成侵权,

① 北京市朝阳区人民法院(2017)京0105民初932号民事判决书。

我公司愿意停止销售。

法院判决

1.被告周某于本判决生效之日起立即停止对小说《锦绣未央》的复制、发行及网络传播；

2.被告北京当当科文电子商务有限公司于本判决生效之日立即停止对小说《锦绣未央》的销售；

3.被告周某于本判决生效之日起10日内赔偿原告沈某文经济损失120,000元及维权合理开支16,500元。

|经典裁判借鉴|

法院认定被告侵权，择其要点归纳如下。

一是关于《锦绣未央》被控语句侵权。沈某文指控的580句语句侵权部分，可归为127处，其中116处语句与《身》存在相同或实质性相似，具体分为三种情况：一是均使用了独特的比喻或形容的具体表达；二是均采用相同或类似的细节描写来刻画人物或事物；三是均采用大量常用语言的相似组合。有些语句中的某些单独句子，孤立看可能属于文学作品的常用表达，但这些句子的组合如果在整体上能够体现作者的独特构思，则这些句子组成的语句在整体上仍具有独创性。因此，《锦绣未央》上述116处被控侵权语句，已构成了与《身》完全相同或实质性近似的表达。将上述116处被控侵权语句回归于其所在的段落、篇章之中，结合上下文衔接进行整体比对，可以认定上述语句具有独创性，不属于文学作品的常见表达。驳斥了周某辩称上述语句属于文学作品的惯用表达的抗辩。因此，认定构成对沈某文享有的《身》著作权的侵害。

二是关于《锦绣未央》被控2处侵权情节，采用了《身》中具有独创性的背景设置、出场安排、矛盾冲突和具体的情节设计，二者已构成实质性相似的情节，属于对沈某文《身》著作权的侵害。

第九章 摄影的法律地位和法定权利

手持镜头心画面，
取景框中高下见。
静帧剧照有版权，
影视作者署其间。

一、摄影对于影视剧的意义

电影是集合不同艺术家、技师以及商人共同努力的合作事业。由于每部电影个人的贡献均不同，我们很难决定一部电影哪个人的功绩如何。比较世故的观众明了导演是大部分好片子中最重要的人，因为他的拍档（如演员、编剧、摄影师）均遵从他的指示行事。但是有些电影，其他人的作用也可能比导演还重要，偶尔我们也会觉得某一部电影故事讲得不好，但是却很好看。那是因为我们的眼光被一些次要层面的如演技、布景所吸引。风格化的摄影或者优秀的演技常让作品起死回生，这时，演员、场景设计或摄影师的杰出光芒就盖过电影导演了。①

摄影也确实可以让电影增色不少。比如张艺谋是摄影师出身，因此张导

① ［美］路易斯·贾内梯：《认识电影》，［瑞典］英格玛·伯格曼、［日］黑泽明等供图，焦雄屏译，世界图书出版公司2007年版，第264页。

的影片以“好看”著称，他导演的影片，画面感十足。国内第一个票房破亿元的电影片《英雄》，李连杰饰演的剑客无名飞剑扫落叶，在胡杨林中挥剑起舞，美轮美奂。电影结尾时万剑齐发将无名杀死在宫殿大门上，视觉震撼；再如《十面埋伏》中“竹林遇险”，布景、灯光、配乐，尤其是摄影都相当到位，唯美、动感；就连票房惨淡的《三枪拍案称奇》中即使浮光掠影地展示了张掖丹霞地貌，也确实让人有“眼前一亮”的感觉。

电影作为一种精神产品，是现代科学技术发展的产物，她以画面和音响为媒介，在银幕上塑造形象，再现或者反映生活。电视剧要比电影产生的晚，是与电影在技术手法上有很多相同因素的另一种文化产品。影视技术是整个影视产业的重要组成部分，是影视创作生产、发行放映的物质基础和手段。

在胶片电影时代，由于胶片本身技术含量高，成像原理复杂，所以彼时的摄影是个技术含量很高的重要工种。根据 1991 年发布的《电影摄制技术规范》规定，在摄制组筹备阶段摄影师有三大职责：一是根据导演创作意图，写出摄影阐述，①送交总工程师和技术主管部门，作为生产技术试验及摄制过程中技术把关的依据；二是与录音、照明一起对设备器材验收；三是会同洗印、鉴定和技术主管部门进行生产技术试验。就是了解摄影底片性能，进行试拍。在拍摄阶段，“摄影师和照明组长要根据现场情况和剧情争取事先绘出主要场景的机位和灯位图……”

到了数字技术时代，有些人手持一个“傻瓜式”DV 就可以拍摄出类似电影制作的作品，单单从作品法律属性上说也属于《著作权法》意义上的电影作品，似乎摄影门槛降低了，但是对于一部好的影视作品而言，专业的摄影技术人员一定是必不可少的。

二、摄影依据《著作权法》享有展览权

（一）享有作者的法定地位

根据《著作权法》第 15 条的规定，②摄影是电影的作者，摄影享有法定署名权和获得报酬权。

电影摄影是电影艺术造型手段，也是电影剧作和导演总体构思的最后造型体现。电影不同于绘画和照相，电影画面构图的主要形式是运动构图，现代电影尤其

---

① 《电影摄制技术规范》（电字〔91〕第 301 号），原广电部 1991 年 3 月发布。由此可见，在我们比较熟知的导演阐述之外，还有摄影阐述的存在，这是摄影这种“技术活”的一个集中体现。

② 电影作品和以类似摄制电影的方法创作的作品的著作权由制片者享有，但编剧、导演、摄影、作词、作曲等作者享有署名权，并有权按照与制片者签订的合同获得报酬。

以多层次构图、不规则构图和不完整构图传递更多的视觉信息,使人和事物更自然、真实。这些都是以摄影技术的高度发展为基础的。电影摄影师是一种创作活动,是摄影师用摄影机、镜头、胶片(或数字技术)把摄影对象及其动作、内外景地记录下来的过程。所记录的影像体现了摄影者对人物及表情、远近、角度、色彩、光线、背景等因素的选择和取舍。所以,摄影师是电影的主要作者之一。①

(二)依据《著作权法》摄影对影视"帧"作品享有展览权

《著作权法》第10条第8项规定:"展览权,即公开陈列美术作品、摄影作品的原件或者复制件的权利。"

摄影作为影视剧的作者,他的作品就是一帧一帧的画面。摄影对构成流动画面的影视剧的每一帧画面享有作者权利,这里且将其称为影视"帧"作品。

影视"帧"作品如果单独复制出来就是摄影作品,影视界称其为剧照。剧照的版权属于摄影,具体地说,剧照的展览权属于摄影。也因此在前面出品单位享有的著作权内涵中剥离出来展览权,出品单位不当然享有著作权中影视剧照的展览权。

从理论上讲,对于影视"帧"作品来说,其展览权的使用主体应当是摄影人员。如果发生侵权,应由摄影作为当事人起诉。但是如果摄影与出品方在签订聘任合同时,对该权利进行转让,或者虽未明确具体权利,而是一并将所有权利"一揽子"交给出品方,仅以工作酬劳作为对价。那么,此时如果发生剧照纠纷,出品方就可以以当事人的身份起诉或者应诉。

需要指出的是,并不是说摄影可以毫无限制地任意使用影视"帧"作品,如果影视"帧"作品中有演员,那么摄影在行使该摄影作品的展览权时要注意顾及和协调作品中人物的肖像权。

(三)依据民事法律享有民事主体基本权利

摄影作为自然人,依据民法享有生命权、健康权、姓名权、名称权、肖像权、名誉权等人格权。在此略述,可参照表演者一章对照分析。

三、剧照纠纷——肖像权与展览权的权衡

剧照是戏剧中某个场面或电影中某个镜头的照片。剧照分人物剧照和风景剧照。反映戏剧中某个场面或电影中某个镜头的照片中凡有人物的,属人物剧照。

① 刘春田主编:《知识产权法》(第3版),中国人民大学出版社2007年版,第127页。

在此只讨论人物剧照。

38 案·例 中国剧照纠纷的里程碑案件

——蓝某某诉某王朝饭店有限公司、某电影制片厂肖像权、名誉权纠纷①

引用该案例是用来讨论摄影的展览权问题，但该案主要纠纷是针对演员的肖像权、名誉权。该案从诉辩双方的分歧，就可以看出肖像权、角色权利的权利纠葛，出品人与演员之间的权利羁绊，以及形象权、肖像权、展览权的错综复杂。

| 当事人 |

原告：蓝某某

被告：某王朝饭店有限公司（以下简称“某饭店”）

被告：某电影制片厂（以下简称“某影厂”）

| 基本案情 |

被告某饭店“影艺食苑”于1998年装修后使用，其门楣处有长280厘米，内容为电影剧照的灯箱，电影《茶馆》中的一幅22寸的，有原告饰演的“秦二爷”和其他二人饰演角色合影的人物剧照亦在其中。灯箱上无文字。在“影艺食苑”中名为“喜迎门”的厅房门口摆放着电影《茶馆》中的一幅24寸的，有原告饰演的“秦二爷”和其他二人饰演角色合影的人物剧照展示架，剧照下方有“‘老裕泰’茶馆，小小店面，人间天地，来来往往，各色人等。一杯清茶，几盘小吃，却将事事聊聊，天下事，身边事，不知不觉间，一切烦恼全消失了”的说明。

| 诉辩分歧 |

原告诉称，我一直非常珍惜自己的艺术形象，从不曾以任何方式借曾塑造过的艺术形象做广告或许可他人营利性地使用我的形象。某饭店地下一层“影艺食苑”摆放着含

① 北京市东城区人民法院(2002)东民初字第6226号民事判决书。

有我扮演的"秦二爷"形象的电影《茶馆》剧照的广告展示架和广告灯箱。未经我本人许可，擅自使用我形象不仅侵犯了我的肖像权，且使公众对我产生误解，影响了我的社会评价，构成了对我名誉权的侵犯，故起诉要求被告立即停止使用含有我形象的广告灯箱及广告展示架；赔礼道歉，恢复名誉；并支付肖像权的赔偿金 10 万元，名誉权赔偿金 5 万元及代理费、公证费、查询费等经济损失 6040 元。

被告某饭店辩称，我方在"影艺食苑"内使用电影《茶馆》中原告饰演的"秦二爷"剧照属实，但电影剧照不是肖像，我方并未使用原告肖像。肖像与电影剧照利用的识别性特征或知名度是不同的。该剧照的使用也是取得了电影《茶馆》的制片人某影厂的同意。且即使该剧照归入肖像之列，也是集体肖像，因该剧照共有三个人物，在集体肖像中，各肖像权人不得主张肖像权。我方使用的《茶馆》剧照并未侵犯原告的肖像权；另外，该剧照使用目的不是为餐厅做广告，是为餐厅营造一种影视艺术文化氛围，此做法只能凸显原告的艺术造诣，并不会对原告的名誉权造成侵害，故不同意原告的诉讼请求。

被告某影厂辩称，电影《茶馆》是 1982 年我厂拍摄的故事片，该影片的著作权归我厂享有。由于影片剧照是影片的一部分，因此《茶馆》剧照著作权亦属我厂享有。我厂有许可他人使用的权利。且原告作为表演者在影视作品表演中代表的不是其本人，是剧中人物即角色，角色形象不等于角色扮演者的个人形象，其不能代替角色享有角色的肖像权。而我厂在被告某饭店为了宣传国产优秀影片、营造艺术氛围情况下许可其使用《茶馆》剧照不仅是行使自身权利，也是为了弘扬影视文化，并未侵犯原告肖像权和名誉权，故不同意原告的诉讼请求。

法院判决

法院认定某演员对涉案剧照享有肖像权并认定制片厂作为《茶馆》的制片人，在未与某演员就肖像使用范围进行特殊约定的情况下允许某饭店使用涉案剧照超出了其合理使用范围。某饭店由此对涉案剧照的使用存在权利瑕疵。同时又鉴于涉案剧照为集体肖像，集体肖像是各权利人独立肖像的聚合，各肖像人虽就其在集体肖像中所享有的精神利益及转化的物质利益是独立、可分的，可由于集体肖像在物理上不可分的特质，决定了集体肖像中的个人肖像权的行使要受到一定限制，而对某制片厂与某饭店的行为未作侵犯肖像权认定。尽管如此，一审法院明确了某饭店使用了有某演员形象的集体肖像应向该演员支付使用费，某制片厂应对此承担连带责任。判决：

1.被告某饭店于本判决生效之日起15日内给付原告蓝某某肖像使用费6000元,被告某影厂承担连带责任。

2.被告某饭店、某影厂于本判决生效之日起15日内给付原告蓝某某损失费1040元。

|案件分析|

本案是可以查到的关于剧照纠纷的最早的一个案件,该案对于剧照是否侵犯演员肖像权的界定具有里程碑意义,其于2003年作出的判决,基本形成了法学界、实务界对影视剧剧照的统一认识,后来者就以此为鉴,很少发生类似案件。该案确认表演者对除由其饰演的纯脸谱化或面部形象特征不清晰的剧照以外的其他人物剧照均享有肖像权,拓展了演员肖像权的保护范围(关于演员肖像权问题将在第十一章再行论述)。同时该案侧面论述了肖像作品的著作权,这就是本章所指摄影"帧"作品展览权。

首先,法院论述"一幅能反映表演者面部形象特征的电影剧照不仅承载了电影的某个镜头,同时也承载了表演者的面部形象,具有双重的识别性","肖像作品上存在肖像权与肖像作品著作权的双重权利,两权利仅仅是聚合,不是吸收"。这个肖像作品著作权就是摄影"帧"作品展览权。

其次,法院论述"表演者对除由其饰演的纯脸谱化或面部形象特征不清晰的剧照以外的其他人物剧照均享有肖像权"。可以理解为,对于纯脸谱化或面部形象特征不清晰的剧照以及非人物剧照,表演者不享有肖像权,那就只剩下摄影"帧"作品展览权了。

当然,摄影之"帧"作品展览权的行使不能湮灭肖像权,如果摄影想行使展览权,事先需要征得演员的同意。本案中摄影是将著作权权利一并给了出品单位,因此某影厂对"秦二爷"的剧照有展览权,只是这个权利的行使要事先征得"秦二爷"的扮演者蓝某某同意。

39 案·例 合同约定使用剧照的,不构成侵犯肖像权

——赵某某、宁波雅戈尔服饰有限公司肖像权纠纷①

|当事人|

上诉人(原审原告):赵某某

被上诉人(原审被告):宁波雅戈尔服饰有限公司(以下简称雅戈尔公司)

被上诉人(原审被告):宁波雅戈尔服饰有限公司宁波分公司(以下简称雅戈尔宁波分公司)

原审第三人:北京摩登视界文化传媒有限公司(以下简称"摩登视界公司")

|基本案情|

2014年9月1日,摩登视界公司与赵某某经纪公司北京海润时代演艺经纪有限公司、上海赵某某影视文化工作室签署了《赵某某〈实习生〉补充合同2》,约定摩登视界公司聘请赵某某出演该剧中"宋暖"角色,拍摄地点在上海、宁波,拍摄期限为2014年10月17日或者21日至2015年1月10日。其中合同第6条第1项约定:"电视剧的版权及相关邻接权归甲方(摩登视界公司)所有"。第2项约定:"甲方有权在电视剧(包括电视剧的宣传)中使用乙方艺人(赵某某)姓名、肖像、声音及其他个人资料,但不能有损乙方艺人形象与社会影响。"2014年,摩登视界公司与雅戈尔公司、宁波优乐文化传媒有限公司签署了《雅戈尔赞助大型电视连续剧〈实习生〉服装协议书》,约定雅戈尔公司(甲方)通过向摩登视界公司(乙方)免费提供大型电视连续剧《加油吧！实习生》剧中主角服装成为摩登视界公司的战略合作伙伴,服装在拍摄结束后退回甲方;其中第2项(2)"共享宣传资源"中约定:(1)在本剧的拍摄/播出期间,甲乙双方共享该剧的宣传资源,宣传资源包括该剧剧照、花絮、视频等,宣传渠道包括微博、微信、报纸、杂志、电视等媒体,以及甲方店铺等渠道;(2)在拍摄完成后,乙方向甲方提供主角穿着甲方服装的剧照和相关现场拍摄花絮,供甲方做内部宣传和展示使用……

2014年10月22日,赵某某和郑某主演、摩登视界公司制作和联合出品的电视剧

① 二审:浙江省宁波市中级人民法院(2017)浙02民终1953号民事判决书;一审:宁波市鄞州区人民法院(2016)浙0212民初7265号民事判决书。

《加油吧！实习生》开机，至2015年1月拍摄完毕，并于2015年7月17日在江苏卫视首次播出，至2015年8月4日播出完毕。

服装协议签署后，在《加油吧！实习生》拍摄期间，雅戈尔公司、雅戈尔宁波分公司向摩登视界公司出借了服装，摩登视界公司按照约定履行了植入义务，并在使用完服装后予以返还。赵某某在该剧拍摄过程中，接受了雅戈尔公司作为服装赞助商的探班和专访。

在该剧拍摄、播出期间，雅戈尔公司先后于2014年10月31日、2014年11月29日、2015年7月24日、2015年7月31日在名为"雅戈尔体验馆(微信号×××)"的微信号上，发布了标题为《雅戈尔独家男装赞助〈实习生〉聚焦90后就业》《剧透〈实习生〉跑男郑某：不介意被贴标签，让作品说话》《报告老板！我想要一套职业装！参与互动赢当家款衬衫哟~》《小雅喊你来领奖，你敢答应吗?》等4篇文章。雅戈尔宁波分公司于2015年7月22日在微信公众号"雅戈尔宁波分公司(微信号×××)"上发布了标题为《加油吧！实习生——雅戈尔服装赞助季启幕》的文章。在上述发布的文章中雅戈尔公司、雅戈尔宁波分公司使用了赵某某在《加油吧！实习生》中的部分剧照以及在《花千骨》《陆贞传奇》电视剧中的个别剧照和赵某某个人照片。

|诉辩分歧|

赵某某以雅戈尔公司及雅戈尔宁波分公司的上述行为侵害其肖像权为由提起侵权之诉。被上诉人认为没有侵权。

法院判决

一审驳回原告诉讼请求。二审维持原判。

|案件分析|

法院认为雅戈尔公司及雅戈尔宁波分公司的行为并未侵害原告肖像权，理由如下：

首先，肖像权侵权属一般侵权范畴，应具备4个构成要件，即被告实施了以营利为目的的侵权行为、被告具有主观过错、给原告造成了损害后果、损害后果与侵权行为之间存在因果关系。雅戈尔公司在微信公众号上对赵某某影视剧照的使用，并不存在丑化、毁损赵某某作为艺人及现实人格形象进而造成其心理或精神上的痛苦之情形。相反,本案当事人之间系基于合同约定而进行的商业性活动安排,肖像权争议主要指向对象为影视剧照的使用而引发的争议,故本案实质系基于合同履行发生的争议,与不存在合同关系而擅自使用他人肖像有明显区别,是否构成侵权应结合合同约定及履行情况予以认定。

其次,根据摩登视界公司与赵某某的经纪公司北京海润时代演艺经纪有限公司、上海赵某某影视文化工作室签订的《赵某某〈实习生〉补充合同2》第6条电视剧版权及其他权利的约定,电视剧的版权及相关邻接权归甲方(摩登视界公司)所有,甲方有权在电视剧(包括电视剧的宣传)中使用乙方艺人姓名、肖像、声音及其他个人资料,但不能有损乙方艺人形象与社会影响,故摩登视界公司在该剧的拍摄及电视剧宣传过程中有权使用赵某某的个人剧照及其他个人资料。雅戈尔公司、摩登视界公司、宁波优乐文化传媒有限公司签订《雅戈尔赞助大型电视连续剧〈实习生〉服装协议书》,约定雅戈尔公司通过向摩登视界公司免费提供大型电视连续剧《加油吧！实习生》剧中主角服装成为摩登视界公司的战略合作伙伴,赞助回报方式为品牌植入和共享宣传资源。根据协议约定,在电视剧拍摄/播出期间,双方共享该剧的宣传资源,宣传资源包括该剧剧照、花絮、视频等,宣传渠道包括微博、微信、报纸、杂志、电视等媒体,以及甲方(雅戈尔公司)店铺等渠道。雅戈尔公司使用电视剧宣传资源在其公司微信公众号上进行宣传,并未超出合同约定的使用范围。

最后,从合同履行看,雅戈尔公司按合同约定向摩登视界公司提供了赞助服装,摩登视界公司也根据合同约定进行了品牌植入,与雅戈尔公司共享电视剧宣传资源。摩登视界公司对此亦予认可,认为在该剧拍摄过程中赵某某对于雅戈尔公司对该剧的赞助是知情的,赵某某接受了雅戈尔公司的探班和专访,对该公司的品牌和服装作出了评价,对雅戈尔公司使用其言论、照片发布专访宣传稿件的行为是知情的。赵某某作为知名影视演员和制片人之间系按合同约定行事,对合同没有约定或约定不明的活动有权拒绝参与,赵某某在电视剧拍摄期间代表摩登视界公司一方参与品牌植入、接受探班、专访、对雅戈尔公司品牌及服装作出评价等活动,其行为应视为其对摩登视界公司和雅戈尔公司履行合同行为的知情与认可,雅戈尔公司作为电视剧赞助商及制片方的战略合作伙伴,雅戈尔公司及雅戈尔宁波分公司在微信公众号上进行宣传活动也并未导致公众误认为赵某某系雅戈尔公司的品牌代言人。结合本案合同及履行情况,各方当事人之间对合同内容及履行意见不一,合同权利义务存在约定不明确、不具体之处,不能认定雅戈尔公司主观上存在侵害赵某某肖像权之过错。

本章小结：摄影是影视剧的法定作者，享有“帧”作品展览权，但是人物剧照中的演员享有肖像权，要通过合同约定或征得演员同意，才能行使剧照作品展览权。

第十章 动画(美术)设计的法律权利和法定地位

一笔一描见真功，
一张一页略不同。
一帧一幅连动起，
一颦一笑情相融。

动画设计、美术设计是专门针对动画电影、美术电影而设置的影视制作人员“工种”，有的称为“人物设计”“造型设计”等，在不同种类和时期的动画片、美术片中叫法不同。总之是指代动画电影、美术影片核心动画(美术)形象的设计人员，以下统一称为动画(美术)设计。

2019 年暑期档的动画影片《哪吒之魔童降世》以 46.77 亿元的票房成为内地票房影史第二名，动画电影票房冠军，这是继 2015 年暑假动画片《西游记之大圣归来》①掀起了对动画电影的关注后，动画电影再次被大众圈粉。如果注意《哪吒之魔童降世》片头片尾的字幕，可以看到有动画主管、动画指导、动画预演等演职人员，这些都属于动画(美术)设计“工种”范畴内。《黑猫警长》《大闹天宫》中都有类似于普通人物电影中的主要

① 《西游记之大圣归来》2015 年 7 月 10 日以 3D/2D 和中国巨幕的形式公映后，被《人民日报》称为中国动画电影十年来少有的现象级电影，最终斩获 9 亿多元票房。

“演员”,如“黑猫警长”和“孙悟空”,这些银幕上的形象就叫作动画形象。动画、美术影片中的动画形象是动画、美术电影的核心内容,所以动画形象、美术形象的设计者——动画(美术)设计凭借其智力创作成为动画影片、美术影片的片头的重要署名人员。

一、依据《著作权法》动画(美术)设计对美术作品享有著作权

动画(美术)设计的著作权权利来源于创作,基于其付出智力劳动设计了美术作品,因而获得著作权权利。

《著作权法》第3条规定的作品中包括美术作品。依据《著作权法实施条例》第4条第8项规定:“美术作品,是指绘画、书法、雕塑等以线条、色彩或者其他方式构成的有审美意义的平面或者立体的造型艺术作品。”造型艺术作品享有著作权,但是什么样的作品算作造型美术作品?参与了哪些创作的可以获得著作权?甚至哪些工作属于创作都不太容易回答。

在20世纪80年代前,早期的经典美术影片比如《黑猫警长》《大闹天宫》,著作权关系相对简单,这是由平面美术片生产方式决定的。因为那时美术片的生产就是制作出一幅一幅的美术作品,再连续拍摄形成。平面美术作品作者就是影片的美术设计,业内称为美工。平面美术片的创作过程相当简单,美术作品动画(美术)设计的权利义务也相对简单:著作权权利归属清晰,美术设计对其设计的美术作品拥有著作权。

但是随着各种立体美术片、动画影片出现,尤其是近年来电脑三维立体动画快速发展,出现了《大鱼海棠》《西游记之大圣归来》《哪吒之魔童降世》等高科技含量的动画电影。制作这些动画电影的过程更为复杂,动画(美术)设计的专业人员已经不是几个人,有时甚至是分布于几个地方的上百人的动漫设计群体,他们分工明确、相互配合完成动画电影创作。而动画片中的动画角色形象,要先有静态的人物造型,然后形成转面图、动态图、表情图等,形成动画人物的整体形象,过程更为复杂。动画设计(美术设计)对于动画形象的著作权就变得不是那么清晰明确了。这种技术的发展在法律方面尚未作出回应,而在一些案件中已经有所涉及,法官通过裁量就具体案件进行释明。下面结合具体案例研究出一些相对的规律,作为借鉴。

40 案·例 一纸人物概念设计图能否坐拥“造型设计”而具有独立著作权

——杭州大头儿子文化发展有限公司与央视动画有限公司著作权权属、侵权纠纷①

| 当事人 |

再审申请人(一审被告、二审上诉人):央视动画有限公司

被申请人(一审原告、二审上诉人):央视动画有限公司

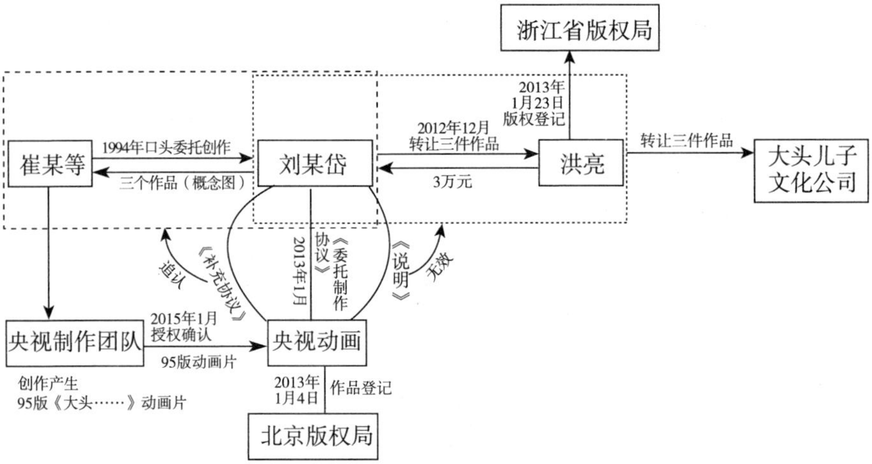

图 10－1　案件结构

| 基本案情 |

1994 年,动画片《大头儿子和小头爸爸》(1995 年版,以下简称“95 版动画片”)导演崔某、制片汤某、上海科学教育电影制片厂(以下简称“上海科影厂”)副厂长席某 3 人到刘某岱(当时刘某岱作为上海美术电影制片厂工作人员,借调到上海科影厂工作)家中,委托其为即将拍摄的 95 版动画片创作人物形象。刘某岱当场用铅笔勾画了“大头儿子”“小头爸爸”“围裙妈妈”3 个人物形象正面图,并将底稿交给了崔某。当时双方并未

① 该案涉及“大头儿子”“小头爸爸”“围裙妈妈”3 张美术作品,所以法院以 3 个案件审理,且案件均经过一审、二审、再审。一审:浙江省杭州市滨江区人民法院(2014)杭滨知初字第 634、635、636、号民事判决书;二审:杭州市中级人民法院(2015)浙杭知终字第 356、357、358 号民事判决书;再审:浙江省高级人民法院(2016)浙民申 3072、3073、3074 号民事裁定书。

就该作品的著作权归属签署任何书面协议。崔某将底稿带回后,95版动画片美术创作团队(包括当时从事人物造型设计和台本设计工作的证人周某)在刘某岱创作的人物概念设计图基础上,进行了进一步的设计和再创作,最终制作成了符合动画片标准造型的3个主要人物形象即“大头儿子”“小头爸爸”“围裙妈妈”的标准设计图以及之后的转面图、比例图等。刘某岱未再参与之后的创作。95版动画片由中央电视台(以下简称央视)和东方电视台联合摄制,于1995年播出,在其片尾播放的演职人员列表中载明:“人物设计:刘某岱”。

2012年12月14日,刘某岱与洪某签订了《著作权(角色商品化权)转让合同》,约定刘某岱将自己创作的“大头儿子”“小头爸爸”“围裙妈妈”3件作品的所有著作权权利转让给洪某,转让金额人民币3万元。2013年1月23日,洪某向浙江省版权局申请了作品登记。2014年3月10日,洪某与大头儿子文化公司签订《著作权转让合同》,将涉案3幅美术作品的著作权全部转让给大头儿子文化公司。

2013年1月4日,刘某岱(乙方)与央视动画公司(甲方)签订《大头儿子和小头爸爸》美术造型委托制作协议;“大头儿子”“小头爸爸”“围裙妈妈”3幅美术作品为委托作品,甲方独家拥有除署名权以外的全部知识产权;甲方有权以原始权利人身份,自行或授予第三方对该制作成果进行任何形式使用及修改,均不须再次征得乙方同意,也不须支付本协议之外的费用。协议签订后,刘某岱并没有向央视动画公司交付作品。

2013年8月8日,刘某岱(乙方)与央视动画公司(甲方)签订《大头儿子和小头爸爸》美术造型委托制作协议补充协议,对20世纪90年代中期,甲方通过崔某邀请乙方参与95版动画片其中主要人物造型的创作的事情进行追认,重申甲方以委托创作的方式有偿取得了“大头儿子”“小头爸爸”“围裙妈妈”3个人物造型除署名权以外的全部著作权。

2013年8月29日,刘某岱在杨某安事先打印好的一份“说明”上签字,核心意思是其在被误导情况下与洪某签订转让合同转让3个造型著作权的行为无效。

2013年11月4日,央视动画公司就此向北京市版权局申请作品登记,取得作品登记证书:动画片《大头儿子和小头爸爸》动画片之小头爸爸卡通形象;作品类型:美术作品;作者:刘某岱;著作权人:央视动画公司;首次发表日期:1996年6月1日。

2014年1月21日,央视动画公司向北京市版权局申请作品登记,取得京作登字-2014-F-00001588号作品登记证书。该登记证书载明作品名称:动画片《新大头儿子和小头爸爸》动画片之小头爸爸卡通形象;作品类型:美术作品;作者:央视动画公司;著作权人:央视动画公司;首次发表日期:2013 年 11 月 28 日。

2015 年 1 月,央视出具授权确认书,确认其将拥有的 95 版动画片的全部著作权及动画片中包括但不限于文学剧本、造型设计、美术设计等作品除署名权之外的全部著作权专属授权央视动画公司使用,授权内容自 2007 年起生效。

2014 年 3 月 12 日,大头儿子文化公司申请一系列公证,9 月其就“大头儿子”“小头爸爸”“围裙妈妈”3 幅作品分别向央视动画公司提起侵权诉讼,请求央视动画公司停止《新大头儿子和小头爸爸》动画片的复制、销售、出租、播放、网络传输等行为,赔偿经济损失人民币 50 万元等。本案关系结构见图 10-1。

| 一审判决 |

原审法院认为刘某岱作为受托人对其所创作的 3 幅美术作品享有完整的著作权。刘某岱于不同日期分别与洪某、央视动画公司签订了《著作权(角色商品化权)转让合同》《大头儿子和小头爸爸》美术造型委托制作协议、《大头儿子和小头爸爸》美术造型委托制作协议补充协议,还出具了一份“说明”,4 份文件中均涉及刘某岱对其创作的 3 幅美术作品著作权归属的处分问题,从时间上看,其与洪某签署的转让合同时间早于另几份合同签署时间,因此认定该合同合法有效;认定 95 版动画片中三个人物形象是央视动画制作团队在刘某岱原作品生成的演绎作品,权利归属于央视,因此央视动画公司可以在 2013 年版动画片中使用。但是演绎作品在行使财产权时,需要取得原作品著作权人的许可,因此央视动画公司未经大头儿子文化公司许可,在 2013 年版《新大头儿子和小头爸爸》动画片以及相关的展览、宣传中以改编的方式使用大头儿子文化公司的作品并据此获利的行为,侵犯了大头儿子文化公司的著作权,应承担相应的侵权责任。

在责任承担方面,原审法院充分考虑并尊重当时的创作背景,并注重合理平衡界定原作者、后续作者以及社会公众的利益,兼顾公平原则,认为不宜停止电视剧《大头儿子小头爸爸》的播放,宜以提高赔偿额的方式作为央视动画公司停止侵权行为的责任替代方式,最后判决每个动画形象赔偿 40 万元,央视动画共应赔偿原告 120 万元。

| 诉辩分歧 |

一审判决后,原告、被告都提出上诉,原告大头儿子公司认为原审判决认定与其后的侵权认定相互矛盾,既然已经认定 95 版动画是演绎作品,就应当在判决中排除央视动画一切与动画形象有关的复制、销售等行为,尤其不得展览、宣传、贩卖、许可其衍生的周边产品。

被告认为95版动画形象不是演绎作品,而是集体创作的原创作品。刘某岱作为角色造型师是创作团队的一分子,他所画的草图属于动画形象的前期制作阶段,不能与动画形象的整体创作活动割裂开来。原审法院将刘某岱的创作与创作组其他成员的劳动人为地分离,赋予刘某岱对人物造型的单独及完整著作权,违反了动画片创作规律,不但损害了动画片投资制作方央视的利益,也损害了创作组其他成员的利益。刘某岱与其他人员一样,与央视均存在委托创作关系。

| 二审判决 |

二审维持原判。

【再审裁定】驳回再审申请。

| 案件分析 |

法院判决划定了动画设计版权保护的四个重点,值得研究和后续案件借鉴。

1. 人物概念设计图作为独立作品进行保护

本案中最值得研究的就是刘某岱创作的人物概念设计图能否作为独立作品进行保护,由此推出95版动画是演绎作品的认定。

央视动画公司认为刘某岱所进行的人物设计是按照导演崔某的介绍、根据编剧郑某华的小说进行演绎创作,且不能与动画形象的整体创作活动割裂开来,央视与刘某岱存在委托创作关系,并口头约定著作权归央视,故其无权单独主张著作权。对此,法院认为,《著作权法》第15条第2款规定:“电影作品和以类似摄制电影的方法创作的作品中的剧本、音乐等可以单独使用的作品的作者有权单独行使其著作权。”从动画片人物造型的一般创作规律来看,对于一部动画片的制作,在分镜头画面绘制之前,需要创作一个相貌、身材、服饰等人物特征相对固定的动画角色形象,即静态的人物造型,同时在此基础上形成转面图、动态图、表情图等,这些人物造型设计图所共同形成的人物整体形象,以线条、造型、色彩等形式固定了动画角色独特的个性化特征,并在之后的动画片分镜头制作中以该特有的形象一以贯之地出现在各个场景画面中,即使动画角色在表情、动作、姿势等方面会发生各种变化,但均不会脱离其角色形象中具有显著性和可识别性的基本特征。故动画片的人物造型本身属于美术作品,其作者有权对自己创作的部分单独行使其著作权。本案中,根据各方提供的证据及证人证言,刘某岱受崔某导演委托后,独立创作完成了“大头儿子”“小头爸爸”“围裙妈妈”3幅美术作品,通过绘画以线条、造型的方式勾勒了具有个性化特征的人物形象,体现了刘某岱自身对人物画面设计的选择和判断,属于其独立完成的智力创造成果。无论是崔某作为动画片导演,还是郑某华作为原小说的作者,均未对人物的平面造型进行过具体的描述、指导和参与。故认定刘某岱对其所创作的三人物概念设计图享有完整的著作权。后来央视创作团队为了制作动画片需要所进行的修改、加工以及多视图的创作,并不足以改变刘某岱已创作完成的人物形象的个性化特征。

简言之,人物概念图具有独立版权,是美术作品,应当予以独立保护。

2. 动画造型是人物概念图的演绎作品

央视95版动画片美术创作团队在刘某岱创作的人物概念设计图基础上,进行了进一步的设计和再创作,最终制作成了符合动画片标准造型的三个主要人物形象即“大头儿子”“小头爸爸”“围裙妈妈”的标准设计图以及之后的转面图、比例图等。央视创作团队在刘某岱创作的人物概念图作品基础上进行了艺术加工,构成了对原作品的演绎作品。

简言之,在人物概念图基础上多人创作产生的动画片人物造型是演绎作品,也是美术作品,有独立版权,但演绎作品权利行使需要原作权利人许可。

3. 版权认定方面尊重影片署名

法院认为,95版动画片以人物造型署名的方式,认可了刘某岱的创作对于动画片人物造型的最终完成作出了独创性贡献。

2013年版动画片的片头载明“原造型刘某岱”,亦说明其人物形象未脱离刘某岱创作的原作品,仍然属于对刘某岱创作的原作品的演绎作品。

4. 责任承担方面做好平衡,兼顾公平

在责任承担方面,一审法院充分考虑合理平衡界定原作者、后续作者以及社会公众的利益,首开作出侵权认定但不作“停止侵权”责任承担的先河。认为不宜停止电视剧《大头儿子小头爸爸》的播放,宜采取提高赔偿额的方式作为央视动画公司停止侵权行为的责任替代方式。

二、动画(美术)设计享有在影视作品上署名的权利

《著作权法》并没有直接规定动画(美术)设计人员法定权利的条款,但是理论

研究和实际判例显示,动画(美术)设计有法定的署名权。虽然是否拥有动画形象、美术作品的著作权可能有争议,但是对于动画形象、美术作品的设计人的署名权,目前在法院的判决中倾向于按照法定权利保护。即使是对于《著作权法》制定之前的法人作品,动画设计人员依然有法定的署名权。

41 案·例 谁是"葫芦娃"的"爹"?

——胡某某、吴某某诉某美术电影制片厂著作权权属纠纷①

|当事人|

上诉人(原审原告):胡某某

上诉人(原审原告):吴某某

被上诉人(原审被告):某美术电影制片厂

|基本案情|

胡某某、吴某某是某美术电影制片厂的职工,20世纪80年代,某美术电影制片厂指派胡某某、吴某某担任国产系列动画片《葫芦兄弟》的造型设计,两人共同创作了"葫芦兄弟"角色造型形象。影片的影片目录、每集的完成台本和1996年美影厂出品的葫芦兄弟系列VCD光盘的每集片尾工作人员名单均显示,造型设计:吴某某、胡某某,对该署名自影片创作完成至今双方均无异议,美影厂亦承认胡某某、吴某某对系争造型所作的贡献。胡某某、吴某某认为,"葫芦兄弟"形象作为美术作品可以独立于影片而由作者享有著作权,该美术作品属于一般职务作品,在双方未就著作权进行约定的情况下,"葫芦兄弟"角色造型形象的美术作品著作权应归2人所有。诉至法院请求确认《葫芦兄弟》及其续集《葫芦小金刚》系列剪纸动画电影中"葫芦娃"(葫芦兄弟和金刚葫芦娃)角色形象造型原创美术作品的著作权归胡某某、吴某某所有。

① 上海市第二中级人民法院(2011)沪二中民五(知)终字第62号民事判决书。

法院判决

一审法院判决驳回胡某某、吴某某的诉讼请求。胡某某、吴某某不服，提起上诉。上海市第二中级人民法院二审认为，双方当事人的确没有就系争作品的著作权归属签订书面合同，但这是特定历史条件下的行为，故应深入探究当事人行为时所采取的具体形式及其真实意思表示，在此基础上才能正确判断系争职务作品著作权的归属。针对动画电影的整个创作而言，完成工作任务所创作的成果归属于单位，是符合当时人们的普遍认知的。且双方均认可被上诉人有权对动画电影的角色形象造型进行支配，故从诚信的角度出发，上诉人不应在事后作出相反的意思表示，主张系争角色造型美术作品的著作权。因此，"葫芦娃"形象依法应当认定为"特殊职务作品"，由胡某某、吴某某享有署名权，著作权的其他权利由某美术电影制片厂享有，据此判决驳回上诉，维持原判。

| 案件分析 |

本案涉及动画（美术）设计（造型设计）著作权的认定，法人作品与职务作品、一般职务作品与特殊职务作品的比较和区分等法律问题以及计划经济时代著作权归属的司法政策问题。本案判决综合考虑了作品创作之时的特定历史条件和规章制度以及当事人的具体行为及其真实意思表示等各个层面，认定由单位职工创作的动画角色造型属于"特殊职务作品"，单位享有除署名权之外的著作权。这一方面符合公众对此类作品著作权归属的通常认识，另一方面也维护了文化产业的健康发展。

三、动画（美术）设计如何行使著作权保护自身权利

前述两个案例一定程度上说明了动画设计这一领域著作权的复杂性。开始时期的职务作品和个人作品的冲突，随着技术发展，动画设计更多趋向于高科技、多人共同完成的状态增加了动画设计领域著作权的复杂性。如何保护著作权？只能通过更加细致清晰的合同约定来明确权利减少纠纷。

（一）应当订立书面合同

这在"大头儿子"一案就有明显例证，如果当年央视与作者之间订立了书面合同，就不会有后续的纠纷。

(二)合同中对于署名权和其他著作权权利作出明确规定

公司员工在职务下创作的职务作品,版权归公司还是该员工?

在动画公司就职的动漫设计师所创作的动漫形象,其作品著作权通常还是为该作者所有,但因为该作品属于"职务作品"所以法人及其他的组织有权在其业务范围内优先使用,也就是说,员工创作的"职务作品",公司拥有的只是优先使用权。

公司法人如果想要得到"职务作品"的版权需要以这两个条件补充为前提:其一,在开始作品创作前,公司向作者说明,作者只拥有署名权;其二,创作前说明,著作的其他权利由法人或者其他组织享有,法人或者其他组织可以给予作者奖励。也就是说,在没有以上条件说明下,员工在公司工作期间制作的动漫形象版权,都归该员工所有。

这里说明一下,职务作品与公司外包的区别。公司员工因为与公司签署有劳动合同,所以有义务为公司创造价值。但是创造的这个价值归属权不包括在劳动合同中,所以需要额外补充说明。而公司与第三方签署外包合作协议,则因为合同中本来就有利益价值分配、对产品归属权说明,因此无须再作补充。

(三)明确著作权转让或者授权的具体内容

动画电影乃至所有影视制作过程中,最缺的是投资,所以很多情况下,动画设计人或者主动或者被动成了投资人,动画设计就以其设计的动漫形象作价进行投资。所以出品方与动画设计的《联合投资协议》里面经常会看见这样的写法"原权利方转让动漫形象作价出资××万投入这部动画电影"。这种写法太笼统,作价投资的到底是什么权利,是动漫形象的使用权?还是全部的著作权?这完全是两个概念。如果转让的只是使用权,这部电影只能在有限时间内拍摄、使用动漫形象。如果作者把整个动漫形象的全部著作权投入这个电影里面,那么电影公司就获得了动漫形象的全部著作权,可以全时段、全天候使用了。

(四)明确期限

这也和其他著作权转让合同相同,授权时限很重要。明确转让著作权的期限,转让多长时间内的著作权,意味着被转让人就获得了在多长时间内合法使用该项著作权的权利。

四、动漫形象的合理使用

动漫形象作为美术作品,被侵权的情况可以按照《著作权法》规定来保护权利,著作权认定可以按照是否构成相似的原则进行判断,这里仅着重说明合理使用问题。

按照著作权法的一般原理,在法律明确规定的情况下,可以不经著作权人许可,不向其支付报酬的情况进行合理使用。即可以根据《著作权法》第22条规定的12项使用方式进行使用。而丰富多彩的实践总是能带给立法者、司法者更多的问题,司法实践也只能迎难而上,创造性地解决问题。例如,2016年度上海法院十大知识产权案件之六提出了转化性使用构成合理使用的创新解释。

42 案·例 "葫芦娃""黑猫警长"美术作品的"新型"使用

——上海美术电影制片厂与浙江新影年代文化传播有限公司、华谊兄弟上海影院管理有限公司著作权侵权纠纷①

| 当事人 |

原告:上海美术电影制片厂(以下简称"上海美影厂")

被告:浙江新影年代文化传播有限公司(以下简称"浙江新影年代公司")

被告:华谊兄弟上海影院管理有限公司(以下简称"华谊兄弟公司")

| 基本案情 |

上海美影厂系"葫芦娃""黑猫警长"角色造型美术作品著作权人。浙江新影年代公司为配合电影《80后的独立宣言》上映宣传,制作了被控侵权海报,提供给华谊兄弟公司在其官方微博上使用。该海报内容为:上方2/3的篇幅中突出部分为男女主角人物形象及主演姓名,背景则零散分布着诸多美术形象,包括身着白绿校服的少先队员参加升旗仪式、课堂活动、课余游戏等情景;黑白电视机、落地灯等家电用品;缝纫机、二八式自行车、热水瓶、痰盂等日用品;课桌、铅笔盒等文教用品;铁皮青蛙、陀螺、弹珠等玩具;无花果零食,以及涉案的"葫芦娃""黑猫警长"卡通形象。诸多背景图案与男女主角形象相较,比例显著较小,"葫芦娃""黑猫警长"美术形象与其他背景图案大小基本相同。

① 一审:上海市普陀区人民法院(2014)普民三(知)初字第258号民事判决书;二审:上海知识产权法院(2015)沪知民终字第730号民事判决书。

海报下方1/3的部分为突出的电影名称“‘80后’的独立宣言”以及制片方、摄制公司和演职人员信息等。美影厂向法院起诉称:新影年代公司未经许可,使用“葫芦娃”“黑猫警长”角色形象美术作品,构成对其修改权、复制权、发行权、信息网络传播权的侵犯;华谊兄弟公司的行为,构成对其信息网络传播权的侵犯,并与新影年代公司构成共同侵权。请求法院判令新影年代公司和华谊兄弟公司公开赔礼道歉,消除影响;停止侵犯涉案作品著作权;连带赔偿美影厂经济损失及维权费用。

法院判决

上海市普陀区人民法院认为,“葫芦娃”“黑猫警长”角色形象美术作品属于已经发表的作品;新影年代公司引用他人作品是为了说明某一问题,即涉案电影主角的年龄特征;从被引用作品占整个作品的比例来看,被引用作品作为背景使用,占海报面积较小,且涉案作品的形象并未突出显示,属于适度引用;被控侵权海报的使用也未对美影厂作品的正常使用造成影响,故应当认定新影年代公司在电影海报中对“葫芦娃”“黑猫警长”美术作品的使用属于《著作权法》所规定的合理使用。遂判决驳回美影厂的诉讼请求。一审判决后,美影厂不服,提起上诉。上海知识产权法院认为,涉案电影海报为说明20世纪80年代少年儿童的年代特征这一特殊情况,适当引用当时具有代表性的少儿动画形象“葫芦娃”“黑猫警长”之美术作品,与其他具有当年年代特征的元素一起作为电影海报背景图案,不再是单纯展现涉案作品的艺术美感,其价值和功能已发生转换,且转换性程度较高,属于转换性使用,而且并不影响涉案作品的正常使用,也没有不合理地损害著作权人的合法利益,故构成合理使用。遂判决驳回上诉,维持原判。

| 借鉴意义 |

本案中“葫芦娃”“黑猫警长”角色形象美术作品使用在涉案电影海报中属于转换性使用,即对原作品的使用不是单纯地再现原作品本身的文学、艺术价值,而是通过在新作品中的使用使原作品在被使用过程中具有了新的价值、功能或性质,从而改变了其原先的功能或目的。本案裁判明确了转换性使用属于合理使用的审查判断标准,即在转换性使用的情况下,不影响原作品的正常使用,也没有不合理地损害著作权人合法利益的,构成对原作品的合理使用。

第十一章 作词、作曲的法律地位和法定权利

弄词拨弦三两声，
未出画面先有情。
词曲可分独享权，
要得报酬还署名。

影视艺术博大精深，其中的影视音乐和歌曲可能只占比较小的部分，还有极少数电影没有片头或者片尾曲，但是谁也不能否认，电影音乐在烘托气氛，推动情节展开，调度观众情绪等方面的作用都不可或缺，有些影视歌曲甚至对于影视剧的传播起到很大的作用。作词、作曲作为自然人，依据民法享有生命权、健康权、姓名权、名称权、肖像权、名誉权等权利。在此略述，可参照表演者一章对照分析。本章主要讨论依据《著作权法》作词、作曲享有的法定权利。

以音乐作品是否是专门"定制"来区分，影视剧中使用的音乐作品，分为两种：

一是专门为影视剧写出一个新的专门的音乐作品，其电影音乐的构思、写作都是为这部影片或者影视剧的一个片段来打造的，要符合导演和制片人的要求。比如 87 版电视剧《红楼梦》中的主题曲《枉凝眉》、插曲《葬花吟》《分骨肉》等是著名作曲家王立平呕心沥血创作的，是历时数载专门为电视剧《红楼梦》创作。当然，这些歌曲的作词是《红楼梦》作者曹雪芹。

具体的又可以分为主题曲、插曲、独立乐曲。比如《红楼梦》中《枉凝眉》是主题曲,《分骨肉》是插曲。

二是影视剧使用已有音乐作品。影视剧根据剧情,为表现特定的影片内容、特定的效果、特定的人物或者表现作者的态度等,认为某个已经公开发行的歌曲或者乐曲适合,择入影视作品。如刘若英作为导演拍摄的处女作《后来的我们》,就用了此前她的成名曲《后来》,与电影的内容非常契合。

具体的也可以分为选现成歌曲作为主题曲或者插曲,或者选用已有的乐曲作为影视剧的背景音乐。

此外,还有一种特别的情况,也会涉及词曲作者,是影视剧根据剧情发展的需要使用音乐作品。比如主人公是个歌手,如其所唱歌曲是一个已有的作品,那么也会涉及对该音乐作品的版权问题。比如台湾著名音乐人陈某得因电影《九层妖塔》中使用《迟到》歌曲涉嫌侵权将电影出品方公司告上法庭[①]。这一类情况亦不予讨论,仅就一般情况下的前两类词曲作者的权利进行研究。

第一节 · 作词、作曲依据《著作权法》享有的法定权利

一、依据《著作权法》作词、作曲拥有作者的法定地位

根据《著作权法》第 15 条的规定,[②]作词、作曲具有法定的作者身份。

导演、编剧、摄影和作词、作曲都是作者,权利内涵相同吗?肯定不同。此处的作词、作曲的作者内涵是针对作词、作曲创作出来的独立的音乐作品而言的。根据《著作权法实施条例》的规定,音乐作品是指歌曲、交响乐等能够演唱或者演奏的带词或者不带词的作品。[③] 作词、作曲对自己或者共同为影视剧创作出来的音乐作品享有作者身份和法定的著作权。

---

① 《陈彼得诉〈九层妖塔〉侵权案胜诉　被告赔偿 30 万并道歉》,载搜狐娱乐:2018 年 4 月 15 日:https://www.sohu.com/a/229423464_114941,最后访问日期:2020 年 3 月 26 日。

② 《中华人民共和国著作权法》第 15 条规定,"电影作品和以类似摄制电影的方法创作的作品的著作权由制片者享有,但编剧、导演、摄影、作词、作曲等作者享有署名权,并有权按照与制片者签订的合同获得报酬……"

③ 《中华人民共和国著作权法实施条例》(2002 年 8 月 2 日中华人民共和国国务院令第 359 号公布,2011 年、2013 年两次修订)第 4 条第 3 项。

二、依据《著作权法》作词、作曲享有法定署名权和获得报酬权

根据《著作权法》第 15 条的规定，作词、作曲不仅是电影的作者，还明确享有署名权，并按照与制片者的合同获得报酬。电影电视歌曲的词作者和曲作者一样都享有独立的法定的署名权。

43 案·例 编曲、作曲：一字之差差千里

——宁某诉中影公司等著作权侵权纠纷①

| 当事人 |

上诉人(原审原告)：宁某

被上诉人(原审被告)：中影公司

被上诉人(原审被告)：华亿影视

被上诉人(原审被告)：英国某影视公司

被上诉人(原审被告)：某省发行公司

被上诉人(原审被告)：某唱片公司

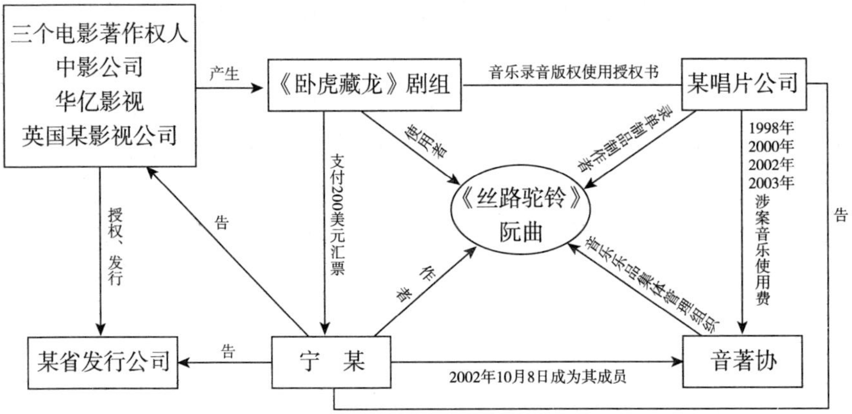

图 11－1 案件结构

① 一审：广州市中级人民法院(2001)穗中法知初字第 191 号民事判决书；二审：广东省高级人民法院(2006)粤高法民三终字第 244 号民事判决书。

| 基本案情 |

《丝路驼铃》阮曲音乐是宁某1982年在中国音乐学院毕业时创作的作品,该曲完整演奏时间约8分钟。1985年陕西音像出版社首次出版的盒带《中国民族乐曲精选》收录了由宁某作曲的《丝路驼铃》,署名为"宁某作曲",演奏时长为8分11秒。1986年西安音乐学院学报《交响》的1986年第1期收录了《丝路驼铃》线谱,署名"宁某"。1988年6月人民音乐出版社出版的《阮曲集》收录了《丝路驼铃》简谱,署名为"宁某曲"。

某唱片公司1994年录制出版的《中国中阮名家名曲》CD中收录了《丝路驼铃》等8首音乐,该CD目录中对于《丝路驼铃》署名为"宁某编曲、刘某演奏"。某唱片公司分别于1998年、2000年、2002年、2003年向中国音乐著作权协会交付了上述包括《丝路驼铃》在内的8首音乐的使用费,共2815元。

影片《卧虎藏龙》的VCD封面上标注:"联合出品:中影公司、华亿影视、英国某影视公司。"影片《卧虎藏龙》中玉娇龙与罗小虎沙漠打斗追抢梳子一段使用了著作权人为宁某的《丝路驼铃》阮曲音乐,时长2分18秒。国内版VCD片尾字幕无注明"《丝路驼铃》""作曲:宁某""演奏:刘某"等字样。制片方之一中影公司对此予以确认。影片《卧虎藏龙》海外版VCD片尾字幕注明"丝路驼铃、新疆民歌、编曲:宁某,演奏:刘某"。

《卧虎藏龙》剧组工作人员于2000年4月13日开始与某唱片公司洽谈《丝路驼铃》的许可使用问题。某唱片公司的2000年4月18日回复传真内容如下:关于《丝路驼铃》,是宁某先生根据新疆地区的民歌素材创作而成的,而非根据哪一首确定的新疆民歌改编,因此,我觉得不注明新疆民歌为好,只要直接写"编曲:宁某"即可。

2000年6月5日,某唱片公司就《丝路驼铃》部分录音(2分18秒)向中影公司出具涉案音乐录音版权的使用授权书,6月10日,双方正式签订涉案音乐录音版权许可使用协议书约定:(1)《卧虎藏龙》剧组(乙方)向某唱片公司(甲方)购买《丝路驼铃》录音(长度2分18秒)的使用权……(2)购买使用费为400美元……(4)乙方直接向该曲作者宁某、演奏者刘某各支付酬劳200美元……

中影公司等(甲方)与广东省中影公司(乙方)于2000年10月19日在广州签订关于《卧虎藏龙》的《国产影片票房分账发行放映合同》,约定该片的放映日期为2000年10月20日至12月17日,后补充延长为2001年2月23日至4月30日。

《卧虎藏龙》剧组工作人员于2000年5月31日向《丝路驼铃》演奏者刘某邮寄了两张200美元汇票,并请刘某将使用费转交给曲作者宁某。刘某未能及时将该汇票转寄给宁某导致汇票失效。2001年4月17日,宁某又收到一张面额为200美元的汇票,该汇票没有附带任何说明。本案关系结构见图11-1。

原告宁某于2002年10月8日与中国音乐著作权协会签订音乐著作权合同,正式加入中国音乐著作权协会,成为其会员。

| 原告诉称 |

2001年12月3日,宁某向法院起诉,认为中影公司、华亿影视公司及英国某影视公司制作影片《卧虎藏龙》未经许可使用其音乐作品《丝路驼铃》,侵犯了其使用权、许可权、修改权、保护作品完整权、署名权,侵权其名誉权(后当庭撤回该诉讼请求);某唱片公司擅自出版发行含有《丝路驼铃》的盒带和CD构成侵权,同时侵犯其署名权;广东省中影公司播放侵权影片构成侵权。请求判令:(1)上述5公司侵犯其著作权,应当在《广州日报》等报纸上赔礼道歉,消除影响;(2)5公司立即停止进一步侵权,中影公司、华亿影视公司、英国某影视公司立即停止《卧虎藏龙》的商业放映、发行和使用许可、转让;(3)5公司连带支付其著作权使用及赔偿费128万元(其中使用费50万元,经济损失38万元,精神赔偿40万元);(4)5公司承担案件诉讼费。

法院判决

一审判决:

1.被告某唱片公司停止侵害原告宁某《丝路驼铃》阮曲署名权,在再版收录有该曲的任何载体的制品时将署名纠正为"宁某作曲";

2.被告某唱片公司赔偿原告人民币1万元;

3.被告中影公司、华亿影视、英国某影视公司停止侵害原告宁某《丝路驼铃》阮曲署名权,再以任何形式再版电影《卧虎藏龙》时应当署名"宁某作曲",并将"宁某编曲"纠正为"宁某作曲";

4.被告某唱片公司、中影公司、华亿影视、英国某影视公司在本判决发生法律效力之日起10日内,在《广州日报》上刊登向原告宁某赔礼道歉的声明,声明内容须经本院审核同意;

5.被告中影公司、华亿影视、英国某影视公司赔偿原告为本案诉讼支出的合理费用2万元;

6.驳回原告宁某的其他诉讼请求。

二审判决：

1.维持广州市中级人民法院(2001)穗中法知初字第191号民事判决结果；

2.中影公司、华亿影视、英国某影视公司酌情赔偿宁某经济损失人民币2万元。

| 案件分析 |

《卧虎藏龙》(以下简称《卧》)著作权人应为“中影公司、华亿影视、英国某影视公司”(以下简称《卧》三电影著作权人)。本案涉及的行为均发生在2001年10月27日之前,故适用修改前的《著作权法》和修改前的其他法律法规。

本案从内容上涉及作曲、录音录像制品、电影等著作权,从主体上涵盖电影出品单位、录音制品制作公司、电影放映公司等主体,法律关系复杂,法院判决论理充分,细致论证了5个三类被告是否侵权的问题,这里归纳整理择要述之,并对两审判决差异重点论述。

1. 本案被告“《卧》片”三个电影著作权人的行为是否构成对原告“《丝路驼铃》曲”(以下简称《丝》曲)著作权的侵犯？是否承担责任？

(1)被告“《卧》片”三个电影著作权人未经原告同意使用“《丝》曲”的行为是否构成侵权？

答:一审认为三被告使用“《丝》曲”使用方式不是《著作权法》意义上的“摄制电影”,使用行为属于法定许可范畴,不构成侵权,并履行了支付报酬义务,未侵犯原告获得报酬权。

二审认为《卧虎藏龙》使用《丝路驼铃》属于以摄制电影的方式使用他人作品。

1991年《著作权法实施条例》第5条第7项规定,摄制电影使用作品是指以拍摄电影方式首次将作品固定在一定的载体上。该“首次”是强调把作品第一次用于摄制电影的方式使用,用以区别以后的复制、发行行为。影片《卧》使用讼争音乐作品的状况是:节选宁某已经发表并制作成音乐制品的《丝》曲中2分55秒的内容,缩节为2分18秒作为影片背景音乐,把宁某表现沙漠驼队坚忍不拔精神的《丝》曲,用于影片女主人公玉娇龙愤然与匪首罗小虎激烈打斗的场景,烘托了玉娇龙倔强坚韧的性格。被节选的《丝》曲经过具有创造性的技术处理,被赋予了适合剧情的新内涵,成为影片一个有机的组成部分。这种使用音乐作品的方式不是对已制作的音乐制品进行简单的复制,符合以拍摄电影方式首次将作品固定在一定载体上的特征，属于以摄制电影方式使用作品，根据1990年《著作权法》第10条之规定，应当征得著作权人许可，并支付报酬。《卧》制片者未取得《丝》曲著作权人许可即使用作品，依据上述《著作权法》第45条第5项之规定，侵犯了宁某的音乐作品著作权，应当依法承担民事责任。原审法院认定《卧》将《丝》曲使用在电影作品中，却根据上述《著作权法》第39条的规定认为这种使用是被许可复制发行的录音制作者使用已制作的录音制品的行为，无须经过原作者的同意，只需支付报酬，混淆了被许可复制发行的录音制作者与电影制片者使用音乐作品在载体、表现形式上的区别，免除了电影制片者应履行的征得著作权人许可的法律义务，这不符合《著作权法》的规定，本院不予认可。根据广播影视行政主管部门的批复，在影片中使用少量音乐作品，应征得原作者的同意，并支付相应的报酬，也印证了《卧》对《丝》曲的使用不属于被许可复制发行的录音制作者使用已制作的录音制品的情形，否则无须征得原作者的同意。

(2)被告"《卧》片"三个电影著作权人是否构成对原告保护作品完整权的侵犯？

答：不构成侵犯原告保护作品完整权。

根据1990年《著作权法》第10条第4项之规定，保护作品完整权是指保护作品不受歪曲、篡改的权利。本案中制片人对音乐作品使用时虽然进行了缩节性的技术处理，但这只是为了适应剧情节奏的改编，主观上没有歪曲、篡改原作者创作思想的故意，客观上也没有给作者及作品的声誉造成损害，没有侵犯著作权人的保护作品完整权。

(3)被告"《卧》片"三个电影著作权人是否构成对原告署名权的侵犯？

答：本案"《卧》片"三个电影著作权人在片尾的署名行为构成对原告署名权的侵犯。应当承担民事责任。

"《卧》片"电影海外版VCD片尾字幕注明"丝路驼铃、新疆民歌、编曲：宁某，演奏：刘某"。电影著作权人在海外版电影片尾中的署名"编曲：宁某"之前还加上"新疆民歌"，这样的署名方式较被告某唱片公司的署名方式更加贬低了原告的作者地位，是某唱片公司对原告署名权侵犯的延续和升级，且三个电影著作权人在某唱片公司在传真中确认"《丝》曲"是原告所创作后，对此未予修改，应承担相应责任。

制片方在"《卧》片"国内版片尾中没有署上原告名字及"《丝》曲"的曲名，显然侵犯了原告的署名权。依法应当承担停止侵害、赔礼道歉、消除影响的民事责任。

2. 被告广影公司的行为是否构成侵权？是否承担责任？

答：被告广影公司发行"《卧》片"的行为是经合法授权且符合法律规定，不构成侵权。

"《卧》片"于2000年5月16日获得由广播电视行政管理部门颁发的电审故字〔2000〕第006号电影片公映许可证，发行范围为"国内外发行"，可以公开发行。"《卧》

片”著作权人授权北京某影视发行公司国内发行代理权，其后该公司与广影公司签订的“《卧》片”在广东省地区发行、放映的授权合同，广影公司是被授权在广东省地区发行、放映该片。根据广影公司与著作权人所签的合同，“《卧》片”的发行期到2001年4月30日已届满，广影公司也终止了发行。

3. 被告某唱片公司的行为是否构成对原告著作权的侵犯？是否承担责任？

(1)被告某唱片公司使用“《丝》曲”的行为是否构成侵权？履行是否有瑕疵，是否承担责任？

答：属于法定许可，未侵犯原告著作权，但履行过程有瑕疵，侵犯了原告获得报酬权，应当承担民事责任。

某唱片公司从1994年开始出版、发行《中国中阮名家名曲》盒带、CD，其中收录了《丝路驼铃》等8首音乐，某唱片公司分别于1998年、2000年、2002年、2003年向音乐著作权协会交付了上述8首音乐的使用费，共2815元。该出版行为始于1994年，应适用1990年《著作权法》第37条之规定“使用他人已发表的作品制作录音制品，可以不经著作权人许可，但应当按照规定支付报酬”。又因为1991年《著作权法实施条例》第49条规定：“根据著作权法……第三十七条第一款……使用他人已经发表的作品，应当向著作权人支付报酬。著作权人或者著作权人地址不明的，应在一个月内将报酬寄送国家版权局指定的机构，由该机构转递著作权人”。由于某唱片公司1994年出版使用原告的音乐，1998年才向指定机构付款，违反当时法律法规的规定；且原告宁某直至2002年才成为音著协的会员，被告某唱片公司未能按照当时法律法规规定及时向著作权人或国家指定的机构向权利人支付报酬，其行为侵犯了原告依法享有的获得报酬权，至于某唱片公司于1998年之后向音乐著作权协会支付的部分，应当由某唱片公司另行解决。对于上述侵权行为，某唱片公司应当依法承担赔偿损失的民事责任。

(2)被告某唱片公司是否侵犯宁某的署名权？承担民事责任？

答：构成侵权，应当承担民事责任。

被告某唱片公司在其出版物上将“《丝》曲”写成“编曲：宁某”是不对的。虽然“编”在汉语中系多义字，也有“创作”之意，但其在某一特定领域被特定化后，即在固定环境中只有特定的含义。在音乐创作领域，作曲主要指主(伴)唱旋律创意及写作。编曲主要指配器、编写和弦及和声等；作曲的创作地位要比编曲高。被告某唱片公司作为一个专业的音像制品出版者，对此应该十分清楚，某唱片公司虽承认“《丝》曲”是原告创作，却把原告写成“编曲”，其行为构成对原告署名权的侵犯，且其行为也导致了“《卧》片”电影制片方在出版、发行的海外版电影VCD时对原告署名权的侵犯。依法应当承担停止侵害、赔礼道歉、消除影响的民事责任。

(3)被告某唱片公司的许可他人使用“《丝》曲”录音制品行为是否构成对原告著作权的侵犯?

答:不构成侵权。

按照1990年《著作权法》第37条、第39条规定,录制者享有录音制品的版权,可以依法许可他人复制、发行并获得报酬,故某唱片公司的许可他人使用“《丝》曲”录音制品的行为不构成对原告著作权的侵犯。

第二节·作词、作曲分别享有独立著作权

我国《著作权法》第15条第2款规定:“电影作品和以类似电影的方法创作的作品中的剧本、音乐等可以单独使用的作品的作者有权单独行使其著作权。”法条中的“单独行使”不只是剧本、音乐的单独行使,还包括音乐作品中歌词和曲子的单独行使。

已经创作的影视剧歌曲的歌词和曲是协调一致,合成一个作品,但同时要注意到,歌曲其中的歌词和曲子是可以单独使用的。比如歌词本身一般是诗歌,可以吟咏、朗诵;曲子也可以自成旋律,做舞曲,琴曲等,因此,歌词和歌曲都是独立的作品,都享有独立的著作权。

44 案·例 曲作者同意,未经词作者授权也不得使用歌曲

——沙某某等与陈某著作权纠纷①

|当事人|

上诉人(原审被告):沙某某

上诉人(原审被告):北京某现代文化有限公司(以下简称“现代文化”)

① 一审:北京市朝阳区人民法院(2003)朝民初字第23918号民事判决;二审:北京市第二中级人民法院(2004)二中民终字第1923号民事判决书。

被上诉人(原审原告):陈某

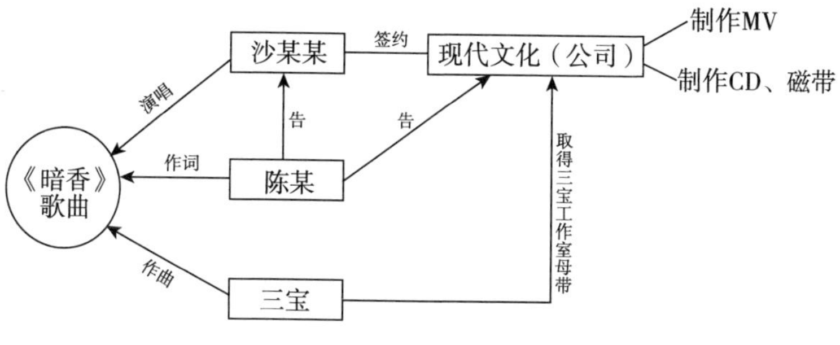

图 11-2 案件结构

|基本案情|

陈某于2002年5月接受口头委托,为电视连续剧《金粉世家》的主题歌《暗香》填词。三宝音乐工作室录制了陈某作词、三宝作曲、沙某某演唱的歌曲《暗香》,并将其用作电视连续剧主题歌。

沙某某是现代文化的签约歌手。2003年4月前,现代文化制作了歌曲《暗香》MV,其中的音乐部分直接复制了三宝音乐工作室录制的歌曲《暗香》,画面为演唱者沙某某。此后,现代文化制作了《沙某某》歌曲CD专辑和同名磁带,其中收录了三宝音乐工作室录制的歌曲《暗香》,在CD和磁带中附带的彩页上印有《暗香》的歌词,该CD和磁带由案外人国际文化交流音像出版社出版、星文文化传播有限公司发行。2003年5月至8月,CD专辑的发行总量为57,087张、磁带的发行总量为43,116盒。就使用歌曲《暗香》制作MV、歌曲专辑CD及磁带的行为,现代文化未曾取得陈某的许可,亦未向陈某支付报酬。

2003年9月27日,沙某某在金鹰节上演唱了陈某作词的歌曲《暗香》;2003年10月18日,沙某某在服装节上再次演唱了陈某作词的歌曲《暗香》。

电视连续剧《金粉世家》《沙某某》歌曲专辑CD和同名磁带,以及《暗香》MV上,歌曲《暗香》的署名均为"作词陈某"。案件结构见图11-2。

|诉辩分歧|

陈某诉称,沙某某和现代文化使用《暗香》制作《沙某某》歌曲专辑CD、磁带、MV,沙某某在一些艺术节开幕式上演唱歌曲《暗香》,均未经其许可也未支付报酬的行为侵犯了自己的著作权和表演权,请求判令沙某某立即停止侵权行为,未经许可不得再演唱其作词的歌曲《暗香》;现代文化立即停止侵权行为,停止销售收录歌曲《暗香》的CD专辑《沙某某》及同名磁带;沙某某和现代文化共同赔偿经济损失20万元。

原审被告沙某某与现代文化答辩:歌曲《暗香》是一个词曲不可分割的音乐作品,陈某将歌词作为单独部分主张著作权,前后矛盾;陈某是接受电视剧组委托创作歌词,其本人不享有歌词的著作权;现代文化从三宝音乐工作室取得歌曲《暗香》的母带,汇制成专辑CD和磁带,并与案外人合作拍摄合成《暗香》MV,没有另组织沙某某进行演唱及录制。

另外,沙某某主张,在金鹰节与服装节上演唱歌曲,征得作者许可及支付报酬的责任应由演出组织者承担。沙某某是现代文化的签约歌手,制作CD、MV和磁带均是现代文化组织与安排的,沙某某不应对此承担责任。

法院判决

一审法院认定陈某对《暗香》歌词享有著作权。沙某某在艺术节演唱歌曲《暗香》的表演行为侵犯了陈某所享有的表演权。判决如下:(1)未经陈某许可,沙某某不得表演陈某作词的歌曲《暗香》;(2)未经陈某许可,现代文化不得使用陈某作词的歌曲《暗香》;(3)沙某某就其在第四届中国金鹰电视艺术节开幕式和第七届宁波国际服装节开幕式上的表演行为赔偿陈某经济损失7万元;(4)现代文化就制作《暗香》MV的行为赔偿陈某经济损失3万元;(5)沙某某对上述第四项承担连带责任;(6)现代文化就制作《沙某某》CD专辑和同名磁带的行为赔偿陈某经济损失4万元;(7)驳回陈某的其他诉讼请求。

沙某某和现代文化均不服一审判决,提起上诉。

二审判决:

1.维持一审判决第二项,即未经陈某许可,现代文化不得使用陈某作词的歌曲《暗香》;

2.撤销一审判决第一、三、四、五、六、七项;

3.现代文化就制作《暗香》MV的行为赔偿陈某经济损失人民币4000元;

4.现代文化就制作《沙某某》CD专辑和同名磁带的行为赔偿陈某经济损失人民币8000元;

5.驳回陈某的其他诉讼请求。

| 案件分析 |

1. 陈某是否享有著作权,可否独立行使著作权?

答:这是诉权问题,即原告是否适格。只有陈某享有著作权,并可以依法独立行使著作权,才能够成为合适的原告,否则这个诉讼无从谈起。

回答这个问题,包含两个层次,一是词作者是否具有单独著作权?前已述及,不再赘述,直接写出结论:歌曲《暗香》由词、曲两部分组成,词、曲作者对各自创作的部分分别享有著作权,在表现形式上,歌曲的词、曲亦可以单独使用。词作者可以单独行使其著作权。

二是本案中陈某的作品是委托作品,是否具有著作权?我国《著作权法》规定,受委托创作的作品,著作权的归属由委托人和受托人通过合同约定,合同未作明确约定或者没有订立合同的,著作权属于受托人。本案中陈某受他人委托创作了《暗香》歌词,在其未与委托人约定著作权归属的情况下,作品的著作权属于陈某。依据现有证据,电视连续剧《金粉世家》《沙某某》歌曲专辑 CD 和同名磁带中,歌曲《暗香》的署名均为“作词陈某”,由此可以确认,陈某是歌曲《暗香》的词作者,其依法享有的著作权受法律保护。

2. 现代文化收入《暗香》歌曲制作《沙某某》歌曲专辑 CD、磁带的行为是否侵权?是否应当承担民事责任?

(1) 制作行为事先未取得词作者许可,是否侵权?有什么责任?

答:属于法定许可,不侵权,但要支付报酬。

根据《著作权法》第 40 条第 3 款规定:“录音制作者使用他人已经合法录制为录音制品的音乐作品制作录音制品,可以不经著作权人许可,但应当按照规定支付报酬;著作权人声明不许使用的不得使用。”

现代文化制作《沙某某》音乐专辑,制作《沙某某》歌曲 CD 专辑和同名磁带,其中收录了三宝音乐工作室录制的歌曲《暗香》,这属于利用合法录音作品制作录音制品的行为,并且取得录音制作者三宝音乐工作室的授权。三宝音乐工作室是合法制作的《暗香》母带,并且拥有著作权。因此根据《著作权法》规定,现代文化的上述行为是可以不经词作者陈某许可的,但需要支付报酬。

(2) 制作行为还是否有其他侵权行为?侵犯什么权利?

答:现代文化在其制作的《沙某某》歌曲专辑 CD 和同名磁带附带的彩页上印有《暗香》歌词,该行为未取得陈某的许可,亦未支付报酬,侵害了陈某享有的复制权和获得报酬权。

3. 现代文化利用《暗香》母带制作《沙某某》歌曲 MV 的行为是否侵权？

答：侵权，应当承担民事责任。

现代文化使用《暗香》母带制作《暗香》MV 不属于上一条情况，MV 是录音制品以外的影视动画作品，虽然其中的音乐部分是直接复制了三宝音乐工作室录制的歌曲《暗香》，但是有了演唱者沙某某的画面，因此不能使用《著作权法》第 40 条免责，不能免除现代文化须征得词作者许可并支付报酬的法律责任。制作《暗香》MV 需要征得词、曲作者的同意。

4. 沙某某是否应当承担责任？

答：不应当承担侵权责任。

现代文化系《暗香》MV 的制作人，沙某某作为现代文化的签约歌手，接受该公司工作安排参加《暗香》MV 的表演，其不应对《暗香》MV 造成侵害他人著作权的后果承担法律责任。

我国《著作权法》第 37 条规定，“演出组织者组织演出，由该组织者取得著作权人许可，并支付报酬”。演出组织者的组织表演行为与被表演作品的著作权人具有直接的利害关系。本案中，沙某某虽在案外人组织的金鹰节、服装节上演唱了陈某作词的歌曲《暗香》，但就该表演行为征得著作权人许可的责任在于涉案演出的组织单位。因此，沙某某不应当承担侵权责任。

第十二章 表演者的法律地位和法定权利

表演露脸出名早，
邻接权利尚待考。
镁光灯下凝关注，
人身权利最纷扰。

影视演员是影视作品的“脸面”，也因此是影视作品中最容易被公众熟知的人，很多观众，对于熟悉的影视作品，最耳熟能详的就是演员，这是电影作为表演艺术的特点决定的。

选择不同的演员对一部影片会有很大不同，电影评论有时会说某演员成就了某部电影。比如张艺谋2014年导演的作品剧情文艺片《归来》，其剧本取材自严歌苓小说《陆犯焉识》，由编剧邹静之操刀改编，由陈道明和巩俐出演男女主角。电影舍弃了原著大部分的情节，仅截取其中陆焉识潜回家乡的故事加以发挥。大量删除原著情节，使电影具备了简而又简的极简主义风格。有限的情节高度集中，在高密度的凝练中，“归来”的意象被反复渲染和叠加。因此特别考验男女主角表演功力，大面积的近景和特写，脸部描写、身体细微动作的特写等。两位主演也的确能将情绪的细微变化展示出来，同时又能做到相当内敛。女主角巩俐凭借此片获得第十二届长春电影节最佳女主角奖。

判词中所说的“权利尚待考”是说随着时代的发展变迁,演员有了更多的权利,并且可能会有更多的权利,关于演员权利在国外立法中也有发展变化,比如演员的二次获酬权。

第一节·表演者依据《著作权法》享有的法定权利

演员,在《著作权法》理论中称为“表演者”,与其他著作权人不同的是其享有的权利叫作“表演者权”,属于《著作权法》理论中邻接权的范畴。

表演者权,即防止未经其同意而固定、直接播放或者公众传播其表演的权利。[①]

根据《著作权法》规定,[②]表演者对其表演享有下列权利:

(1)表明表演者身份;

(2)保护表演形象不受歪曲;

(3)许可他人从现场直播和公开传送其现场表演,并获得报酬;

(4)许可他人录音录像,并获得报酬;

(5)许可他人复制、发行录有其表演的录音录像制品,并获得报酬;

(6)许可他人通过信息网络向公众传播其表演,并获得报酬。

被许可人以前款第3项至第6项规定的方式使用作品,还应当取得著作权人许可,并支付报酬。

下面结合影视剧演员的特点,对影视剧表演的权利进行论述。

一、影视表演者的著作权人身权利

(一)表明身份

即影视演员对其表演所享有的表示姓名的权利,类同于著作权人所享有的署名权。根据影视作品的特点,通常有如下两种形式:(1)在影视剧的字幕上显示演员的名字;(2)在电影海报,广告、影视剧宣传品上标明演员的名字。

---

① 世界知识产权组织编:《著作权与邻接权法律术语汇编》,刘波林译,北京大学出版社2007年版,第164页。

② 《著作权法》(1990年9月7日第七届全国人民代表大会常务委员第十五次会议通过,2001年第一次修正、2010年第二次修正)第38条。

是不是所有演员都可以把名字署在影视作品的片头或者片尾显著位置？比如某演员要求自己的名字在电影银幕上显示时单独一帧。那么问题就来了，名演员的权利可能保护力度大一些，但是一般演员乃至十八线的演员权利如何保障？

目前确实存在一些普通演员话语权少，权利得不到很好保护的情况，但是也只能通过市场方式解决，就是通过表演者与制片方之间签订的合同明确自己的权利义务，不同知名度的演员根据自己的情况和能力与制片方订立符合实际的合同。

（二）保护表演形象不受歪曲

表演形象是由表演者所表现的艺术作品中的人物形象，不同于表演者日常生活中本来形象。前者是著作邻接权，后者是公民肖像权问题。由于表演者所塑造的艺术形象，相当于他创造的作品，二者有密切的联系。表演者就表演形象享有的权利，亦应有人身利益的因素，法律保护表演者经过创造性的活动所塑造的人物形象具有不受歪曲的权利。这是因为，一旦表演形象被固定下来，当人们对这种固定下来的形象再次利用的时候，就存在被歪曲利用的可能性，如果将歪曲了的表演形象进行传播和利用，就侵犯了表演者的人身权利。而且歪曲的形式是多种多样的，有些并不直接歪曲表演形象，而是将该形象与原作割裂开来以后，放入另一种环境下重新组合作歪曲的利用，这也应认为是侵犯表演者的人身权利。①

二、影视表演者的著作权财产权利

《著作权法》第 38 条规定的第 3 项到第 6 项的法定财产权利，对于歌唱、音乐、舞蹈、演讲、朗诵等演员而言，是其行使财产权利的基本形式，但对于影视演员却是行使财产权利的特殊形式。就是说，只是在少数情况下，影视演员才需要独立地按照这 4 项权利形式来主张自己的财产权利。那么影视演员行使财产权利的一般形式是什么样的呢？

影视演员的财产权利一般都“一揽子”给了出品单位，由出品单位作为完全拥有这些权利的著作权人与第三方之间转让或许可著作权。演员自己或者通过其经纪公司与出品单位签订演员合同，一次性将许可他人录音录像、复制发行其表演等权利统统地让渡给出品单位，出品单位也不去细分是影视演员的哪种财产权利产生什么效益，就直接“一揽子”以演员酬劳方式作为这些权利的对价，按照合同付给

---

① 刘春田主编：《知识产权法》（第 3 版），中国人民大学出版社 2007 年版，第 136 页。

演员。这是电影、电视剧著作权特点决定的。影视作品作为一个整体的作品,演员的表演一般不能脱离开电影、电视剧中的角色本身而独立存在,因此虽然同是演员这个行当,与歌唱、小品演员相比,影视剧演员的财产权利实现方式与之有重大区别。

当然,如果这个演员"腕儿"已经足够大,已经有了可以和出品公司谈判的资本,那么他也可以在签订演员合同时,细分出这 4 项权利,一项一项地"卖"出去。可以与出品单位、发行单位等公司单独签订合同。理论上讲这么做是完全可以的,实践中确实不多。

以下三节内容将讨论表演者如何依据民法保护法定民事权利,由于肖像权侵权诉讼最多,因此单列一节。

第二节 · 表演者生命身体健康权、姓名权保护

演员作为自然人,是一个独立的民事主体,应当享有全部的法定民事权利。《民法总则》第 110 条规定:"自然人享有生命权、身体权、健康权、姓名权、肖像权、名誉权、荣誉权、隐私权、婚姻自主权等权利。……"作为自然人的导演、编剧、制片人、摄影等人与演员一样,没有差别地享有《民法总则》第 110 条规定的所有法定权利,各位影视圈人物可以借鉴本章相关权利论述来维护各自民事人身权和人格权。

在一定程度和一定范围内,演员是公众人物,许多杂志、影视报道的版面都是以登载演员的相关情况来充实版面,很多电视、网络节目尤其综艺类节目都是靠演员来支撑的。这就构成了演员和影视界其他参与人员的差别。由于曝光率高,被侵权的情况也最多,尤其是侵犯影视演员的姓名权、肖像权、名誉权的案件在影视诉讼中有一定的比重。这也是本书选取演员作为"麻雀"解剖开来研究民事法定权利的原因。

一、生命身体健康权——最基本的民事权利

生命权、身体权、健康权是自然人最基本最重要的民事权利,法律首先要保护好演员这 3 项权利。

45 案·例 群众演员演完之后离去时受伤，用人单位要负责

——某电影集团有限公司诉姜某人身损害赔偿纠纷二审案①

| 当事人 |

上诉人(原审被告)：某电影集团有限责任公司

被上诉人(原审原告)：姜某

| 基本案情 |

2009年8月3日，姜某作为群众演员参加某电影集团组织拍摄的《火车一响》的摄制工作。姜某在剧中临时饰演一名旅客，在参加拍摄结束后，从火车上跳下时摔伤。于当日入住抚松县中医院住院治疗68天，住院期间花销医疗费3473.15元，住院期间为二级护理。姜某出院后于2009年11月24日委托吉林抚平司法鉴定所对其伤残等级进行鉴定，吉林抚平司法鉴定所鉴定姜某因腰背部摔伤后致第12胸椎压缩性骨折，属九级伤残。后经某电影集团申请，白山市中级人民法院委托吉林大众司法鉴定所重新对姜某的伤残等级进行鉴定，吉林大众司法鉴定所于2010年7月19日鉴定姜某伤残等级为九级伤残。

| 诉辩分歧 |

一审原告姜某要求某电影集团赔偿医药费、住院补助费、护理费、误工费、伤残补助、精神抚慰金，总计83,469.43元。

一审被告某电影集团辩称，姜某应对自己的行为承担全部责任，姜某系成年人，有完全清楚的判断能力，明知从火车上跳下有危险，却放任自己的跳车行为，应对自己的行为承担全部责任。造成姜某人身损害，某电影集团没有任何过错，不应承担责任，姜某主张的精神抚慰金不予认可。

① 一审：吉林省抚松县人民法院(2010)抚民一初字第26号民事判决书；二审：吉林省白山市中级人民法院(2010)白山民一终字第463号民事判决书。

法院判决

一审法院认为，公民的生命权、身体权受法律保护。判决被告某电影集团赔偿原告姜某医疗费、残疾赔偿金、护理费、误工费、住院伙食补助费，共计65,730.79元。

一审之后，长影集团不服上诉，二审驳回上诉，维持原判。

| 案件分析 |

案件核心争议是确定某电影集团对原告受伤是否有赔偿责任。

依据最高人民法院《关于审理人身损害赔偿案件适用法律若干问题的解释》第11条规定，“雇员在从事雇佣活动中遭受人身损害，雇主应当承担赔偿责任”。雇佣关系存在与否，是雇主责任的基础。雇佣法律关系，是指雇员利用雇主提供的条件，在雇主的指示下、监督下，为雇主提供劳务，并由雇主提供劳动报酬的法律关系。在本案中，姜某作为群众演员参加某电影集团组织的电视剧拍摄并由该公司发放报酬，事实上形成了雇佣关系。而姜某在拍摄结束后起身离开拍摄地点即跳下火车时摔伤，虽其跳车行为发生在拍摄结束之后，但行为发生在雇佣关系期间且行为本身在客观上与履行职务有内在联系，某电影集团作为雇主应当承担赔偿责任。

46 案·例 演员因病影响拍摄档期，可否免责？

——温某某诉某电影制片厂、广东某影视娱乐发展有限公司演出合同纠纷上诉案①

| 当事人 |

原告（反诉被告）：温某某

被告（反诉原告）：某电影制片厂

被告（反诉原告）：广东某影视娱乐发展有限公司（以下简称“广东影视”）

① 北京市第二中级人民法院（2000）二中民初第287号民事判决书。

|基本案情|

1999年9月20日,广东影视(甲方)与某电影制片厂(乙方)签订《关于联合摄制〈别无选择〉的合同书》,约定双方联合摄制30集电视剧《别无选择》;甲方全额投资,并负责组建摄制组,在摄制过程中摄制组与第三者发生经济、版权等纠纷,乙方不承担责任,均由甲方负责处理;乙方负责剧本的送审及报批工作等。此后双方成立“某电影制片厂·广东影视《别无选择》摄制组”(以下简称摄制组)。1999年11月8日,摄制组与温某某签订《30集电视连续剧〈别无选择〉演职人员合约》。该合约主要内容为:摄制组聘请温某某担任该剧中演员程某一职;合约期自1999年10月25日至2000年2月29日,共计4个月;酬金为每集人民币5万元(不含税),共计150万元,分3期支付,即签约时支付订金50万元,合约生效后第60天(1999年12月25日)支付50万元,另50万元于演员在该剧之戏份拍摄结束前14天支付。

依据双方签订的合约,温某某参加了该剧前10集的拍摄后,1999年12月7日因感身体不适请假一天未参加拍摄,并于次日到北京天坛医院就诊,该院出具的诊断证明书上的诊断及建议为:“××××休息两周”。当日,温某某委托助理将该诊断证明书交给摄制组制片主任李某某。李某某告知导演,温某某将休病假不能参加拍摄。导演将拍摄进度予以调整。温某某自1999年12月9日至22日休病假未参加拍摄。1999年12月21日,摄制组委托法律顾问向温某某发出律师函,以温某某在合同期内的拍摄期间,于12月7日请假至今未回长达15天,由于其不合作,给摄制组带来很大经济损失,通知其从即日起解除双方签订的合约,并保留要求赔偿损失的权利。此后,摄制组未再向温某某支付片酬。现该剧已摄制完成。

|诉辩分歧|

温某某诉称,摄制组支付了第一期订金50万元,我依约参加了《别无选择》前10集拍摄。由于在拍摄过程中劳累过度,我到医院就诊,医生开具了须休息2周的诊断证明。我将病假条交给剧组制片主任并征得导演陈某德批准后休息。然而在我休病假期间,摄制组未与我协商即向我发出解除合约通知函。其擅自解除合约的行为已构成违约,故要求广东影视公司、某电影制片厂赔偿给我造成的经济损失即合约履行后的可得利益人民币100万元。

某电影制片厂辩称,我厂与广东影视签订了《关于联合摄制〈别无选择〉的合同书》,约定广东影视公司全额投资,负责处理摄制组与第三者发生的纠纷,我厂不承担任何责任，故请求法院驳回温某某对我厂的起诉。

广东影视公司辩称，合约签订前，温某某提前支取了50万元人民币的订金及人民币37.25万元、港元15万元的演出酬金。合约签订后，在演出期间内，温某某于1999年12月7日至21日长达半个月的时间里，以身体不适为由，未经批准，擅自休假，不履行演出义务，严重违约。由于温某某以书面的告知，以自己离开剧组半个月的实际行为，证明不能如期履行合同，依法我方有权解除合同，故不同意温某某的诉讼请求。

某电影制片厂与广东影视共同反诉称，合约规定4个月的时间为温某某的演出劳务时间，每天拍摄工作不超过12小时，据此，温某某在4个月的拍摄期内是不能休假的。其没有履行该约定的违约行为，给摄制组造成巨大损失，依据合约第12条规定的“乙方若在拍摄期间出现撞期或不合作态度或因其他问题，而引致甲方拍摄期间受损失或拍摄进度受到迟误，乙方要负责及赔偿甲方损失”，我方要求温某某赔偿损失1,417,030.22元，其中包括等待温某某16天耗费的费用、替身费用、增加演员耗费费用、重新改编剧本费用、导演延期补偿费用、演员延期补偿费。

温某某对反诉请求答辩称，摄制组擅自解除与我的演出合约，将我辞退，反而要求赔偿因其辞退我造成的所谓损失，毫无事实和法律依据。1999年12月9日至22日的拍片通告表证明，此期间并无我的戏份，且摄制组在按计划正常拍摄，故不同意其反诉请求。

法院判决

1.驳回原告温某某的诉讼请求。

2.驳回被告某电影制片厂、广东影视的反诉请求。

| 案例分析 |

本案涉及演员的健康权如何保护问题。影视拍摄是个连续工作的状态，一个主要演员因故不能参加可能引起整个拍摄过程的变化，造成费用提高的事实，那么如何协调影视摄制工作与维护演员合法权益呢？

首先，演员的健康权是法定权利，根据民法以及劳动法规明确规定，必须保护。温某某因病于1999年12月8日至21日未按合同履行出演义务，其向摄制组提交了休假证明，摄制组对其休假未持异议，且随之调整摄制计划表明了摄制组对温某某在此期间不出演的认可，故温某某的休假行为不构成违约。因此法院没有支持某电影制片厂、广东影视以温某某违约，反诉要求温某某赔偿损失的请求。

其次，摄制组有权利依据情势变更或者解除合同。温某某因病休假不能出演虽不构成违约，但在演出合同中，出演人是否出演对合同的履行及合同目的的实现至关重要。温某某作为担任主角的出演人14天不能参加拍摄，且温某某因"×病待排除"休假，假期满后是否可以参加拍摄不能确定，摄制组在此情况下为维护自身利益，解除与温某某的演出合约，应予准许，其解除合约行为不构成违约。因此法院也没有支持温某某以摄制组违约，要求某电影制片厂、广东影视赔偿损失的请求。

二、姓名权——为她成名，因她而苦

演员作为自然人，依据民法享有姓名权。出名几乎是演员职业必然的追求，在大家眼中演员名利双收，但是正因为有知名度的"名字"能够带来一定的经济利益，也让演员饱受姓名权侵犯之苦。

例如，"山寨高晓松"借高晓松的名义出席商业活动，在场地背后的广告牌上明确写出"高晓松再现《同桌的你》"。[①] 这就侵犯了高晓松的姓名权，高晓松可以侵害姓名权为由起诉这个山寨明星以及举办活动的商家，要求双方共同承担连带责任。

演员姓名权的保护范围，不仅包括本名，还可以包括其他可以与自然人产生识别性的姓名拼音。还包括具有一定社会知名度，被他人使用足以造成公众混淆的笔名、艺名、网名、译名、字号、姓名和名称的简称等。[②]

近年来，名人姓名因为其背后隐含的巨大商业利益而频频成为被抢注的对象，案例47即属将名人姓名拼音抢注为域名的典型案件，系最高人民法院公布2012年中国法院知识产权司法保护50件典型案例之37。[③] 在司法实践中对名人姓名的保护仍不统一的情况下，本案适用反不正当竞争法的规定，认定抢注名人姓名的行为构成擅自使用他人姓名的不正当竞争行为。

---

① 周俊武编著：《当明星撞上法律》，人民出版社2016年版，第44页。

② 《民法典》第1017条规定，具有一定社会知名度，被他人使用足以造成公众混淆的笔名、艺名、网名、译名、字号、姓名和名称的简称等，参照适用姓名权和名称权保护的有关规定。

③ 《2012年中国法院知识产权司法保护50件典型案例名单》，载中国法律网：https://www.chinacourt.org/article/detail/2013/04/id/950084.shtml，最后访问日期：2020年3月28日。

47 案·例 他人可否以知名演员的名字注册域名盈利?
——岳某某与周某某域名权属、侵权纠纷①

|当事人|

原告:岳某某

被告:周某某

|基本案情|

2007年10月7日,岳某某以Hong Yishen的名义通过域名注册商GoDaddy. com, Inc.(以下简称涉案域名注册商)注册了zhoulibo. com域名(以下简称涉案域名)。

2011年5月10日,zhoulibo. com网站上显示要约出售涉案域名的信息,其中有“我们认为海派清口表演者周某某先生与其他愿意购买及使用此域名的人士相比,可能具有更高的知名度,并且我们也很喜欢他的表演,我们很乐意这个域名可以由周先生来购买和使用”“如果询价者确实有意购买此域名,请您先慎重考虑您的预算是否达到以人民币10万元为单位,以免无谓浪费您的宝贵时间”“周某某 zhoulibo. com本域名诚意转让出售中,期待有识者联系”等表述。

2011年9月29日,海派青口创始人、著名滑稽演员周某某以其对拼音“zhoulibo”享有合法民事权益,涉案域名的核心部分“zhoulibo”与周某某姓名的拼音形式完全相同,且岳某某对涉案域名既不享有合法权益,又高价转让涉案域名,其注册、使用涉案域名具有明显恶意等为由,向亚洲域名中心提出投诉,要求将涉案域名转移给周某某所有。

2011年12月7日,亚洲域名中心以涉案域名的主要部分“zhoulibo”与被告周某某姓名的拼音完全一致,足以造成相关消费者混淆,岳某某对涉案域名不享有合法权益,且岳某某注册、使用涉案域名具有明显恶意为由,作出行政专家组裁决(案件编号:CN-1100503),将涉案域名转移给周某某。2011年12月16日,岳某某向上海市第二中级人民法院提起诉讼。

---

① 一审:(2011)沪二中民五(知)初字第171号民事判决书;二审:(2011)沪高民三(知)终字第55号民事判决书。系最高人民法院公布2012年中国法院知识产权司法保护50件典型案例之37。

| 诉辩分歧 |

原告岳某某诉称,亚洲域名中心的上述裁决不符合相关法律的规定。第一,被告周某某既未取得“周某某 zhoulibo 及图”的注册商标专用权,又与“zhoulibo”之间不存在一一对应关系,且被告周某某在原告岳某某注册涉案域名之前并未知名,故被告周某某对“zhoulibo”并不享有权利。第二,原告岳某某注册、使用涉案域名是为宣传、介绍中国当代作家周某某。故原告岳某某对涉案域名的使用不会导致公众将涉案域名指向的网站与被告周某某相混淆。第三,原告岳某某注册涉案域名后,建立了宣传、介绍中国当代作家周某某的网站,故原告岳某某对涉案域名享有合法权益。第四,原告岳某某建立宣传、介绍中国当代作家周某某网站的行为,足以表明原告岳某某对涉案域名的注册、使用没有主观恶意。综上,原告岳某某请求法院判令:(1)原告岳某某注册、使用涉案域名的行为不具有恶意,不侵犯被告周某某的合法权益;(2)涉案域名不应转移给被告周某某,应由原告岳某某注册、使用。

被告周某某辩称,(1)被告周某某一直使用其姓名周某某进行大量的商业演出,使其姓名周某某及其拼音“zhoulibo”享有极高的知名度。故被告周某某对其姓名“周某某”及其拼音“zhoulibo”享有的合法权益应受法律保护。(2)被告周某某的姓名及其拼音“zhoulibo”享有极高的知名度,涉案域名的主要部分“zhoulibo”与被告周某某姓名的拼音完全相同,已足以使相关公众产生涉案域名与被告周某某相关联的误认。而原告岳某某将涉案域名和被告周某某相关联,使相关公众产生涉案域名与被告周某某相关联的误认。(3)原告岳某某并未证明其确系为宣传、介绍中国当代作家周某某而注册、使用涉案域名,故原告岳某某注册、使用涉案域名没有合法理由。(4)原告岳某某不仅将涉案域名与被告周某某相关联,还以要约高价出售的方式转让涉案域名,原告岳某某注册、使用涉案域名显然具有恶意。故被告周某某请求法院驳回原告岳某某的诉讼请求。

法院判决

一审法院决驳回原告岳某某的诉讼请求。宣判后,原告岳某某不服一审判决,提起上诉。二审法院判决驳回上诉,维持原判。

| 案件分析 |

被告周某某对其姓名“周某某”及其拼音“zhoulibo”享有禁止他人擅自使用或禁止

他人以不正当手段从事市场交易等经营活动的合法权益。原告岳某某对涉案域名或其主要部分既不享有合法权益,又无注册、使用涉案域名的正当理由。且原告岳某某在明知涉案域名的主要部分"zhoulibo"与被告周某某的姓名"周某某"相近似,与被告周某某姓名的拼音"zhoulibo"相同,已足以使相关公众产生涉案域名与被告周某某相关联的误认的情况下,擅自将涉案域名与被告周某某相关联,并以人民币10万元高价要约出售的方式转让涉案域名,以期获得不正当利益。故原告岳某某注册、使用涉案域名具有明显恶意,其注册、使用涉案域名的行为属于擅自使用他人姓名,足以造成相关公众误认的不正当竞争行为,故涉案域名应由被告周某某注册、使用。

第三节·表演者肖像权保护——因她美丽,常被侵袭

肖像是通过绘画、摄影、电影等艺术形式使自然人的外貌在物质载体上再现的视觉形象。根据最新颁布的《民法典》的定义,肖像是通过影像、雕塑、绘画等方式在一定载体上所反映的特定自然人可以被识别的外部形象。[①]

肖像权,是指自然人对自己的肖像享有再现、使用或许可他人使用的权利。其载体包括人物画像、生活照、剧照等。

《民法通则》第100条规定:"公民享有肖像权,未经本人同意,不得以营利为目的使用公民的肖像。"《民法典》第1118条第1款规定,自然人享有肖像权,有权依法制作、使用、公开或者许可他人使用自己的肖像。

侵犯演员的肖像权主要是为了获取经济利益或者潜在的收益,这也是我国法律规定肖像权保护的初衷。随着实践的发展,已经出现有些并非营利性质侵犯演员肖像权的情况,在法律理论上存在争议,诉讼实践也存在一定的分歧。[②] 可以明确的是,根据刚刚颁布的《民法典》的规定,营利性今后将不再是必要条件之一[③]。

如何构成肖像权侵权?其他构成条件是什么?仍需在现行有效法律框架内进

---

① 《民法典》第1018条第2款。

② 张红:《"以营利为目的"与肖像权侵权责任认定》,载《比较法研究》2012年第3期。

③ 《民法典》第1019条,任何组织或者个人不得以丑化、污损,或者利用信息技术手段伪造等方式侵害他人的肖像权。未经肖像权人同意,不得制作、使用、公开肖像权人的肖像,但是法律另有规定的除外。

行探讨。

一、侵犯演员肖像权的“传统”方式

所谓传统方式,是与后期发展出来的新型方式相比较而言的,是早期的属于比较“粗暴”的侵权方式,就是以营利为目的直接拿演员的照片来使用。

(一)以侵权人与演员是否有合同关系为特征,“传统”侵犯表演者肖像权案件可以分为有两种情形

第一种情形:双方无合同关系,侵权人擅自使用演员肖像。商家为了宣传自己产品等目的未经允许使用演员的肖像。

48 案·例 “掩耳盗铃”使用明星照片,理所当然赔偿

——毛某某诉广东太平洋互联网信息服务有限公司肖像权、名誉权纠纷①

|当事人|

原告:毛某某

被告:广东太平洋互联网信息服务有限公司

|基本案情|

原告毛某某发现被告广东太平洋互联网信息服务有限公司在其所属网站 www.pclady.com.cn 上发布的题为“护肤知识扫盲什么是敏感性皮肤?”“清理化妆箱 08 年 7 类产品需淘汰”两篇文章中使用原告的照片作为宣传图片,且在涉嫌侵权页面中设有其他项目介绍。法院根据原告提交的证据及原告的身份材料认定涉诉文章中照片即为原告的照片。

|诉辩分歧|

原告诉称,被告侵犯了自己肖像权,且使用照片的位置、网页内容极易造成公众误

① 一审:北京市朝阳区人民法院(2015)朝民初字第 16508 号民事判决书。

解,降低社会评价,侵犯了原告的名誉权。要求被告公开赔礼道歉,赔偿经济损失、精神损害抚慰金等。

被告辩称,第一,原告并未提供证据证明涉诉照片为原告的肖像。第二,即使认定涉诉照片为原告本人照片,被告已经尽到了合理的注意义务。第三,涉诉网站上刊登的内容没有侵犯原告的名誉权。涉诉文章内容仅系介绍肌肤保养、美容香氛的基本常识,文章中没有提及原告姓名,也没有任何文字足以使网页浏览者对原告产生不好印象。

法院判决

一审法院判决被告向原告毛某某赔礼道歉;被告赔偿原告毛某某经济损失12,000元、精神损害抚慰金5000元、公证费1000元。

|案件分析|

被告使用涉诉照片具有营利目的,且无法提供其合法来源,亦未经原告同意,被告的行为构成对原告肖像权的侵犯。被告虽在其网站中使用了原告照片,但并未提及原告姓名,文章中也没有诋毁、侮辱原告等内容,原告亦未举证证明被告使用其照片的行为导致其社会评价降低,故被告的行为不构成对原告名誉权的侵犯。

第二种情形:侵权人虽与演员签订了商品代言或者广告合同,但是超越合同的时间或范围使用演员肖像,或者合同没有生效而商家仍然使用演员肖像,这些都属于就擅自使用演员肖像的行为。

案例49 合同未生效,何谈签约使用演员肖像?

——杨某如诉上海伊秀化妆品有限公司肖像权纠纷①

|当事人|

原告:杨某如

① 一审:(2010)嘉民一(民)初字第6020号民事判决书,转引自李振武编著:《娱乐法诉讼案件审理实务》,法律出版社2015年版,第64页。

被告：上海伊秀化妆品有限公司

| 基本案情 |

2010 年 8 月 17 日原告所在公司与被告签订了《形象代言合同》，约定被告聘请原告为被告金泊莱护肤品品牌之形象代言人；合约期自 2010 年 9 月 1 日至 2011 年 8 月 31 日，期间原告不可以自由接受及参与中国大陆地区（不包括中国香港、澳门、台湾地区）同类及竞争产品的广告及宣传活动；广告代言费一年 125 万元，被告最迟应于 2010 年 8 月 22 日前支付原告公司签约定金 20 万元，否则视为合约无效。该合同签订后，被告未依约支付原告所在公司签约定金，却于 2010 年 9 月在被告公司网站发布原告的照片，并宣称原告已作为被告金泊莱护肤品品牌独家形象代言人。此后，原告通过发信函及打电话的形式，要求被告停止侵权。2010 年 10 月 19 日，被告关闭了公司网站。

| 诉辩分歧 |

原告认为，因被告未支付定金，所以合同没有生效。被告却在其公司网站上使用原告的照片、姓名进行营利性宣传，侵犯了原告的姓名权、肖像权。因此要求被告停止侵害；赔偿侵权损失 125 万元和精神损害抚慰金 30 万元；登报赔礼道歉。

被告承认侵权和签订合同是事实，但公司面临破产，无力履行合同。

法院判决

判决被告赔偿原告经济损失 10 万元，精神损害抚慰金 1 万元，并登报赔礼道歉。

（二）“传统”侵犯肖像权成立要件

以这两个案例为线索，可以得出在前述两种情形下演员的肖像权受到侵犯时的法律成立要件，即如何保护演员的肖像权。

作为演员要想通过法律手段保护自己的肖像权。首先要证明自己的肖像权被侵犯，因此证据很重要，证明很关键。

第一种情形下要通过证据证明三点：

一是有侵害事实，且自己是被侵害客体。即证明自己的肖像（主要是照片）而不是另外一个跟自己长得很像的其他人的肖像被使用。

二是有侵权后果,即肖像使用的效果是营利。作为侵犯肖像权成立的条件之一,目前中国法律框架内需要有营利这个要素。当然这个营利不需要演员证明侵害人获得的实际的收入,只需要证明侵权人使用这个肖像是为了推销产品或者吸引观众,有潜在用户即可。

三是侵权人的使用未经本人同意。

这就构成侵犯肖像权的三原则。

第二种情形与第一种情形的差异只是第三点,因为双方有代言或者其他合同关系,演员需要证明这个侵权事实不是在双方订立的合同框架内实施的合法行为。

(三)"传统"侵权方式的模糊地带

实践中,如何认定侵权效果达到了营利可能,还有一些模糊地带。比如报道时事热点新闻时为推荐、介绍和评论明星而使用明星的照片,是否侵犯表演者的肖像权呢?

50 案·例 评论影星"蹭热度"可以,带广告可就侵权了

——黄渤与汉王科技股份有限公司肖像权纠纷①

|当事人|

原告:黄渤

被告:汉王科技股份有限公司

|基本案情|

经原告申请,北京市方正公证处于2016年4月15日作出(2016)京方正内民证字第83983号公证书。经公证显示:在名称为"汉王电纸书"(微信号:×××)的微信公

① 一审:北京市朝阳区人民法院(2017)京0105民初36680号民事判决书。一审判决后,被告汉王科技股份有限公司上诉,后撤回上诉,法院准许撤诉。二审:北京市第三中级人民法院(2017)京03民终11148号民事裁定书。

众号内：(1)2015年12月18日发布题为《被九层妖塔整出内伤表失望，真正的鬼吹灯今儿来了》文章一篇，文章中使用了原告一张照片作为配图，文章尾部写道“电影拍的好坏，最终只是小说的一部分，要懂《鬼吹灯》的精髓，还是得看原著小说”，文后附汉王书城热销榜单，榜单上注明《鬼吹灯全集》汉王书城的优惠信息。(2)2015年8月12日发布题为《黄渤就是偶像派，不信你看!》文章一篇，文章中共使用了原告9张照片作为配图，文章尾部写道“你们根本不知道黄渤异性缘多好，哼，被说像黄渤，那是一句赞美，汉子觉得耍大牌的小生是绝对配不上的。在这里汉纸不得不搬出宝典，请参照《演员自我修养》。空闲时间赶快拿起电纸书读起来吧，你值得拥有！更多精彩请点击左下角阅读原文进入汉王微商城”，后附微信二维码。原告支出公证费1200元。

| 诉辩分歧 |

原告认为被告侵犯自己的肖像权，要求被告在全国公开发行的报纸及微信公众号“汉王电纸书”上连续7天向原告公开赔礼道歉，要求被告赔偿原告经济损失250,000元、维权成本3000元。

被告辩称，自己并未侵犯原告的肖像权。从两篇涉诉文章的发表时间上看，《被九层妖塔整出内伤表失望，真正的鬼吹灯今儿来了》一文发表时间2015年12月18日恰为电影《寻龙诀》上映当天；《黄渤就是偶像派，不信你看》一文发表时间为2015年8月12日，是在“网上爆料H小生耍大牌人品差，被说了一句像黄渤，就急了”这一娱乐新闻由新浪娱乐曝光后第4天。涉诉微信公众号推出这两篇文章，只是对当下时事热点新闻的推荐、介绍和评论，所使用的剧照或照片都是为了使介绍和评论更真实、生动和有趣，是作为文章的配图，与为了产品或广告或代言而使用照片完全不一样，更非原告声称的“滥用”。一般人阅读两篇涉诉文章不会误认为原告是被告产品的代言人或是在为被告的产品做广告，不会使读者产生购买被告产品的欲望，只会从中获得对电影和热门人物的了解，作为其决定是否去看《寻龙诀》或是否认为原告作为偶像派的参考。此外两篇涉诉文章只有400多的点击量和2000多的粉丝人数，不可能造成25万元的经济损失。综上所述，请求法院驳回原告的全部诉讼请求。

法院判决

1.被告汉王科技股份有限公司于本判决生效后7日内,在微信号为×××的微信公众平台上发布致歉声明向原告黄渤赔礼道歉,致歉声明持续时间为7日,致歉内容须经本院审核,如逾期不执行上述内容,则由本院选择一家全国范围内公开发行的报纸,刊登本判决主要内容,刊登费用由被告汉王科技股份有限公司负担。

2.被告汉王科技股份有限公司于本判决生效后7日内赔偿原告黄渤经济损失100,000元、维权成本1200元。

| 案件分析 |

被告答辩称使用黄渤的照片属于正常使用。只是媒体对时事热点新闻的推荐、介绍和评论,正赶上黄渤发新片,以及有其他影星与黄渤之间有“口水战”等。如果该微信号只是普通的评论(当然要排除恶意攻击等否则就是其他法律问题了)使用明星的照片是可以的,因为明星是公众人物,会让渡自己的一些权利。但是该公众号在文字尾部加上软广告:“请参照《演员自我修养》。空闲时间赶快拿起电纸书读起来吧,你值得拥有!”这就不只是蹭个热度,发个评论的事情了,这是比较明显的利用名人效应吸引浏览者,进而达到对被告经营的电子书项目进行商业宣传的目的,因此法院判决其侵犯原告的肖像权。

二、网络时代侵犯肖像权新方式——表情包

侵犯演员肖像权在网络时代有了新的场所,就是微信、微博,也有了新的方式,就是表情包。

“表情包”一般是影视剧或长相有特点的人物带有夸张表情的照片或动图,部分附有说明文字,用在微博、微信等网络文章中,可以烘托文章的生动气氛。关于“表情包”的使用是否侵权的问题存在争议,涉及针对演员剧照制作的类似“表情包”素材内容的使用是否侵犯演员本人的肖像权这一法律问题的认定。对“表情包”的使用,是否已经与演员本人的肖像人格权和财产权产生了分离,不再受演员本人控制,存在较大的争议。有人认为如果“表情包”已经成为通用的情绪表达方式,不应再涉及肖像权问题。① 目前案例显示法院“表情包”依然涉及演员肖像权,

① 王宏丞:《使用他人“表情包”是否侵犯肖像权及自行致歉行为的效力认定》,载《审判前沿》2018年8月7日,作者系该案主审法官,北京海淀法院中关村法庭审判员王宏丞。

适用肖像权保护。

51 案·例 知名演员“表情包”谁都可以用，但是拿来做企业宣传就是你的不对了

——艺龙网信息技术(北京)有限公司与葛优肖像权纠纷①

|当事人|

上诉人(原审被告):艺龙网信息技术(北京)有限公司

被上诉人(原审原告):葛优

|基本案情|

葛优为我国知名演员，其曾在电视剧《我爱我家》中扮演纪春生(二混子)，角色特点为懒惰耍赖骗吃骗喝。该角色在剧中将身体完全摊在沙发上的放松形象被称为“葛优躺”，成为2016年网络热词。

“艺龙旅行网”微博号实名认证为“艺龙网信息技术(北京)有限公司”，截至2016年8月，该微博有粉丝232万人，发布近2万条微博。

2016年8月1日原告申请公证，证实7月25日上述微博发布如下内容：“不经历周一的崩溃，怎知道周五的可贵。为了应对人艰不拆的周一，小艺爆出葛优躺独家教学，即学即躺，包教包会！”该微博共使用7幅原告图片共18次，文字内容包括直接使用文字和在图片上标注文字，其中第一张不是剧照，为原告个人身着西服给其他企业代言的照片，所配文字内容为：“如何用一招学葛优躺出人生新高度”，并有嘴部文字“一般人我不告诉他”。其余图片除一张为其他剧照外，均为《我爱我家》剧中人物纪春生在沙发上瘫坐的截图(其中一张为三人照片)，最后几张图配了大床、浴室等酒店背景，微博后附“订酒店用艺龙”的文字，并附二维码和艺龙网标识。该微博转发4次，评论4次，点赞

① 一审：北京市海淀区人民法院(2016)京0108民初39764号民事判决书；二审：北京市中级人民法院(2018)京01民终97号。本书研究该案例时还参考了主审法官北京海淀法院中关村法庭审判员王宏丞发表于《审判前沿》2018年8月7日文章《使用他人“表情包”是否侵犯肖像权及自行致歉行为的效力认定》。

11 次。同年 8 月 18 日,艺龙网收到通知后删除了上述微博。

2016 年 12 月 7 日,艺龙网未经葛优审核同意,在其微博发布致歉信,内容为:"真诚向人民艺术家葛优先生致歉。葛优老师是喜剧界瑰宝,给当代人塑造了太多形象,让小编铭记于心。小编微博使用过葛优躺图片,给葛优老师造成困扰,在此诚挚的道歉。招来官司实非小编所愿,实属对葛优老师的个人崇拜犹如滔滔江水连绵不绝,一发不可收拾。小编以后一定严格控制自己的情绪,将对葛优老师的崇拜之情放在心里不再炫耀。21 世纪什么最贵? 服务。艺龙将继续给消费者带来最舒适的服务和享受,借用葛优老师的一句经典台词:帝王般的享受,就是把脚当脸伺候着。Fighting,fighting!",该致歉微博转发 24 次,评论 197 次,点赞 58 次。

| 诉辩分歧 |

原告诉称:艺龙网擅自加工和使用葛优的肖像图片,具有明显的商业属性,旨在宣传其旅游项目及酒店预订,极易使众多浏览者及消费者误认为葛优系艺龙网代言人,或与该网站存在某种合作关系,使葛优蒙受外界诸多误解。艺龙网的行为侵犯了葛优的肖像权,应承担民事责任。请求判令艺龙网在其微博账号中置顶位置向葛优公开赔礼道歉不少于 30 日,赔偿经济损失 40 万元,维权合理开支 1 万元。

被告辩称:涉案微博仅为顺应网络文化热点,对"葛优躺"的文化内涵加以利用,并非故意非法利用葛优的肖像盈利,主观上无侵犯其肖像权的故意,客观上不会误导消费者认为双方存在代言等商业合作关系。"葛优躺"系电视剧《我爱我家》剧照,与个人肖像不能等同,两者之间存在明显区别,剧照使观者直接联想到本人时,该剧照才能等同于肖像。受众看到"葛优躺"时想到的是其背后的文化内涵而非演员本人,其效果并非肖像性质。涉案微博并非有意使用葛优的肖像进行宣传,虽然内容有重合,但并未将其肖像与"艺龙旅行网"的服务相关联,未增添广告,与传统商业使用肖像存在区别,不会使网络用户误认。涉案微博的点赞数 11 次,评论和转发数均为 4 次,且在接到通知后当天进行了删除,不会给葛优造成巨大影响和经济损失。葛优所诉赔偿金额过高,无合理事实依据。

法院判决

法院经审理认为：艺龙网侵犯了葛优肖像权。一审判决：

1.被告艺龙网信息技术（北京）有限公司在其运营的“艺龙旅行网”微博账号，针对未经许可使用原告葛优剧照及照片的行为公开发布致歉声明。

2.被告艺龙网信息技术（北京）有限公司赔偿原告葛优经济损失7万元，支付其维权合理支出5000元，以上共计75,000元。

艺龙网提出上诉，认为其已向葛优致歉，一审判决再次致歉缺乏法律依据。一审判决赔偿数额过高，超出合理范围。

葛优辩称，同意一审判决，不同意艺龙网公司的上诉请求和理由。

二审驳回上诉，维持原判。

| 案例分析 |

本案核心争议在于在微博和微信等网络平台，针对演员剧照制作的类似“表情包”素材内容的使用是否侵犯演员本人的肖像权。

法院认定类似“表情包”剧照的使用行为构成侵权的前提条件，一是一般社会公众可以将表演形象与表演者本人真实的相貌特征联系在一起，二是有一定商业性使用的性质，其认定方式未脱离传统民法中关于肖像权保护的基本规则。本案中艺龙网对“葛优躺”图片使用多次，与其业务联系密切，系明显的商业性使用，其使用行为构成侵权。

《我爱我家》中的“葛优躺”造型确已形成特有网络称谓，并具有一定的文化内涵，但一般社会公众看到该造型时除了联想到剧目和角色，也不可避免地与葛优本人相联系，该表现形象亦构成葛优的肖像内容。

艺龙网在其官方微博中使用了多幅系列剧照，并逐步引导与其业务特征相联系，最终将“葛优躺”图片的背景变更为床、浴室等酒店背景，附艺龙网宣传文字和标识、二维码，虽然上述方式并不能使网友认为葛优为网站进行了代言，但仍有一定商业性使用的性质，且该微博还同时使用了一张葛优此前的单人广告照片，所以艺龙网在涉案微博中的使用行为侵犯了葛优的肖像权，应承担相应的法律责任。

本节小结：结合第八章摄影中案例38蓝某某案件，总结包括“表情包”在内的使用剧照行为侵犯演员肖像权构成要件：

一是区分性。人物剧照及剧照“衍生品”如“表情包”能清晰再现表演者面部形象特征而得以与其他表演者相区分的，就是被再现的表演者肖像。因此表演者的原像人享有肖像权。

二是识别性。肖像识别性是辨别各自然人间相区别的形象特征。如案例 38 中看到灯箱上剧照可以辨认出蓝某某，本案例中看到葛优躺“表情包”可以辨认出葛优。

三是联系性。一般公众看到该剧照或者“表情包”也能够产生与原告相关的联想。

四是营利性。使用剧照行为给使用者带来收益或者潜在收益。

第四节 · 表演者的名誉权、形象权、隐私权保护

一、名誉权——人设很重要，侵权不可以

名誉是对民事主体的品德、声望、才能、信用等的社会评价。[①] 名誉权也是演员这个群体经常被侵犯的权利。

案例 52 无中生有暗示演员整容要负责任

——王某诉广东太平洋互联网信息服务有限公司肖像权、名誉权纠纷[②]

| 当事人 |

原告：王某

被告：广东太平洋互联网信息服务有限公司

| 基本案情 |

“PCLADY 樱桃帮”（微信号：×××）系被告经营的微信公众平台。发表了微信文章《刘某某出轨王某?! 讲真，都微整过的他们确实有点夫妻相》以及《2016 最会微整女

① 《民法典》第 1024 条。

② 北京市朝阳区人民法院（2017）京 0105 民初字第 35647 号民事判决书。

星 top10：这些小透明的蜕变，惊艳了我一整年》，文章中使用了40余张原告的照片作为配图，文章中有多处明示或暗示原告曾做过整容手术，在该文章的最后部分附有商业宣传的内容。原告与被告之间无形象代言合同关系，被告在使用原告的照片从事商业宣传之前亦未取得原告的同意。

| 诉辩分歧 |

原告诉称：被告擅自使用我的肖像作不实宣传并作为商业宣传的铺垫，侵犯我肖像权、名誉权。要求被告删除涉嫌侵权图片及链接、赔礼道歉、赔偿经济损失45万元以及精神损害抚慰金4.5万元以及维权合理费用5000元。

被告无正当理由未到庭，且未答辩。

法院判决

判决被告在微信公众平台上发表赔礼道歉的声明，赔偿原告经济损失12万元等。

| 案例分析 |

被告在未征得原告同意或与原告签订形象代言合同的情况下，在其经营的微信公众平台发表文章并使用原告的肖像作为文章的配图，该文章中涉及原告的名字以及相关报道，被告行为已构成侵犯原告肖像权、名誉权，被告应当对其上述行为承担相应的侵权责任。

另外，由于在涉诉文章中被告使用了原告的名字，因此，如果原告在起诉请求中增加侵犯姓名权的请求，法院也应当认定。

对照侵权名誉权成立的三个要件，①分析本案侵权成立。

1. 侵权事实。侵权人捏造、散布虚假事实，使用了贬损受害人人格的语词、行为。

2. 侵权结果。说某明星整容，目前的社会还是会倾向于负面的评价，重要的是这是虚假事实。该侵权事实足以造成受害人社会评价降低。

3. 主观故意。捕风捉影，无事生非，主观故意明显。侵权人存有侵害受害人名誉的

---

① 参见第六章第三节导演名誉权的论述。

主观故意。

二、形象权——只求不被滥用

不仅演员的肖像受法律保护，与肖像密切相关的形象，也受到一定程度的法律保护。这里我们研究与探讨形象权利如何不被滥用。

明星形象被模仿，大家似乎已经司空见惯，前面提到“山寨高晓松”借高晓松的名义走穴捞金。周杰伦更是被多次模仿，模仿者还代言了两款 MP4。还有长得像周华健的福建人周财锋，也代言了多个产品。① 但与前述案件中那样明目张胆提及高晓松名字的做法不同，模仿者和商家只在电视或其他媒体广告中模仿明星的招牌动作和语言，“以假乱真”却对名字讳莫如深，那么这种情况下，山寨明星对演员的模仿是否侵犯了演员的权利？模仿演员赚取钱财是否侵犯了演员权利，侵犯了演员的什么权利？

其实这些所谓山寨明星如果只是自娱自乐，或者只为博得众人欢乐而进行无偿的表演，不收取任何报酬，是不侵犯演员权利的。演员作为名人和大家喜欢的对象，是允许被模仿的，演员自身也不会有太差的感觉。但是如果通过模仿明星来赚取钱财，就侵犯了演员的形象权，但是在我国的民事法律中还没有明确规定形象权，只是一些法院判例中有一定程度的体现。

个人形象权，也被称为名人形象权，源自隐私权。是指个人有权控制代表其个人特征且具有商业价值的形象要素，并由此获得报酬的权利。②

53 案·例

形象权在中国第一案
——赵本山诉天涯谷歌卡通肖像权案③

这是《娱乐法》作者宋晓燕书中引用的案例。该案中，天涯公司与谷歌公司为宣传

① 周俊武编著：《当明星撞上法律》，人民出版社 2016 年版，第 44 页。

② 宋海燕：《娱乐法》，商务印书馆 2014 年版，第 164 页。

③ 2011 年北京第一中级人民法院的二审案件，转引自宋海燕：《娱乐法》，商务印书馆 2014 年版，第 164 页。

其共同开发的互动问答产品“天涯问答”,在未经许可的情况下,擅自在“天涯社区”多个页面中发布带有赵本山卡通肖像的flash广告。赵本山作为原告起诉。法院审理中认为:赵本山作为著名笑星、公众人物,其个人肖像具有明显的可识别性,观众依据旁白等可以将涉案卡通形象明确指向公众印象中的赵本山本人的形象。法院指出“卡通漫画作为绘画艺术的一种形式,只要能反映出具有可识别性自然人形象,就可以成为保护肖像权的对象”。因此一审法院认定被告侵犯了原告的肖像权。二审法院支持一审判决,认为“对于饰演非特型角色的演员剧照或者小品剧照,该艺术形象与演员的本身形象具有密不可分性,群众也公认两者为一体,并符合公民肖像独特的基本特征,应当受到法律的保护”。

赵本山这个案例法院是以肖像权名义保护了赵本山在小品中的艺术形象,结合其他的案例,本书认为,目前中国法律实践保护的只是演员通过电影电视传播的剧照或者小品的表演形象,或者说是演员的知名艺术形象。因此前述模仿周杰伦眯眼酷酷地笑这种表演是否能够算得上对周杰伦艺术形象或者表演形象的侵犯,本书认为答案应当是否定的,这些权利尚未在中国法律范围内规定明确的保护。

三、隐私权——娱乐有底线,隐私要保护

演员作为公众人物,与导演、编剧等知名人士一样,隐私权是受到限制的,为了满足工作的知情权,演员要把一定的私密空间让渡出来供大家“娱乐”。但是让渡的权利是有限的,“娱乐”也是有底线的,超过了边界,就侵犯了演员的隐私权。这一部分内容许多书中都有介绍,这里不再举例说明。

第十三章 制片人的法律地位和权利

外管投资内管物，
事务繁杂综合处。
各种来头各显名，
监执现副主任助①。

第一节 · 制片人之于影视剧是怎样的存在？

20 世纪 90 年代以前许多电影还仅有“制片主任”的署名，现在制片人在影视剧的片头片尾早已司空见惯，还有诸如总制片人、执行制片人、副制片人、监制、总监制等称谓，那么制片人到底是做什么的？这些署名之间有什么关系，这些署名指向的人是否都属于制片人？

① 这是指制片人具体包括监制、执行制片人、现场制片人、副制片人、制片主任、制片助理等。

一、制片人的行政法规界定和实践惯例

1987年规定

根据1987年317号通知①规定,“自酝酿工作开始,导演和制片主任受厂长任命和委托负责实现厂对摄制组的全面领导。在摄制组,实行厂长领导下的以导演为主的导演制片主任共同负责制,导演以负责艺术创作为主,制片主任以负责生产、行政为主,但导演、制片主任对影片思想、艺术技术质量和工作进度、成本核算等均负有共同责任”。此外,还规定在筹备时期“制片主任应会同有关部门、车间确定拍摄前准备阶段人员名单。摄制组进入筹备时期后,制片主任要及时收集整理艺术档案资料”。在生产时期的完成片制作及总结结束工作阶段,制片主任要交出生产总结。“导演在摄制组内要组织创作人员对分镜头剧本的主题和表现形式进行研究,并尽可能求得统一理解,如有个别意见分歧,应由导演、制片主任研究决定,重大问题应报厂批准决定。”“凡拍摄有危险性场面时,导演、制片主任和摄制组的安全组长必须特别注意”。“混录双片送电影局审查时,导演和制片主任应到局听取审查意见。”

从中华人民共和国成立后到20世纪80年代计划经济指导下的制片时代,电影由十几个国营的制片厂出品,拍摄电影是一个专业的人干的专业事情。电影厂拍摄影片都是以本厂为主,电影摄制就是以导演为主的导演、制片主任共同负责制。此时的制片主任的职责就是将制片厂拨给摄制组的钱合理计算、合理花销,负责生产、行政事务。

例如,前面已经介绍过的1986年上映的电影《芙蓉镇》的片头署名情况,②片头的演职人员倒数第3幅是制片主任,这个制片主任是忙里忙外全程参与的制片人。

第1幅:上海电影制片厂

第2幅:芙蓉镇

第3幅:上海电影总公司监制 中国电影发行放映公司协助拍摄

---

① 原广电部电影局《关于颁发〈关于故事片摄制程序及阶段划分的规定〉的通知》(〔87〕电字第317号),原广播电影电视部1987年5月27日发布,发布对象是各电影制片厂(公司)。

② 见第五章第二节中影视剧参与人署名情况。

此后顺延帧数，依次是原著、编剧、摄影、美术、作曲、录音……

制片主任　汤严绚

演员表……

导演　谢晋

从1993年开始，允许16家电影厂以外的其他主体投资拍摄电影，于是制片主任的工作比原来要多了，拉投资也成为日常工作。改革开放后，我们借鉴了更多西方的电影理念，也受中国港台地区电影影响，在一些影片中开始使用制片人和监制的名称。

1993年故事影片字幕规定，①故事影片的常规署名只列部门负责人以上人员：编剧、导演、摄影……制片或剧务主任（1～3人）、制片主任（1～2人）、演员、协拍人员。

可以看出，此时“制片”一职已经开始分化为制片或剧务主任、制片主任，就是说制片已经和上一时期的制片主任分工不同了。

1994年中外合拍规定②

其附表中外合作摄制电影立项申请书内容

制片者（出品人）名称、简介、国别、地址、通讯方式及电话和传真号码；

电影名称及剧本；

投资方式和投资的简要说明；

计划开始拍摄时间、周期和内外影点；

制片人、导演、摄影、主要演员的个人简介；

导演、摄影、主要演员等受聘的有效书面文件；

中外方投资人的有效资金证明；

中外电影合作制片公司的咨询意见及项目负责人姓名和简历。

分析这个申请书，其一，使用国外通用的“制片人”的提法。其二，导演、摄影、主要演员等要提供受聘的有效书面文件，唯独制片人不用，证明制片人是投资人的

① 原广电部电影局《关于修订故事影片字幕规定的通知》（电字〔93〕第531号），发布对象是上海市电影局、各故事片厂和各省办制片厂。

② 《关于中外合作摄制电影的管理规定》（广播电影电视部令第14号），1994年7月颁布施行。

“代言人”,无须聘用,是“自己人”,而实际上导演、摄影、主要演员都是与制片人签订聘任合同。

2001 年《电视剧制片人持证上岗暂行规定》①

“电视剧制片人”系指电视剧生产、经营活动过程的核心组织管理者。为加强电视剧制片人队伍建设,对电视剧制片人实行持证上岗制度。担任电视剧制片人应持有电视剧制片人上岗证书。规定电视剧制片人的遵守国家的法律、熟悉国家宣传及电视剧管理的政策、基本理论,有组织能力、实践经验等基本条件。② 要取得该证,须经省级以上广播电视行政部门资格审查,再参加全国电视剧制片人资格考试的必经程序。③ 这些都说明国家对于电视剧制片人的严格管理。

第 13 条④规定,如果在其组织制作的电视剧中出现严重政治问题,并造成恶劣社会影响的,发证机关将撤销电视剧制片人其资格,收回电视剧制片人上岗证书,可见,电视剧制片人承担着把握电视剧导向质量等重大责任。

二、国外影视剧理论对于制片人的定位和理解

国外的电影片中,大多没有制片主任这个“人物”,相对应的是“制片人”。因为国外尤其是美国好莱坞很早就是把电影作为工业来发展,制片公司的投资运营都是商业化的模式。美国格里格雷·古德尔著的《独立制片》对制片人进行一些描述:⑤

在好莱坞没有什么工作像制片人一样令人难以理解。这种现象一部分是因为制片人的作用在各个影片不尽相同,另一部分是因为在许多影片中通常有几种不

---

① 《电视剧制片人持证上岗暂行规定》(国家广播电影电视总局令第 11 号)2001 年 12 月 31 日发布,2002 年 2 月 1 日施行,该法规已被《国家广播电影电视总局关于废止部分法规性文件的决定》(发布日期:2005 年 2 月 25 日 实施日期:2005 年 3 月 25 日)废止。

② 《电视剧制片人持证上岗暂行规定》第 6 条规定。

③ 《电视剧制片人持证上岗暂行规定》第 7 条规定。

④ 《电视剧制片人持证上岗暂行规定》第 13 条规定:对有下列情节之一的,由发证机关撤销其资格,收回《电视剧制片人上岗证书》:(1)在其组织制作的电视剧中出现严重政治问题,并造成恶劣社会影响的。(2)由其组织管理的电视剧制作经营活动中,有违反国家有关法律、法规、政策规定的行为,情节严重的。(3)以不正当方式取得上岗证书的。(4)触犯国家法律,被追究刑事责任的。(5)将《电视剧制片人上岗证书》转让他人使用的。

⑤ [美]格里格雷·古德尔(Gregory Goodell):《独立制片——从构思到发行的全程指导》,高福安、王雪松、董悦秋、杨晓明译,高福安、刘利群审校,北京广播学院出版社(影印本),第 129 页、第 130 ~ 132 页。引用时有删减。

同的制片,有时候每种制片又有几个制片人。例如,在约翰·特拉沃尔塔和尼古拉斯·凯奇主演的《变脸》中共有10个制片人(3个执行制片人、4个制片人、2个共同制片人、1个合作制片人);一些制片人以他们的工作赢得荣誉,另一些制片人在影片制作过程中根本没有任何作用。这通常是因为当一个制片人为筹措资金工作好多年时,唯一解决资金问题的办法是给某人(如一个演员的经纪人)一个制片的荣誉。正如制片人凯瑟琳·肯尼迪(《外星人》《辛德勒的名单》《侏罗纪公园》的制片人)所说:"制片名单是用来出售的。"

执行制片人的头衔以前是给把资金和创意集合起来使影片成为可能的人,现在不一定了,有时是主演的合作者或者制片公司的老板。

制片人(创作制片人)将参与影片制作过程的全部,包括选择编剧、演员、编辑、作曲,并与他们一起开展工作。制片人通常是影片开始的第一人以及影片收尾的最后一个人。在影片摄制过程中,这个制片人负责控制影片的预算,对制片公司或电影公司负责,以及充当制片公司、电影公司和导演的中介。这个制片人监督现场制片人的工作。

现场制片人:对于大预算的影片,经常有制片主任(UPM)和现场制片人,后者要比UPM高一级。现场制片人主要监督制片经理的工作以及负责使可利用的预算最大化。有时这两个职位由一个人担任。现场制片人的名字经常出现在片头以及付费的广告中,比如电影海报、报纸广告等。而制片主任的名字一般只出现在片尾的演职员表中。在大多数情况下,现场制片人通常代表电影公司,但是如果是大牌导演,现场制片人通常由导演带来。这时,现场制片人将代表导演。

副制片人:通常为制片人提供支持。在欧洲,副制片人事实上行使现场制片人全部职能。副制片人通常列在片头。

制片主任包括三种人:单元制片主任、制片协调人、制片助理。分别依次负责准备预算、管理制片各个过程支出、协调后勤甚至打印文件、跑腿等工作。

三、监制

监制是个相对而言比较新的行当,字面理解好像是"监督制作"之义,但具体负责内容有些模糊,这里粗略研究一下比较负责任的监制的具体工作。

监制负责影视宏观运作与策划,整体把控影视拍摄周期、发行方式时间等重大问题;监督具体的拍摄计划、开机时间、拍摄进度等执行情况;负责摄制组的支出总预算和后勤保障工作，他要替投资人，也就是出品单位来监督导演、管理制片人工作。

相对于内地而言，中国香港、台湾地区的电影作品更喜欢用监制。举例《中南海保镖》1994 年在中国香港地区上映，其片头字幕如下：①

第 1 幅：正东制作有限公司

第 2 幅：监制　李阳中

此后顺延帧数，依次为制作总监、制片、统筹、摄影、武术指导、美术指导、编剧、原创音乐、领衔主演、主演、导演等。

这是一部中国香港地区拍摄的电影片，监制在第 2 幅就打出来，证明了中国香港地区电影界在署名时对“监制”的重视。

1993 年上映的中国内地和香港地区合拍的《霸王别姬》片头字幕如下：

第 1 幅　汤臣电影公司

第 2 幅　霸王别姬（片名）

第 3 幅　出品人　汤君年　徐枫

第 4 幅　监制　徐彬　徐杰

此后顺延帧数，依次为策划、原著统筹、编剧、领衔主演、导演……

以此来说明，当时内地和中国香港地区合拍的影片也是沿袭了港片的片头写法，出品人下面一幅就是监制了，没有制片或者制片主任。

行政规范性文件从 2000 年字幕规定②开始允许影片片头出现“监制”：要求影片片头字幕第 3 幅以后各幅可包括：出品人、监制、策划、顾问、编剧、导演、摄影、主要演员、作曲、剪辑、美术、制片主任等。

并且从 2001 年开始，法规文件中开始承认“总监制”这一头衔。2001 年批复③其中要求中国电影集团公司在片头字幕中“出品人、总监制、总策划”只占一个画

---

① 此字幕是笔者根据爱奇艺网站上搜索到的《中南海保镖》电影的一帧一帧字幕手记的，经比对与百度词条上的字幕顺序甚至人员名单都不同，但是只能相信自己的眼睛。不过，举这个例子主要是说明监制、制片这个工种的，具体是谁来做这个工作，对于本书说明没有太大意义。

② 《关于印发〈国产电影片字幕管理暂行规定〉的通知》（电字〔2000〕第 64 号），原国家广电总局电影局 2003 年 2 月 3 日发布，发布对象是各电影制片厂（公司）、中国电影集团公司、电影频道。

③ 《关于中国电影集团公司影片字幕署名的批复》（电字〔2001〕第 404 号），原国家广电总局电影局 2001 年 9 月 12 日对中国电影集团公司作出的批复。

幅，呈“品”字型署名。

根据行业经验和业内人士部分共识，可以认为监制是署名制片人这个类名称下属的子概念，与制片人有着非常相似，时而交叉的职能。出品单位派出或者外聘的管理投资的人是制片人，当联合出品单位很多时，联合制片人也有很多，联合摄制和联合出品的构成越来越复杂，于是监制这个“行当”应运而生。可以认为，监制就是几个有话语权的出品人共同选择的一个信得过的既懂得经营又懂得艺术的专家，在电影拍摄过程中进行宏观指导、把握全局、从而更好完成拍摄的一个关键人物。可能在实际工作中有的需要监制拉投资、选演员，有的需要协助修改剧本，有的需要去找发行方，也可能只做其中一件事，看每个剧组的情况而定。比如一些导演可能转去做监制。例如执导过《建党伟业》等电影的黄建新就在三部曲之《建军大业》中做监制。

四、制片人“画像”

（一）制片人产生方式。由出品人派出到摄制组，可以是出品单位的人员，也可能外聘。

（二）工作职责。作为出品人的代表，替出品单位管理投资。具体包括制作拍摄计划；管理拍摄进度；选择演员；（和导演一起）敲定剧本；所有拍摄管理包括租借场地、设备、联系外景等。

（三）制片分工。我国国内过去没有像好莱坞那么工种繁杂，但是随着电影产业突飞猛进地发展，制片人的分工也细致多了。2017 年 12 月 29 日上映，至 2018 年 1 月 8 日就冲上 8 亿元大关的逆袭影片《再见前任 3》的片头：执行制片、制片人、监制、总监制，已经是各种制片人一应俱全了。2019 年“十一”期间上映的《我和我的祖国》片尾制片组的成员有：执行制片、制片统筹、生活制片、外联制片、现场制片、财务等。

出品单位的发展趋势是出品单位越来越多，一般有几个出品单位就对应几个出品人，对应的也会有在片头字幕中有几个制片人，数量可以少于出品单位；现在出现多个联合出品单位，相对应也会有几个联合制片人，数量可以少于联合出品单位。

第二节·制片人权利(义务)

一、制片人是否有法定的署名权?

本篇讨论的导演、编剧、摄影、作词作曲都有法定署名权,这些法定权利是《著作权法》明确规定的,但是,《著作权法》没有规定制片人的权利。

(一)制片人是否被包含在《著作权法》对电影作者表述中的"等"?

根据《著作权法》第15条的规定,编剧、导演、摄影、作词、作曲等作者享有署名权,那么制片人是不是可以包括在"等"之中呢?

恐怕不能。从著作权法理上看,所谓作者就是创作出作品的自然人。何为创作呢?是为思想和情感寻求形式的过程,是设计并完成电影的行为,是在头脑中从初具规模开始到构思成熟,然后运用电影的声、光、电的表述语言将其表达出来完成作品的过程。因此,导演、编剧、摄影等人是影视作品的作者。但是制片人更多的是管理性、事务性工作,跑投资、选演员、做后勤等,并不是直接地针对作品的智力型劳动。有一些模糊地带的是"监制"这类,有时会对导演的做法思路提出建议,甚至提出很重要的意见,如何看待?笔者认为,监制提出对影片的建议,也还是要通过导演的思考转化到导演自己的拍摄中,还是不能算作影视作品的作者。

(二)没有法定的署名权,意味着什么?

有法定的署名权,意味着即使在没有合同约定的情况下,也可以提起署名权确认之诉,要求法院确认自己是该部影视作品的"某某人"(编剧、导演、摄影等),要求在影视作品中署上自己的名字;或者提起署名权侵权之诉要求法院判决对方署上自己名字并赔偿自己应当拥有权利的利益。

而没有法定的署名权,就是说如果出品方没有在影视作品中署上制片人的名字,制片人也不能依法提起署名权的确认之诉或者侵权之诉。

二、行政规范规定的制片人署名是否属于法定权利?

在行政规范性文件中对制片人(制片主任)是有规定的,由此而形成的行业习惯中也有在片头显示制片人这种类名称的惯例。在实践中,摄制组中制片人的角色更是不可或缺。那么可否依据其他法律法规来主张制片人法定署名权呢？答案是否定的。

（一）规范性文件中规定的制片主任的署名权，不能作为裁判依据

例如1993年第531号字幕管理规定①规定了故事影片的常规署名中有“编剧、导演……指挥、制片或剧务主任（1～3人）、制片主任（1～2人）……”但是不能作为法定权利的理由，一是该文件已经废止，因为作为行政性管理的规范性文件不能对民事领域的事情太过干涉；二是即使这个规范性文件没有废止，也因为其法律层级太低，不能在法院的判决中引用。我国行政诉讼法规定，人民法院在审理行政案件时以法律和行政法规、地方性法规为依据，②参照国务院部委制定的规章等。③这虽然是关于行政诉讼方面的要求，可是反映了法律适用上的基本要求。影视方面的诉讼绝大多数是民事诉讼，都是依据民事方面的法律来判定。如果涉及行政方面的规定，对于法律可以遵守，对于规章只有参照，对于规范性文件，那首先是审查其合法性。例如，案例1中对于行政性规范性文件《影片交易规定》法院没有直接引用，而是先审查其合法性，发现不合法，没有采用，按照民事方面的一般原则来进行审理。

（二）行业惯例中的规矩，诉诸法院时不能采用

这个就不解释了，行业惯例的形成复杂，不确定性大于确定性，大家约定成俗却又不一定遵守，法院在裁决时一般不予采用。

三、依据合同约定获得署名权和获得报酬权

那么，是否制片人就没有署名权了呢？

答案也是否定的。只是说制片人没有法定的署名权。制片人付出劳动，当然可以有署名和获得报酬的权利。对制片人的署名权和获得报酬权的保护，主要通过制片人与出品方订立合同的方式来保护。在下编中还会详细论述制片人劳务合同。

案例1中陈某德向广西制片厂交了30万元作为管理费，还拉来6家单位共投

① 原广电部电影局《关于修订故事影片字幕规定的通知》（电字〔93〕第531号），见前面注解，该文件现已失效。

② 《中华人民共和国行政诉讼法》第52条。

③ 《中华人民共和国行政诉讼法》第53条。

资1300万元,虽然没有版权署名,但是广西电影制片厂与陈某德签订协议书,约定由陈某德以《铁血昆仑》制片人资格组建筹备组,广西电影制片厂将此片的2年发行权交给制片人,2年后至4年内如果还有发行利润,双方对半分成。可见陈某德通过合同取得制片人的署名和影片4年发行权,即获得部分著作权财产收益。

54 案·例 没有完成全部工作,可否署名制片人?

——佟某某诉江苏真慧影业有限公司委托创作合同纠纷[①]

|当事人|

原告:佟某某

被告:江苏真慧影业有限公司

|基本案情|

真慧公司(甲方)与佟某某(乙方)签订了《真慧影业电影〈杀戒〉项目执行制片人聘请合约》。约定甲方决定聘请乙方担任其计划摄制的电影片《杀戒》的执行制片人,乙方同意接受甲方的聘用,并且规定了原告和被告的职责和权利、义务。

2012年10月11日,电影《杀戒》的总导演章某祥与真慧公司的法定代表人张某就该片采用谁的剪辑版本的问题发生争议。原告仅协助总导演章某祥在剪辑机房进行剪辑工作并完成了电影《杀戒》章某祥版本的剪辑,没有参与《杀戒》影片张某主持剪辑的最后播出版本的后期工作。被告没有按合同约定给付余下酬金3.6万元,原告诉至法院。

|诉辩分歧|

原告共提出3项诉讼请求:(1)在拟公映的《杀戒》电影影片中,将原告的名字佟某某,及职衔(执行制片人,即署名权)显示在影片字幕上;(2)按照双方的约定给付原告(执行制片人)酬金余款3.6万元;(3)承担本案全部诉讼费用。

---

① 江苏省南京市中级人民法院(2013)宁知民初字第165号民事判决书。

被告辩称，在获准公映的《杀戒》影片片尾的职员表中，已经显示有执行制片人佟某某的署名，不同意支付酬金余款。

法院判决

原告在庭审中撤回了第一项请求。法院酌情判定被告江苏真慧影业有限公司向原告佟增松支付酬金1.2万元。

| 案件分析 |

案件中当事人双方签订的是《真慧影业电影〈杀戒〉项目执行制片人聘请合约》，是委托创作合同。合同约定了真慧影业聘请佟某松作为拟摄制影片的执行制片人。虽然合同中没有具体约定执行制片人的具体署名情况，但是原告依据合同拥有在拟上映的电影《杀戒》上署上名字的权利。事实上，真慧影业公司也确实在《杀戒》影片片尾的职员表中为佟某某署上了名字：执行制片人佟某某。因此，原告在庭审中撤回了该项诉讼请求。

四、制片人如何依据合同法律保护自身权利

首先明确自己的署名权不是法定权利，因此必须通过与出品方签订合同来证明自己的权利，这也是诉讼中重要证据。无论这个制片人是哪一个出品方派出的，还是导演带过来的，最好和能够代表出品方的那个公司签订一份正式的合同。

其次签好合同，明确权利义务。合同中至少明确几项内容：

1. 身份确认：不仅要写明是制片人，还要写清楚是什么样的制片人，是执行制片人，还是制片助理等；

2. 写清楚署名方式：比如是署名在片头显著位置？还是在片头与其他人一起署名？还是在片尾署名；

3. 酬劳及支付期限和方式；

4. 负责的工作：具体的工作内容，包括写拍摄计划、租借场地等；

5. 工作成果交接期限和方式。

6. 违约责任。制片人可以依据当事人双方签订的合同中明确约定各自权利义务，如果发生纠纷，制片人就依据合同来主张违约责任，主张自己的权利。

例如前述案例中，法院经过审理后认为，原告、被告双方对涉案合同未能履行

完毕均要承担相应的违约责任,且客观上原告也参与了章某祥决定的影片版本的剪辑工作,从诚实信用和公平合理的原则出发,参考原告实际工作量所占合同余额比例。最后法院酌情判定被告江苏真慧影业有限公司向原告佟某某支付酬金 1.2 万元。

【问题研究】制片人是否有诉权?

导演、编剧、摄影等人都有法定的著作权,可以依法提起诉讼,所以无须讨论,那么制片人有无诉权,依据什么起诉呢?

按照诉讼法理论,被告基本上是原告定的。即使不合理,比如案例 4 中张某野把《九层妖塔》的导演陆某列为被告不被支持,但在起诉时只要原告提出一般性理由即可按照原告的意思开列当事人,最后法院判决侵权成立,由几个出品人承担责任,导演不需要承担责任。

根据民事诉讼法的理论,可否成为适格的当事人,对原告的要求更多一些,简单地说就是原告是否有权利起诉,如果不适格,可能直接被驳回起诉。

制片人作为为电影制作付出劳动、智力的人,无论从劳务付出,还是智力投入都应当合理合法地获得对价。因此制片人起诉出品方(制片方)合同纠纷中,是适格的原告。

例如,前述案例 54 就是典型的制片人作为原告提起的诉讼。原告佟某某作为涉案电影的执行制片人,与出品方签订了符合法律要求的《真慧影业电影〈杀戒〉项目执行制片人聘请合约》,法院判定该合同合法有效,因此,原告身份合理有效。并最终依法获得部分赔偿。

案例 1 中,陈某德就是制片人。其提起的诉讼是和其他投资人一起作为原告的,但是陈某德并不是以制片人身份起诉的。他是根据与出品人(广西某电影制片厂)之间通过签订协议来取得影片发行权;然后根据合法的发行权和其他投资人一起签订投资协议,一起拍摄电影;其后再代表摄制组与被告签订电影片转让协议。后来凭借与被告之间的合同来起诉被告,其实陈某德是依据合法的影片发行权起诉被告的。

下·篇

影视合同辨析

合同是确定权利的另一种方式，在民事关系中双方当事人通过合同明确双方的权利义务。订立合同的过程，一定会有行业惯例、思维习惯、利益取舍等因素，双方会通过这一个合同明确下来自己能够做什么，有什么权利，承担什么义务，对方能够做什么，有什么权利，承担什么义务等。在一些相似的民事合同中，各个个体虽然是独立作出签订行为，但是必然受到行业惯例、同类情况一般做法的影响，所以在大量的合同下，就会慢慢汇聚出一些行业内部约定俗成的一些权利义务，对于不同类别的主体会根据自身的财力和要求来选择取舍。这就是合同约定权利的形成。① 合同中约定的权利只对合同双方有效，一般情况下不能作用于合同双方之外的其他人。

可以说，影视活动中相当数量的纠纷是源于影视投资合同、演艺经纪合同、主创人员聘用合同、劳务合同等合同。影视合同问题很多：缺乏诚信，一部影片的独家信息网络传播权卖两次，"一女嫁二夫"情况有之；参与投资方不知道主控投资方又和谁订立了类似合同，缺乏监督者有之；双方各怀心腹事，合同表面上是一回事，实质上是另一回事，合同双方对合同认知不同者有之；当事人双方认知相同，但是进入法院，才发现根据法律规定该合同并非双方认知的情况者，法律认知有偏差有之，等等，不一而足。

需要着重指出的是，由于影视专业的特殊性，许多专业术语和行业习惯只有影视剧行业内部人士了解，订立合同时认为都是"圈内人"不需要"啰唆"，并没有在合同里阐释清楚，待发生纠纷诉讼到法院时就麻烦了，法官不了解行业习惯和一些行业内约定成俗的名词，合同又模棱两可，案件结果就难把握预测。另一方面影视剧行业发展迅速，新型的情况层出不穷，《民法典合同编》规定的有名合同无法囊括影视剧新型合同类型，也增加了法院判案的难度，需要理论研究对影视剧各类无名合同进行辨析认定。

可以说，在影视领域大量的合同是无名合同。一方面是由于合同法制定于 20 世纪，当时电影、电视剧还没有完全走向市场，影视制作、发行领域还有特别多计划经济的色彩，不是平等主体之间合同法所规范的领域。当时制定的合同法还不能预测到影视领域的今天迅猛发展状况下出现的纠纷。另一方面是因为影视领域合同本身的复杂性，远不是那 15 类合同所能涵盖的。15 类合同更多的是工程制作、技术加工、仓储保管等实体经济领域涉及的合同，对于影视这种精神产品的制作流通还没有太多的涉猎。本篇所讨论的影视投资合同、发行合同、播映合同、导演聘任合同等，《民法典合同编》规定的有名合同无法涵盖，几乎都是无名合同，每一类合同又可以细分为一些小类型。

---

① 尽管在法理学界很多人主张合同约定的权利也属于法定权利，本书不太同意这个观点，还是采用大多数人比较接受的观点，认为法定权利还是由法律确定更符合法理。

第十四章 联合投资合同

第一节 · 影视剧投资基本情况

影视制作是影视产业的源头,没有好的影片,后续所有发行、放映等环节都是无本之木。专业拍摄团队(包括导演、演员、编剧、后期等)与资金如鸟之双翼,车之两轮,缺一不可。

虽然在《电影产业促进法》中已经规定了加强银行贷款促进电影投资的法条,虽然有一些企业比如华谊兄弟与招商银行通过版权质押方式融资5000万元成功拍摄了《集结号》,成为银企联合的首个成功案例,也尽管有《满城尽带黄金甲》《夜宴》等影片的成功融资,但是,通过向金融机构贷款的方式融资的企业毕竟是少数。更多的影视投资来自影视公司之间的相互融资,以及主动(或被动)投资影视的公司。

目前影视出品单位联合出品是常态,这就是各个投资公司的"投资证明"。投资中,一般有主控投资方①、参与投资方、承制方、挂名方、申领方等,各方在整个项目中扮演着不同的角色。主控投资方是投资的组织者和控制者,对项目享有控制权,掌握着项目的发展方向,影视剧的拍摄及参与主体往往也要尊重主投方的安排。与之相应的即为参投方,参投方是参与

① 杨妍:《电影投资中固定回报的法律风险防范》,载《中国电影报》2017年12月13日,第5版。

投资的主体，一般是以资金投入，可以不参与影视制作。挂名方一般来说既不参与投资，也不参与制作，而是以某些资源参与项目，比如某电视台、某政府机关在影视项目中参与挂名的情况。申领方是指当某些主体缺乏影片拍摄的资质时，需要有资质的主体参与报批。申领方就是以往影视剧准入门槛高的时期常见的一方，现在随着《电影产业促进法》的出台，电影的准入门槛已经完全剔除，不再需要任何资质了，所以申领方越来越少了。承制方往往是由主投方、参投方中的一方或者双方联合兼任，也可以由外聘的主体担任。

关于投资各方的类名称，学者和研究人员、业界人士给出的名称各不相同，或者名称相同，但是含义有异，在这里有必要进行正名。对于主控方，企业法务专业人员使用的名称是“主控投资方”，①著名律师、法学教授使用的是“主控方”，②在电影行业协会因《武林外传》纠纷给法院出具的说明③中用的“主要投资方”，许多电影专业报道中、电影业内人士的口语中多称“主控方”。笔者认为，其内涵应当是“主控投资方”更为恰当贴切，而“主控方”只是“主控投资方”的简称。因为主控投资方的名称是指在投资中占据主动权的一方，要么是主要投资者，要么是投资的组织者，但一定是投资的控制者，对投资项目享有控制权，掌握着项目的发展方向，影视剧的参与主体均要尊重其安排，因此叫作主控投资方最为合适，简称“主投方”，其他方也就相应地叫作参与投资方，简称“参投方”。

各个出品单位、投资单位之间投资关系有两种基本情形：一是“共担风险、共享收益”模式；二是固定回报的合作模式。下面将分节论述这两种模式的具体操作和法律问题。

第二节 · 共担风险型合作模式

“共担风险、共享收益”模式是影视行业中最常见的投资方式：投资各方之间对

① 杨妍：《电影投资中固定回报的法律风险防范》，载《中国电影报》2017 年 12 月 13 日，第 5 版。

② 王军、司若主编：《中国影视法律事务与商务宝典》，中国电影出版社 2017 年版，第 259 页。

③ 北京市第一中级人民法院（2012）一中民初字第 7644 号民事判决书。

于影视剧项目实行风险共担、利益共享的投资原则,各方之间按照一定比例投资,按照投资比例或者约定的比例享有影视作品的版权以及对于作品相关权利,按照投资比例或者约定的比例承担风险。

关于版权问题。根据《著作权法》第15条规定,影视作品的著作权属于制片者。法院一般认定出品单位、联合出品单位是该影视作品的制片者,其他投资人如果认为合同约定自己有版权,可以持合同主张抗辩。由于制片者本身是个群体,因此这种投资模式下的著作权是多个出品单位共同享有的著作权。①

我们现在通过解剖一只复杂的"麻雀",研究最大多数的影视作品投资类型——"共担风险、共享利益"模式。本案中法院对纠纷类型的定义是"其他合同纠纷",可见是一个典型的无名合同。本案是参投方之一与主投方的纠纷,其他参投方强视影业公司、电广传媒文化发展有限公司也于同日起诉了被告,由同一律师代理,这些案件另案处理。②

案例55 翻拍《倩女幽魂》,四个合作方,三起诉讼案

——泰吉世纪(北京)文化传播有限公司与北京紫禁城影业有限责任公司其他合同纠纷上诉案③

|当事人|

原告:上诉人(原审被告、反诉原告):泰吉世纪(北京)文化传播有限公司(以下简

① 王军、司若主编:《中国影视法律事务与商务宝典》,中国电影出版社2017年版,第252页。该书论述关于"共担风险、共享收益"模式的投资者之间的版权关系时,认为这种情况下的影视作品是两人以上合作创作的作品,因此按照《著作权法》第13条关于合作作品的著作权归属来分析。笔者认为不对,因为正如《著作权法》第15条规定的,影视作品的作者应当是编剧、导演、摄影、作词、作曲等人,是自然人。不是作为投资者的法人。虽然结论一致,但是理由不同,建议商榷。

② 泰吉世纪(北京)文化传播有限公司与电广传媒文化发展有限公司其他合同纠纷上诉案,北京市第一中级人民法院民事判决书(2014)一中民(商)终字第8641号;泰吉世纪(北京)文化传播有限公司与广东强视影业传媒有限公司其他合同纠纷上诉案,北京市第一中级人民法院民事判决书(2014)一中民(商)终字第8642号。

③ 二审:北京市第一中级人民法院(2014)一中民(商)终字第8643号民事判决书。该纠纷法院定义为"××其他合同纠纷"意味着这个合同不属于《合同法》规定的有名合同。

称“泰吉世纪公司”)

被上诉人(原审原告、反诉被告):北京紫禁城影业有限责任公司(以下简称“紫禁城公司”)

基本案情见案例结构图 14 - 1。

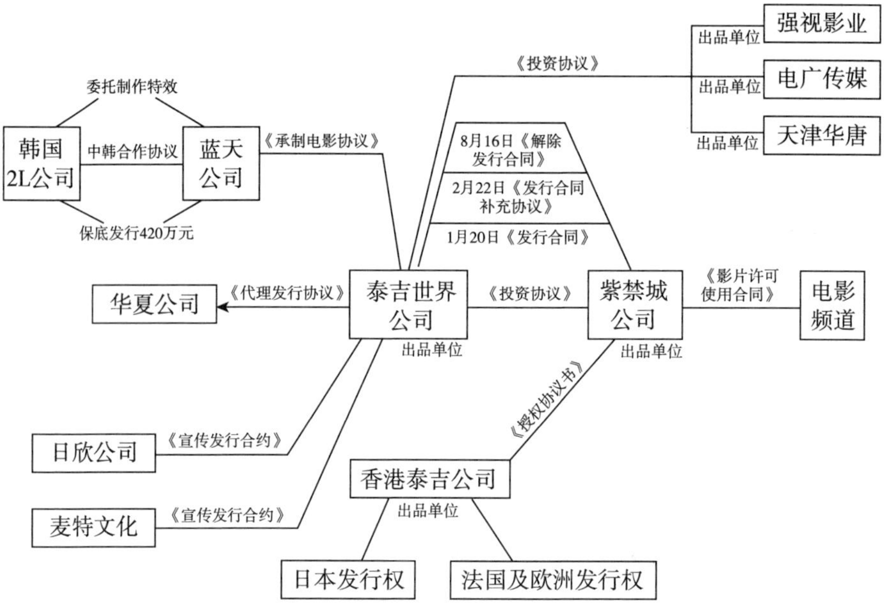

图 14 - 1 案件结构

| 诉辩分歧 |

原告紫禁城公司在一审起诉称:紫禁城公司与泰吉世纪公司于 2010 年 1 月 11 日签订了《影片〈倩女幽魂〉合作协议书》(以下简称《投资协议》)。原告依约出资,并履行了《投资协议》约定的各项义务。被告未履行出资义务,并严重侵犯了原告根据协议享有的制作成本、发行预算书面决定权、知情权、预算执行的审查监督权及收益权等基本权利;被告在未经原告认可的情况下,私自列支高额的影片行政管理费、监制费、发行代理费等非正常支出,而实际获益方为被告及其负责人,直接影响原告及其他投资方的合法权益;被告擅自转委托给一家中国香港地区公司完成了影片拍摄,同时擅自变更本片的核心主创人员,构成根本违约;单方送审,导致影片质量无法达到影片的制作与发行预期;由于被告的严重违约行为,导致影片各投资方至今无法确知影片的实际制作成本及宣传发行成本,导致紫禁城公司的巨额投资未能收回,故诉至法院,请求法院判令被告:(1)返还电影《倩女幽魂》投资款共计152余万元;(2)支付大陆院线发行收益共计946余万元、其他发行收益348余万元;(3)支付违约金共计200万元;(4)支付损失赔偿金共计185余万元;(5)承担本案审计费用和诉讼费用。

被告泰吉世纪公司在一审中答辩称:紫禁城公司已收取450万元销售收入,少投资200万元,须一并结算。

关于第1项返还投资款诉讼请求。泰吉世纪公司不认同审计报告的数据,认为尚有应当列入的制作费用和宣发费用应当计入成本中。

关于第2项支付发行收益诉讼请求。泰吉世纪公司认为紫禁城公司诉称的所谓"宣发费用需经双方签字认可方能计入宣发成本",因紫禁城反悔不做发行之后该条款自行失效。收取发行代理费是电影行业惯例。

关于第3项支付违约金诉讼请求。泰吉世纪公司投资金额实为4148余万元,远超应投资金额。因此,泰吉世纪公司没有违约,不应支付违约金。

关于第4项支付赔偿金诉讼请求。紫禁城公司主张由华夏公司对票房收入进行托管,才导致各投资方至今未能取得发行收益。无权要求泰吉世纪公司承担责任。

不同意支付审计费和诉讼费用。

泰吉世纪公司在一审中反诉称:紫禁城公司未按《投资协议》中"投资方式"约定的时间和方式投资,是违约行为。反诉请求为:(1)紫禁城公司支付逾期投资的违约金159万元;(2)反诉费用由紫禁城公司负担。

紫禁城公司在一审中针对泰吉世纪公司的反诉请求,答辩称:因为开机时间延迟,且泰吉世纪公司在项目制作中未提出制作预算,才导致紫禁城公司延迟付款;反诉请求已超过了诉讼时效;协议属于双务合同,双方均应在同一时期支付投资款,紫禁城公司主张同时履行抗辩。

| 涉案电影基本情况 |

电影《倩女幽魂》取得的《中外合作摄制电影片许可证》显示中方摄制单位为泰吉世纪公司,外方摄制单位为香港泰吉影业控股有限公司(以下简称"香港泰吉公司")。《倩女幽魂》2010年6月1日开机,同年9月初关机。影片后期制作完成后,于2011年3月28日通过国家电影主管部门审查,取得《电影片公映许可证》,于2011年4月19日正式上映。《倩女幽魂》制作完成播放时,出品单位包括泰吉世纪公司、紫禁城公司、强视影业公司、湖南电广传媒文化发展有限公司、华唐公司、香港泰吉公司、华耀投资有限公司；导演为叶××，监制为黎××、许××、彭×，总制片人为蓝凯莎玲。

法院判决

泰吉世纪公司于判决生效之日起10日内返还紫禁城公司投资款930,975.82元、支付紫禁城影业公司投资收益5,436,049.74元、支付紫禁城公司违约损失31万元；驳回紫禁城公司其他诉讼请求；驳回泰吉世纪公司的反诉诉讼请求。由泰吉世纪公司承担审计费用。

| 案件分析 |

该案主投方是泰吉世纪公司，参投方是紫禁城公司等三个公司，承制方是蓝天公司。

本案的关键是《投资协议》，这是一切拍摄、制作、发行、宣发等活动的遵循。应先对其性质予以明确。综观合同的内容以及履行情况，紫禁城公司主要通过投资影片获取收益，其义务主要在于投入相应资金，而为保证其投资权益，合同中明确约定了其享有相应的履约知情权，尤其是关于资金的使用情况；而泰吉世纪公司主要义务在于及时、经济、优质地完成影片制作，充分尊重投资者的权益主张，并严格按照合同约定比例，在扣除成本后将收益返还给紫禁城公司。这个合同就是十分典型的“共担风险、共享收益”合作模式的联合摄制合同。

了解分析双方履约行为和判定各自责任时，应首先区分合同主要义务和次要义务，甚至是履行瑕疵。在此前提下，进而对双方诉请予以评判。当然，泰吉世纪公司实际上与多家公司签订了相应的投资、拍摄等协议，但在本案中，界定双方当事人责任的唯一依据即为《投资协议》，各投资方均应按照本方与泰吉世纪公司之间协议与其单独核算，相互之间并不影响和冲突。

一、合同基本内容分析

我们采用列表的方式从《投资协议》入手，结合法院的分析和裁判，以合同的直观效果来梳理、评析，从而说明联合投资制作合同签订的基本内容、原则、注意事项（避免篇幅过长，只对大部分条款进行考量见表14－1）。

表 14－1 《影片〈倩女幽魂〉合作协议书》条文研究

序号	协议条文表述	法律性质	法律正向效果或者瑕疵	建议
第1条 基本条款	1. 甲乙双方共同投资、联合拍摄本片；作为联合摄制单位，甲乙双方应当共同负责本片的投资与运作，共担风险，共享利润	明确合同性质“共担风险，共享利益”		
	2. 本片总投资的构成包括但不限于：剧本改编权购买费用、剧本费用、前期筹备费用、所有演职员酬金、保险及税费、前期拍摄、后期制作、剧组运作费用、题材申报及审片等	影片拍摄时剧组的费用，属于投资的应用范围	规定内容不够全面，但结合第2条第2项可知本合同只是众多投资合同之一	建议本款与第2条第2项统筹。单列一项“摄制费用构成”会更清晰
	3. 双方作为共同投资人，双方按本协议第2条所约定的投资比例进行投资，版权按投资比例归双方共有，本片所产生的任何及所有收益按照投资比例进行分成	确定按投资比例承担获得险收益的原则	明确了分成比例	
	4. 合作计划，总制片人：黎××，导演/监制：叶××，开机时间：2010年4月，预计送审时间：2010年11月，预计上映日期：2010年12月	合作项目的基本信息	缺少一些如影片主要演员、制作标准、拍摄地点的规定	从纠纷情况看，由于某人替换导致参投方不满意，因此建议增写某人员不得替换之条款
第2条 投资方式	1. 投资比例，本片拍摄投资总额预计为6000万元，双方共同投资，其中甲方投资4800万元，占总投资金额的80%，乙方投资1200万元，占总投资金额的20%	确定投资总额和各自投资比例、具体金额	这是双方获得收益、承担风险的基础比例	
	2. 本片于国内及海外发行时之宣发费用，将由各投资方于当时按投资比例共同平分承担	宣发费用出资比例	“按比例”和“平分”有歧义；本合同是双务合同，“各投资方”指代不清	按此款之意，宣发费用尚须再行投资，但是判决中未予论述

续表

序号	协议条文表述	法律性质	法律正向效果或者瑕疵	建议
第2条 投资方式	3.经双方约定,本片的投资应当分期注入甲方建立的剧组账户,由甲方向乙方出具合法有效收款凭证。第一期:本协议签订后7日内,双方分别注入各自投资额的20%,即240万元,用于前期筹备阶段的开支,包括支付签约主要艺人、导演和其他主创人员的定金、酬金、剧本创作费用等。第二期:于开机前10日内,双方分别注入各自投资额的30%,即360万元,用于影片拍摄期费用。第三期:本片开机后20日内,双方分别注入各自投资额的30%,即360万元,用于支付影片拍摄期不足费用及后期部分订金和相关费用。第四期:关机后10日内,双方分别注入各自投资额的15%,即180万元,用于影片后期制作的开支。第五期:本片通过中国国家电影主管部门内容审查(以领取审查通过书日期为准)后3日内,双方分别注入各自投资额的5%,即60万元,用于审查相关物料制作及各投资方的素材制作	明确专门账户 明确分期投资的时间点和每期款额	虽然上面写明双方同时注入账户中款项,可是后面数字只是240万元,只是乙方需要打款的额度,构成签订瑕疵。导致乙方主张甲方违约时依据不足。 甲方依此条反诉乙方,认为乙方没有按照规定的期限注入投资,属于违约行为。法院判定证据不足,不予支持	法院的判定还是从主要义务角度来判定,认为甲方主要义务是制作影片,投资方面的瑕疵可在其次。另外从拍摄完成后审计结果看甲方投资基本达到合同要求
	4.资金使用 (1)本片所有费用支出实行预算制,在预算范围内,由甲方自行支配;预算范围外,由本片制片人提出并经双方负责人共同签署后作为支出和结算依据	确定费用支出原则	"预算制内自行支配"与下一款(2)"双方签字"有矛盾,构成签订瑕疵	建议甲方制定预算表,交由乙方签字后生效

续表

序号	协议条文表述		法律性质	法律正向效果或者瑕疵	建议
第2条 投资方式	4. 资金使用	(2)本协议所述之资本运用应为双方书面签字、认可的本片拍摄、制作及前期宣传所产生的成本,包括但不限于:前期筹备、项目申报、剧本、主创酬金、摄制、后期制作、终审所产生的费用等	明确资金使用须经双方签字才有效	实际执行时没有按照合同执行,构成执行瑕疵,造成纠纷	
		(3)甲方应严格按照投资金额内完成影片,如遇超支的情况,若实际制作费超过投资金额10%以内,由双方按比例共同分摊;如实际制作费超过投资金额之10%以外,由甲方负责承担超支部分的投入,且不影响乙方原有所占投资的比例及未来利润分配比例	规定超过投资预算之后由谁来承担	很好。这是参投方对主控方运用资金的书面限制,有利于掌控资金总体额度	
		(4)如遇到影片制作完成后,投资金额有结余的情况,甲方须按投资比例退还给乙方	规定投资结余之后做法	没有具体算法,属于规定不细致	建议写清楚具体的计算方法
第3条 版权、署名权、参奖	1. 本片的版权由双方按投资比例共有,本片所获收益由双方按实际投资比例享有		共同共有的版权		
	2. 甲乙双方为本片出品单位。甲方出品人为:蓝凯××,乙方出品人为:张×,总制片人为:黎××,制片人(或监制)之一为:许××,其他具体署名形式、位置等由双方另行协商		规定署名具体方法	电影署名与此不同:监制为黎××等,总制片人为蓝凯××。法院据此认定违约	可以规定得更为清晰、明确。并可再加上一条,如果有变化,需要双方同意签字

续表

序号	协议条文表述	法律性质	法律正向效果或者瑕疵	建议
第4条 制作条款	1. 本片由甲方主导制作、开发剧本、聘请主创人员及主要演员、拍摄预算、计划及决算，甲方应及时书面告知乙方知晓	确定甲方负责摄制	明确乙方知情权。但是"主导"制作意义不清，乙方据此主张甲方外聘第三方承制属于违约，法院未予支持	建议使用更加清晰准确的规范用语，比如甲方制作影片，不得转委托他人承制
	2. 甲方负责在投资总额内严格按计划使用资金，乙方有权随时了解资金使用情况和拍摄情况。甲方应向乙方提供真实有效的票据，以便乙方进行账务处理	明确甲方使用资金的自治权和乙方的知情权	蓝天公司的大额行政管理费，没有及时通知乙方，因此法院不予认定	
第5条 发行条款	1. 宣发方式：甲乙双方成立发行小组联合宣传发行本片，由乙方派专人担任本片宣传小组组长。在经宣发小组提出建议后，经甲乙双方负责人书面一致认可的情况下也可委托第三方发行。具体合作方式及发行代理费的提取办法等细节由甲乙双方确定的一方与第三方另行签署本片的《发行代理合同》	确定影片委托发行的要件是双方同意	甲乙双方其后据此签订了发行代理合同，后又签了解除代理合同。双方同意签约华夏公司发行，均符合该条约定	
	2. 发行原则：(1) 甲方于双片出来后尽快安排发行方观看本片，发行方于观看双片一周内，向甲乙双方提交宣发方案及宣发预算（包括但不限于媒体费、拷贝费、差旅费、活动费、宣传品制作费、寄运费、公关费、发行代理费等所有宣发费用）。……(4) 影片的宣发工作及宣发支出需严格按照宣发方案及宣发预算执行，如遇特殊原因如：	对发行流程、费用、预算、执行等规定得十分细致	由于合同明确强调了未经双方签字无效，所以乙方才可以主张日欣公司未能达到预期成效而坚决要求收回余额。泰吉世纪公司决定独立承担欠款，不计入整体宣发费用中	本条规定得十分细致和专业，说明对电影宣发情况十分了解

续表

序号	协议条文表述	法律性质	法律正向效果或者瑕疵	建议
第5条 发行条款	对宣发方案有调整或宣发预算有超支的情况,发行方须以书面形式报甲乙双方协商,经甲乙双方签字确定后,方可执行。(5)在任何情况下,未经甲乙双方书面签字认可,所产生的费用不计入宣发成本,由其自行承担			
	3.本影片所有销售收入项均汇入甲方指定账户	明确收入归口	很好,规定明确	
	4.本影片之海外发行由甲方全权负责,甲方在扣除发行费用及相关成本后,所得收入双方按投资比例进行分配	明确海外收入负责方和收入分配原则		
第6条 版权及收益分配	1.销售收入的定义:(1)按照本协议第1条第3款(1)所述销售收入为:甲乙双方按票房收入扣除应上缴的国家电影专项基金和营业税金及附加税后的净票房比例分成:院线及影院分得63%,甲乙双方分得37%(含院线及影院的奖励及宣传返点,发行方在与院线方签约时不得低于分账比例)。净票房=票房总收入-国家电影专项基金-营业税金及附加,其中:国家电影专项基金=票房收入×5%,营业税金及附加=(票房总收入-电影基金)×3.3%。(2)除本协议第1条第3款(1)所述销售收入外,其他销售收入及其他版权销售合同签订金额	明确销售收入的具体内容和计算方式	法院依据本款规定的内容对华夏公司的发行收入等销售收入进行分配	这方面规定得越细致越好。对于一些具体得电影常用名词例如"宣传返点"等,最好明确内涵和计算方法
	2.双方发行形成的销售收入在扣除经双方签字确认的宣传发行费、税费后,双方按投资比例进行分配	明确收入的扣减项目		

续表

序号	协议条文表述	法律性质	法律正向效果或者瑕疵	建议
第8条 双方权利及义务	1. 甲方权利及义务,(1)主要负责本协议项目的投资及管控,并监督本协议项目的执行情况和资本运用情况。(2)主要负责本片的制作,并派出制片人管理本协议项目。(3)有权与乙方确定本片导演、主演及主创阵容及审定本片剧本	甲方主要权利的表述	“主要负责本片的制作”可理解为自行拍摄,“派出制片人管理”又可理解为委托承制,两句意思含混,属于订立瑕疵。依此条乙方主张甲方委托他人承制违约证据不充分	自相矛盾的条款,或者是有不同理解的条款,一定要理顺。否则进入诉讼就只能依靠法院人员自由裁量,后果无法预料
	2. 乙方权利及义务,(1)派出制片人,协助甲方完成本片的创作、制作及包括资金使用等各环节监督工作。(2)……	乙方主要权利的表述	乙方监督权	
第9条 剧组管理	1. 在不与乙方在本合同中权利义务相冲突的条件下,甲方有权引进除乙方外的其他投资方,但由此产生的所有债权、债务由违约方自行承担	确认了甲方引进其他投资方的权利		应当在归入投资方式那一条中集中规定
第11条 违约责任	1. 如因本协议任何一方违约而导致其他方遭受损失,违约方应承担赔偿责任	赔偿以损失为原则		
	2. 本协议一经签订,双方应及时履行投资义务,在约定期限内,按期将投资款汇入指定账户,如有任何一方未能在规定期限内支付,应每日缴纳0.5%的违约金。如累计违约期达到7日,守约方可以与其他方洽商新的投入资金,以便电影顺利完成	违约赔偿计算方法	本条规定违约金的计算方法没有问题,法院最后没有按此处罚甲方,也论理充分	

本案中,法院没有支持原审原告提出被告泰吉公司转由蓝天公司承制影片属

于违约的主张,也还有探讨的可能。法院认定该合同确定的乙方主要义务是投资,而甲方主要任务是拍摄。从影视行业运行的一般规律看,投资者还是特别看重专业拍摄团队的,对于摄制单位都有身份特定的要求,一般不允许转委托。如果允许转委托,一般应在合同中明确约定。该案中泰吉世纪公司是主投方,紫禁城公司应为参投方,还有其他 3 个公司都是参投方,共计投资 3440 万元。从投资上看,整个影片制作费用为 5534 万元,泰吉世纪公司投资最多,但自己不亲自拍摄,还“转包”给承制方蓝天公司拍摄。转包可以,应当事先告知各个参投方,否则确实更像一个纯粹的组织投资、组织拍摄的一个“组织者”了。

二、账户管理分析

结合其他案例发现,几方共同投资一部电影或者电视剧,纠纷最容易发生在资金管理上,其中的关键就是共同投资的账户设立。上述案件共同投资资金的账户就是泰吉世纪公司的账户,因此泰吉世纪公司认为自己没有必要给自己的账户转账,只要账面上有钱,足够实际拍摄中的花销,即属于完整履约。但是紫禁城公司认为泰吉世纪公司未按照合同要求在规定期限内往该账户注入约定资金即为违约。

这种情况在其他案例中也很普遍,但是裁决并不相同。

56 案·例 未按合同要求向自己账户注资属于违约吗?
——北京联盟影业投资有限公司与中国电影集团公司制片分公司合同纠纷①

涉案影片为《武林外传》,投资方式与案例 55 相同,双方签订了共同投资、共担风险模式的联合投资合同。甲方中国电影集团公司制片分公司(以下简称“制片分公司”)是主控投资方,乙方北京联盟影业投资有限公司(以下简称“联盟影业”)是参投方。在联合投资合同中约定“甲、乙双方按摄制进度分别将各自投资款分四期投入到双方认可的甲方账户”“在影片拍摄过程中,甲方应分四期向乙方提供制作成本报告《财务报表》”等。

① 北京市第一中级人民法院(2012)一中民初字第 7644 号民事判决书。

合同履行过程亦与案件55相同,制片分公司也没有往自己的账户打款,为此制片分公司作为被告答辩称"在投资账户已经是制片分公司的账户的情况下,为了履行投资义务,如果按照联盟影业的逻辑,制片分公司须将账户中的特定款项取出后再立刻重新汇入该账户,这种操作既无必要也不符合常理,反而会产生额外的成本"。

电影行业协会出具的行业惯例说明"在多方投资的情况下,通常会有一家是主要投资方,主要投资方负责招揽投资、宣发等工作,一般是无须设立专门账户,且也不需要主要投资方出具投资证明,只要保证影片正常进行即可"。

但是法院审理认为"商事合同应当遵循诚实信用原则,在合同双方当事人有明确约定的情况下,应当从其约定,而不应以行业惯例为由否认或更改合同内容。并且,《投资合同》约定的投资账户为中影公司账户,虽然在4期投资款应当支付的时间点上,该账户中的资金数额大于其应当支付的投资款数额,但该账户同时适用于同时期拍摄的多部影片,并非《武林外传》一部影片,制片分公司亦无法说明本案投资款与其他影片的投资款如何区分,故本院无法认定制片分公司按期履行了其投资义务,联盟影业关于制片分公司未履行投资义务属违约行为的主张成立,本院予以支持"。最终法院判决制片分公司向联盟影业支付415余万元投资款及利息。

另外,需要说明的是,这两个案件是同一个法院同一个法官审理的,①案例56是2015年12月审理完成的,案例55是2014年12月审理完成的。对于泰吉世纪公司作为主控投资方没有按合同要求向自己账号注资行为法院认为没有违约。事隔一年之后,几乎相同的案情,联盟影业一案中关于主控投资方没有按合同要求向自己账号注资行为就被认为是违约,是否可以认为,这是法院对这一行为更新的认识呢。

对这一问题,电影发行协会出具的证明代表了行业内的观点,这种情况下一般是无须设立专门账户,且也不需要主要投资方出具投资证明的,只要保证影片正常进行即可。当然从根本解决问题角度,还是建议投资方应当建立一个专用账号来单独管理共同投资的资金更好,这样才能避免纠纷。随着影视剧投资人增加,简单的信任已经不足以撑起影视剧飞速发展的投资危机了,还是以更加科学的制度来约束更好。

---

① 案例55是北京市第一中级人民法院二审案件,合议庭成员是审判长甄洁莹,代理审判员王晴,代理审判员吕云成;案例56是北京市第一中级人民法院一审案件,合议庭成员是审判长甄洁莹,代理审判员刘海云,代理审判员王晴。两个合议庭审判长相同,合议庭只有一名成员不同。

第三节 · 固定回报型合作模式

一、固定回报型合作模式概况

另一种联合投资方式是固定回报型合作模式，与风险共担利益共享合作模式相同的是参与投资方都要支付影片制作一定数额的投资款；与之有重大区别的是，固定回报投资模式事先约定，主控投资方要在双方约定的期限内向参与投资方支付固定收益。

目前关于固定回报型合同模式的联合投资，影视实务很多，理论研究不多，法院判决五花八门，本书找到比较有代表性的法院裁判的 8 个固定投资回报类合同纠纷，进行梳理和研究(见表 14－2)。

表 14－2　固定回报型合同纠纷比较

序号	案件	判决结果	时间、地点、审级
1	上海中山公司与上海进取公司联营合同纠纷①	名为联营实为借贷。合同无效。判决返还本金，不付利息	2005 年 上海市第一中级人民法院 二审
2～4	广州市某影视公司与广东某影业公司合作合同纠纷 3 个案件②	名为合作实为借贷，合同无效。判决返还本金，按同期银行贷款利息支付给投资方	2009 年 广东省广州市中级人民法院 二审、3 个案件
5	杭州今古公司与宁波艺术中心案③	认定为联营合同，合同有效，保底条款无效	2010 年 杭州市西湖区人民法院 一审

① 上海市闵行区人民法院民事判决书(2005)闵民二(商)初字第 760 号，上海市第一中级人民法院民事判决书(2005)沪一中民四(商)终字第 991 号。

② 广东省广州市中级人民法院(2009)穗中法民三终字第 17 号民事判决书，广东省广州市越秀区人民法院(2008)越法民二初字第 1549、第 1550 号民事判决书、广州市越秀区人民法院(2008)越法民四知初字第 307 号民事判决书。

③ 杭州市西湖区人民法院(2010)杭西商初字第 760 号民事判决书。

续表

序号	案件	判决结果	时间、地点、审级
6	北京某公司与湖南某公司联营合同案①	认定名为联营实为借贷，返还收取款项	2010 年 长沙市开福区人民法院 一审
7	北京万森群星影视文化传播有限公司与北京缘鑫国际文化传媒有限公司合同纠纷②	认定合同有效，根据《合同法》第 124 条③判定固定回报条款有效	2014 年 北京市顺义区人民法院 一审
8	北京某传媒有限公司诉兵团电视台等合同纠纷案④	认定非联营合同，属于合作投资和发行电影合同。保护固定回报	2017 年 新疆生产建设兵团第十二师中级人民法院 二审

表 14－2 所列 8 个案件，投资各方签订的联合投资协议虽然具体条款有些差别，但从法律关系看都是参与投资方想获得固定投资，而与主控投资方签订有固定回报条款的合作投资合同；从法律性质上看属于同类合同。但是法院的判决却有重大差别，对于联合投资合同的定性认识不同，法院判决中认定合同双方有 3 种法律关系：联营关系、借贷关系、投资合作拍摄关系。以表 14－3 列表说明，并分类研究。

---

① 长沙市开福区人民法院（2010）开民二重字第 2642 号民事判决书。

② 北京市顺义区人民法院（2014）顺民初字第 9150 号民事判决书。

③ 《合同法》第 124 条规定，“本法分则或者其他法律没有明文规定的合同，适用本法总则的规定，并可以参照本法分则或者其他法律最相类似的规定。”与之相对应的《民法典》中条文是第 467 条：“本法或者其他法律没有明文规定的合同，适用本编通则的规定，并可以参照适用本编或者其他法律最相类似合同的规定。”

④ 该案经过一审：新疆生产建设兵团乌鲁木齐垦区人民法院（2015）乌垦民二初字第 81 号民事判决书；重审：新疆生产建设兵团乌鲁木齐垦区人民法院（2016）兵 1101 民初 375 号民事判决书；二审判决：新疆生产建设兵团第十二师中级人民法院（2017）兵 11 民终 112 号民事判决书。

表 14－3 8 个固定回报型合同纠纷法院判定类型

序号	合同关系	合同性质判定	裁判依据	判决
1	联营关系	属于联营合同	最高人民法院司法解释：固定回报条款属于保底条款，无效，但是合同其他条款有效	认定保底条款无效 判决返还投资款。有的判决给付一定的利息
2	借贷关系	名为联营，实为借贷，属于借贷合同	最高人民法院司法解释：认定投资方未参与共同经营	认定合同无效 判决返还投资款
3	投资合作拍摄关系	属于合作投资及发行影视剧的合同，非联营合同	合同法 当事人自愿、平等基础上签订合同，未违反法律、法规强制性规定	认定合同有效。依据全面履行合同原则，判定双方依据合同约定履行权利义务

二、固定回报型合作模式的判例分析

（一）法院认定为联营关系

法院认定为联营关系：投资合同为联营合同，固定回报条款属于保底条款，根据最高人民法院《关于审理联营合同纠纷案件若干问题的解答》①第 4 条第 1 项判定无效。

57 案·例 联营合同有效，保底条款无效

——某今古电影制作有限公司与某广播影视艺术中心合同纠纷②

| 当事人 |

原告：某广播影视艺术中心（以下简称"艺术中心"）

被告：某今古电影制作有限公司（以下简称"今古公司"）

① 最高人民法院《关于审理联营合同纠纷案件若干问题的解答》，由最高人民法院 1990 年 11 月 12 日发布。

② 杭州市西湖区人民法院（2010）杭西商初字第 760 号民事判决书。

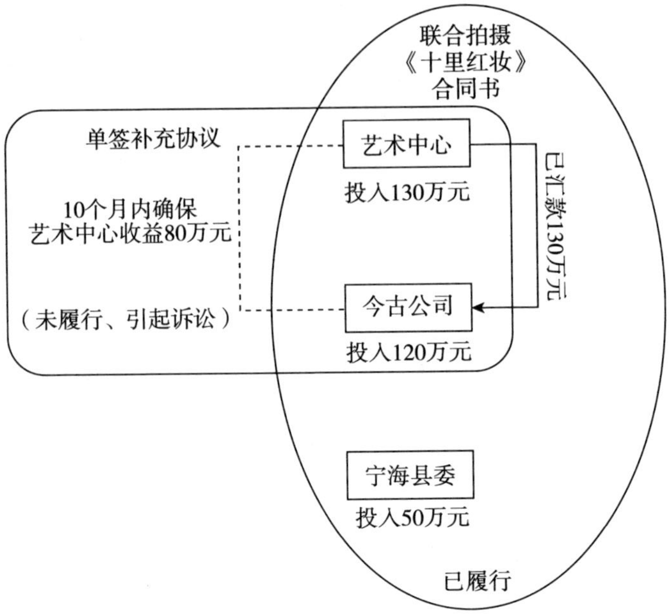

图14－2　案件结构

| 基本案情 |

2007年12月25日，艺术中心（甲方）与中共宁海县委宣传部（乙方）、今古公司（丙方）签订了《联合拍摄电影〈十里红妆〉合同书》，约定，三方联合投资拍摄电影《十里红妆》，该片制作成本投资预算额为300万元，其中甲方投资额为130万元，乙方投资额为50万元，丙方投资额为120万元；三方联合拍摄，共享电影及衍生产品的版权；丙方的主要职责为，负责该片的项目立项、电影拍摄及制作完成的报审工作，负责该片完成片的营销推广工作，收入产生后，按各方的具体投资比例进行分配。凡涉及推广活动应以三方名义联合进行，并由甲、乙双方代表参加。影片拍摄完成，三方共同审核拍摄经费决算，甲方负责办理申报参加各类影展或影奖活动。该片若获奖项，荣誉共享。若获奖金，三方按投资比例分配。若获各类企业资助、赞助，应作为该片的财务收入，三方按投资比例分成。

同日，艺术中心（甲方）与今古公司（乙方）签订《联合拍摄电影〈十里红妆〉补充协议书》一份，约定：双方确认，电影《十里红妆》自开机之日起10个月内将确保甲方收入

80 万元。

协议及补充协议签订后，艺术中心分别于 2008 年 2 月 25 日、4 月 21 日汇款给今古公司各 65 万元。

电影《十里红妆》于 2008 年 4 月 6 日开机，制作完成后，于 2009 年 5 月 15 日取得电影片公映许可证。本案关系结构见图 14－2。

| 诉辩分歧 |

艺术中心诉称，今古公司未按时向其支付 80 万元属于违约，请求判令今古公司立即支付 80 万元，并按银行同期贷款利率赔偿利息损失，承担本案诉讼费。

今古公司辩称：(1)诉争补充协议系保底性质，违背了联营活动中应当遵循的共负盈亏、共担风险的原则，损害了其他联营方的合法权益，应依法认定无效；(2)依主合同约定，今古公司负责本影片的发行，艺术中心有协助义务，包括向艺术中心出具授权书，今古公司多次要求艺术中心提供授权书却屡遭拒绝，导致影片不能正常发行，没有发行收入，艺术中心已构成违约，无权要求分配收入。

法院判决

驳回宁波广播影视艺术中心的诉讼请求。

| 法院审理思路 |

本案中争议核心即双方补充协议是否有效。法院判决认定涉案合同的补充协议属于最高人民法院司法解释第 4 条第 1 项规定的保底条款，判定无效。

依据最高人民法院的司法解释，法院对三方签订的《联合拍摄电影〈十里红妆〉合同书》的相应条款进行论理分析：

1. 三方合同有效

首先认定艺术中心与今古公司及中共宁海县委宣传部签订的《联合拍摄电影〈十里红妆〉合同书》系三方当事人之间的真实意思表示，没有违反法律法规的强制性规定，合法有效，对各方当事人均有约束力。

2. 认定联营合同关系合法有效

法院认定艺术中心等三方系共同出资联合制作电影，拍摄完成后共同进行影片营销，共同审核经费决算，共同分配影片收入的联营合同关系。因此属于共同参与经营的法律认可的合乎法律规定的联营合同关系，合法有效。

3. 认定补充协议约定无效

法院认定补充协议约定的"自开机之日起 10 个月内将确保其收入 80 万元"系保底条款，违背了联营活动中应当遵循的共负盈亏、共担风险的原则，损害了其他联营方的合法权益，认定无效。

因此，法院判定艺术中心无权主张原告支付 80 万元。

| 裁判依据回放 |

所谓联营合同，在 1999 年颁布的《合同法》中没有列明，在刚刚颁布的《民法典》中也不属于典型合同的范围，可以说这个联营合同是带有计划经济体制色彩的一个概念，但是直至 2017 年新疆法院的判例中仍然被适用，所以有必要从头说起，对联营合同和最高人民法院司法解释保底条款细细道来。

1.《民法通则》对联营合同的规定

关于企业联营问题，最早在《民法通则》中有规定。联营是企业之间、企业与事业单位之间横向经济联合的一种法律形式。分为法人型联营、合伙型联营和合同型联营。与前述案例中联和投资合同最相类似的即属于企业之间的合同型联营。

合同型联营是指联营各方按照合同的约定相互协作，独立经营的一种松散型的共同经营体。

联营合同，通常是指两个以上的经济组织为了达到共同的经济目的，约定共同出资，联合从事一定生产经济活动的协议。

2. 最高人民法院司法解释对审理联营合同的规定

最高人民法院《关于审理联营合同纠纷案件若干问题的解答》①（以下简称《联营合同司法解释》）第 4 条第 1 项规定：

联营合同中的保底条款，通常是指联营一方虽向联营体投资，并参与共同经营，分

① 《关于审理联营合同纠纷案件若干问题的解答》的通知（法（经）发〔1990〕27 号），最高人民法院于 1990 年 11 月 12 日发布。

享联营的盈利，但不承担联营的亏损责任，在联营体亏损时，仍要收回其出资和收取固定利润的条款。保底条款违背了联营活动中应当遵循的共负盈亏、共担风险的原则，损害了其他联营方和联营体的债权人的合法权益，因此，应当确认无效。联营企业发生亏损的，联营一方依保底条款收取的固定利润，应当如数退出，用于补偿联营的亏损，如无亏损，或补偿后仍有剩余的，剩余部分可作为联营的盈余，由双方重新商定合理分配或按联营各方的投资比例重新分配。

（二）法院认定是借贷关系

法院认为是借贷关系：联营合同无效，实为借贷合同，属于"名为联营实为借贷"。

在所选的案例中认定为借贷关系的占了5件，但是判决依据并不相同。

1. 以《联营合同司法解释》第4条第2项作为裁判依据认定"明为合作，实为借贷"。

58 案·例 不是投资关系，而是借贷关系

——柏泥（北京）文化传播有限公司与湖南某卫视节目公司联营合同纠纷①

| 当事人 |

原告：柏泥（北京）文化传播有限公司（合同甲方）

被告：湖南卫视节目公司（合同乙方）

| 基本案情 |

2008年12月1日，柏泥（北京）文化传播有限公司（甲方）与湖南卫视节目公司（乙方）经协商达成《合作拍摄数字电影协议》，约定电影片预算为100万元，甲方投资30%

① 湖南省长沙市开福区人民法院（2010）开民二重字第2642号民事判决书。该案是重审案件，2011年7月13日湖南省长沙市开福区人民法院作出（2010）开民二初字第2642号民事判决书。原告柏泥（北京）文化传播有限公司不服，向长沙市中级人民法院提出上诉。长沙市中级人民法院作出（2011）长中民四终字第3235号民事裁定书，以事实不清、证据不足为由将该案发回本院重审。本书引用的是再审判决。

计30万元，其余由乙方投资，乙方负责该片拍摄以后的销售发行等相关事宜，乙方若发行收入少于100万元，(乙方)确保甲方在3个月内收回30万元，超过100万元部分甲方分配其中30%。拍摄的内容剧本由乙方确定，拍摄完成后甲方拥有该片的30%的版权。

| 诉辩分歧 |

协议签订后，原告向被告法定代表人和业务人员的个人账户共汇45万元，被告称只收到30万元。双方产生争议，诉至法院。

| 法院审理思路 |

法院认为原告与被告签订《合作拍摄数字电影协议》，但在双方约定的权利及义务中，原告仅须在指定的期限内向被告支付投资的资金，而被告则须保证影片的相应审查、销售发行、拍摄制作的顺利进行，且全部制作费用预算为100万元，双方约定被告在负责影片的销售发行时，若发行收入少于100万元，还须确保原告在3个月内收回30万元，超过100万元部分原告分配其中30%，这属于联营合同的保底条款，违背了联营活动应当遵循的共负盈亏、共担风险的原则。根据《联营合同司法解释》第4条第2项的规定，认定《合作拍摄数字电影协议》明为合作，实为借贷，被告应当向原告返还收取的款项。

| 裁判依据回放 |

本案中法院判决依据即《联营合同司法解释》第4条第2项的规定。如下:

"企业法人、事业法人作为联营一方向联营体投资，但不参加共同经营，也不承担联营的风险责任，不论盈亏均按期收回本息，或者按期收取固定利润的，是明为联营，实为借贷，违反了有关金融法规，应当确认合同无效。除本金可以返还外，对出资方已经取得或者约定取得的利息应予收缴，对另一方则应处以相当于银行利息的罚款。"

| 案件分析 |

即使法院将双方合同关系认定为联营合同，还要区分合同到底是真正的联营合同，还是"名为联营实为借贷"的借贷合同。其核心问题是如何认定合同签订内容及履行合同行为属于最高人民法院司法解释中的"共同经营"。从判例看，各地、各级法院掌握标准并不统一。本案中法院认为原告投资仅需30万元，拍摄完成后甲方拥有30%的版权，乙方负责影片的拍摄制作、审查、销售发行等，因此原告没有参与经营，所以适用最高人民法院司法解释第4条第2项规定。

可以说,这是对影视制作的误解。

事实上,影视剧出品单位中绝大部分的参投方不参与专业影视公司的摄制。专业的拍摄必须有时间限制,因为每一天租用场地、设备、演员酬金等需要几十万元,甚至上百万元的费用。如果让这些非专业的投资人来参与专业的拍摄,只能浪费时间和金钱,拍摄不出好的作品。影视剧制作中,一般都是参与投资方和主控投资方约定,由主控投资方或者主控投资方委托的第三方负责制作影视剧是非常正常的影视剧摄制形式。所以仅凭这一点来判决北京文化公司没有参与经营,并因而判定双方签订的不是真正的联营合同,那该公司确实有点冤。

还有,依据《联营合同司法解释》中对违反法律强制规定的"名为联营实为借贷"的合同双方规定了处罚"除本金可以返还外,对出资方已经取得或者约定取得的利息应予收缴,对另一方则应处以相当于银行利息的罚款"。可是本案在判决赔偿数额时并没有按照最高人民法院司法解释的规定对当事人进行处罚。为什么呢?

作为不是立法者,不是司法裁判者的研究人员,揣度原因有二:(1)其后民事法学理论发展,更多尊重当事人意思自治,不主张在民事诉讼中运用国家权力处罚当事人;(2)联营合同先有,后来出现的影视剧联合投资合同是否归入这种类型的合同,法官心中是存有疑虑的,所以虽判定为"名为联营实为借贷",却没有处罚。

2. 根据《合同法》第52条判定合同无效

59 案·例 协议无效,返还投资

——某进取影视技术有限公司诉某中山文化艺术发展有限公司联营合同纠纷①

| 当事人 |

原告:某进取影视技术有限公司(以下简称"进取公司")

被告:某中山文化艺术发展有限公司(以下简称"中山公司")

① 一审:上海市闵行区人民法院(2005)闵民二(商)初字第760号民事判决书;二审:上海市第一中级人民法院(2005)沪一中民四(商)终字第991号民事判决书。

| 基本案情 |

2002年11月5日,进取公司(乙方)与中山公司(甲方)签订协议书,约定双方各出资20万元联合拍摄电视电影《沙家浜外传》。由梁某某具体负责全面操作,乙方监督;甲方承诺乙方,以保底分成形式合作,本剧发行后,首先归还乙方20万元投资款及10%利息,共22万元;开机初定于2002年11月18日,拍摄周期为15天(12月3日封镜);该剧制作由梁某某全权负责,如超资均由甲方单方追加,甲方承诺在乙方投资3个月后归还全部本息。

协议签订后,原告向被告交付了20万元。之后,被告方委派梁某某负责拍摄和制作。

2004年10月,因一直未收到协议约定款项,原告发律师函要求被告按协议偿还投资款本息。被告回函称其只是出于帮忙性质与原告签订协议,具体事项系挂靠其公司的梁某某经手,其不知情。原告诉至法院。

法院判决

法院认为:原告、被告所签的协议,从其内容分析,原告投资后不承担风险责任,不论盈亏均按期收回本息,而实际负责经营操作也是被告方指派的人员,故本协议明为联营,实为借贷,违反了有关金融法规,应当确认协议无效。双方所签协议无效后,被告所获得的原告交付的本金,应返还给原告,但原告主张利息的诉求,本院不予支持。被告关于还款未到期等辩称,由于合同应属无效,故对还款期限的约定等条款对双方无约束力,被告因该合同所取得的财产应返还原告。判决被告返还原告20万元。

被告中山公司不服判决,提起二审。上诉中称进取公司按约定参与了影视作品整个制作过程,双方合作是有效合作,联营合同有效。二审法院审理后认为,由于中山公司没有在举证期限内提出相应证据证明双方存在实质性的联营关系,所以法院不予认定。二审法院维持原判。

| 裁判依据回放 |

请注意,该案中法院的判决不是依据关于联营企业的司法解释,而是根据《合同法》

第 52 条第 5 项①“违反法律、行政法规的强制性规定”判决合同无效。

那么，原被告之间的合同是违反了哪部法律还是行政法规定的强制性规定呢？

在案件判决中法官只表明是“金融法规”没有具体指出法规名称，经查证是指《商业银行法》和企业之间不得互相拆借的国家强制性规定。

根据《商业银行法》②第 11 条第 2 款的规定，“未经国务院银行业监督管理机构批准，任何单位和个人不得从事吸收公众存款等商业银行业务”。该法 1995 年颁布实施，现行有效，表明国家禁止企业之间的借贷。

司法解释也否定企业间的借贷效力。前案裁判依据认为“名为联营、实为借贷，违反了有关金融法规，应当确定合同无效”，另外，1996 年 9 月，最高人民法院《关于对企业借款合同借款方逾期不归还借款应如何处理问题的批复》明确规定：企业借贷合同违反金融法规，属无效合同。因此，法院对于企业间借贷合同的效力一直认定是无效。

根据《合同法》第 52 条第 5 项的规定，违反法律强制性规定签订的合同，自始无效。原被告之间签订的合同虽然双方认为是联营合同，但只是挂“联营”的“羊头”，实际上卖的是“借贷”的“狗肉”。

法院判定合同无效后，依据《合同法》第 58 条“合同无效或者被撤销后，因该合同取得的财产，应当予以返还”③的规定判决被告返还原告 20 万元。

3. 依据《贷款通则》企业之间不得拆借的规定判定合同无效

下面介绍的案件有趣，3 个案件当事人相同，以 3 部不同电视连续剧为标的签订了内容基本一致的《联合摄制协议书》，且协议书中都规定了保底条款，这里只以其中一案为例说明。一审认定固定投资回报的合同有效。二审改判为“名为合作、实为借贷”合同。

---

① 与《合同法》第 52 条第 5 项相对应的，《民法典》第 153 规定，违反法律、行政法规的强制性规定的民事法律行为无效。但是，该强制性规定不导致该民事法律行为无效的除外。

② 1995 年 5 月 10 日第八届全国人民代表大会常务委员会第十三次会议通过。根据 2003 年 12 月 27 日第十届全国人民代表大会常务委员会第六次会议《关于修改〈中华人民共和国商业银行法〉的决定》第一次修正。根据 2015 年 8 月 29 日第十二届全国人民代表大会常务委员会第十六次会议《关于修改〈中华人民共和国商业银行法〉的决定》第二次修正。

③ 与《合同法》第 58 条相对应的，《民法典》第 157 条规定，“民事法律行为无效、被撤销或者确定不发生效力后，行为人因该行为取得的财产，应当予以返还。”

案例60 合同到底是否有效？

——广州市某影视公司与广东某影业公司合作合同纠纷3个案件

广州市某影视制作有限公司与广东某影业有限公司合作合同纠纷上诉案[①]

|当事人|

上诉人(原审原告):广州市某影视制作有限公司(以下简称“广州公司”)

被上诉人(原审被告):广东某影业有限公司(以下简称“广东影业”)

|基本案情|

2007年6月28日,广州公司和广东影业签订《联合摄制协议书》1份,约定双方联合拍摄20集现代电视连续剧《想好再结婚》(以下简称《想》剧)。《想》剧预计全部投资为人民币600万元,广州公司负责投资人民币200万元,广州公司享有人民币200万元不少于以35%即270万元的投资及回报收益;《想》剧完成片的著作权归广东影业所有;广东影业负责《想》剧申请事宜,负责办理该剧拍摄许可证、发行许可证等相关手续;广东影业全权负责主创人员和剧组人员组成,以及该剧的拍摄和前后期制作工作;为保证广州公司投资款及回报,广东影业在收回投资成本后于2008年6月30日最优先返还广州公司投资款及回报收益,并以《想》剧版权作担保,直至广东影业将广州公司投资款及回报收益支付终结时止;《想》剧全部投资风险由被告广东影业承担,与广州公司无关;双方在《想》剧中均以联合摄制单位署名,广东影业法定代表人在剧中署名出品人、总制片人,广州公司法定代表人在剧中署名制片人。

合同签订后,广州公司分5笔支付给广东影业合计人民币184万元。

2007年5月1日,广州公司任命许某为创作与制作总监,全权处理其所参与的影视剧制片与剧本创作工作。同年7月23日,广东影业任命许某、文某为包括《想》剧在内的电视连续剧执行制片人。

---

① 一审:广州市越秀区人民法院(2008)越法民四知初字第307号民事判决书;二审:广东省广州市中级人民法院(2009)穗中法民三终字第17号民事判决书。

法院判决

一审法院认为双方签订的《联合摄制协议书》意思表示真实，意志表达自由充分，内容不违反我国法律和行政法规的强制性规定，合同双方已实际履约，《联合摄制协议书》是一份合法有效的合同。

二审法院认为，虽然原审查明广州公司有指派许某从事剧本创作工作及担任制片人，但该事实不足以改变广州公司依据《联合摄制协议书》的主要义务是投资 200 万元，主要权利是在不承担任何风险的情况下按时收回投资及收益。而且，双方就《转》剧和《血》剧[①]所签订的具有相同条款内容的《联合摄制协议书》也已经被我院生效判决确认为名为合作实为借贷的合同。所以，本案双方应被认定为名为合作实为借贷关系。原审法院认定双方是合作拍摄关系，依据不足。本案《联合摄制协议书》应认定为无效。

| 裁判依据回放 |

依据是《贷款通则》[②]第 21 条规定，贷款人必须经中国人民银行批准经营贷款业务，持有中国人民银行颁发的金融机构法人许可证或金融机构营业许可证，并经工商行政管理部门核准登记。由于广州公司并非经营金融业务的机构，所以双方的借贷行为损害了国家的金融制度。

| 案件分析 |

对该案判决本书持不同观点，认为该案合同应为有效，一审判决正确，二审判决有误。

这 3 个案件《联合摄制协议书》中的保底条款与其他案件的相关内容有较大不同，即收到投资的主控投资方是“收回投资成本后”再于某日之前“最优先返还”投资方的投资款及回报收益。可是了解影视剧制作发行情况的都会知道，影视剧要收回成本并不容易，平均只有不到 1/2 的影视剧能收回成本，仅凭这一句，不能得出投资方“不承担任何风险的情况下按时收回投资及收益”的结论。更不用说双方在合同中约定共享署名权，且派遣了本方的制片人进入摄制组，都表明双方是实质性的合作关系。

---

① 另外两个同当事人的案件中标的电视剧剧名分别简称为《转》和《血》。

② 1996 年中国人民银行第 2 号令。

(三)法院认定是投资合作拍摄关系

法院认定双方之间是投资合作拍摄关系;根据合同法认定投资合同有效,保底条款合法有效。

61 案·例 非联营,非借贷,系投资合作拍摄合同

——北京新华兆讯文化传媒有限公司诉新疆生产建设兵团电视台等合同纠纷①

该案十分典型,原告认为涉案合同是"名为联营,实为借贷",被告认为涉案合同是联营合同,保底条款应属无效。案件一审判决后,原告新华兆讯、被告新疆生产建设兵团电视台均不服,提出上诉;二审法院发回重审,一审法院重审作出判决后,新华兆讯再次提起上诉,二审法院作出终审判决。判定合同为联合投资合同,其中固定回报条款有效。这里引用的是发回重审后的二审判决。

|当事人|

上诉人(原审被告):北京新华兆讯文化传媒有限公司(以下简称"新华兆讯",合同甲方)

被上诉人(原审原告):新疆生产建设兵团电视台(以下简称"兵团电视台",合同乙方)

原审被告:中建融丰(北京)投资担保有限公司(以下简称"中建某公司")

|基本案情|

2013年5月,兵团电视台(乙方)与新华兆讯(甲方)中建某公司(丙方)签订《电影片投资与联合拍摄合同》,约定联合拍摄电影《一路红尘》。甲方负责影片的制片、发行等工作,乙方按约投资并依法享有合同约定各项权利,丙方对合作项目负责全程财务代

① 该案经过一审:新疆生产建设兵团乌鲁木齐垦区人民法院(2015)乌垦民二初字第81号民事判决书;重审:新疆生产建设兵团乌鲁木齐垦区人民法院(2016)兵1101民初375号民事判决书;二审:新疆生产建设兵团第十二师中级人民法院(2017)兵11民终112号民事判决书,本书引自二审判决书。

管和监控,并向乙方提供连带责任担保;“甲乙双方确认本片除宣传推介与发行之外的全部投资预算总额为800万元,其中甲方投资75%,计600万元,乙方投资25%,计200万元;双方按照上述约定比例共同享有本片剧本的著作权、收益权和电影的著作权、收益权”;“乙方有权指派3名(左右)人员作为剧组成员,参与本片各主要岗位的辅助工作与学习,甲方应保障乙方指派人员对全部相关工作完整、充分的知情权,及时告知工作进度和安排”。甲方与乙方联合出品、共同署名,剧本和影片著作权的全部或部分须经双方一致同意方能行使。“甲方承诺如未能实现本片投资目的或收益目标,最晚于2014年6月30日前将无条件赔偿乙方全部投资款项,并按2013年5月执行的一年期银行存款基准利率(年息3.5%)的4倍赔偿乙方基本的可得利益损失,及乙方获得上述损失赔偿所开支的全部费用”。

合同签订后,原告分两次分别向被告中建融丰公司账户内汇入共计200万元。

2011年12月30日,北京市广播电影电视局向新华兆讯颁发了影片的摄制电影许可证。

2014年5月30日,国家新闻出版广电总局电影局颁发了该片的电影片公映许可证,出品单位为:兵团电视台等(无被告)。

2014年6月23日,兵团电视台、新华兆讯、中建某担保公司等公司签订一份《补充协议》,确定新华兆讯因经济性质是中外合资公司,按照要求不能作为国产电影的出品单位,因此公映许可证上去掉了其公司,但之前签订的一切合同及协议依然合法有效。

|一审诉辩分歧|

原告兵团电视台诉称:新华兆讯偿付投资款损失200万元、收益损失280万元、违约金478.8万元及其他费用,中建某担保公司对此承担连带清偿责任。被告认为涉案合同是联营合同,保底条款应属无效。

|一审判决|

法院认为《电影片投资与联合拍摄合同》合法有效,并非名为联营实为借贷合同。兵团电视台已履行了出资义务及合同相关义务,应当取得合同约定收益。判决被告新华兆讯赔偿原告新疆某广播电视台投资款损失200万元、赔偿收益损失28万元、赔偿违约金40万元。被告中建某公司对被告新华兆讯上述268万元债务承担连带清偿责任。

原告新华兆讯不服,提出上诉。

| 二审诉辩分歧 |

新华兆讯诉称,原审判决认定《电影片投资与联合拍摄合同》系联营合同定性准确,但依据合同中的保底条款判决赔偿兵团电视台的投资款损失、收益损失及违约金,违反了相关法律的强制性规定,系适用法律错误。双方合同约定的保底条款,按照最高人民法院司法解释应当确认无效。请求二审法院依法予以撤销,并驳回兵团电视台的全部诉讼请求。

兵团电视台辩称,我们双方当时说好的是借款,影片计划投资1200万元,但新华兆讯只筹到了800万元,我们才借200万元。所有条款都是附带在借款前提下的对兵团电视台补偿或收益的条款,不存在投资的情况。故请驳回上诉,维持原判。

原审被告中建某公司既未到庭也未提交书面答辩状。

| 二审判决 |

二审法院判决驳回上诉,维持原判。

| 案件分析 |

该案法院的判决依据是合同法,对当事人三方签订的《电影片投资与联合拍摄合同》进行判断分析。

1. 认定合同有效

法院根据《合同法》第44条第1款"依法成立的合同,自成立时生效",[①]认定兵团电视台与新华兆讯、中建某公司签订的《电影片投资与联合拍摄合同》是各方当事人在平等、自愿基础上协商签订的,合同内容未违反法律、行政法规的强制性规定,为有效合同。

2. 认定双方不是借贷关系

兵团电视台作为乙方除了履行合同约定的投资义务之外,还履行签署、提供证明文件等义务,除了享有收回成本、得到损失赔偿的权利之外,还享有署名权及分得利润等权利,与提供借款、按期收回借款及利息或固定收益的借贷合同明显不符,所以法院驳

---

① 与《合同法》第44条第1款相对应的,《民法典》第465条规定,"依法成立的合同,受法律保护。依法成立的合同,仅对当事人具有法律约束力,但是法律另有规定的除外"。

斥了兵团电视台认为合同是名为联营实为借贷合同的主张。

3. 认定不属于联营合同

如前所述,根据三方之间签订的合同以及合同的履行情况,法院认定原被告双方之间的合作形式亦不符合联营的形式和特征,法院认定新华兆讯上诉称为联营合同关系的理由不成立。

4. 认定双方属于合作投资及发行电影的合同关系

根据三方之间签订的合同以及合同的履行情况,兵团电视台和新华兆讯属于合作投资及发行电影的合同关系。

5. 争议条款不属于保底条款

因兵团电视台和新华兆讯是平等的主体,其订立的合同是经过正常的磋商程序而订立的,是其真实意思的表示,而不是通过强者利用其强势地位剥夺他方的契约自由,该争议条款对双方具有约束力。所以合同中“甲方承诺……最晚于2014年6月30日前将无条件赔偿乙方全部投资款项……”的内容,不属保底条款。

根据这些判断,法院认为在合同签订后,兵团电视台履行了出资义务和相关义务后,应当取得合同约定的收益。新华兆讯及中建某公司在联合创作的影片发行放映后,却未按照合同履行合同约定义务,构成违约,应当承担违约责任赔偿。

案例62 固定回报条款有效

——北京万森群星影视文化传播公司与北京缘鑫国际文化传媒有限公司合同纠纷①

该案法院认定与案例61相同。

|当事人|

原告(反诉被告):北京万森群星影视文化传播有限公司(以下简称“影视公司”)

被告(反诉原告):北京缘鑫国际文化传媒有限公司(以下简称“文化公司”)

---

① 北京市顺义区人民法院(2014)顺民初字第9150号民事判决书。

| 基本案情 |

2012年3月8日，双方签订了《电影项目〈我的美丽王国〉合作协议书》，对双方就投资该电影项目等事项作出了约定。2012年7月5日，双方签订了《电影项目〈我的美丽王国〉合作协议书之补充协议书》，文化公司（甲方）和影视公司（乙方）约定，“甲方承诺在该电影发行后，优先向乙方返还投资款，即电影发行后取得收入后，首先将该收入返还给乙方，若发行收入不足100万元，则由甲方负责补足”。该条成为双方争议条款，甲方认为双方系联营关系，该条款系保底条款无效。乙方认为双方系联营关系，但争议条款不构成无效的保底条款。

| 法院判决论理中的核心认定 |

1. 双方建立的联营合作关系，符合法律规定；

2. 争议条款系双方对影视公司回收投资事项的约定，系双方真实的意思表示，未违反法律、行政法规的强制性规定，未损害他人的利益，故该条款有效。

因此法院认定固定回报的争议条款有效，被告应按照约定给付原告90万元投资款。

三、固定回报型投资合同性质研究结论

影视剧固定回报投资合同不属于企业联营合同，不应认定为联营合同，也不应当认定为借贷合同，应当认定为新型的无名合同，可以称为“固定回报型影视剧摄制（发行）合同”。原因论述如下：

（一）司法裁判的趋势

虽然在8个案件中，只有2个案件法院判定固定回报类投资合同系专门的投资影视剧制作和发行合同，但仅仅有数量不能说明问题，还须对这些案例以时间为轴进行历史演进研究。

2005年，上海法院，认定借贷合同

2009年，广东法院，认定借贷合同

2010年，杭州法院，认定联营合同

2010年，长沙法院，认定联营合同

2014年，北京法院，认定联营合作关系（请注意这里已经不使用联营合同的概念），且“保底”条款有效

2017年，新疆法院，认定合作投资及发行电影的合同有效

可见，早期法院认定是借贷合同多一些，后来认定是联营合同，更晚一些时候，2014年北京市顺义区、2017年新疆法院判决都确认影视剧投资合同合法有效，明确该合同不属于联营合同，固定回报条款合法有效。

中影集团法务杨妍研究指出，“根据目前的法律判例，多数法院认为，电影联合投资协议中有关各投资人之间权利义务的约定，与共同联营性质不同，不能认定为联营合同，关于固定回报的约定不能认定为保底条款而导致其无效，从而认可了保底条款的有效性”。[①]

因为现实的丰富多彩，尤其是面对法律没有明确规定的这类影视拍摄投资合同，法律人的认识只能不断发展，所以司法的趋势是趋向认定固定回报模式影视投资合同的有效性。

（二）法理研究的新发展

最高人民法院《联营合同司法解释》是1990年制定的，《贷款通则》是1996年制定的，《商业银行法》1995年制定的，《合同法》也是1999年制定的，时间已经走过30年，时过境迁，研究对象已经发生巨大变化，法学研究应当与时俱进，应当随着形势需要、生产发展而创新发展。用30年前的司法解释套用现代的影视新型案件，未免有些“削足适履”之嫌。

1. 最高人民法院《联营合同司法解释》是针对20世纪七八十年代在煤炭、化工产品等货物贸易产品，企业在联合经营过程中出现大量纠纷而制定的。该司法解释在20世纪时法院审理联营合同经常使用。

1990年电影每年只生产50部左右，电视剧刚刚生产出《渴望》，还未出现大量生产，影视纠纷自然不多，2000年后随着影视剧的大发展，纠纷增加，这些新型的纠纷涌入法院，但是专门调整影视剧的法律法规不多，诉讼当事人和法院只能找最为相近的法律法规为论理和裁判依据，因此该司法解释，在固定回报模式影视剧投资合同纠纷中比较多地被原告、被告引用作为起诉或答辩的理由，也经常作为法院判决依据。

当年司法解释规定保底条款无效，立法目的在于维护合同共担风险的原则，如今合同的意思自治原则现在更多地体现于法院的判决之中。主控投资方自愿承担更多的风险，而给参与投资方固定的回报，是为了适应市场需要能够获得投资而作

---

① 杨妍：《电影投资中固定回报的法律风险防范》，载《中国电影报》2017年12月13日，第5版。

出的利益选择，属于“周瑜打黄盖——愿打愿挨”，应当尊重与保护。

2.《合同法》规定“以合法形式掩盖非法目的”的合同无效，法院判定“名为联营实为借贷”就是认定合同双方以联营的名义实施了法律禁止的企业之间互相拆借资金的行为，立法不允许企业之间互相拆借资金目的在于维护国家贷款统一由银行金融机构办理的金融秩序。但是，其后关于个人与法人以及企业间借贷的政策不断放宽。

1991 年最高人民法院《关于人民法院审理借贷案件的若干意见》①规定公民与法人、其他组织之间的借贷利率可以适当高于银行的利率，最高可被允许为银行同类贷款利率的 4 倍。当然法人之间以及其他组织之间的借贷不在此列。

2015 年发布的最高人民法院《关于审理民间借贷案件适用法律若干问题的规定》②就拓宽了适用范围，将自然人、法人、其他组织之间及其相互之间进行资金融通的行为全部纳入其中。依此规定，企业之间的相互借贷行为就是合法有效的行为了，不属于违反法律强制规定的违法行为了。

因此，应从目前经济金融情况出发，以发展眼光来看待发展中的问题。贷款、基金、保险等方面的金融支持还覆盖不了影视剧的大部分市场，因此禁止影视企业拉投资不仅不利于影视业发展，事实上也很难禁止，是“有令难行”，还不如退而求其次，只是要求银行以外的其他企业在固定回报投资中不能收取过高的利息，才能即维护金融秩序，也符合现实和法律本意。

(三)符合市场需求符合影视剧摄制的特点

固定回报投资合同虽然不是影视剧制作人的“发明创作”，但是却是非常符合影视剧制作的一种投资情况。从我国目前金融市场看，由于影视剧投资周期长、投资回报或然性大，市场变化莫测，所以影视剧获得金融支持为数并不多，反而是企业之间通过投资合作来拍摄影视剧是特别常见也相对而言比较好的选择。从一定意义上说，这已经是影视业内的常态。

之所以会产生固定投资回报类的影视剧制作合同，应当说，这是投资人面对风

---

① 最高人民法院《关于人民法院审理借贷案件的若干意见》[法(民)发〔1991〕21 号]1991 年 7 月 2 日最高人民法院审判委员会第 502 次会议讨论通过，最高人民法院于 1991 年 8 月 13 日下发(已废止)。

② 最高人民法院《关于审理民间借贷案件适用法律若干问题的规定》，2015 年 6 月 23 日最高人民法院审判委员会第 1655 次会议通过。

云变幻的影视投资市场应运而生的一种合作方式。从主控投资方而言,存在资金缺口,却又找不到与自己共担风险的合作伙伴时,不得不自己承担较大的投资风险而向参与投资方作出固定回报的承诺。从参与投资方而言,自己不掌控资金具体运作,有的甚至并不太了解影视剧拍摄,既看到投资影视可能获得的良好收益,又担心无法预测市场,导致血本无归,于是希望有个“保底”来减轻风险。

投资合作拍摄合同应当作为特殊的无名合同确立,按照影视剧拍摄规律来审理这种合同,而不应当再以联营合同的“眼光”来看待此类合同,去套用并不适合影视剧拍摄制作投资领域特点的法律来对这种合同进行评判。当然,这只是认定合同的性质。至于如何最终判定双方之间的法律关系,还是要根据合同的具体内容,可以分为借贷关系和投资关系。

第四节 · 联合投资合同的风险防范与标准合同指导

一、联合投资合同的风险防范

(一)共担风险型合同的风险防范

在共担风险型联合摄制过程中,挂名方既不投资,又不参与分配,只是利用自己的资源在影视作品上署名而已,权利义务明确。承制方只要按照合同要求做好电影、电视剧,相当于一个加工承揽合同。最重要的关系就是主投方和参投方之间的权利义务分配,其间利益纠葛十分复杂,因此签订合同要以主投方和参投方的权利关系为主要关注点,明确细化双方权利义务及相互关系。

1. 主投方的决策权和自主经营决定权

作为投资的组织者也可能是摄制的实际操作者,为了保证影视摄制的质量和资金收益,主投方的决策权和自主经营权很重要。如预算内的资金分配、不需要双方同意的大部分经营活动等,需要在合同中细化明确。

2. 参投方的知情权和监督权、必要的否决权

例如参投方对于预算执行的知情权,对于不符合预算的支出的否决权,以及派人进入摄制组的权利等;对于不必要的预算要坚持否决权,实现有效合理监督。

3. 双方合意决定权

有些事项,必须双方合意。比如预算,必须经过参投方审议之后才能执行。还有一些重大项目,比如撤换制片人、重要演员等,都可以视情况约定合意决定权,例如收入分配的账目审计权等。

(二)固定回报合作模式的两种合同类型及风险防范

从目前审判实务来看,在基本放弃对联营关系的执着后,法院对于投资合作拍摄协议,一般会认定为两类法律关系:借贷关系、投资合作关系。那么作为投资者什么样的签约和履约方式对应借款合同?什么样的签约和履约方式对应投资合作拍摄合同呢?

1. 如果参与投资方只投资并约定固定回报,有的甚至不享有影视剧的任何著作权,既不派人参与制作,也不对制作过程、广告收入等进行监督,还不参与影片宣传发行。总之,只出资,要回报,不问过程和发行。这种情况,法院一般会判定为借贷关系。

2. 如果固定回报投资者虽然不参与任何影视剧制作,但是派人监督制作过程,通过合同约定电影制作完成后享有部分著作权,如署名权、发行权、电影衍生权利等,有的参与广告植入,也有的参与发行。这种情况下,法院一般会判定为投资合作摄制关系。

强调一点,固定回报的投资合同,固定收益投资人不参与任何影视剧创作是其基本特征,也是作为参投方的基本特征。

另外,固定回报投资模式虽然是上了"保险"的合同,但是依然是有风险的,可能影片不能拍摄完成,可能发行不出去,可能票房惨淡血本无归,最后主控投资方无钱支付固定回报的情况也并不少见。那么对于投资方而言,如何防范风险呢?①

1. 固定回报利率约定不可过高

对于第一类被认定为借贷关系的投资合同,法院会对双方约定的固定回报利息有所限制。2015 年发布的最高人民法院《关于审理民间借贷案件适用法律若干问题的规定》②第 26 条规定:"借贷双方约定的利率未超过年利率 24%,出借人请

① 杨妍:《电影投资中固定回报的法律风险防范》,载《中国电影报》2017 年 12 月 13 日,第 5 版。本书此处引用了杨妍观点和部分论据。

② 最高人民法院《关于审理民间借贷案件适用法律若干问题的规定》,2015 年 6 月 23 日最高人民法院审判委员会第 1655 次会议通过。

求借款人按照约定的利率支付利息的，人民法院应予支持。借贷双方约定的利率超过年利率36%，超过部分的利息约定无效。借款人请求出借人返还已支付的超过年利率36%部分的利息的，人民法院应予支持。”

简言之：利率约定在24%以下的，为合法利息之债，法律予以保护；利率约定超过24%但未超过36%，对方已付的，不用归还；利率超过36%的，对方已付的，可以要求返还。

2. 事先尽责调查主控投资方的情况

可以通过国家企业信用信息公示系统查看主控方公司资产情况、股东信息、对外投资和年度报告等信息；还要对该公司的商业信誉和多年来业内口碑、履约情况进行调查。行业协会可以对此作出一些贡献。

3. 可以考虑运用担保方式降低风险

可以第三方担保，如案例61中建某公司作为担保公司参与签订合同，使得投资方的利益除固定收益外还获得担保的“双重保险”。也可以让主控投资方或者其关联方提供财产抵押、财产权利质押。

二、联合投资合同示范指导

表14-4 联合投资合同示范

甲方：主投方，负责摄制；乙方：参投方，负责发行		
合同项目	主要合同条款	重点关注权利内容
第1条 基本情况	甲乙双方达成协议联合投资影片《××》。 影视剧名称、制作标准、拍摄地点、预计开机时间、关机时间、剪辑完时间、送审时间、送审时间、公映时间。 主创人员：总制片人：××，导演：××等	可以约定某些项目作为合同履行必要条件，如必须某人监制、某演员出演等。如对方未能实现，可以作为解除合同条件
第2条 合作性质	甲乙双方共同投资、联合拍摄本片，甲乙双方应当共同负责本片的投资与运作，共担风险，共享利润	“共担风险，共享利益”型合同
	＊甲方承诺在该电影发行后(或者一定时间)，优先向乙方返还投资款( )万元	“固定回报类”型合同 ＊于上一条选择其一

续表

甲方:主投方,负责摄制;乙方:参投方,负责发行		
合同项目	主要合同条款	重点关注权利内容
第3条 投资	1. 投资比例:本片拍摄投资总额预计为( )万元,双方共同投资,其中甲方投资( )万元,占总投资金额的( )%,乙方投资( )万元,占总投资金额的( )%	双方获得收益、承担风险的基础比例
	2. 专门账户:甲方建立专门账户。乙方每次付款之后,甲方向乙方出具合法有效收款凭证 账户具体信息:×××	核心条款
	3. 投资进度:本片的投资应当分期注入。 第一期:本协议签订后( )日内,双方分别注入各自投资额的( )%,即甲方投资( )万元,乙方投资( )万元;用于前期筹备阶段的开支,包括但不限于支付签约主要艺人、导演和其他主创人员的定金、酬金、保险及税费、剧本创作(购买)费用等。 第二期:于开机前( )日内,双方分别注入各自投资额的( )%,即甲方投资( )万元,乙方投资( )万元,用于影片拍摄期费用 第三期:本片开机后( )日内,双方分别注入各自投资额的( )%,即甲方投资( )万元,乙方投资( )万元,用于支付影片拍摄期不足费用及后期部分订金和相关费用。 第四期:关机后( )内,双方分别注入各自投资额的( )%,即甲方投资( )万元,乙方投资( )万元,用于影片后期制作的开支,审查相关物料制作及各投资方的素材制作	保证甲方摄制活动的实现,是甲方主控投资的主要表现
	4. 资金预算表:甲方负责制作摄制预算表,交由乙方审核同意并签字确认后,作为本合同附件	乙方知情权、监督权、同意权。 双方合意决定权
	5. 资金使用:甲方负责在投资总额内严格按计划使用资金。在预算范围内,( )事项可由甲方自行支配;( )事项应为双方书面签字、认可	甲方决策权、自由经营权、乙方监督权。双方合意决定权
	6. 超支情况处理:甲方应严格按照投资金额内完成影片,如遇超支的情况,若实际制作费超过投资金额( )%以内,由双方共同商议并签订书面补充协议,按比例共同分摊;如实际制作费超过投资金额( )%以上,由甲方承担,且不影响乙方原有所占投资的比例及未来利润分配比例	甲方使用资金的自治权、经营权;乙方监督权,财产权益保障;双方合意决定权
	7. 引进外部资金:双方可以在不与本合同中权利义务相冲突的条件下,有权引进除对方外的其他投资方,但应当事后通知对方	知情权。为共同利益,也须事后告知对方

续表

甲方:主投方,负责摄制;乙方:参投方,负责发行		
合同项目	主要合同条款	重点关注权利内容
第4条 影片摄制	1. 甲乙双方同意由甲方担任本影片摄制方(或者允许甲方另行聘请第三方承制,但要经过乙方同意)	如果乙方要求身份限定,可以要求甲方不得转委托他人承制
	2. 甲方负责剧本购买(或创作),保证剧本的合法拍摄权,若因剧本问题产生纠纷,甲方负责解决,自行承担一切责任,并赔偿乙方损失	也可以单独约定剧本著作权协议
	3. 甲方全权负责管理和聘请有关制作人员、演员,包括但不限于签署聘用演职人员、购买器材、服装、租场地等摄制相关合同。在拍摄期间,摄制组及所有人员发生的一切纠纷均由甲方自行解决,并不得损害乙方利益	甲方自主经营权
	4. 乙方可以派员参与摄制组,担任( ),乙方有权随时了解资金使用情况和拍摄情况。甲方应向乙方提供真实有效的票据,以便乙方进行账务处理。乙方劳务费由( )承担	乙方监督权、审计权
	5. 影片的剧本、制作时间表、拍摄资金预算表以及主要制作人员、演员发生变动,需要立即通知乙方并获得乙方批准。另行聘请演员,需要乙方确认同意	甲方使用资金的自治权和乙方的知情权、监督权、双方合意决定权
	6. 乙方同意甲方收取影片投资总额( )% 作为制作管理费	甲方获得报酬权
	7. 因不可抗力原因造成摄制预算超支,甲方应及时并书面通知乙方,由甲乙双方共同就预算超支部分进行审核。通过审核后双方签订补充协议,并在补充协议签订后( )日内将各种追加资金汇入专门账户	乙方知情权、双方合意决定权
第5条 版权	1. 本片的版权由双方按投资比例共有,本片所产生所有收益按投资比例进行分成	获得报酬权
	2. 双方引入的其他投资者,如果共有版权,需要双方协商确认	版权、双方合意决定权

续表

甲方：主投方，负责摄制；乙方：参投方，负责发行		
合同项目	主要合同条款	重点关注权利内容
第 6 条 署名	1. 甲乙双方为本片出品单位。甲方出品人为：××，乙方出品人为：××	
	2. 其他引入投资人，由( )方确定是否列为出品单位和出品人。出品单位、出品人的署名顺序按照各投资方所占比例大小进行排列	
	3. 双方同意，影片字幕按照电影行政主管部门相关规定制作	
	4. 其他署名：总制片人为：××，制片人为：××，其他具体署名形式、位置等由双方另行协商	甲方使用资金的自治权和乙方的知情权
第 7 条 宣传发行	1. 宣发方式：双方同意本影片在国内发行区域(具体范围)的宣传发行由乙方负责。经双方书面一致认可的情况下也可委托第三方发行。具体合作方式及发行代理费的提取办法等细节由甲乙双方确定的一方与第三方另行签署本片的《发行代理合同》。该第三方与乙方总计获得发行代理费为相应区域发行净收入的( )%	确定影片委托发行的要件是双方同意。双方合意决定权
	2. 宣发费用：甲乙双方同意本影片国内宣传发行费用不高于( )万元。宣传发行费用由乙方(或发行公司)负责。宣传计划等细节事宜经协商确定后另行签订补充协议	双方合意决定权
	3. 发行合同签订完毕后( )日内交与对方备案	对方知情权
	4. 本影片所有发行收入项均汇入第 3 条第 2 项所列专门账户	明确收入归口
	5. 本影片之海外发行(具体范围)由甲方全权负责，经乙方同意，可以转委托，甲方与该第三方总计获得发行代理费为相应区域发行净收入的( )%	明确海外收入负责方和收入分配。甲方自主经营权和乙方的同意权
第 8 条 收益分配	1. 发行净收入的定义：票房总收入 − 应上缴的国家电影专项基金和营业税金及附加税 − 院线分成。国家电影专项基金 = 票房收入 × 5%，营业税金及附加 = (票房总收入 − 电影基金) × 3.3%	明确销售收入的具体内容和计算方式
	2. 双方发行形成的净收入在扣除经双方签字确认的宣传发行费、税费后，双方按投资比例进行分配	同意权、报酬获得权
	3. 甲乙双方共同拥有本影片在全世界范围内的商业开发权、娱乐营销等权益，这些项目由乙方负责对外签署协议，合同签订前，应当经甲方书面确认同意。所产生的收益，在扣除代理费用后，按照双方实际投资比例分配	双方收益权、乙方合同签署权、甲方同意权

续表

甲方:主投方,负责摄制;乙方:参投方,负责发行		
合同项目	主要合同条款	重点关注权利内容
第9条 参赛获奖	本影片经电影行政主管部门审查通过后,参加各类国际(地区)电影节、展等活动,应当由( )方报电影行政主管部门批准。所获奖金和荣誉由甲乙双方共同享有,但个人单项奖的荣誉和奖金归获奖个人所有	荣誉共享权、奖金获得权
	1. 一方违反本协议规定的义务,对方首先以书面通知,要求违约方( )日内纠正,但不以通知作为违约成立必要条件	书面通知,合同协商原则体现
	2. 如因本协议任何一方违约而导致对方遭受损失,违约方应承担赔偿责任	赔偿以损失为原则
	3. 本协议一经签订,双方应及时履行投资义务,在约定期限内,按期将投资款汇入指定账户,如有任何一方未能在规定期限内支付,应每日缴纳( )%的违约金。如累计违约期达到( )日,守约方可以与其他方洽商新的投入资金,以便电影顺利完成	违约金计算方法
	4. 如因影片中演员违法犯罪及影片内容无法取得公映许可证,或者在公映后被广电部门禁止放映的,甲乙双方应共同承担责任,协商积极解决	共担责任
后续可以有保密约定、不可抗力条件、适用法律和争议解决条款等,视情况自行决定,条款从略		

第十五章 发行合同

对于影视剧这种资金、人员密集型的产业,投资回收期是所有人都关心的事情,所以影视剧的发行对于影视剧产业相当重要。影视剧发行方式有很多形态,随着时代发展还将创造出更多的发行方式。这里只讨论三种比较常见的发行方式:普通发行、垫付发行和保底发行,后两者是以普通发行合同为基础的。本章讨论三种发行方式在订立和履行合同时可能遇到的法律问题。

第一节·普通发行合同中的法律要素

对于发行合同,有两个最为重要的法律要素,一是时间要求,即何时完成发行行为;二是质量要求,必须有发行的结果,即影片发行完成。

一、发行时间的考量——按期完成

影视剧的制作、发行时间会受到诸多因素的影响。有时双方都认真努力地履行合同,但因为各种原因发行时间不能如计划执行,双方若发生纠纷诉至法院,法院就要仔细甄别,看看影响合同实现的原因是否合法合理,从而按照过错原则追究责任。

案例63 拍完两年未发行，根本性违约成立否？

——徐某某与某电艺影视有限公司著作权合同纠纷二审民事判决书①

| 当事人 |

上诉人(原审被告)：某电艺影视有限公司(以下简称“电艺公司”)

被上诉人(原审原告)：徐某某

| 基本案情 |

2008年1月18日，电艺公司与中共长兴县委宣传部签订了《联合摄制二十集电视连续剧〈片警老王〉(暂名)合作协议书》(后改为《金子是这样淘出来的》)，约定由电艺公司按市场化运作模式自筹摄制费用。同年3月1日，电艺公司以其影视部的名义与徐某某签订了《联合摄制二十集电视连续剧〈金子是这样淘出来的〉合作协议书》(以下简称《合作协议书》)，双方约定：该剧摄制费预算为500万元左右，其中徐某某出资40万元，其余部分由电艺公司筹集；电艺公司负责承制该剧，保证质量，并负责中央电视台收购等事宜；双方确认制片人随时向徐某某通报拍摄质量、进度以及财务状况；对于徐某某投入的摄制费用，由电艺公司监督该剧制片人使用等；徐某某为该剧监制署名于片头，作为联合摄制单位署名于片尾显著位置等。

协议订立后，徐某某于将40万元汇入电艺公司的银行账户。该剧于同年6月在长兴县完成外景拍摄。后因电艺公司与其他主要投资者间产生争议，致使该剧至今未能发行。

2010年2月2日，徐某某以电艺公司在履行合同中未能将投资款实际投入到电视剧的制作之中，未能公开财务账目，导致其投资收益目的无法实现为由，诉至法院，请求判令：解除其与电艺公司签订的《合作协议书》，由电艺公司返还其40万元，并赔偿其利息损失57,600元，合计457,600元。

| 一审判决 |

(1)解除《合作协议书》；(2)电艺公司返还徐某某40万元，赔偿利息损失57,600

---

① 二审：浙江省高级人民法院(2010)浙知终字第284号民事判决书；一审：浙江省湖州市中级人民法院(2010)年浙湖知初字第47号民事判决书。

元，合计 457,600 元。

宣判后，电艺公司不服，提起上诉。

| 诉辩分歧 |

电艺公司上诉称：(1)原审法院虽然认定徐某某的合同目的是投资回报，但仅以电艺公司未履行监督和通报义务，就得出合同目的不能实现的结论，是对根本违约标准的误读，属于适用法律错误；(2)《合作协议书》的性质系合伙协议，双方当事人的合同目的是一致的，并正在逐步实现的过程中，不存在一方合同目的不能实现的情形；(3)从《合作协议书》的履行情况看，该协议的合同目的已经得到部分实现，即涉案影片已全部完成拍摄，并通过了公安部的内部审查，目前正处于宣传发行阶段，且徐某某也名列监制名单。综上所述，请求二审法院撤销原判，驳回徐某某的诉讼请求。

被上诉人徐某某答辩称，(1)《合作协议书》并未约定合同双方共同投资、共担风险，不符合合作协议的性质。摄制电视剧是电艺公司的工作，而非徐某某签订《合作协议书》的目的，徐某某的合同目的是通过投资电视剧拍摄获得经济回报。(2)电艺公司在收取其 40 万元后，既没有按照《合作协议书》的约定向其通报拍摄进度、财务支出状况，也不能提供将 40 万元用于电视剧拍摄的证据；即使电视剧确已完成摄制，但在该剧完成制作的两年时间内，经徐某某多次催告，电艺公司仍未能完成对该剧的发行工作。电艺公司的上述行为严重违反合同义务致使合同目的不能实现，请求二审法院驳回上诉，维持原判。

| 二审补充查明事实 |

涉案电视剧目前已基本完成拍摄和后期制作。根据电艺公司提供的光盘，该剧片头显示出品人和制片人为徐某，监制为徐某某等 8 人。

| 二审判决 |

撤销原审，驳回徐某某的诉讼请求。

| 案件分析 |

本案的争议焦点为《合作协议书》是否存在法定解除事由，具体而言，电艺公司是否存在根本违约行为致使徐某某的合同目的不能实现。

第一个要解决的是合同性质问题。因徐某某认为他与电艺公司签订的《合作协议书》目的是要获得经济回报,根据上一章关于投资合同的论述,可知徐某某认为合同系"固定回报"类投资合同。那么真如徐认为的这样吗?他们签订的合同到底是什么类型的合同呢?

从该协议书对双方权利义务的约定来看,系由电艺公司全面负责承制涉案电视剧,由徐某某出资40万元作为该剧摄制费的一部分;电艺公司获得该剧利润的20%作为收益,徐某某则与其他投资方按出资额比例分配剩余80%的利润。因此,徐某某签订《合作协议书》的主要目的在于通过合作拍摄电视剧获得投资回报,而此处的回报是一种期待利益,该利益的实现有赖于涉案电视剧编剧、拍摄、制作、发行等一系列工作的开展,以及最终能够产生用于分配的利润。

因此可见徐某某与电艺公司签订的合同是共担风险、共享收益类型的合同。

第一,电艺公司的行为是否构成根本违约?

徐某某认为,电艺公司存在以下违约行为导致合同目的不能实现:(1)未将其40万元投资款用于电视剧拍摄;(2)未向其通报电视剧的拍摄进度、质量和财务支出状况;(3)因电艺公司单方原因导致电视剧未能发行。

首先,对于40万元投资款去向的问题。一审法院认为在案证据只能证明电艺公司工作人员,至于该工作人员是否已将该款投入至该剧摄制组使用,并没有相应的财务凭证予以证实。电艺公司主张其已用于电视剧拍摄。一审法院认为这是违约之一。二审法院认为,虽然电艺公司没有提交能够证明其财务支出状况的证据,但从涉案电视剧目前已基本完成摄制的事实来看,电艺公司显然已将投资方的大量资金投入该剧摄制工作中,且电艺公司对徐某某出资40万元的事实亦予认可。因此,在将来分配利润时,徐某某能够按照40万元在合法结算的投资总额中所占的比例来获得其预期利益。在徐某某40万元投资已被承认的前提下,其合同目的并非不能实现。此项不能构成违约,至少不是根本违约。

第二,对于电艺公司未向徐某某通报电视剧拍摄进度、质量和财务支出状况的问题。一审法院认为,"电艺公司也未能将摄制费用、制作成本等账目情况向徐某某通报,做到账目公开,经徐某某要求且至原审庭审结束前电艺公司也未能提供相关财务账目,据此可认定电艺公司已违反合同约定,构成违约。"电艺公司的不作为确实违反了合同约定的告知义务。

但是,是否构成根本违约应当以客观上违约后果的严重程度为标准,即是否已经达到了合同目的无法实现的程度。与告知义务相比,摄制发行义务是更为重要的合同义务,也是获取投资回报的实质性前提，告知义务则是保障投资方知情权的一种手段。但鉴于目前涉案电视剧已经完成摄制，正处于协商发行阶段，正在逐步实现获得投资回报的过程中，如果涉案电视剧最终能够产生利润并依约进行分配，徐某某就能获得投资回报。因此，电艺公司违反告知义务所导致的客观后果并未达到合同目的不能实现的程度。

第三，徐某某认为因电艺公司单方原因导致涉案电视剧未能发行，其依据是2010年4月26日长兴县公安局对电艺公司法定代表人徐某的询问笔录。对此，徐某在该询问笔录称其与湖州投资方“为了该剧的发行及播出后的收益分配问题一直在协商”，协商代表了解决问题的可能性，因此该表述不能证明电艺公司与湖州投资方之间的纠纷已经导致涉案电视剧无法发行，徐某某亦无其他证据证明该剧已无发行可能。

综上所述，法院认定，徐某某提交的证据以及法院查明的案件事实尚不足以说明电艺公司的违约行为已经导致合同目的不能实现。电艺公司认为其违约行为尚未导致合同目的不能实现，故徐某某无权单方解除合同的主张成立，应予支持。

二、发行的质量要素——实际播映

简单地说，就是按照合同要求发行影视剧。实践中确实有未按照约定发行影视剧的情况。

64 案·例 获奖影片未公映，发行质量在哪里？

——福建恒业影业有限公司与江苏众道影业投资有限公司委托合同纠纷①

| 当事人 |

上诉人（原审被告）：福建恒业影业有限公司（以下简称“恒业公司”）

被上诉人（原审原告）：江苏众道影业投资有限公司（以下简称“众道公司”）

| 基本案情 |

2013年5月26日，众道公司与恒业公司签署了影片《我的影子在奔跑》的发行合

① 一审：江苏省泰州市海陵区人民法院（2016）苏1202民初4818号民事判决书；二审：江苏省泰州市中级人民法院（2017）苏12民终548号民事判决书。

同,合同的履行期到2016年5月27日,约定由恒业公司负责影片的发行上映。合同到期后,恒业公司未能履行合同约定的义务。众道公司与恒业公司又签订《我的影子在奔跑》发行合同补充协议,约定恒业公司发行合同继续负责影片的院线发行工作,并保证影片在中国大陆地区的上映时间不晚于2016年10月1日;延长影片发行合同有效期至2016年12月31日止。恒业公司如不能完全履行发行合同和前述补充协议的,须承担违约赔偿责任,违约金为400万元。

截至2016年11月1日,影片并未公映。

| 一审法院判决 |

(1)解除众道公司与恒业公司签订的影片《我的影子在奔跑》的发行合同和补充协议;(2)恒业公司支付众道公司违约金400万元。

一审判决后,恒业公司上诉。

| 诉辩分歧 |

恒业公司诉称:(1)一审法院判决属于事实认定错误。该片应在2016年12月31日完成影片的发行工作,否则承担违约赔偿责任。在众道公司起诉的2016年11月1日甚至一审判决作出之日2016年11月28日,发行合同补充协议约定的影片发行工作完成期限均未届满,上诉人也还在按照合同履行发行工作。(2)即使存在违约,双方约定400万元违约金明显过高。

众道公司辩称,(1)按照双方签订的发行合同补充协议的约定,影片应当在2016年10月1日前在中国大陆地区公映,但截至一审起诉时上诉人并未公映,因此上诉人应当按照约定承担违约金。(2)首先,违约金400万元没有明显过高且不足以弥补被上诉人遭受的实际损失。影片投资800万元,2013年就完成制作,双方在2013年5月即订立发行合同,在长达4年时间中,上诉人一直未能履约,上诉人违约的主观性非常明显。其次,违约金金额400万元系双方约定,说明上诉人知晓违约的后果及责任的重要性。最后,影片曾在2013年获得金鸡奖和华表奖,4年一直未能公映,实质上已经丧失了一部新上映影片能够获得票房收入的机会。被上诉人的损失不仅仅包括影片的投资损失、投资资金的利息损失,还有影片声誉上的损失。

| 二审判决 |

二审驳回上诉，维持原判。

| 案件分析 |

双方之间先后签订了两个合同，就发行内容是一致的，补充协议只是延长了授权时间，并写清楚了违约金。合同合法有效，必须严格执行。

作为发行合同的义务方，必须按照合同约定履行义务，即在规定的时间完成影片的发行工作。本案二审中，上诉人恒业公司递交海报、宣传字体、观影评测等证据，用以证明上诉人积极履行发行合同补充协议中的各项义务，为电影发行进行着相关工作。但是，涉案电影始终未能依照发行合同补充协议予以公映，就是没有完成合同义务，只能依照补充协议的要求承担违约金。

第二节 · 垫付发行的法律问题

垫付发行，是指发行方在合同履行之初，先行给付给制片方一定数额的款项，等发行影视剧完毕后，再收回这部分款项。至于发行费用，可以按照合同约定给付，也可以从这笔钱中多退少补。注意，这笔钱并不作为定金或者保证金。

65 案 · 例 垫付款项，到期应退

——北京光线影业有限公司与欢乐电影（上海）有限公司委托合同纠纷①

| 当事人 |

原告：北京光线影业有限公司

被告：欢乐电影（上海）有限公司

① 北京市东城区人民法院（2014）东民（商）初字第14137号民事判决书。

| 基本案情 |

2011年12月31日，原、被告签订电影《情谜》宣传发行代理合同。合同约定被告拥有影片《情谜》在中国国内地区的全部发行权利。由原告负责该片的国内院线发行工作和宣传推广工作，被告进行协助；在本合同签订后5个工作日内，原告应预先支付被告本片国内院线票房净收入800万元，原告应在本片正式公映后3个月内统计出国内院线票房净收入，并将统计结果及数据明细送达被告，作为原告收取发行代理费及本片发行收益结算的依据，原告负责向国内院线收取本片的国内院线票房净收入，并收取国内院线发行票房净收入和卖断收入的10%作为发行代理费；原告自公映之日起，每6个月结算一次收益，将国内院线发行票房净收入及卖断收入实际到达原告账户的金额扣除发行代理费、原告垫付的实际总宣传发行费、原告预先支付的国内院线票房净收入后支付给被告；自本片国内院线正式公映之日起6个月止，如本片在国内院线发行票房净收入及卖断收入不足以支付原告应收取的费用的，被告负责在接到原告书面通知后10日内向原告补足差额，如在上述期限未补足差额，则被告每逾期1日向原告支付未补足差额的千分之三的违约金。合同签订后，原告于2012年1月10日给付被告票房款800万元，被告亦于同年1月12日出具收据对此予以确认。

同年2月2日，影片《情谜》获得电影行政主管部门颁发的电审故字(2011)第101号电影片公映许可证。同年9月12日，被告向原告出具的确认函载明：根据原、被告双方签订的电影《情谜》宣传发行代理合同，被告应于本片在中国大陆地区上映6个月后返还原告垫付的国内院线票房净收入800万元，根据本片国内发行情况及代理合同约定，原告无须向被告付款，被告应向原告支付6,872,043.30元，被告确认于2012年9月19日前向原告支付上述全部款项。同年11月28日，被告再次向原告出具承诺函，内容为：因目前资金紧张，无法按照被告于2012年9月12日在确认函中承诺的期限及时付款，希望原告谅解并推迟付款时间，被告承诺将于2012年12月31日前向原告支付6,872,043.30元，如被告在上述期限内未履行完毕付款义务，则除上述应付款项外，还应付自次日起至被告履行完毕付款义务之日止，上述应付款项每日1%的违约金。

法院判决

1.被告欢乐电影(上海)有限公司于本判决生效后10日内给付原告北京光线影业有限公司款项6,872,043.30元；

2.被告欢乐电影(上海)有限公司于本判决生效后10日内支付原告北京光线影业有限公司自逾期付款违约金6,872,043.30元。

| 案件分析 |

发行合同属于委托合同。受托人为处理委托事务垫付的必要费用,委托人应当偿还该费用及其利息。受托人完成委托事务的,委托人应当向其支付报酬。原、被告签订的宣传发行代理合同,合法有效,对当事人具有法律约束力,当事人应当按照约定履行自己的义务。本案中,原告按约完成了委托事务,并为处理委托事务垫付了必要费用,被告理应按约向原告偿还垫付费用并支付相应报酬,虽然被告先后出具确认函和承诺函承诺还款,但均未按期履行还款义务,已构成违约,应当承担相应违约责任。

第三节·保底发行合同的法律关系

和固定回报的投资合同相类似,在发行这一环节,存在“保底发行”模式。具体可分为两种情形。

一种是发行方给制片方“保底”,一般是发行方认为影视剧票房可期,为了能够获得该片发行权,愿意先付一定数额的金钱,无论电影、电视剧的发行票房或业绩将会达到多少,这笔钱都归属出品人。而对于影视剧的出品人即制片方而言,只需转让电影放映权或者电视剧的播映权即可。

另一种保底发行是制片方给发行方“保底”,发行方对发行该影视剧没有太大信心,出品人承诺,如果不能在一定期限内达到多少票房或者收入,自己补齐差额。

从无法预测的票房角度来看,这种保底行为有时类似赌博,属于风险投资,不过,倒也符合电影电视剧的投资规律。

这两种保底发行中合同双方的具体权利义务,视具体情况,由双方合同约定。

一、发行人给出品人(制片方)保底情形

66 案·例 签约保底独家,转而自己发行可否?
——西安曲江影视投资(集团)有限公司与黄某红、吴某等著作权合同纠纷①

|当事人|

再审申请人(一审原告、二审上诉人):西安曲江影视投资(集团)有限公司(以下简称曲江公司)

被申请人(一审被告、二审被上诉人):黄某红

被申请人(一审被告、二审被上诉人):吴某

被申请人(一审被告、二审被上诉人):黄某

被申请人(一审被告、二审被上诉人):谭某

一审第三人:刘某

一审第三人:郭某

|基本案情|

2013年8月15日,曲江公司(甲方)与天拓影视公司及黄某红(乙方)签订电视连续剧《西北汉子》的独家发行代理合同,甲方委托乙方共同代理发行电视连续剧《西北汉子》(后更名为:下辈子还做我老爸)(以下简称涉案剧),授权范围为全国卫视及地面电视台的首轮、二轮及三轮的发行以及新媒体、DVD等的独家发行;授权代理期限为12个月,自发行许可证取得之日起算;该剧由乙方负责保底发行,保底金额为4000万元。若甲方在上述授权期限内签订的播出权转让总收入低于上述保底金额,乙方须在该剧首播之日90日内一次性向甲方补足实际播出权转让总收入与上述保底金额之间的差额。同时乙方承诺在保底金额之外,甲方还将获得不低于25%的基本利润率(该利润率计算的基数为甲方支付给天拓影视公司的全部制作成本)。

曲江公司于2014年8月19日取得涉案剧发行许可证,后其与两家地面电视台签订

① 再审:最高人民法院(2017)最高法民申3382号民事裁定书;二审:陕西省高级人民法院(2016)陕民终692号民事判决书;一审:西安中级人民法院(2016)陕01民初518号民事判决书。

电视剧放映权转让协议，其中于2014年9月17日与江苏城市联合电视传媒有限责任公司签订电视剧放映权转让协议书，该协议并未实际履行。2015年4月2日，黄某红向曲江公司发出解约函，提出因曲江公司擅自发行，要求解除代理发行合同。曲江公司于2015年4月24日对解约函予以回复，认为曲江公司的行为不构成违约，不构成解除代理发行合同的法定条件。曲江公司一直未向黄某红、吴某、黄某、谭某（以下简称黄某红等）出具授权委托书及发行许可证。黄某红等未实际发行涉案电视剧。涉案代理发行合同未约定黄某红等向曲江公司提交电视剧发行计划，该合同未涉及电视剧母带的交付问题。

2013年8月，曲江公司与天拓影视公司签订《西北汉子》委托承制合同，曲江公司支付制作费4210万元。天拓影视公司股东为吴某、黄某、谭某，该公司于2015年1月12日注销。第三人郭某、刘某为该公司清算组成员。

二审庭审中，曲江公司认可该剧发行现已收入1000多万元。并认可双方在2013年8月15日签订涉案《电视剧代理发行合同》时，国家电视剧新闻出版广电总局要求同一部电视剧每晚黄金时段联播的卫视综合频道不得超过4家，但在2014年4月15日国家电视剧新闻出版广电总局宣布：同一部电视剧每晚黄金时段联播的卫视综合频道不得超过两家。

｜诉辩分歧｜

曲江公司请求：判决黄某红等向曲江公司支付保底金额4000万元并赔偿预期利润损失1040万元，第三人刘某、郭娟对上述请求承担补充赔偿责任。理由：曲江公司为涉案电视剧拍摄投入了巨额资金，拍摄完成后，黄某红等迟迟不履行发行义务。为了减少损失，曲江公司与他人签订《电视剧播映权转让合同》，况且曲江公司仅仅与一个电视台签订了合同，涉及的金额为200多万元，全国还有很多电视台等媒体，市场空间非常大，再加之母带在黄某红等处，曲江公司事实上不可能履行该合同，不会影响到黄某红等继续履行发行义务。根据双方签订的《电视剧代理发行合同》第3条第2款约定，黄某红等的合同义务是促成曲江公司与第三方来签订发行合同，完全不需要曲江公司给黄某红等授权就可以履行该合同义务；黄某红等另案起诉解除合同、注销天拓影视公司、向曲江公司发函要求减轻发行义务，一系列行为都明确说明了黄某红等怠于履行合同义务，其行为已构成违约。最终导致曲江公司在合同履行期间未能在一家电视台播出，给曲江公司造成巨大的经济损失。

黄某红等及一审第三人刘某、郭某共同辩称：曲江公司称黄某红等迟迟不履行发行合同，系违约行为，没有事实依据，违约方恰恰是曲江公司自己。(1)双方召开第一次发行会议上，天拓影视公司和黄某红提出了“先卫视、后地面”的发行计划，但是曲江公司决定自己内部首先发行。自2014年4月起直至2014年10月，曲江公司大约向30余家电视台递送了样片、片花、宣传册等资料，向部分电视台明确声称发行主体是曲江公司。曲江公司在2014年8月19日取得该剧发行许可证后，于2014年9月便与江苏城市联合电视传媒公司、广西电视台签订了涉案电视剧正式播映权购买合同。曲江公司与天津电视台、安徽电视台和湖北卫视频道已达成了口头购买意向，等于曲江公司方自己已经基本完成了首轮发行任务。(2)曲江公司拒绝向黄某红等出具发行必备的独家发行代理授权书及发行许可证，导致黄某红等不能发行，也使前期发行铺垫工作化为乌有(一审提供差旅费票据69,702.50元)。(3)2014年，黄某红等在未取得发行许可证和授权书的情况下，以后补手续为由，与山东、江苏、陕西、四川等卫视保持了持续的联系，可见黄某红等并未怠于履行合同义务。按合同约定是曲江公司委托黄某红等独家代理发行，但在曲江公司发行的宣传册上、成片中，发行单位和发行人均无黄某红等，直接导致电视台不认可黄某红等的发行身份。黄某红等出于无奈，才于2015年4月2日向曲江公司发出解约函。(4)黄某红等于2014年8月19日取得涉案电视剧发行许可证，天拓影视公司早在2014年5月15日就在《中国工商报》上刊登清算公告，2015年1月8日在《西安晚报》上刊登记注销公告，在此期间，无人提出异议。由此可见，曲江公司声称黄某红等注销原天拓影视公司是为了逃避发行责任的理由不能成立。

法院判决

一审判决：1.原、被告双方签订的电视剧委托代理发行合同予以解除。

2.被告西安曲江影视投资(集团)有限公司应于本判决生效后10日内向原告赔偿损失57,134元。

曲江公司不服提起上诉。二审判决：驳回上诉，维持原判。

曲江公司提起再审，最高人民法院裁定：驳回西安曲江影视投资(集团)有限公司的再审申请。

|案件分析|

1. 关于发行授权书及发行许可证是否属于先履行抗辩

曲江公司主张授权书及发行许可证不影响合同乙方天拓影视及黄某红(以下简称

“天拓方”)对合同发行义务的履行,理由主要有三个方面,一是天拓方的义务在于促成曲江公司与第三方签订协议,有无授权书及发行许可证并不影响其履行义务;二是天拓方在无发行许可证的情况下,已经与一些电视台进行洽谈,因此发行不受发行许可证的影响;三是本案合同已经授予天拓方发行权,无须另行签署授权书。这些理由不成立。

首先,电视剧发行许可证是电视剧获准合法发行的证明,电视剧发行许可证是发行合同有效履行的前提,因此作为电视剧的著作权方,其有义务向发行方出具发行许可证。

其次,发行合同可以作为电视剧制作方授权发行的证据,但是由于合同涉及多项条款及具体内容,包括使用费等约定,一般属于合同当事人的秘密,依据电视剧发行的惯例,电视剧制作方一般会另行签署发行授权书,以便于发行方联系、商谈、履行发行义务。

因此,曲江公司有义务将电视剧发行许可证交付天拓方,并签署授权书,符合合同应有之义。上述义务是发行方履行发行义务的保障,在曲江公司未履行该义务的情况下,发行公司有权行使先履行抗辩权,拒绝履行。至于曲江公司所持天拓方在无发行许可证的情况下,已经与一些电视台进行洽谈的理由,不能支持其主张,相反证明发行方具有履行合同的诚意。

2. 关于曲江公司与他人签订播映合同的性质

曲江公司主张,由于天拓方不履行合同,其自行与他人签约系减少损失的自救行为,该主张也不能成立。

首先,曲江公司未履行出具发行许可证的义务,并未履行出具授权书的协助义务,给天拓方履行义务带来实际困难。其次,曲江公司取得发行许可证的时间是2014年8月19日,其于2014年9月17日便自行与他人签订了电视剧播映权转让协议,合同约定天拓方独家发行权的时间为电视剧发行许可证1年内,曲江公司在发行许可证取得不到1个月时间内便自行与他人订立播放合同,与其关于天拓方长期不履行合同,其为减少损失自救的主张明显不符。曲江公司的行为属于违反合同的行为,而且属于根本性违约行为,天拓方据此不再继续履行合同并无不当。

3. 关于黄某红等是否怠于履行合同义务

曲江公司主张被上诉人要求减轻发行义务属于怠于履行合同义务,曲江公司是为了减少损失不得已才自行发行涉案电视剧与事实不符。

在曲江公司2014年8月19日取得涉案电视剧发行许可证之前,原天拓影视公司于

2014年5月15日就在《中国工商报》上刊登清算公告，2015年1月8日在《西安晚报》上刊登记注销公告，在此期间，曲江公司并未提出异议。曲江公司又不能提供被上诉人注销原天拓影视公司是为了逃避发行涉案电视剧责任的证据。由此可见，曲江公司称黄某红等另案起诉解除合同以及注销原天拓影视公司是为了逃避发行责任的理由不能成立。根据双方合同第8条第3款的约定：因政策变动等因素，不能履行合同或不能如期履行合同的一方不承担因此而引起的责任。由于国家电视剧新闻出版广电总局对电视剧播放的要求发生了变化，所以，黄某红等向曲江公司要求减轻发行义务符合合同约定。

综上所述，由于曲江公司的违约行为导致被上诉人未能履行合同义务，其要求被上诉人支付保底金额4000万元并赔偿预期利润损失1040万元，要求原审第三人承担补充赔偿责任的诉请没有事实和法律依据，法院未予支持。

二、制片方给发行方保底情形

67 案·例 发行收入未达到合同预期，保底赔付

——北京某影业有限公司诉广东某影视传播有限公司著作权许可使用合同纠纷①

| 当事人 |

原告：北京某影视有限公司（合同乙方，发行方，以下简称"北京影业"）

被告：广东某影视传播有限公司（合同甲方，制片方，以下简称"广东影视"）

| 基本案情 |

2006年4月28日，广东影视（甲方）与北京影业（乙方）签订了《发行协议》，约定：甲乙双方就共同投资发行《如》剧达成协议；甲方同意向乙方转让《如》剧中国大陆地区的版权（广东省除外），每集转让费是30万元，26集总额为660万元；乙方以预先支付200万元取得《如》剧在中国大陆地区的全权（包括但不限于电视台播出权、音像、信息网络传播等）；约定以每集32万元为发行标准，如在发行许可证下发之日起1年内，发行合同总额达不到每集32万元人民币时，甲方应在7个工作日内将差额部分补偿给乙

① 北京市朝阳区人民法院（2008）朝民初字第28305号民事判决书。

方;发行合同总额1年内达到每集32万元时,甲方开具合法发票后,乙方将合同余款460万元在7个工作日内支付给甲方;如总发行收入超过每集45万元时,乙方将超出部分扣除15%发行费后与甲方进行分账(甲方30%,乙方70%)。

《发行协议》签订后,北京影业支付给广东影视合计100万元。

2006年9月29日,广东影视公司取得了《如》剧发行许可证。

2006年10月16日,北京影业与广东影视签订了《发行协议》的补充协议:重新规定了付款时间。之后北京影业公司分两次支付给广东影视合计100万元。

在2006年9月29日广东影视取得了《如》剧发行许可证后超过1年的时间内,北京影业公司分别与海口电视台等7家单位签订合同进行电视台播映、音像制品等发行工作,上述发行共获得收入1,254,240元。

2007年9月,广东影视收到北京影业发送的函件,内容是:《发行协议》及补充协议,北京影业已依约履行,但截至《发行协议》约定的1年期满,现有的发行收入没有实现合同预期收入,故广东影视应当补偿北京影业1,382,356.38元。

法院判决

广东影视未答辩,也未提交证据。法院缺席判决如下:

1.被告广东影视补偿原告北京影业1,299,156元;

2.被告广东影视赔偿原告北京影业自2007年10月7日起到实际付清之日止本金为1,299,156元的利息(利率标准按中国人民银行同期贷款利率计算)。

| 案件分析 |

该案中被告未到庭也未答辩,所以没有被告的声音,法院只能依据原告的主张和证据缺席判决。(1)《发行协议》及补充协议合法有效;(2)北京影业付款虽有瑕疵,但就此作出了合理解释,本院对解释予以采纳;(3)判决支持原告全部主张。

本案中双方签订的《发行协议》可称为选择性附条件民事合同。即只要成就其中一个条件,其他条件就作废了。本案中电视剧的实际发行只成就了第一个条件,即没有达到每集32万元的发行标准,因此按照合同约定,被告精锐公司应当补齐不足部分。

| 借鉴意义 |

本案中被告没有出庭导致败诉得十分彻底，不仅补齐发行差额部分，赔偿利息，连诉讼费用和其他费用也全部赔偿。可是公平原则如何体现？被告转让了电视剧的发行权没有获得任何报酬还要赔偿100多万元，原告赚了发行收入还获得赔偿。虽然法院如此判决是依据合同约定，合法。但是，不太合理。如果都这样，谁还费力去拍摄影视剧，太赔钱！被告如果应诉，至少可以申辩一下原因，将赔偿数额降低一些。法院也应当从行业发展角度，从公平角度，对赔偿数额酌情减少。

小结：法院对保底发行合同的接受度比较高，都会认定合同有效，而且大部分判决要求合同双方按照保底发行合同履行权利义务，这与固定投资回报的联合投资合同的境遇大不相同。

第四节 · 影视发行合同示范指导

表15-1 影视发行合同示范

甲方：某影视公司　　乙方：某发行公司		
合同项目	主要合同条款	重点权利关注
第1条 合同项目	甲乙双方就影片《××》发行事宜达成合作协议 影片基本情况：××××	
第2条 授权范围	甲方委托乙方在( )区域(　)期限内发行该片。 1. 发行区域：中国境内( )省范围内。 2. 授权期限：该影片在( )省放映时间为( )年( )月至( )年( )月。 3. 权利内容：根据合同性质有所区别	权利内容规定清楚：比如发行权、放映权、广播权等

续表

合同项目	主要合同条款	重点权利关注
第3条 协议性质 及收益 分配	1. 乙方按照本合同约定完成全部工作后，可获得的代理费按照如下标准进行计算： (1)若影片在授权期限内、授权区域内的票房收入不足( )万元，乙方获得的代理费为影片净票房的( )%； (2)若影片在授权期限内、授权区域内的票房收入超过( )万元，乙方获得的代理费为影片净票房的( )%； 授权内容：发行权、放映权 净票房 = 票房总收入 - 国家电影专项基金 - 营业税金及附加	普通代理发行合同条款
	2. 乙方预先支付( )万元取得该片发行权。约定以( )万元为发行标准，如在发行期限内，发行合同总额达不到( )万元人民币时，甲方应在( )个工作日内将差额部分补偿给乙方；发行期限内合同总额达到( )万元时，甲方开具合法发票后，乙方将合同余款( )万元在( )个工作日内支付给甲方；如总发行收入超过( )万元时，乙方将超出部分扣除( )%发行费后与甲方进行分账	乙方垫付前期发行费，甲方保底发行。(乙方保底发行类似) 本条两个条款选择其一
第4条 宣发方案 与预算	1. 甲方于双片出来后( )日内安排发行方观看本片，乙方于观看双片( )日内，向甲双方提交宣发方案(包括阵地宣传、宣传促销品、排片及票房数据整理反馈)及宣发预算(包括但不限于媒体费、拷贝费、差旅费、活动费、宣传品制作费、寄运费、公关费、发行代理费等所有宣发费用)。经甲乙双方协商后，书面确定宣传方案	乙方的自主经营权、经费获得权，甲方的监督权、审核权
	2. 宣发预算经甲方书面确认(详细预算表附后)后，甲方于影片上映前( )日将预算费用汇款至乙方指定银行账户	乙方获得报酬权
	3. 影片的宣发工作及宣发支出须严格按照宣发方案及宣发预算执行，如遇特殊原因如：对宣发方案有调整或宣发预算有超支的情况，发行方须以书面形式报甲方，双方协商，经甲方签字确定后，方可执行	乙方经营自主权的限制、 甲方同意权
	4. 乙方不得单独对外实施未经双方确认的方案，如果因此造成负面影响，乙方应当及时采取措施挽回影响。由此造成损失，乙方负责	乙方义务
	5. 因宣传发行影片所产生的各项费用，乙方应保留原始单据及合同文件供甲方随时审核	甲方检查审核权

续表

合同项目	主要合同条款	重点权利关注
第5条 报表	乙方应于影片正式公映的首日起( )日内,每天上午以邮件或传真形式向甲方报送影片票房收入的财务报表。( )日后至公映结束之日只需向甲方提供其间的周末票房数据。乙方应当如实报告票房数据	甲方知情权,是甲方对发行票房的核心掌控手段
第6条 结算	甲方在收到电影院的发行收入后,统计出授权区域内影片的票房并填写结算表通知乙方,双方在结算表上盖章确认,( )工作日后甲方转账支付乙方	甲方审核权、乙方报酬获得权
第7条 要求	1. 乙方发行影片的票价不得低于( )元	
	2. 甲方保证影片的合法著作权,且已经依法取得影片的公映许可证	影片权利保证
	3. 双方在合同履行过程中应尽力避免盗版,如遇盗版行为,双方应协力解决。乙方在获悉盗版信息时应当及时通知甲方,并协助甲方共同采取相应措施。乙方在查处盗版过程中发生的费用,甲方认可后可以列入影片发行费用,所获得赔偿列入影片发行总收入	知识产权保护
第8条 违约责任	1. 乙方不得偷漏瞒报票房收入,如果甲方在检查中发现有瞒报和漏报票房收入的,乙方应当向甲方支付瞒报或漏报收入额( )倍的赔偿金	甲方收益权
	2. 乙方如果未能在约定期限按照约定发行影片,应当赔偿甲方( )万元。超过( )日未履行合同,增加( )的违约金	违约金设置
此外,还有保密条款、不可抗力、通知送达、法律适用和争议解决等条款,从略		

第十六章 导演聘用合同

导演、编剧、制片人以及其他监制、策划、道具、服装等参与影视制作的人,一般都要与出品单位签订合同。合同的名称不同,比如可以是导演聘用合同、编剧聘用合同,也可能是制片人合作合同、编剧委托合同。导演聘用合同已经被最高人民法院的司法判例认定为其他合同,即无名合同。编剧的委托创作合同、制片人委托合同都有各自的特点。

合同自由原则,是指只要双方合意,且没有违反法律规定、没有违法公序良俗等强制性规定,就是合法有效,就是受法律保护的。

根据行业惯例,我国电影历史上导演中心制一直比较盛行,即导演在影视创作中占据主导地位,而投资方及代表投资方的制片人居于次要地位。

但近年来随着影视行业市场化和产业化的快速发展,影视行业的资本投入和利润回报亦不断增大,制片人通过对整个影视制作全过程的审查和管理,以期获得最大的商业利益,而与此同时,导演在影视创作中的核心地位也正越来越被投资方所削弱,纷争时有所见。于是原来约定成俗的导演聘用合同的性质也在悄然发生变化,在判例上已经形成了不同的认识,有的认为是委托合同,有的认为是无名合同。

第一节·导演聘用合同性质

一、委托创作合同

关于导演聘用合同的性质,早期(一般)认为属于委托创作合同,认为导演和其他演职人员一样,是被出品人或者其代理人制片人聘请来制作影视剧的,虽然导演在艺术创作方面有很多很大的发言权,但是对于制作最终成果、演员选定等方面都得听从制片方安排。

68 案·例 法院认为是委托创作合同性质

——周某某与北京某文化传播公司委托创作合同纠纷①

| 当事人 |

原告(反诉被告):周某某

被告(反诉原告):北京某文化传播有限公司(以下简称"天幕公司")

被告(反诉原告):某电视家协会

被告(反诉原告):某省电视台

| 基本案情 |

《大脚马皇后》摄制组由天幕公司、辽宁电视台和电视家协会组成,2001 年 8 月 21 日,摄制组(甲方)与周某某(乙方)签订合同。合同约定:甲方聘请乙方为 30 集电视连续剧《大脚马皇后》导演,全程亲自指导该剧直至后期制作完成全片;每集酬金人民币 3 万元,总计 90 万元;付款方式分为 4 期,签约 3 日付 20 万元、开机日付 20 万元、停机日付 20 万元、余款工作完成日一次性付清 30 万元;甲方拟投资 1100 万元,制作周期 225

① 北京市海淀区人民法院(2002)海民初字第 10317 号民事判决书。

天,实际拍摄工作日为85天(下雨天不另计),开机日约10月底,杀青约2002年1月23日,后期制作约为两个半月,交完成片日约为2002年4月5日;甲方重点负责对全剧组的资金运用及费用审批,乙方对全剧的艺术把握、艺术质量负全面责任,甲方为乙方的艺术创作提供较大空间,尊重乙方的创作成果,如出现重大创作分歧,尽量达成共识,出现未果状态以甲方意见为主;所用演员双方挑选,主要演员原则上以甲方意见为主;乙方应在甲方投资额内合理安排制定生产拍摄计划并在计划拍摄期内完成全剧拍摄,按期停机,按期交片。

| 诉辩分歧 |

原告周某某诉称,剧组聘请我为电视连续剧《大脚马皇后》的导演,片酬总计90万元。我如约完成导演工作,天幕公司仅付片酬60万元,请求判令三被告支付剩余片酬30万元和违约利息。

三被告共同辩称,30集电视连续剧《大脚马皇后》由三家单位共同投资,共有版权。周并没有参加后期制作属于违约,剩余的30万元不应该支付。

三反诉原告共同诉称,周违背职业道德,合同原定拍摄期为85天,而实际只用了58天即拍摄完成,并且其中有8天因周患病休息,未参加摄制。大量拍摄素材不能使用,对不合格和缺漏镜头的戏补拍累计3天,造成了132,727元的损失;后期制作中周擅离职守,剧组被迫另聘后期导演和剪辑师等主创人员,共支付了劳务费119,851元,付器材租金44,500元,影片错失发行商机导致电视台降低了价格,造成直接经济损失255,000元。综上要求判令周赔偿造成的经济损失552,078元。

反诉被告周某某辩称,合同对重拍没有约定,适当的重拍和补拍属于正常情况,拍摄进度快节省高额费用,如果要求导演承担因重拍而增加的费用,那么节省的费用如何计算?投资方未经我同意,以看片为由强行将素材带、空白带等所有材料拿走,导致我不能正常行使导演的权利。即使这样,我还多次到摄影棚指导工作,也经常和副导演等人进行讨论,擅离职守的事实不存在。我方已经在2002年4月5日凌晨3点多将所有的带子交付,并未逾期。制片方的理由均不能成立。

判决 法院

依据合同约定导演周某某须全程亲自指导该剧直至后期制作完成全片。实际上周某某因不满制片方擅自变更工作地点而没有全程参与后期制作，意味着周某某没有全面履行导演职责，但也履行了一定的导演职责；合同规定对工作场所等事项以制片方意见为主，因此，制片方未违约。法院判决制片方不必全额支付导演剩余报酬，仅仅支付10万元。

二、独立的无名合同

电影《杀戒》导演聘用合同纠纷案，被最高人民法院选为2014年中国法院50件典型知识产权案例，该案认为导演聘用合同在性质上不属于《著作权法》第17条规定的委托创作合同，又因为导演工作属于影视艺术创作中的重要环节，在我国著作权法体系下该合同也不能简单定性为雇佣合同，应当认定导演聘用合同为一种独立的无名合同。

案例69 导演聘用合同为独立无名合同

——电影《杀戒》导演聘用合同纠纷①

|当事人|

上诉人（一审被告、反诉原告）：江苏真慧影业有限公司（以下简称"真慧公司"）

法定代表人张某（又名竹卿）：该公司董事长

被上诉人（一审原告、反诉被告）：章某祥

|基本案情|

真慧公司与章某祥签订《真慧影业电影〈杀戒〉项目总导演聘请合约》（以下简称《聘请合约》）。约定：章某祥作为本片总导演，总导演该片的拍摄及指导张某（真慧公司

① 一审：江苏省南京市中级人民法院（2013）宁知民初字第164号民事判决书；二审：江苏省高级人民法院（2014）苏知民终字第0185号民事判决书。

法定代表人、该片导演)的工作;确定电影整体拍摄方案,指导该影片导演的拍摄工作并负责重要场景的具体拍摄;指导监督后期制作(剪辑、音乐、声音及最终影片合成)工作;章某祥同意向所有投资方负责;在影片拷贝上,如有主创人员的片头字幕时,真慧公司同意章某祥的名字及职衔独立排名在该片片头字幕出现;章某祥作为该片总导演,对该片的艺术创作具有其最终的决定权。甲方向乙方支付合约期酬金税后现金100万元,分5次支付。

影片拍摄完成,在剪辑阶段,章某祥与张某各剪辑了一个版本,各执己见,无法调和。章某祥离开,真慧公司也未主动联系章某祥。真慧公司委托其他公司对张某决定的电影《杀戒》剪辑版本进行后期制作。

在获准公映的《杀戒》影片中,章某祥即章某瑞的署名情况为"前期总导演章某瑞",并与该片艺术总监的名字同时出现在同一画面上。张某即竹卿的署名情况为"竹卿导演作品",并以比较醒目的方式独立出现在画面的中间。

| 诉辩分歧 |

章某祥向一审法院起诉,请求判令真慧公司:按照双方的约定将章某祥的名字(章某瑞)及职衔(总导演)独立排名在电影《杀戒》片头字幕上;给付章某祥总导演聘请酬金20万元;赔偿因其违约造成的经济损失50万元和精神抚慰金10万元。

真慧公司一审辩称,章某祥摆错了自己在《聘请合约》中的位置,严重违反了该合约的诸多条款,对投资人极不负责任。并且真慧公司提起反诉,称章某祥一系列行为给真慧公司造成了更大的经济损失。请求判令章某祥:立即停止对真慧公司及其法定代表人张某名誉的损害以及对《杀戒》电影商誉的损害,并在网络和《扬子晚报》等媒体上向真慧公司公开赔礼道歉;支付因违约给真慧公司造成的损失90万元。

| 法院审理 |

南京市中院认为:章某祥和真慧公司签订的《聘请合约》属于合法有效的合同,双方均应按约全面履行该合同。但涉案合同关于谁拥有涉案影片剪辑版本最终决定权的约定并不明确,双方当事人各自主张自己拥有涉案影片剪辑版本的最终决定权均缺乏明确的合同依据。本案中,真慧公司作为投资方在合同履行中处于优势地位,其在双方就合同约定不明的事项发生争议,且并未达成一致修改、补充意见的情况下,实际单方终止了涉案合同的履行。章某祥实际未参与影片后期制作的责任不应由章某祥承担。故真慧公司给章某祥署名为“前期总导演”,且拒不支付剩余酬金的行为违反了合同约定,理应承担相应的违约责任。本案为合同纠纷,涉案合同并没有约定章某祥主张的经济损失、精神抚慰金、公证费、律师费等违约赔偿条款,章某祥也未提供证据证明其所主张的赔偿额是由真慧公司的违约行为所造成的实际损失,因此,章某祥的主张没有事实和法律依据,一审法院对此均不予支持。

一审判决:真慧公司在判决生效之日起15日内将章某祥的名字(章某瑞)、职衔(总导演)独立排名在电影《杀戒》片头字幕上,并支付章某祥合同约定报酬20万元;驳回章某祥其他诉讼请求;驳回真慧公司反诉请求。

真慧公司不服一审判决,向江苏省高院提起上诉,认为一审认定事实不清,适用法律错误,请求:(1)改判驳回章某祥的全部诉讼请求;(2)改判章某祥向真慧公司赔偿损失人民币90万元,停止对真慧公司及其法定代表人张某的名誉侵权,并在《扬子晚报》、互联网等媒体上赔礼道歉。

章某祥答辩称:真慧公司没有足以认定一审判决错误的新证据,请求二审驳回上诉,维持原判决。

江苏省高级人民法院审理后认为:章某祥作为真慧公司聘请的电影《杀戒》总导演,已经适当履行了合同约定的拍摄义务,并提交反映其总导演意图的剪辑版本,其依法应当享有总导演的署名权和要求支付20万元剩余酬金的权利。真慧公司关于章某祥剪辑的版本构成合同违约,且其已单方表示退出影片的后期制作,涉案合同已经事实上终止履行的上诉主张,缺乏事实依据和法律依据,法院不予支持。故江苏省高级人民法院判决:驳回上诉,维持原判决。

| 案件分析 |

关于电影《杀戒》剪辑版本的最终决定权问题,法院认为:无论影视制作行业是采取导演中心制还是制片人中心制,有关影视剧创作的最终决定权特别是终剪权的归属问题,都应当首先依合同约定加以确定,即合同明确约定导演享有终剪权或者投资方享有终剪权的,均应当从其约定,只有在合同约定不明时,才考虑行业惯例加以确定。而本案应当认定合同关于终剪权归属的约定是明确的。双方在合同第8条明确约定:“乙方作为该片总导演,对该片的艺术创作具有其最终的决定权”,影视剧的艺术创作包括前期筹备、中期拍摄及后期制作过程,故除非合同明确约定将终剪权排除在外,总导演对艺术创作的最终决定权应当包括终剪权。至于真慧公司主张合同约定总导演同意向所有投资方负责,就意味着投资方享有终剪权。对此法院认为,在合同条款未明确将总导演同意向所有投资方负责定义为投资方享有终剪权的前提下,对该条款的常规理解应当是总导演依据合同完成导演工作任务并保证其应当达到的艺术水准就是对投资方负责。

该案因为聚焦导演是否拥有最终剪辑权的问题而成为确定导演权利的典型案例。

这一典型案件集中反映了电影创作究竟实行导演中心制还是制片人(投资方)中心制的问题。投资方强调电影拍摄投资浩大且风险巨大,认为司法应当维护投资者的利益;而总导演则要求司法还导演权利和社会公道,以保证电影艺术水准,促进高质量电影作品的出现。争议的激化足以表明目前我国影视行业的市场规则不够清晰,且被普遍遵守的行业惯例也远未形成,需要从法律层面进一步明晰投资方与导演各自权利义务的边界。

第二节·导演合同的风险防范与标准合同指导

一、导演如何在签订合同中防范风险

关于出品人与导演之间的关系,也涵盖作为出品人代表的制片人与导演之间的关系,是典型的“相爱相杀”的关系。

一方面,没有出品人的投资、制片人的管理,导演的艺术创作就无法完成,没有导演全面指导调度把控,制片人和出品人做得再好,也无法完成影视剧的拍摄。这是双方“相爱”的基础。

另一方面,由于投资是要回报的,回报是看市场的,艺术有时与市场并不完全契合。影视创作高投入、高风险且艺术创作活动极其复杂的特性,决定了对艺术与市场两方面都有很高的要求。这就是双方“相杀”的关系。

因此,要想调和这种关系,就只能是“合作”——善意协商,谋求双赢。

就出品人和制片人而言,在关注影视作品投资与回报的同时,要强调尊重艺术创作的规律;就导演而言,在专注艺术创作的同时,也应当适度兼顾出品人投资利益的回报,如此才能实现双方利益的平衡。

因此,影视创作合同的履行,明显不同于标的为工业品的普通商事合同。在创作过程中,因艺术创作或者市场需求所进行的必要创作调整并不少见,然而无论是

导演还是投资方提出的调整,都应本着善意协商进行,且以不损害艺术创作水准为原则。如果协商不成,则强调契约精神,遵守合同约定,仍具有相当程度的必要性,如此才能有效减少纠纷,减少不必要的损害,从而真正促进影视艺术创作的繁荣,促进影视产业的发展。总体原则就是明确细化权利和义务,具体地,重点关注下面几个方面:

(一)在合同中细化准确规定法定署名权

《著作权法》规定导演有署名权,这只是个笼统的概念,如何落实这个权利就要靠合同来说清楚,双方协商好,写明白。比如:如何署"类名称",是总导演?还是执行导演?还是副导演?还是监制;是署上笔名,还是原名,比如成龙,原名是××,如果成龙要求署上原名,怎么办?署名方式:是单独在影片片头一帧,导演:×××,还是可以和其他人并列署名;要不要署上比如"冯小刚导演作品"的形式等。

(二)依据合同约定具体实现《著作权法》规定的获得报酬权

具体细化报酬权,在合同中首先要明确报酬总价,如果是电视剧,有时可能采取每集多少钱乘以多少集数的运算方式列出报酬,而在电视台播出集数可能与拍摄集数不同,要对这个细节作出规定;其次是付款时间一般采取分期付款的方式,合同签订几日内付第一期,之后开机日之后几日内付第二期等,在付款时间上要选择比较具体的时间或者比较好掌握的时间节点,如开机日、关机日、审核通过日等。再次要明确交付方式,开户行、账户信息齐全;最后收款之后如何签收。

(三)获得制片方提供拍片必要条件和相应便利的权利

包括制片方要提供拍摄电影、电视剧的必要导演使用场所和工具、机械等;为拍摄影片提供各种生活必要条件等。

(四)明确相应义务

基本是以下几项:

1. 尽责完成影视剧拍摄。主要指保质保量完成摄制电影电视剧的工作,为影片,为艺术质量负责。

2. 按时完成。如合理安排制定生产拍摄计划;在拍摄期内完成全部拍摄;按期交片。保证在导演拍摄该影视剧时不接受其他剧目的工作等。

3. 遵守摄制组财务制度,影视剧的开销须经过出品方同意。

4. 保密义务、宣传义务等。

二、导演聘用标准合同指导

表16－1　导演聘用合同示范

甲方：某影视公司	乙方：某导演	
项目	基本条款示范	重要权利关注
第1条 合同性质	甲方( )聘任乙方作为电影《××》的导演。＊乙方同意(否)甲方另行聘请副导演( )名，并可(否)聘任总导演	确认导演聘用合同性质。确定导演的相对地位
第2条 工作内容	乙方的具体职责包括：(1)具体负责该片剧本完善磨合；(2)与甲方共同选定主创团队；(3)与甲方共同选定电影片所需主要演员；(4)全程亲自指导影片拍摄工作并负责重要(＊或全部)场景的具体拍摄；(5)指导监督后期制作(剪辑、音乐、声音及最终影片合成)工作，完成全片；(6)指导剪辑宣传发行素材，制作报审材料等	具体明确的工作职责能够明晰权责
第3条 工作期限	聘期从( )年( )月( )日开始至( )年( )月( )日止。电影《××》暂定( )日开机( )日关机，后期制作( )天，交完成片( )日。如因故延期，合同约定聘期顺延	
第4条 报酬与支付	1. 乙方的酬金总计为( )元。 2. 甲方应向乙方支付酬金的时间安排如下： 第一期合同签订后( )个工作日内甲方向乙方支付预付款( )元人民币，即总报酬的( )%； 第二期开机后( )个工作日内，向乙方支付( )元人民币，即总报酬的( )%。 第三、四、五期…… 收款账户信息 收款后收据形式	乙方获得报酬权的具体实现方式
第5条 工作效果交付(最终剪辑权)	乙方按照甲方同意的工作流程拍摄完毕，指导后期工作完成最终剪辑版本交付甲方。 乙方对影片的艺术把控、艺术创作质量具有最终的决定权。 ＊甲方支持乙方的艺术创作，同时甲方拥有影片主题、情节、人物设置及艺术评判的最终决定权。对于各个阶段的工作任务履行，甲方可以建议修改，如果意见不合，以甲方认可为准	＊表示选择条款，这是两种最终剪辑权的选择

续表

项目	基本条款示范	重要权利关注
第6条 工作条件 提供	1. 甲方按照乙方工作需求配置合适的人员、设备、场地、饮食、交通。费用标准以甲方书面认可为准； 2. 乙方同意甲方代为影片拍摄期间购买保险，同意遵守甲方指定保险公司所制定的保险条款。乙方同意拍摄期间一切人身、财务安全出现的问题，由自已和保险公司负责赔付	此项为乙方权利，也既是甲方的义务
第7条 工作要求	1. 乙方应遵守法律法规和职业道德，及时、经济、高效地完成高质量的拍摄工作； 2. 乙方应当亲自履行合同项目下所有职责和义务，未经甲方同意，不得转委托第三方完成；不得中途辞职，不得无故离开剧组； 3. 甲方负责影片的资金运用和费用审批，乙方应当严格遵守财务制度，经手所有费用经甲方审核后方可报销； 4. 乙方在其职责范围内保证按照制作周期及预算完成影片摄制，按照协议要求交付全部资料和物料。乙方负有协议约定期间保护相关资料物料的责任，工作结束后，完整交付甲方	乙方义务，也即为甲方权利
第8条 著作权 及署名	1. 影片著作权归甲方所有。乙方工作完成的各种素材、资料、成果都归甲方享有著作权。 2. 乙方享有署名权。 署名方式：如片头独立一副，在出品人后一帧。 3. 如甲方安排他人作为总导演，不得影响乙方署名	署名权尽量说明细致，并将可能的情况规定清楚，如总导演、执行导演等
第9条 宣传	1. 为宣传影片及衍生产品，甲方有权自行或许可第三方无偿使用甲方姓名、肖像、简历及生平经历等个人资料。上述宣传及使用应为正面、积极使用，不得歪曲、损害乙方形象。 2. 乙方应积极配合甲方的宣传发行活动，包括参加采访、宣传会、网站到访等，甲方除差旅费外，无须额外支付报酬	乙方附随义务； 乙方肖像权、姓名权等

续表

项目	基本条款示范	重要权利关注
第10条 违约责任	1. 若甲方无故拖延支付各期报酬,乙方可视甲方违约;逾期超过( )日,则按每天( )%向乙方缴纳滞纳金,直到双方终止合同之日。但滞纳金总计不应超过( )元。 2. 因乙方原因造成影片停拍或者摄制工作延误、或未经甲方同意超支等,乙方除赔偿甲方由此遭受所有经济损失之外,还须向甲方支付本合同总额的( )%[人民币( )]作为赔偿	
其他条款:保密条款、合同成立、不可抗力等		

第十七章 编剧委托合同

第一节 · 编剧委托合同内容与特征

一、编剧委托合同的形式和内容

编剧作为出品单位聘任的专业写作人员，与制片者签订委托创作合同，就要按照合同要求的时间和质量要求完成剧本创作，制片者也要按照合同在约定的时间里支付报酬。在合作过程中可能先后签订几个合同，有时还有口头约定的情况，这就容易出现纠纷。虽然法律保护口头合同，可是口头合同不容易举证，证明起来比书面合同费事，诉讼的主张要靠证据来证明，不能证明就可能承担败诉风险。因此如果有可能，还是建议尽量签订书面合同。

合同的内容由当事人约定，一般包括以下条款：当事人的名称或者姓名和住所；标的；数量；质量；价款或者报酬；履行期限、地点和方式；违约责任；解决争议的方法。

案例 70 口头约定不若“落笔成文”

——郭某某与北京某文化公司委托创作合同纠纷①

|当事人|

上诉人(原审被告):郭某某

被上诉人(原审原告):北京某文化公司

|基本案情|

2013年5月12日,北京某文化公司(甲方)与郭某某(乙方)签订《关于电视剧(8023)编剧等相关事宜之合同书》(以下简称《合同书》),约定北京某文化公司拟聘用郭某某作为30集电视连续剧《8023》编剧等相关合作事宜。

《合同书》第1条约定,甲方聘用乙方担任该剧编剧,乙方负责该剧所需的、符合甲方要求的剧本,除本协议另有规定外,该剧本包括版权在内的全部知识产权均归属甲方。乙方享有该剧剧本的编剧署名权,署名方式为:编剧郭某某等若干编剧。……甲乙双方协商同意,乙方最迟应于2013年10月15日前交付经甲方认可通过后的该剧全剧剧本,乙方应在前述约定的创作期内完成相应的编剧工作。《合同书》第5条约定了甲方在乙方分期交付剧本成果时分期支付稿酬的方式以及稿酬的标准:合同签订后7个工作日内甲方向乙方支付预付款100,000元人民币(大写拾万元整),即总报酬的10%作为定金(含故事大纲、人物小传、申报材料和分集大纲稿酬)……合同履行过程中,双方发生争议,2013年8月,郭某某向甲方发出电子邮件,称与甲方联系人已经说明,并获得同意,自己愿意作为总编剧和总导演的身份参加合作,而非单纯出售剧本,在其他相关协议和保障条款未能签署前,是不会再交出任何剧本内容,以防剧本中更多内容泄露。

在法院,双方均认可在2013年8月10日郭某某向银禾世纪公司发送的电子邮件中提到的“其他相关协议和保障条款”指的是在本案《合同书》约定之外的正在磋商的投资拍摄协议事项,该事项在《合同书》中没有约定和体现。

① 一审:北京市第三中级人民法院(2014)三中民初字第6030号民事判决书;二审:北京市高级人民法院(2014)高民(知)终字第4063号民事判决书。

法院判决

一审法院确认合同解除，判决郭某某返还北京某文化公司定金 20 万元，并赔偿经济损失 9 万元。

郭某某不服上诉，二审维持原判。

|案件分析|

合同就是双方当事人之间的“法”，就应当严格得到执行。合同中规定交付剧本大纲时间、交付前 7 集时间、交付第 8 集到第 15 集时间等，郭某某就要严格按照时间交付，否则就是违约。并且郭某某于 8 月向对方公司发送的电子邮件表示不会再交出任何剧本内容，构成根本违约。

口头合同也是法律保护的范围。根据《民法典》第 469 条规定，当事人订立合同，可以采用书面形式、口头形式或其他形式。法律、行政法规规定采用书面形式的，应当采用书面形式。当事人约定采用书面形式的，应当采用书面形式。在影视合同中大部分是书面合同，但是也有口头合同存在，法律认定的口头合同效力与书面合同没有区别，但是由于口头合同不容易举证，而且对于编剧等影视和他合同这种动辄几十万的合同，如果对方事后不承认，那就成了空口无凭。本案就是例证。

本案中郭某某主张其作为投资方和导演是提供剧本的条件，但是无法证明对方同意郭某某作为投资方和导演。虽然双方均认可相关电子邮件中提到的“其他相关协议和保障条款”指的是在本案《合同书》约定之外的正在磋商的投资拍摄协议事项，但是该事项在《合同书》中也没有约定和体现。因此不能成为过郭某某不交剧本的合法理由。所以郭某某只能承担违约责任。

二、编剧委托合同特征

（一）必为亲力亲为

《合同法》规定委托合同的“亲自处理原则”，即受托人应当亲自处理委托事务。① 虽然也规定了经委托人同意，受托人可以转委托，但是对于编剧而言，几乎没有转委托，必须是亲自为之。正是由于看重这个编剧的文笔，才会与之签约，任何投资人都不希望签约编剧是个“中间商”。

---

① 《合同法》第 400 条规定，“受托人应当亲自处理委托事务。经委托人同意，受托人可以转委托。”与之相对应的是《民法典》第 923 条作出相同的规定。

(二)质量不好确定

合同内容中要求写清楚数量质量,可是作为文学作品的剧本的质量是很难确定的,见仁见智。一般只要求交付剧本的时间,很难对剧本的质量作出量化规定。

(三)可以约定特殊义务。

例如,如果出品单位与编剧有专门的约定,比如不得在电视剧播出之前发表剧本小说,那么编剧就应当遵守。

71 案·例 可以特别约定不得在电视剧播出之前发表剧本

——蒋某某与东阳市乐视花儿影视文化有限公司委托创作合同纠纷二审案①

|当事人|

上诉人(原审被告):蒋某某

被上诉人(原审原告):东阳市乐视花儿影视文化有限公司

|基本案情|

2012年8月28日,花儿影视公司作为甲方与蒋某某签订《创作合同》(一),约定花儿影视公司聘任蒋某某担任电视剧《芈月传》编剧,并约定剧本著作权归属、编剧署名权等事项。

2013年7月15日。星格拉公司作为甲方与蒋某某签订《创作合同》(二)。该合同除签订主体的一方由花儿影视公司变为星格拉公司外,主要内容与《创作合同》(一)一致。同时,双方还签署了《补充协议》及蒋某某单方签署的《授权书》。《授权书》中声明"星格拉公司无须征得本人同意即可将本授权书内容部分或全部转授权或转让给第三方行使"。《补充协议》约定,蒋某某"承诺在电视剧《芈月传》播出的同期,才会将此原著创意出版小说发行,在此之前不会出版此原著相关内容以及在网络发布";蒋某某同意星格拉公司有权将《创作合同》(二)、《补充协议》《授权书》中的权利义务一并转让给

① 北京知识产权法院(2016)京73民终第18号民事判决书。北京知产法院发布2016年典型案例八大类62案——疑难复杂新类型,具有指导意义的案件类之八。

第三方；星格拉公司为获得改编作品向蒋某某支付许可使用费共计50万元，蒋某某认可已收到许可使用费。

2013年8月，花儿影视公司与星格拉公司签署《转让协议》及《转让补充协议》。通过上述二协议，星格拉公司将与蒋某某签订的《创作合同》（二）、《授权书》《补充协议》中的权利义务转让给花儿影视公司，合同权利方面仅保留了《芈月传》电视剧中国大陆地区以外其他地区和国家的发行收益，改编游戏收益的30%分成权；合同义务方面约定由星格拉公司负担支付给蒋某某的报酬，并另行据实结算花儿影视公司已向蒋某某支付的报酬。

基于电视剧《芈月传》的编剧创作，蒋某某已收到约定的53集的全部编剧费用共12笔，其中花儿影视公司直接支付7笔。

蒋某某所著小说《芈月传》全6册已于2015年8～11月由浙江文艺出版社出版发行，电视剧《芈月传》尚未播出。

法院一审判决蒋某某立即停止小说《芈月传》的出版、发行。二审过程中因为《芈月传》电视剧已经播出，案件已经没有可执行性，所以判决撤销原判。

| 案件分析 |

这个案件的合同情况比较复杂，须细致分析。

在蒋某某与花儿影视公司签订的《创作合同》（一）中，约定蒋某某不能再使用《芈月传》的主要题材、故事情节、人物或与该作品相近似或相类似的内容元素为第三人进行创作。但是，蒋某某在后又与星格拉公司签订了与《创作合同》（一）主要条款基本相同的《创作合同》（二）。在《创作合同》（二）签订时，蒋某某与花儿影视公司的《创作合同》（一）已经履行了近一年之久，蒋某某向花儿影视公司交付了部分剧本，花儿影视公司也支付了相应作品集数的创作费。但是，花儿影视公司在享有在先合同权益的情况下，不仅未依据《创作合同》（一）追究蒋某某的违约责任，反而通过与星格拉公司签署了《转让协议》及《转让补充协议》，据此获得了与《创作合同》（一）主要条款基本一致的权利义务。可见，花儿影视公司不仅知晓《创作合同》（二）以及《转让补充协议》的存在，而且花儿影视公司基于与星格拉公司签订《转让协议》及《转让补充协议》使蒋某某避免了被追究违约责任的可能。蒋某某与花儿影视公司之间虽然没有一个达成合意解除合同的书面协议，但是，对当事人意思表示的解释，不仅仅依据书面的约定内容，还可以根据合同的履行情况进行判断。通过蒋某某与花儿影视公司各自的履行，表明双方针对

《创作合同》(一)的解除达成了一致。因此,蒋某某通过与星格拉公司的履约行为,终止了与花儿影视公司于2012年8月28日签订的《创作合同》(一)。

正是由于作为《创作合同》(二)的系列合同的《补充协议》与《授权书》明确约定星格拉公司无须征得蒋某某同意将权利转让给第三方行使,因此,蒋某某主张星格拉公司未就转让事宜通知其本人使转让对其不发生效力缺乏事实依据。所以花儿影视公司受让《创作合同》(二)及《补充协议》《授权书》的合同权利义务后,其与蒋某某成为《创作合同》(二)及《补充协议》的合同双方当事人。

《补充协议》作为《创作合同》(二)的从合同,明确约定在电视剧版《芈月传》播出前蒋某某不得出版、发行小说版《芈月传》。蒋某某虽然主张制片方已经同意其小说版《芈月传》可在2015年6月底出版发行,并得到花儿影视公司的许可,但是,其提交的短信截屏不能证明双方对出版的时间进行了变更并达成一致。因此,蒋某某于电视剧版《芈月传》播出前出版、发行小说版《芈月传》违反了合同约定,应当承担违约责任。所以一审判决其小说版《芈月传》停止发行。二审期间,由于《芈月传》电视剧已经播出,这样小说版《芈月传》的出版就已经合法了,所以二审撤销了一审的判决。

| 借鉴意义 |

从行业规律角度直言,影视剧的同名剧本小说应当在影视剧发行之后出版发行,因为影视剧的投资大,发行链条长,资金回收有诸多因素可以阻断。而对于剧情的“保密”是保持影视剧能够被观看的一个重要因素,也是保证影视剧资金回收的重要措施,所以在电影胶片时代很多影片发行过程中甚至要用武警来看护影片拷贝。当然对于电视剧而言,剧情的“保密”似乎相对轻松了一些,但是对未知剧情的期待仍然是吸引观众的重要因素。因此出品单位在和编剧订立合同时,要求编剧对剧情保守“秘密”到电视剧发行,是合理合规的要求,甚至应当说是电视剧保证回收资金的重要原则。

第二节·编剧委托标准合同指导

表 17－1 编剧委托合同示范

甲方:某影视公司 乙方:某编剧		
合同项目	合同条款示范	重点权利关注
第 1 条 合同性质	甲方委托乙方,根据甲方要求,为电视剧《××》编写原创剧本。剧本长度暂定( )集,每集片长约( )分钟	委托创作合同。原创剧本
	＊甲方委托乙方,对小说《》改编为电影剧本,剧本长度……	委托创作合同。改编剧本
第 2 条 著作权归属	1. 文学剧本的著作权由甲方享有。 2. 电视剧的著作权由甲方依法全权享有,若电视剧得以拍摄并发行,乙方依法享有在电视剧及相关衍生品中的署名权	如剧本的著作权归乙方享有,建议约定在电视剧发行前不得出版原著创意小说
第 3 条 创作成果	1. 乙方应完成剧本及剧本附带的如故事大纲、分集梗概、人物小传等必要文件,并按照甲方要求修改。 2. 剧本不少于( )字,每集不少于( )字、( )个场景	剧本质量是合同最难把控方面,可以提出更细致具体要求
第 4 条 交付方式	上述成果乙方应发至甲方指定电子邮箱( ),并在发稿当日通过电话、短信等方式通知甲方查收。甲方指派( )为联系人。甲方认可该期稿件,须向乙方发送电子邮件以确认,自甲方收到稿件( )天内应给予乙方认可与否的答复,逾期视为通过	甲方同意权及其限制
第 5 条 工作时间进度	1. 乙方应于( )日前完成故事大纲、人物小传、分集梗概初稿; 2. 乙方应于( )日前完成分集梗概定稿; 3. 乙方于( )日前完成文学剧本前( )集并提交甲方审核,修改并定稿; 4. 乙方应于( )日前完成文学剧本第( )集到第( )集初稿并提交甲方审核; 5. …… 6. …… 7. 乙方应于( )日前完成( )集文学剧本的修改、定稿;	细化甲方剧本决定权。分集梗概是以集为单元的故事概述,应详细完整地表达出该集主要故事情节的轮廓和人物发展的走向。 通过乙方获得报酬权平衡甲方的剧本审定时间

续表

合同项目	合同条款示范	重点权利关注
第5条 工作时间进度	8. 甲乙双方协商同意,乙方最迟应于( )日前交付经甲方认可通过后的该剧全剧剧本,乙方应在前述约定的创作期内完成相应的编剧工作。如因甲方延迟付款致使乙方未能在上述期限内完成编剧工作的,甲方同意延长时间	
第6条 剧本的审核	1. 甲方拥有该剧剧本、分集梗概、故事大纲的终审权和修改权,乙方应根据甲方要求进行修改。 2. 如乙方因故意或重大过失未按合同要求在规定时间内完成各期创作,或者乙方无正当理由拒绝根据甲方要求修改,或者乙方的创作不能达到甲方要求,甲方可自行聘请第三方继续完成该剧本创作,甲方已支付款项乙方不必返还,但甲方不必再向乙方支付后续款项	甲方的剧本审核权和最终决定权。 乙方的署名权、获得报酬权
第7条 剧本的采纳	1. 乙方的文学剧本创作完成并经确认后,甲方是否采用文学剧本拍摄电视剧,乙方无权干涉,但甲方仍应向乙方支付已经履行的本合同规定的相应酬金。 2. 无论本合同因何种原因终止、中止或被解除,甲方均排他性地享有已经提交的剧本版权和相关权益	对未被采纳的剧本之版权问题也要仔细规定
第8条 署名	1. 甲方制作该剧的作品时须在作品片头/片尾、宣传海报等显示乙方作为编剧人员的字样或声音图片等信息时,显示时间、位置、字体大小、顺序等规格均由甲方自行决定。 2. 如甲方安排其他编剧对乙方创作的剧本进行续写、扩写、改编和修改时,第三方编剧有权在本剧中署名,但该署名不影响乙方应当享有的署名权。甲方应根据乙方及第三方编剧对该剧本的实际贡献在剧本终稿完成后确定具体署名方式和顺序。甲方对此拥有最终决定权	乙方署名权,与第三方编剧的署名确定。 甲方合法引入第三方权利以及署名最终决定权
第9条 报酬与支付	1. 乙方的酬金( )集总计为( )元。 2. 甲方应向乙方支付酬金的时间安排如下: (1)合同签订后( )个工作日内甲方向乙方支付预付款( )元人民币,即总报酬的( )%作为定金(含故事大纲、人物小传、申报材料和分集大纲稿酬)。 (2)乙方向甲方提交30集分集梗概并经甲方认可通过后,甲方在( )个工作日内,向乙方支付( )元人民币,即总报酬的( )%。	乙方获得报酬权

续表

合同项目	合同条款示范	重点权利关注
第9条 报酬与支付	(3)乙方向甲方提交前( )集剧本并经甲方认可通过后,甲方在( )个工作日内,向乙方支付( )元人民币,即总报酬的( )%。 …… (7)乙方根据甲方意见对全剧进行修改,经甲方认可通过后,甲方在( )个工作日内,向乙方支付( )元人民币,即总报酬的( )%。 3. 甲方同意最终按电视台实际播出集数向乙方支付酬金,多出签约集数按每集( )元支付。 4. 乙方账户信息	
第10条 工作要求	1. 乙方应当亲自完成创作,不得转交任何第三人完成。 2. 乙方承诺在本合同签订之前,未曾接受第三方委托的类似题材或情节的剧本创作,也不得在合同履行之后,将剧本中的台词、桥段等用于本方写作的其他剧本中。 3. 乙方应勤勉、尽责、专业、高效地为甲方工作,并接受甲方合理指导或建议。在合同约定的聘用期内,乙方应专职为甲方进行文学剧本创作和修改工作,不得同时与第三方签署同样性质的合同。 4. 乙方承诺,创作内容不侵害第三方的著作权、隐私权、名誉权等权益。如果出现相关诉讼、仲裁等,乙方应出面解决,并赔偿甲方因此遭受的损失。 5. 甲方应及时就剧本创作情况,与乙方保持沟通,并提出修改意见。乙方应接受甲方监督。创作分歧无法达成一致的,按照甲方要求修改	编剧必须亲力亲为
第11条 宣传	为宣传电视剧,甲方有权自行或许可第三方使用甲方姓名、肖像、简历及生平经历等,上述宣传及使用应为正面、积极使用,不得歪曲、损害乙方形象	编剧有限制出让自己的署名权、肖像权等部分权益
第12条 违约责任 与合同终止	1. 若甲方无故拖延支付各期稿酬,乙方可视甲方违约;逾期超过( )日,则按每天( )%向乙方缴纳滞纳金,直到双方终止合同之日。乙方无须退还已获稿酬。 2. 乙方同意,其如有违背本合同第10条第4款之情形时,乙方除赔偿甲方由此遭受所有经济损失之外,还须向甲方支付本合同总额的( )%[人民币( )]作为赔偿	违约金设置

续表

合同项目	合同条款示范	重点权利关注
第13条 合同的效力	本合同自双方法定代表人或其授权代表人签字并加盖单位公章或合同专用章之日起生效,有效期为( )日至( )日	合同期限 合同形式
此外,还需要对不可抗力、通知送达、保密、争议解决法律适用等进行规定		

第十八章 影视劳务合同

第一节 · 影视相关劳务合同特点

劳务关系与前述劳动关系有很大差别。劳务合同是平等经济主体之间签订的合同,原来受《民法总则》《民法通则》《合同法》调整,《民法典》施行后,劳动关系受其调整;一般是临时性、一次性的关系,工作时间、酬劳都是双方议定,一般只获得劳动报酬,不存在加班费、经济补偿、保险、福利等。

尽管相对而言,劳务合同的一次性酬劳比劳动关系中每月工资要高,但是劳动关系中的福利、保险是长期的保障性利益,尤其是在出现人身伤害等需要高额的后续医疗费用时发生的影视纠纷,其中对于用工合同的认定就十分敏感了。认定为劳务合同的,无须赔偿补偿;认定为劳动关系的,对出品单位是一笔大的经济负担。

作为影视相关的劳务合同有如下特点。

1. 主体的广泛性与平等性。合同的主体既可以是影视公司、其他组织,也可以是摄制组,也可以是公民个人之间,一般没有特殊限定,具有广泛性。同时,双方完全遵循市场规则,法律地位平等。

只是与不同的人签订合同,可能结果不同,比如参与摄制人员与摄制组签订合同,摄制组没有履约能力,就要由成立摄制组的公司或者其他人承担责任。

2. 合同标的的特殊性。影视劳务合同的标的是一方当事人向另一方当事人提供的劳动力,即劳务,它是一种行为。劳务合同是以劳务为给付标的的合同,影视劳动有特殊性,比如表演,侧重于劳务行为的过程;有些侧重于劳务行为的结果,如写剧本,要求必须剧本完成。

正因为合同标的是劳务,因此,只要参与影视摄制人员付出了劳务,无论结果是否符合对方的要求,另一方当事人都要付出报酬。

3. 内容的任意性。除法律、法规有强制性规定以外,合同双方当事人完全可以按自由意志决定劳务合同的内容及相应的条款。影视制作过程中大量存在各种各样的劳务合同,可以是装卸器材的合同,可以是演员聘用合同,可以是制作服装的合同等,双方签订合同时应依据合同的自愿原则进行。

4. 合同是双务合同、非要式合同。在劳务合同中,一方为提供劳务方,另一方接受劳务方,故劳务合同是双务有偿合同。大部分劳务合同为非要式合同,除法律有作特别规定者外。

72 案·例 道具制作可以不满,劳务报酬不得拖欠

——环球旭日世纪文化传媒(北京)有限公司与李某劳务合同纠纷①

| 当事人 |

上诉人(原审被告):环球旭日世纪文化传媒(北京)有限公司

被上诉人(原审原告):李某

| 基本案情 |

2015 年 3 月,环球旭日传媒公司(甲方)与李某(乙方)签订《工作人员合约》,约定甲方委托乙方为影片《七夕之三界决裂》制作提供道具师组专职服务。乙方为影片制作担任道具,包括道具师、道具助理、戏用道具、木工等共 8 人的团队,并对工作时间、范

① 一审:北京市丰台区人民法院(2015)丰民初字第 15809 号民事判决;二审:北京市第二中级人民法院(2016)京 02 民终 2580 号民事判决书。

围、报酬等进行约定。被告支付了部分报酬及道具材料费用。影片的执行导演等证人证明李某在剧组的职务是制作道具,李某在剧组工作至2015年3月30日。

| 诉辩分歧 |

原告诉称被告拖欠劳务费用11万多。

被告辩称:李某提供的劳务不符合约定的要求,如我公司要求制作的道具色彩比较明亮,但李某提供的道具却颜色暗淡,道具质量不符合规格,质量较差,导致电影无法开机拍摄;公司向李某支付8万余元,但李某并未提供任何劳务成果。二审上诉称双方虽签订了合同,但欲拍摄的电影并未开机,李某未向剧组提供过劳务。

法院判决

一审判决环球旭日传媒公司向李某支付劳务费98,000元。被告不服,提起上诉。二审驳回上诉,维持原判。

| 案件分析 |

当事人应当按照约定全面履行自己的义务。当事人一方不履行合同义务或者履行合同义务不符合约定的,应当承担继续履行、采取补救措施或者赔偿损失等违约责任。李某与环球旭日传媒公司之间签订的《工作人员合约》合法有效,对双方均具有法律约束力,双方均应按照约定履行自己的义务。双方合约中约定的影片未开机拍摄,系环球旭日传媒公司自身原因所致,李某对此并无过错。按照李某提交的劳动成果,环球旭日传媒公司助理李××及剧组其他受雇人员证明李某实际为剧组提供了劳务,其实际工作至2015年3月30日。按照双方合同约定,环球旭日传媒公司应给付李某3月劳务费98,000元。

第二节·制片人聘任(委托)合同

单独列出制片人聘任(委托)合同,是因为实践中制片人"种类"众多,再加上没有统一的合同规范,所以出品人或者摄制组与制片人签订的合同,有的叫做制片人聘任合同,有的叫作制片人劳务合同,还有的叫作聘任委托合同,不一而足。但是如制片人的基本工作职能上而言,制片人与出品人之间的合同应当是劳务关系。

73 案·例 约定资料交付不全是否属于履约瑕疵?

——田某军等与北京蒙太奇环球影业有限公司劳务合同纠纷上诉案①

|当事人|

上诉人(原审原告):田某军(曾用名田某)。

上诉人(原审被告):内蒙古自治区邮政公司。

被上诉人(原审被告):北京蒙太奇环球影业有限公司。

|基本案情|

2010年9月,原审被告蒙太奇公司(甲方)与原审被告内蒙古邮政公司(乙方)签订《联合摄制电影〈全二平的马拉松〉合同书》,约定甲乙双方联合拍摄电影《全》(暂定名)。甲方负责办理影片上报国家广播电视总局报审备案各项手续;甲方负责出资人民币80万元用作拍摄电影《全》专项经费;摄制组由制片人全权负责;双方指定刘某、田某军为制片人。

2012年内蒙古邮政公司(甲方)与田某军(乙方)签订《联合拍摄电影〈全〉补充协议书》,约定乙方劳务报酬实行定额包干制,甲方支付乙方劳务报酬总额为税后70万元,该劳务报酬包括《全》电影剧本编剧稿酬、制片人酬金;报酬分两期支付:乙方实现电影《全》所必备的本协议第3条规定及符合发行公映条件并经甲方认可后5日内,甲方支付劳务报酬总额的70%;电影《全》首发公映后60日内,甲方支付剩余劳务报酬。

田某军于2012年3月14日向内蒙古邮政公司交付了相关资料。经法院核实,双方确认田某军已经交付除电影数字技术合格证外全部需要的文件资料原件,该合格证现在蒙太奇公司法定代表人陈某某处。

---

① 一审:北京市海淀区人民法院(2012)海民初字第24415号民事判决;二审:北京市第一中级人民法院(2014)一中民终字第8478号民事判决书。

法院判决

一审判决内蒙古邮政公司支付田某军劳务费 49 万元。二审维持原判。

|案件分析|

案件争议焦点是田某军是否履行其作为制片人的各项义务。根据双方确认的交付清单,田某军未向内蒙古邮政公司交付电影(数字)技术合格证。

从一个影视职业人员角度看,田某军是不可能以个人身份取得电影(数字)技术合格证的,必须由出品单位(有许可证的制片单位)出面到电影主管部门去申请,电影完成片通过内容审查后,才需要技术审查,全部合格后才会取得该证。

根据内蒙古邮政公司与蒙太奇公司签订的《联合摄制电影〈全〉合同书》约定,蒙太奇公司负责办理影片上报国家广播电视总局报审备案各项手续,而涉诉影片电影(数字)技术合格证现实际由蒙太奇公司取得并保管在陈某某处,因此,内蒙古邮政公司以田某军未交付上述证书为由拒付劳务费缺乏依据,法院没有支持。

第三节 · 影视参与人合同风险防控与指导

一、影视参与人合同的风险防控

影视参与人员参与影视制作,如何签订合同保护自身权利?影视公司聘用影视制作人员参与制作,怎样保证影视公司获得收益,免去不必要的麻烦?

总体上说就是坚持诚信原则,将法定的权利通过合同细化,将约定权利约定清晰。尤其关注两个方面:

(一)针对不同参与人员,一对一"量身定做"

影视参与人员的合同,因为身份不同,对影视创作的贡献不同,要差别对待,比如演员合同更注重人身权利保护、表演邻接权的特别说明;道具等非主创人员更注重报酬获得、保险意外伤害;而制片人合同更加注重与出品单位之间的成果交付。

（二）专业术语要在合同中明确规定

影视界有些约定成俗的用语比如制作周期、拍摄期、总收入、收入总额、合约期、拍摄天数等，在使用时容易造成混乱，要在合同中说明清楚。

在实际的影视聘用合同中，经常会出现"遵循影视行业通常的惯例"的字样，对于行业内的人，大家都心知肚明，默默遵守，但是对于新入道的影视参与人员无疑一头雾水，并且一旦进入诉讼程序，为了证明这个"惯例"会颇费周折。因此建议订立合同是不要怕麻烦，这时候的麻烦是事半功倍，防患于未然。

74 案·例 摄制天数如何计算？

——北京海润演艺经纪有限公司与杭州佳平影业有限公司演出合同纠纷①

| 当事人 |

上诉人（原审原告）：北京海润演艺经纪有限公司

被上诉人（原审被告）：杭州佳平影业有限公司

| 基本案情 |

2013年3月12日，杭州佳平影业公司的电视剧《烽》摄制组（甲方）与北京海润演艺公司（乙方）签订《演员合同书》，合同约定，甲方邀请乙方签约艺人郭某在电视剧《烽火双雄》（暂名）中饰演某角色，拍摄地山东；甲方开机时间为2013年4月20日起至2013年7月20日止，其中乙方拍摄全程的2/3部分，共计60天时间（以下简称"合约期"），此60天合约期乙方分两次时段入组，甲方须提前1周与乙方协调进组时间，乙方每次离组前会提前5日跟剧组请假，经甲方同意方可离组，具体请假日期要在拍摄期内补还给剧组；如甲方在合约期内安排乙方参加拍摄的天数未达到本合同约定的天数，与乙方无涉，甲方仍应按原定时间支付乙方酬金；如果为拍摄本电视剧甲方须延长乙方受

① 一审：北京市丰台区人民法院（2014）丰民初字第2148号民事判决书；二审：北京市第二中级人民法院（2014）二中民终字第06005号民事判决书。二审后上诉人提起再审，北京市高级人民法院驳回再审。再审：北京市高级人民法院（2015）高民申字第01692号民事裁定书。

聘时间，受聘期每延长1天，甲方须支付乙方劳务报酬2.5万元（现金税后款），不足1天的以1天计算，此款按日计算，并在每日开始工作前支付；乙方出演该剧部分共计17集，甲方向乙方支付劳务报酬150万元，支付到乙方指定账户。

合同签订后，北京某演艺公司指派郭某参加了电视剧的拍摄，杭州某影业公司向北京某演艺公司支付了报酬150万元。

拍摄完成后，北京某演艺公司起诉主张，合同签订后，郭某于2013年4月19日进组、2013年7月8日离组，实际工作时间为80天，比合同约定的60天延长20天，因此杭州某影业公司应当按合同约定的每日2.5万元支付延期劳务报酬。

审理过程中，杭州某影业公司认可郭某于2013年4月19日进组、2013年7月8日离组，但主张郭某实际参加拍摄的时间为54天，并未超过合同约定的60天，并向一审法院提供电视剧《烽》拍摄期间（2013年4月20日～7月8日）的拍摄日通告单用以证明其主张。根据上述通告单，郭某参加拍摄的时间共54天。海润演艺公司亦向该院提供了相应的拍摄日通告单，而针对杭州佳平公司提供的上述通告单，海润演艺公司对真实性亦予以认可，但主张通告单可以证明郭某在剧组的时间是80天而不是60天。

| 审判过程与结果 |

一审法院判定原告败诉。

核心理由：合约期＝实际拍摄时间

双方合同中明确约定“开机时间为2013年4月20日起至2013年7月20日止，其中郭某拍摄全程的三分之二部分，共计60天时间”，但并未明确约定该60天为连续拍摄期间，亦未明确约定杭州佳平公司对于郭某在剧组但未参加拍摄的时间亦须支付报酬，因此应当认定上述60天系指郭某实际参加拍摄的时间，而“延长受聘时间”为杭州佳平公司支付延期劳务报酬的前提条件，应认定为杭州佳平公司在60天之外额外增加郭某拍摄时间的情形。虽然郭某于2013年4月19日进组、2013年7月8日离组，但根据双方共同提供的拍摄日通告单，郭某实际参加拍摄的时间共54天，并未超过合同约定的60天。

一审后，原告上诉，理由是根据行业惯例，演员到达剧组应将全部时间留给剧组，并按照剧组通告随时准备拍摄的全部连续期间均应当计为合约期，演员在剧组期间杭州佳平公司未安排拍摄的时间，亦应当计入合约期。

二审支持了上诉人即原告的主张。

核心理由:合约日=连续在剧组时间。

演员系依据剧组发放的拍摄日通告单参与拍摄。由于拍摄日通告单均提前一天发放,且存在拍摄日当天临时调整通告的情况,郭某须随时听从剧组的安排,导致其在整部电视剧拍摄期间始终无法离开剧组。因此虽然《演员合同书》中约定演员郭某拍摄时间为拍摄全程的2/3部分,共计60天,但客观上演员必须向剧组提供与拍摄电视剧全程相应的时间来保证剧组根据提前一天才发放的通告单顺利拍摄,也只有如此,演员才符合《演员合同书》中有关保证依杭州某影业公司的安排参与拍摄的合同约定。

二、影视参与人劳务合同指导

前面专门讨论的导演聘用合同和编剧委托合同,也属于以劳务合同为基础的影视参与人员聘用合同,只是那两类合同已经独立为特别的专门合同。此处对演员、监制、摄影等参与人聘用合同应当关注的重点权利列表18-1说明,限于篇幅,只作浅显研究。

表18-1　影视参与人劳务合同重点权利关注说明

项目	出品人(甲方)		(乙方)		备注
	规定内容	权利	规定内容	权利	双方互为权利义务
聘用工作内容	甲聘用乙出演某影片某角色或者为某部影视剧担任制片、监制、摄影等		除因内容需要,不做危险、色情表演、不做危及自己生命健康的活动	健康权、名誉权	
工作期限	拍摄时间,何时进组、分几段等具体问题	经营自主权	可要求提前告知每次进组时间	劳动权	对合约期进行细致解释
	可否延长,如何计酬		须双方协商一致	同意权	
报酬	金额 支付日期 支付方式等		日期尽量明确	获得报酬权	

续表

项目	出品人(甲方)		(乙方)		备注
	规定内容	权利	规定内容	权利	双方互为权利义务
工作要求	乙方应保质保量地完成表演、摄影或其他工作	核心工作条款			具体要求要细化
	不得擅自离岗		如何请假	休息权	
	按照甲方或导演要求进行表演或工作	决策权	乙方在多大程度上有自主权	同意权	
	乙方应亲自履行全部工作和义务			乙方义务	
版权署名	甲方对影片拥有版权	版权归属	乙方的表演、工作结果、素材等归甲方所有		
	署名	决策权	明确署名的措辞、位置等	署名权	双方协商并写清楚
违约责任	双方须严格履约违约赔偿				明确违约情形
	因演员、制片、监制违法行为导致影片不能上映，责任人如何承担责任				广电总局“限丑令”要求
保密	保密范围、保密方式		确定保密时间限制		

第十九章 演艺经纪合同

随着影视剧发展繁荣,明星推陈出新,造星运动也名正言顺地轰轰烈烈起来,随之而来的演艺(演员)经纪合同纠纷(以下简称"演艺经纪合同")也层出不穷,占据了影视剧纠纷一定的比例,数量不是最多的,但由于明星效应,某位影星炒了老东家的消息可以瞬间上头条。

演艺经纪合同的格式文本一般都是经纪公司提供的,其在制定过程中掌握更多的话语权,受专业能力限制,演员很少能够完全清楚合同的专业条款;另外演员刚刚走上演艺之路时,为了及早签约公司,而不惜放弃权利或者接受一些比较苛刻的条款。这都为后续合同的履行埋下隐患。

由于演艺经纪合同快速发展,理论界尚无统一认识,法院的判决却已呈现多种情况。首先对于演艺经纪合同的性质存在争议,这直接影响了下一步可否解除演艺经纪合同,以及谁有权解除合同的问题?其次合同条款的弹性较大,经纪公司承诺的条款有的过于笼统不好操作,发生纠纷解释不清,而对于演员的义务要求有时又过于宽泛,看似什么都管实际上造成难以管理;最后,由于演员行业的复杂性,订立合同的格式化和信息、关系不对等,履行合同呈现多变性,于是判定到底是谁违约成为法院判决难点,有的案件经过一审、二审甚至再审,说明判而不服,争议依然存在。本章分节对演艺经纪合同的重要条款进行研究,并基于此对演员经纪标准合同作出示范指导。

第一节·演艺经纪合同性质

一、演艺经纪合同性质研究

(一)理论实践存在争议

对于演艺经纪合同的性质,无论在法学理论界还是司法实践中,一直存在争议,有的认为属于委托合同,有的认为属于劳动合同,有的认为属于混合性合同。

从事了20年知识产权及文化娱乐法律业务的周俊武律师认为:演艺经纪合约是以双方信任为基础的具有委托性质的合约。艺人作为委托人,经纪公司作为受托人,由受托人处理委托人的演艺事务。①

演艺经纪合同的确比较常见这样的条款"甲乙双方同意,乙方全权委托甲方为(全球)独家代理人",只看"委托"字眼,似乎演艺经纪合同应当属于委托合同。

但是,许多案例中演艺经纪合同的表述并不都是这么简单:

贾某其他合同案件②显示,合同约定:"东锦公司(甲方)与贾某(乙方)签订经纪合同,乙方授权委托甲方担任乙方演艺事务的全球独家经纪人,凡关于乙方于全球的演艺工作和事务皆由甲方独家拥有开发权、代理权、推广权等并负责乙方包装、培训、演艺安排及代理签约各项经纪事项等。"其中经纪公司获得推广权和开发权,似乎不是委托合同能够包容的。

张某案件③中合同约定"上海上腾娱乐公司为张某就其娱乐事业各方面提供所有服务、建议及指导、艺能的发展及推介、完成及签订有关其娱乐活动的聘用协议、演

---

① 周俊武编著:《当明星撞上法律》,人民出版社2016年版,第63页。

② 一审:上海市徐汇区人民法院(2012)上海徐民二(商)初字第1610号民事判决;二审:上海市第一中级人民法院(2013)沪一中民一(民)终字第532号民事判决;抗诉:上海市人民检察院2014年3月24日作出的沪检民抗(2014)8号民事抗诉书;再审裁定:上海市高级人民法院(2014)沪高民一(民)抗字第15号民事裁定;再审判决:上海市高级人民法院(2014)沪高民一(民)再提字第8号民事判决书。

③ 一审:上海市静安区人民法院(2007)静民一(民)初字第2286号民事判决书;二审:上海市第二中级人民法院(2008)沪二中民一(民)终字第1830号。转引自李振武编著:《娱乐法诉讼案件审理实务》,法律出版社2015年版,第176页。

唱会表演、电影、电视及其他制作演出、灌录录音制品及唱片、参与推广、宣传、广告、销售及其他附带活动。”其中对于张某推介、宣传等应当属于居间合同的性质。

而在林某新诉被告上海唐人电影制作有限公司委托合同纠纷案，①其演艺经纪合同内容中还有“在第一个合约年内，甲方将给予乙方每月人民币 5000 元作为保底工资……”的条款，这是属于劳务合同性质的条款。

(二)法院裁判趋于一致

查询演艺经纪合同的相关案例，抽取出一些有代表性的案件列表 19 – 1 对比说明。

表 19 – 1 演艺经纪合同性质

序号	案件名称	法院认定合同性质
1	林某新委托合同纠纷案②	一审认定为委托合同。二审认定为综合性合同
2	贾某其他合同纠纷再审案③	其他合同
3	刘某合同纠纷④	合同纠纷(未明确合同性质)
4	窦某演出经纪合同纠纷⑤	演出经纪合同纠纷
5	张某演出合同案⑥	具有特定内容的混合性合同

法院对上述案例的判决表明，法院对于演艺经纪合同的性质认定已经趋于一

① 一审：(2013)闵民一(民)初字第 3749 号民事判决书；二审：(2013)沪一中民一(民)终字第 2086 号民事判决书。转引自李振武编著：《娱乐法诉讼案件审理实务》，法律出版社 2015 年版，第 165 ~ 172 页。

② 一审：(2013)闵民一(民)初字第 3749 号民事判决书；二审：(2013)沪一中民一(民)终字第 2086 号民事判决书。转引自李振武编著：《娱乐法诉讼案件审理实务》，法律出版社 2015 年版，第 165 ~ 172 页。

③ 一审：上海市徐汇区人民法院(2012)上海徐民二(商)初字第 1610 号民事判决书；二审：上海市第一中级人民法院(2013)沪一中民一(民)终字第 532 号民事判决书；抗诉：上海市人民检察院沪检民抗(2014)8 号民事抗诉书；再审裁定：上海市高级人民法院(2014)沪高民一(民)抗字第 15 号民事裁定；再审判决：上海市高级人民法院(2014)沪高民一(民)再提字第 8 号民事判决书。

④ 一审：北京市朝阳区人民法院(2015)朝民(商)初字第 38579 号民事判决书；二审：北京市第三中级人民法院(2016)京 03 民终 5196 号民事判决书。

⑤ 一审：北京市第二中级人民法院(2012)二中民初字第 16451 号民事判决书；二审：北京市高级人民法院(2013)高民终字第 1164 号民事判决书。

⑥ 一审：(2007)静民一(民)初字第 2286 号民事判决书；二审：(2008)沪二中民一(民)终字第 1830 号。转引自李振武编著：《娱乐法诉讼案件审理实务》，法律出版社 2015 年版，第 173 ~ 178 页。

致，不单纯是委托合同，应当是综合性合同。

上海市静安区人民法院对于张某与上海上腾娱乐公司签订的演艺经纪合同的性质的论述，甚为精到。

75 案·例 特殊内容的混合合同

——上海上腾娱乐公司诉张某演出合同纠纷①

| 经典审判论述 |

合同的性质应当根据其内容，而不能简单地根据协议的名称确定。从案件协议的内容看，双方约定的权利义务范围广泛，约定原告为被告的全球独家代理人，代表被告商议签订有关演唱会表演、电影、电视等娱乐活动的聘用协议等具有委托代理性质；约定原告对被告及其艺能进行推介，参与推广等附带活动具有居间性质；授权原告就开展被告的娱乐活动签署相关聘用协议，运用各种媒体和形式进行广告、宣发和开发，允许其他人以任何形式开发被告或使用被告作品和自转材料进行广告和宣传，行使被告因表演而产生的知识产权等权利具有行纪性质；约定被告全心全意为原告提供最佳的服务，按原告的只是在指定的时间、日期准时到达指定场所，被告不得私自参加商业性和非商业性活动具有雇用性质的内容。故双方签订的协议是具有特定内容的混合性合同。

事实上，在演艺经纪合同中，大部分都具有居间、代理、行纪的综合性质，并且一般都涉及社会保险、知识产权问题，不能简单地定义此类合同是委托合同。如林某新案件中法院在一审中认定为委托合同，但是二审中还是认定合同性质为综合性合同，即无名合同。

二、是否存在单方解除权？

若从前世今生论起，应当说演艺经纪合同确实是从委托合同脱胎而来，最早的演艺经纪人也正是从代理演员的事务开始的。委托合同的基本特点构成是以信任为基础，所以一旦双方之间的信任基础发生动摇，委托人或者受托人均可解除合

① 一审：(2007)静民一(民)初字第2286号民事判决书；二审：(2008)沪二中民一(民)终字第1830号。转引自《娱乐法诉讼案件审理实务》，李振武编著，法律出版社2015年版，第175~176页。

同。这也是主张演艺经纪合同性质是委托合同的核心内容。周俊武律师指出，其代理的陈楚生、尚雯婕、何洁与经纪公司等数个解约案，法院或仲裁机构均是主要据此解除合约的。①

《民法典》第933条规定，委托人或者受托人可以随时解除委托合同。因解除合同对方造成损失的，除不可归责于该当事人的事由以外，无偿委托合同的解除方应当赔偿因解除时间不当造成的直接损失，有偿委托合同的解除方应当赔偿对方的直接损失和合同履行后可以获得的利益。

正是法律设定的这条任意解除权，②成为很多演员解除演艺经纪合同时擎起的一杆大旗。一些演员为了让自己的任意解除权显得不是那么"随性"，一般还是通过律师函的方式向演艺公司提出解约要求，然后便开始与其他公司合作、签约，以为一纸律师函即履行了合法解除合同的手续了。

那么到底在演艺经纪合同中有没有单方解除权，可否任意解除演艺经纪合同，谁能够行使单方解除权呢？通过表19－2看法院的判例。

表19－2　法院认定单方解除权情况表

序号	案件名称	演员是否行使单方解除权？	法院如何认定？
1	林某新委托合同纠纷案	林某新向经纪公司发出解约通知	一审认定解约通知有效 二审认为林不享有单方解除权
2	贾某其他合同纠纷再审案	贾某单方发出律师函终止合同	法院认为贾某没有单方解除权
3	刘某合同纠纷	未行使	
4	窦某演出经纪合同纠纷	窦某向经纪公司发律师函，行使单方解除权	法院认为不能孤立使用该项权利
5	张某演出合同案	张某是被告，诉前行使了单方解除权，并与第三方公司重新签约，原经纪公司不同意，诉至法院，	法院认为张某的单方解除权应当受到限制，本案中不能成立单方解除权

从表19－2中5个案例中可见，其中4个案件的当事人在诉讼前向经纪公司发出律师函，要求解除演艺经纪合同，并认为只要对方收到律师函，合约即告解除。

① 周俊武编著：《当明星撞上法律》，人民出版社2016年版，第63页。

② 有的理论上叫随意解除权，有的叫单方解除权，意义基本相同。

原因不尽相同,有的认为演员不再信任经纪公司,即可单方面提出解除合同;有的认为经纪公司没有在合同规定期限内履行合同义务,因此依据合同规定而解除合同。但是法院的判决基本是一致的:演艺经纪合同中的任意解除权无效,单方解除权需要限制。

这里引用窦某与新画面公司的演出经纪合同纠纷中法院关于单方解除权的论述。

| 案例经典论述 |

具有居间、代理、行纪综合属性的演出经纪合同,既非代理性质亦非行纪性质,而是具有多个类型相结合的综合性合同,因此不能依据《合同法》关于代理合同或行纪合同的规定由合同相对方单方行使解除权。为了体现合同自愿、公平以及诚实信用等基本原则,在该类合同权利义务关系终止的确定上应当主要遵循双方约定、按照《合同法》的规定进行界定,不能在任何情况下都赋予当事人单方合同解除权。因为在演艺行业中,相关从业人员(艺人)的价值与其自身知名度、影响力紧密相关,而作为该行业从业人员的经纪公司,在艺人的初期培养、宣传以及知名度的积累上必然付出商业代价,同时艺人是否能够达到市场的影响力,存在不确定性,由此经纪公司在艺人的培养过程中存在一定风险。在艺人具有市场知名度后,经纪公司对其付出投入的收益将取决于旗下艺人在接受商业活动中的利润分配,故若允许艺人行使单方解除权,将使经纪公司在此类合同的履行中处于不对等的合同地位,而且也违背诚实信用的基本原则,同时会鼓励成名艺人为了追求高额收入而恶意解除合同,不利于演艺行业的整体运营秩序的建立,因此在演艺合同中单方解除权应当予以合理限制。

法院不承认单方解除权,因此即使演员向经纪公司发出律师函,并不会直接产生解除合同的效力,虽然在这一点上许多律师和演员都持有保留意见,比如在林某新案件中一审法院认定了双方之间的演艺经纪合同从经纪公司收到林某新的律师函之日起,合同解除,但是二审改判,认定林某新发律师函的行为不产生解除合同的效力。

虽然不承认单方解除权,法院一般还是会判决解除合同,这并非一个概念。除张某案件以外,目前看到的演艺经纪合同纠纷几乎都是法院判决解除合同。即使是法院判决合同可以依法履行,但是失去了信任与合作意向的双方也变成了"强扭的瓜"不会甜,如张某案件中法院判决继续履行合同,后来张某支付了一定数额的违约金后,还是与原来的经纪公司分开了。因此可以说,无论合同订立的多么“牢不可破”,如果失去信任,双方在履行合同过程中产生不可调和的矛盾,那最后只能是分道扬镳。只不过由于订立合同的内容不同,可能承担的违约金或者赔偿金不同罢了。

小结:如果演艺经纪合同被确定为委托合同,演员作为委托人依据合同法就拥有单方的任意解除权。但是目前法院一般认为演艺经纪合同是混合性的综合合同,是无名合同,因此不支持任意解除权。

76 案·例 演员行使单方解除权无效,赔偿经纪公司损失

——窦某与新画面公司的演出经纪合同纠纷①

|当事人|

上诉人(原审被告):北京新画面影业有限公司

被上诉人(原审原告):窦某

|基本案情|

2010年3月23日,新画面公司与窦某签订《合约》,约定新画面公司从2010年3月23日至2018年3月22日,作为窦某的演艺工作代理方。凡窦某有意参加的所有演艺活动(影视、唱片、广告、代言、发布会、公众活动等),由新画面公司提供指导、建议和意见,进行相关咨询,并由新画面公司代表窦某出面洽谈及签约。窦某对所有演艺活动有选择的权利,新画面公司给予意见但尊重窦某的决定。对于窦某参加的所有演艺活动,新画面公司可以收取某比例酬金。合约期间,窦某不得与第三方签订任何演艺合约或协议。合约期满后,新画面公司享有优先续约权;若窦某欲与他人签约,必须事先征得新画面公司同意。在《合约》新画面公司代表签字处蒲某某进行了签字确认,并加盖了

① 一审:北京市第二中级人民法院(2012)二中民初字第16451号民事判决;二审:北京市高级人民法院(2013)高民终字第1164号民事判决书。查自无讼案例网。

新画面公司的公章。

2012年9月21日,北京市东方公证处出具了(2012)京东方内民证字第6026号公证书。该公证书记载:新画面公司委托律师发布了声明。该声明称:演员窦某等12人为新画面公司的合法签约演员,合约期为8年,目前均在合约有效期内;新画面公司在合约期内全权代理上述演员的所有演艺活动,未经新画面公司书面授权确认,任何单位和个人不得擅自代理上述演员的演艺活动等。

2012年9月26日,窦某委托律师向新画面公司发出了律师函。该律师函称:新画面公司未根据国务院的规定办理并获得营业性演出经营的主体资格,没有3名以上的专职演出经纪人员,不能开展演出经纪活动,根本没有法律条件和资质与表演者签订相关合约,更无从履行合约。自参演电影《金陵十三钗》后,新画面公司根本不与窦某联系,从未实施过所谓针对窦某演艺活动的经纪行为。窦某与新画面公司的合约应视为无效协议。本律师函发出后,新画面公司不得以窦某签约公司的名义,影响窦某的演艺活动。新画面公司于2012年9月27日收到了该律师函。

2012年9月21日,新画面公司取得了营业性演出许可证,经营范围是:经营演出及经纪业务。

| 诉辩分歧 |

新画面公司主张,窦某出演《山楂树之恋》男主角和《金陵十三钗》配角两部均是对其涉案合同的履行,并主张如果窦某不签署涉案合同则不会让其出演电影《山楂树之恋》。窦某主张,是参加海选成功才取得了出演电影《山楂树之恋》男主角的机会,与涉案合同无关;而且,演出经纪应当是新画面公司为窦某提供其他单位的工作机会,而非新画面公司自己的工作机会,故窦某出演上述两部电影均与涉案合同无关。

新画面公司主张,窦某未经其许可,自2010年10月至2012年8月擅自参加了59场演艺活动。窦某承认其确实参加了这59场活动,但主张其中大部分都不是演艺活动,且均未获酬。

新画面公司反诉,要求由窦某赔偿在《合约》有效期间擅自参加演艺活动的违约行为给新画面公司造成的经济损失人民币494万元;判令窦某继续履行与新画面公司签订的《合约》或判令窦某赔偿因其恶意毁约给新画面公司造成的经济损失暂计人民币2000万元。

法院判决

一审判决：

1.确认窦某与新画面公司签订的《合约》是有效合同；2.窦某与新画面公司签订的《合约》于判决生效之日起解除；3.驳回窦某的其他诉讼请求；4.驳回新画面公司的其他反诉请求。

新画面公司不服一审判决，提起上诉，请求撤销一审判决第(2)项、第(4)项，依法判令窦某向新画面公司赔偿2000余万元损失。

二审判决：

1.维持一审判决第1、2、3项；

2.撤销一审判决第4项；

3.窦某赔偿因其擅自参加演艺活动给北京新画面影业有限公司造成的经济损失人民币100万元；

4.窦某赔偿因其毁约给北京新画面影业有限公司造成的经济损失人民币200万元。

第二节·经纪公司的承诺服务与付酬条款

一、承诺清晰，服务周到

作为演艺经纪合同的核心条款，就是经纪公司为演员提供的服务，在合同可以称为“经纪公司承诺”，这是吸引演员与经纪公司签订合同的重要条件，常常也成为演员提出解除合同时最深的抱怨。如若双方对簿公堂，这些条款（有时只是一条）的理解和解释往往构成诉讼的核心争议。

经纪公司对演员提供的服务是多样的，核心服务是为演员提供尽可能多的各种各样的演艺活动机会。为达此目的，要对演员进行市场定位，制定适合该演员的短期和长期规划，进行培训、包装、宣传，在出现形象危机时要马上应对处理等。

很多经纪合同在订立时笼统地说明服务内容，有的虽然提出量化服务的承诺，却又有歧义，合同双方理解不一致，导致纠纷。

例如,贾某其他合同纠纷中如何解释经纪公司的承诺是判定违约的关键。

| 经典案例分析 |

原告上海东锦文化传播有限公司与被告贾某签订演艺经纪合同约定:“本合同生效5年后,如果在2012年4月6日前未达到预期目标,即乙方电视剧市场片酬没有达到每集25,000元人民币,甲、乙双方都有权提出终止本合约。”对该条款的解释决定谁违约以及谁赔偿的问题,成为该案一审、二审、再审的主要争议点。

该案核心争议可以归纳为:原告贾某在一审二审和上海市检察院抗诉中持有“全部达到论”,即认为该条款应当解释为,在约定时间前贾某所拍所有电视剧均要达到2.5万元每集,只要有一部电视剧的报酬没有达到2.5万元每集,即可解除合同。贾某认为其距离该时间节点最近的一部电视剧《隐婚日记》片酬未达2.5万元每集,因此其享有合同解除权。

被告东锦公司认为自己不违约;关于片酬,合同没有约定贾某出演的每部电视剧的片酬都须达到2.5万元每集,2012年阶段,贾某绝大部分出演的电视剧片酬达到2.5万元每集,《隐婚日记》合同片酬加上报销费用,实际片酬也已达到2.5万元每集。被告的解释可以称为“部分达到论”。

法院最终采纳“部分达到论”,即认为该条款应当解释为,只要有且大多数贾某的电视剧片酬达到2.5万元每集即可。法院认为,演员由于其知名度的提高其片酬处于一个动态变化过程,综观贾某在东锦公司工作的5年多时间,其电视剧市场片酬处于不断上升过程,至2011年,贾某的多部电视剧片酬已达2.5万元每集。尽管《隐婚日记》的合同片酬未达2.5万元每集,但其还享有32万元的报销费用,现贾某仅凭《隐婚日记》的合同片酬未达2.5万元每集即认为东锦公司违约,即行使合同解除权,不符合公平原则,也与双方合同关于解除合同须经双方协商,并互相结清款项的约定不符。

因此,建议准确地写清楚承诺的具体内容,避免歧义。例如,可以写成“达到年平均每集电视剧收入25,000元”,或者“70%电视剧收入达到每集25,000元”。

另外,关于经纪公司在合同中经常使用的“安排××演艺事业”,用语过于笼统,法院作出了合理的解释。比如颁德公司与刘某合同纠纷中,双方签订《全约演艺经纪合同》约定:“颁德公司应保证安排刘某每年参加影视剧拍摄戏量不低于签约前拍摄戏量。”庭审中,颁德公司对于“安排”的理解是,经纪公司为演员提供跑组、联络、沟通等工作亦是履行了“安排”的合同义务。法院认为刘某之所以签约颁德公司,不可排除要使用经纪公司的上述服务项目,但更多的要借助于经纪公司在影视圈和媒体的市场资源,为其签约艺人提供更多的影视剧出演机会。法院的理解是合理的,是对演员经纪公司基本义务的解释。

二、收入归口,按劳分配

演员的报酬也属于经纪公司对演员的承诺,是吸引演员投入该公司的砝码。为了培养演员,经纪公司要有付出,那么收入如何分配呢? 一般而言有如下一些问题要注意。

(一)统一由经纪公司收取全部收入

既然由经纪公司全权代理全部的演艺事业,那么所有收入应当全部由经纪公司收取,然后再行分配比较合适。有些部分约经纪合同,就是说演员只将其部分演艺事业内容交给经纪公司的情况,也建议合同约定的全部收入归口由经纪公司。为此,一般经纪合同中规定:"乙方承诺不会擅自或经第三方收取任何形式的演艺收入,若有第三方向乙方给予任何形式的演员收入,乙方承诺第一时间通知甲方。"

(二)收入分配最好"按劳分配"

演艺经纪合同是集委托、居间、行纪等为一体的综合性合同,在演员没有名气时,要负责培训宣传进行"造星运动",此时经纪公司要自掏腰包,但这时也需要给演员一定的报酬;待演员参与影视剧、拍摄广告等工作之后,有了收入,并随着名气增长收入逐渐增多,就要与经纪公司进行真正意义上的收入分配。因此一般按照合同的合作期间分段分配不同比例的收入。如刚签合同的头两年,只给演员20%收入,第3~5年给50%,第5~10年给70%收入等。这也起到鼓励演员更长久与经纪公司合作的作用,同时对经纪公司前期大量的投入作以补充。

还有的经纪合同采用按照演艺事业的不同类型采取不同的分配方式,因为不同类型的演艺事业收入不同,演员和经纪公司的付出也不同。

(三)明确可分配收入的构成

在合同中最好清楚列出收入构成,分清楚总收入和可分配收入。例如,演员培训费用是否刨除,还是包含在经纪公司的分配份额之内。比如发生诉讼的费用、危机公关的费用等都应当明确如何列项。

(四)确定纠纷决定机制

毕竟是不同的利益主体,而随着收入的增加,收入方式更加复杂,有些分配方面的情况变得复杂,因此为了防止出现问题之后无章可循,可以规定发生纠纷是友好协商,如果意见分歧由经纪公司最终决定。

77 案·例 如何解释片酬达到2.5万元,是判定输赢的关键?

——贾某与上海东锦文化传播有限公司其他合同纠纷①

| 当事人 |

上诉人(原审被告):贾某

被上诉人(原审原告):上海东锦文化传播有限公司

| 基本案情 |

2007年4月6日,东锦公司(甲方)、贾某(乙方)签订经纪合同,合同期限自2007年4月5日起至2017年4月5日止。合同约定:乙方授权委托甲方担任乙方演艺事务的全球独家经纪人,凡关于乙方于全球的演艺工作和事务皆由甲方独家拥有开发权、代理权、推广权等并负责乙方包装、培训、演艺安排及代理签约各项经纪事项等。在本合同有效期内,除经双方书面同意外,该授权委托为不可撤销。本合同所指的演艺事务包括但不限于……(略)。本合同有效期内,甲方始终要把乙方放在一线演员的位置进行打造,同样乙方也要竭尽全力,力争上游,永不懈怠地朝着甲方为其设计的目标努力,本合同生效5年后,如果在2012年4月6日前未达到预期目标,即乙方电视剧市场片酬没有达到每集25,000元人民币,甲、乙双方都有权提出终止本合约,但要经过友好协商,本着互利的原则拿出妥善的解决方案,并互相结清款项。如乙方违反本约定……乙方应于收到甲方书面通知后立即给付甲方500万元作为违约金,并另行赔偿因乙方违约给甲方造成的其他损失。

2012年7月31日,贾某委托律师向东锦公司发出律师函,认为2012年4月6日前

① 一审:上海市徐汇区人民法院(2012)上海徐民二(商)初字第1610号民事判决书;二审:上海市第一中级人民法院(2013)沪一中民一(民)终字第532号民事判决书;抗诉:上海市人民检察院沪检民抗(2014)8号民事抗诉书;再审裁定:上海市高级人民法院(2014)沪高民一(民)抗字第15号民事裁定;再审判决:上海市高级人民法院(2014)沪高民一(民)再提字第8号民事判决书。

乙方电视剧市场片酬没有达到每集2.5万元,依该款约定提出终止本合约。东锦公司接函后亦向贾某发出律师函,表示不能接受。

2012年8月17日,贾某再次向东锦公司发出律师函,表示解除合同的条件已经具备,经纪合同已于2012年8月1日正式解除。同时,东锦公司亦向贾某发出律师函,认为双方所签经纪合同不可撤销,希望贾某能够遵守。

| 诉辩分歧 |

东锦公司诉称,其与贾某签订了经纪合同后,花费了大量精力将贾某培养成多次出演女一号的演员,但贾某在合同履行期内,未经原告同意私自外出接拍广告或采访刊登杂志封面。在原告提醒及警告下,仍擅自与案外人签订协议拍摄电视剧,并拒不履行原告的工作安排,其行为已构成违约,应承担相应责任。故要求判令贾某:(1)继续履行双方所签的经纪合同;(2)支付违约金500万元。

贾某辩称,双方系委托合同关系,被告作为委托人可随时解除合同,根据合同约定,被告的电视剧片酬没有达到每集2.5万元,被告可行使合同解除权,另由于原告的不作为,被告没有成为一线演员,因此被告的合同目的无法实现,被告有权行使合同解除权。另被告刊登杂志封面和私拍电视剧,都是发生在被告发函解除合同之后,因此要求驳回原告诉请。

| 案件审理过程 |

上海徐汇区法院一审判决:(1)驳回上海东锦文化传播有限公司要求继续履行与贾某所签经纪合同的诉讼请求;(2)贾某应于判决生效之日起10日内,支付上海东锦文化传播有限公司违约金250万元。

东锦公司不服一审判决,要求改判支持500万元违约金数额。

贾某亦不服一审判决,坚持认为本案合同系委托合同法律关系,本人有任意解除权。同时,贾某也是基于合同约定的解除条款行使解除权,参与其他电视剧等活动是在提出解约之后的行为,不属于违约。原审法院判决的违约金数额明显过高,要求撤销一审判决第2项。

上海市第一中级人民法院二审判决:驳回上诉,维持原判。明确二审判决生效时间为系争合同解除的日期。

上海市人民检察院抗诉认为,2012年3月22日(距离约定时间最近的一部电视剧)

贾某参演的电视剧《隐婚日记》,平均每集片酬只有1.92万元,低于约定的2.5万元,原审法院将合同条款解读为只要之前参演的部分电视剧片酬曾达到2.5万元,就不具备解除合同的条件,不符合当事人的真实意思表示。终审判决疏于对东锦公司的合同义务及履约情况的审查,未认定东锦公司违约,有违公正审判原则。

再审中,东锦公司辩称,为贾某寻找剧本、改写剧本,对贾某的培养是通过演戏来达成,现在合同刚刚履行一半,东锦公司不违约;关于片酬,合同没有约定贾某出演的每部电视剧的片酬都须达到2.5万元每集,2012年阶段,贾某绝大部分出演的电视剧片酬达到2.5万元每集,《隐婚日记》合同片酬加上报销费用,实际片酬也已达到2.5万元每集。

上海市高级人民法院再审判决双方合同解除的日期变更为一审判决日。维持上海市第一中级人民法院(2013)沪一中民一(民)终字第532号民事判决。

第三节·演员义务与解除条款

除了经纪公司的承诺外,演艺经纪合同的另一个主要内容就是演员的承诺,也就是演员的义务。

一、演员承诺

(一)承诺自身权利无瑕疵

合同中要求演员要有签约能力,即签约之前不能与第三方存在内容权利相同的合同关系;并要求演员承诺,在签订本合同之后,也不得再与第三方签订同等内容合同。

(二)履行演员工作义务

演员应当按照经纪公司签订合同的要求,积极认真参与各项演艺活动,包括拍摄影视剧、录制唱片、广告代言等娱乐活动。这是演员和经纪公司的主业,共同追求的目标。

还有,为主要业务而需要做的辅助工作,如为了提高演技而做的准备工作:包括认真参加培训,配合拍摄写真;为了配合影视发行做宣传,进行路演等。

(三)演员某些权利的有限放弃

例如,经纪公司为了宣传演员或者公司,需要使用演员的姓名、肖像、影视剧剧照等,应当在合同中要求演员就此方面的权利给予经纪公司。如有经纪公司在演艺经纪合同中规定“演员同意经纪公司拥有一切有关名字、照片、动画及声音的专有使用权,经纪公司绝对永远拥有一切在世界各地于履行本合同的演艺事业所产生或由此而出现的任何演员本人照片、动画、形象、名字、声音及影视作品上的知识产权”。

(四)演员职业道德方面要求

广电总局颁布“限丑令”之后,为了避免演员出现吸毒、嫖娼等法令禁止行为导致影视剧不能上映、血本无归,于是所有演员经纪公司不约而同地在演艺经纪合同中添加了一条,要求演员注重公众形象,接受法律道德约束,并规定如果违反出现问题,由演员承担违约责任。

二、解除条款和违约金

在演员籍籍无名的前期培养阶段,一个负责履约的演艺经纪公司投入是很大的,所以为了追求后期的回报防止演员随时解约而要求高额的违约金也是合乎对价的。但是合同必得约束双方,双方权利义务要基本对等,对任何一方的履约都要有所制约。因此有两点建议。

(一)建议明确解除条款

很多演艺经纪合同其中多次强调“授权不可撤销”“无正当理由不得解除合同”,以为这样规定就可以保证合同长久履行,但是纠纷还是会产生,进入法院发现双方并没有规定解除条件,于是法院就只能依法判决解除。

实际上,订立合同是一个“亲兄弟,明算账”的过程,而订立解除条款就是在开车之前了解刹车在哪里的事情。与其到了法院打不清是谁的过错,还不如在订立合同之前把各种事情都想清楚,写清楚。

(二)建议明确双方的违约金贾某案件中只约定了贾某违约需要交500万元违约金,而未约定经纪公司的违约金。如果证明东锦公司没有履行合同义务而违约,但也无须缴纳违约金。颁德公司与刘某案件同样没有规定经纪公司违约金。而案件审理结果颁德公司确实违约,但违约成本几乎为零。因此,建议在合同中明确双方违约金,使演员权利和经纪公司权利都得到保障。

78 案·例 合同可以约定解除

——北京颁德文化经纪有限公司与刘某合同纠纷①

案件经过一审、二审,再审。

|当事人|

上诉人(原审被告、反诉原告):北京颁德文化经纪有限公司

被上诉人(原审原告、反诉被告):刘某

|基本案情|

2013年10月11日,颁德公司作为甲方与刘某(艺名刘晓虎)作为乙方签订《全约演艺经纪合同》,约定乙方委托甲方作为5年合约期内全部演艺事业的全球独家经理人。甲方保证安排乙方每年参与影视剧拍摄戏量不低于签约前拍摄戏量。承诺5年内安排乙方出演两部由甲方投资并制作的电视剧男一号角色,如未能兑现,乙方可以提出解除合同,但甲方不承担任何违约责任。此外列举了乙方构成违约具体情形,约定乙方违约金为300万元。

合同签订后,刘某一共出演了《千里雷声万里闪》全剧30集、《一年级一班》(又名《学童进京》)客串4集、《乌鸦嘴女郎》客串3集;《爱情回来了》客串、《足球之恋》客串的演出。庭审中,刘某表示上述剧集的演出均是由其个人提供的资源,自己洽谈联系后通知颁德公司签约,颁德公司在合同履行期间未为其安排任何影视剧的出演,并提供其在颁德公司的经纪人王×、《千里雷声万里闪》摄制组演员副导演梁×等证人证言予以佐证。颁德公司认为拍摄戏量应包括数量和质量,应与聘用协议的片酬相结合。

刘某向法庭提交了2007~2013年百度搜索的其参演的作品,证明其与颁德公司签约之前的拍戏量比签订合同后拍戏多。

① 一审:北京市朝阳区人民法院(2015)朝民(商)初字第38579号民事判决书;二审:北京市第三中级人民法院(2016)京03民终5196号民事判决书;再审:北京市高级人民法院(2017)京民申1009号民事裁定书。

| 诉辩分歧 |

刘某起诉称:刘某与颁德公司签订了《全约演艺经纪合约》。但是合约签订后,颁德公司除常规性新闻稿件等日常经纪服务外,未安排刘某参加过任何影视剧。要求解除双方签订的合约,并支付违约金5万元。

颁德答辩并反诉称:刘某两年内参演了《千里雷声万里闪》《一年级一班》等多部影视剧,其中颁德公司均提供了经纪服务。五年的经纪合约是一个逐步推进的过程,现刚满两年,不构成违约。刘某在履行合同中自行成立与颁德公司业务相同的经纪业务工作室,并多次质疑、诋毁、贬损颁德公司独家经理人的能力,符合了合同约定的违约情形。反诉要求刘某支付违约金300万元。

刘某辩称:成立工作室是经过颁德公司同意并配合,且由颁德公司全权办理,至今工作室是否成立不得而知,也从未经营。

法院判决

一审判决:(1)解除刘某与北京颁德文化经纪有限公司于2013年10月11日签订的《全约演艺经纪合约》;(2)驳回刘某的其他诉讼请求;(3)驳回北京颁德文化经纪有限公司的全部反诉请求。

颁德公司不服上诉。

二审驳回上诉,维持原判。

颁德公司提起再审,北京市高级人民法院裁定驳回颁德公司的再审申请。

| 案件分析 |

选择此案作为演艺经纪合同的典型案例,原因有两个:一是该案是少有的判定演艺公司违约,演员不赔偿的案例;二是该案依据《合同法》规定判决解除演艺经纪合同。依据《合同法》规定的法定解除权解除双方合同。《合同法》第94条第2项规定,在履行期限届满之前,当事人一方明确表示或者以自己的行为表明不履行主要债务,另一方当事人可以要求解除合同。

首先,刘某与颁德公司签订的《全约演艺经纪合约》中,颁德公司保证安排刘某每年参与影视剧拍摄戏量不低于签约前拍摄戏量。依据刘某提供的其在签约之前的拍摄戏量统计,刘某在2011年、2012年、2013年平均每年的拍摄戏量在每年68集左右。而在刘某与颁德公司签约之后,共计参与了《千里雷声万里闪》等剧,明显低于之前的拍戏量,且刘某表示上述剧集并非颁德公司为其争取的片源,而是其自身通过一定的社会关系带来的片源。就其主张,刘某提供了颁德公司证人证言等证据加以证明。颁德公司虽对此不予认可,但未提供充分证据予以反驳。故可确认刘某签约以来,颁德公司没有完成合同载明的每年剧集量,已经构成违约。

其次,刘某与颁德公司签订的《全约演艺经纪合约》中,颁德公司承诺5年内安排刘某出演两部由颁德公司投资并制作的电视剧男一号角色。而颁德公司自2010年6月30日成立至今,仅独立承制一部电视剧,参投两部电视剧,且自2013年10月11日与刘某签订《全约演艺经纪合同》至今,颁德公司并没有投资并独立承制过一部影视剧。在此种情况下,刘某对于在《全约演艺经纪合同》履行期限届满之前,颁德公司能够履行经纪合同中的义务产生怀疑是合情合理的。

据此法院认定颁德公司的行为构成违约,而正因为其以实际的"违约行动"证明了其不履行主要债务,促成了原告刘某法定解除权的实现。

第四节 · 演艺经纪合同指导

表19-3 演艺经纪合同示范

甲方:某演员经纪公司 乙方:某演员		
合同项目	合同条款示范	重点权利关注
第1条 合同性质	1. 乙方委托甲方作为全球独家经纪人。 2. 甲方全权代表乙方负责接洽、安排、同意、策划乙方的全部演艺事业。甲方为乙方演艺事业提供所有服务、建议和指导、艺能的发展和推介、完成并签订有关演艺事业的聘用协议。但合同须经乙方同意。具体服务内容可以合同的附件形式附后。 3. 凡关于乙方的演艺事务皆由甲方(独家)拥有开发权、代理权、推广权。 4. "演艺事业"包括但不限于电影、电视、唱片、舞台、图书、表演、杂志及封面拍摄等	委托、行纪、演艺经纪、居间等多种内容的复杂性合同。 初步规定甲方权利义务。被委托授权的权利,包括获得相应的代理权、推广权、签约权等,甲方义务为推介、服务、接洽等

续表

合同项目	合同条款示范	重点权利关注
第2条 合同期限	合同期限从( )年( )月( )日起,至( )年( )月( )日止。合同到期后,甲方有( )年优先续约期	
第3条 甲方承诺	1. 甲方应本着促进乙方演艺事业发展的目的,代表乙方安排各种演艺事业活动与工作,而不得强加于乙方任何有损乙方演艺事业发展、有损乙方演艺事业形象的演艺事业活动与工作。 2. 甲方保证安排乙方每年参与影视剧( )部,并于( )年后片酬年均达到每部( )元,并逐步提升其工作机会,但由于乙方原因导致拍摄戏量无法完成的除外。 3. 甲方承诺对乙方进行影视剧及商业广告市场的推广及美誉度的宣传。 4. 甲方承诺在独立承制的电视剧中,根据角色合适合理的原则,为乙方优先安排出演机会。 5. 甲方将全面、系统地规划乙方演艺生涯,制订演艺计划书并出资努力推介乙方,甲方将负责各项宣传推广活动,并承担费用,包括国际国内旅费、公关费、投资等。 6. 甲方将对乙方进行培训(具体培训意向),费用由甲方承担	甲方的决定权、安排工作权及对乙方承诺的各种义务。 乙方工作权利及获得演出机会、培训、推广的权利;乙方合理拒绝权
第4条 乙方承诺	1. 合同签订之前,乙方保证未与他人签订过有关合同。 2. 在本合同有效期内,未经甲方书面许可或同意,乙方不得擅自或委托、授权、让与、允许任何第三方及本人从事本合同所涉的条款内容事项。 3. 乙方承诺不会擅自或经第三方收取任何形式的演艺收入,若有第三方向乙方给予任何形式的演员收入,乙方承诺第一时间通知甲方。 4. 经过乙方同意的合同,乙方应当按照合同约定严格履行,遵守合同约定,尽职尽责完成演艺事业	乙方权利无瑕疵,履行合同义务等; 统一归口收入管理,甲方具有决定权
第5条 报酬与支付	在本合同有效期内,甲乙双方同意按下列方式分配利润或报酬:自本合同订立的第1年至第2年,甲方有权从总收入中分得60%,乙方分得40%,自第3年起至第5年甲方分得50%,乙方分得50%,自第6年起至第7年甲方分得30%,乙方分得70%,自第8年起至第10年甲方分得20%,乙方分得80%或双方另行协商分配。全部演艺收入即“总收入”,由甲方负责收取到账,由甲方缴付各项经营性税金后按上述比例分配	乙方获得报酬权

续表

合同项目	合同条款示范	重点权利关注
第6条 宣传	1. 乙方同意甲方履行合同义务时使用乙方照片、动画、形象、名字、声音及影视作品上的知识产权等。 2. 未经甲方同意,乙方或任何人不得使用乙方姓名、形象等用于商业、演艺活动。但允许乙方参与不收费的公益宣传活动	演员有限度地出让自己的民事权利中肖像权、形象权、姓名权的部分权益,甲方依据合同取得上述权利
第7条 合同的解除	本合同生效( )年后,如果未达到预期目标,双方可以协商解决,甲、乙双方都有权提出终止本合约,但要经过友好协商,本着互利的原则拿出妥善的解决方案,并互相结清款项	甲方、乙方的合同解除权和利益保护权
第8条 违约	乙方有以下情形的构成违约,乙方在本合同存续期间,存在其他相关演艺委托经理人合同或事实委托的;从事任何非经甲方接洽、安排的与其演艺事业有关活动及工作的;未经甲方同意乙方单方面解除合同的,乙方须承担违约金( )万元。 *根据第5条因甲方未达到约定目标合同解除的,解除合同后甲方应当赔偿乙方( )万元	双方违反合同的违约金
此外,还需要对不可抗力、通知送达、保密、争议解决法律适用等进行规定		

结语 ||| 三点总结与三点期望

三点总结:

一、权利:乱花渐欲迷人眼,浅草才能没马蹄

影视圈的法律权利意识薄弱与错位并存。一方面影视圈法人、其他组织的权利意识比较模糊,界限不清;影视圈自然人的权利有的被忽视,有的不清楚。另一方面有的影视参与人表现出过于强烈的权利要求,导致其他同在一个圈内的合作人权利受到冲击,构成权利意识的错位。

影视参与人众多、层级也在不断增多,导致权利关系更为复杂。本书探讨的17章内容远不能囊括所有影视实践参与主体,在制片公司、发行公司、放映场所,导演、编剧、摄影、制片人、演员、场务等影视人(包括拟制人)以外,还有演员经纪公司、编剧经纪人、音乐著作权协会等众多新层级主体,只能说法律关系越来越复杂,权利越来越难以确定。

影视圈权利还有一个突出的特点:交叉与跨界。往往在一个案件中,行政权利和民事权利交织跨界,真是"横看成岭侧成峰,远近高低各不同",你中有我、我中有你的态势让各种权利都无法一家独大。

而从法律层面,影视圈的法定权利虽经法律明文规定,但缺乏系统论述和阐释,导致明文规定的法定权利不好使用,因此需要定性研究、法理阐释。影视圈比比皆是的合同是最大最多的权利使用地,也是约定权利最大最多的"战乱"。希望能够通过本书,让影视参与人在了解清楚法定权利基

础上,通过合同细化约定各项权利的边界、范围,明确此消彼长、取舍得当的相互关系,从而平衡各方,互利双赢。

这是本书写作的目的。

二、判例:问渠哪得清如许,为有源头活水来

法院的裁判对于著作权的某些权利形成是有创设作用的,即使我国不是判例法国家。

一是因为著作权本身就是不断发展的,随着实践的进步和认识的提高,一些模糊权利不断厘清,一些原本清晰的权利内涵外延又会不断延展。

二是尤其在互联网领域,涉及深奥难懂高深莫测的技术问题,面对未知,基于不同的技术解释、学理解释、法理解释,各地、各级法院通过实践与摸索,研究总结,激烈碰撞中确定出合适的权利。

因此在影视圈法律关系中,尤其著作权法领域,司法实践对于法律规定不清晰、不明确的或者法律空白地带,创设法律的作用很明显。或者说司法实践的判例对于后续有关案件的引领作用很明确,在一定程度上起到了英美法系中判例法的作用。在影视剧这一著作权集中地带,又面对法律规制落后于行业发展步伐的形势,司法诉讼实践对于影视剧著作权尤其信息网络传播权纠纷、无名合同纠纷等就产生了非常重要的判例作用。

这是本书着力探究有关司法案例的初衷。

三、行规:纸上得来终觉浅,绝知此事要躬行

不应当忽视、漠视影视行业规矩,即使他们还不完善,也不系统。

影视行业与其他专业领域一样,有自身的发展规律、自律规则、专业术语,多年来业内人士约定成俗、相互遵守。一个行业规矩,都有其来龙去脉,业内熟知,业外迷惑,如有关出品单位和影视剧的署名问题等,需要历史渊源角度的考证,才能让业外有所了解,知其然,知其所以然。

这些行业规矩,缺乏完善、系统的法规、文件予以明确。即使有文件规范,但在司法案件中常常因为法律层级比较低而不被采纳,一定程度上反映影视行业缺乏系统化解释、阐释自身行业规矩的理论。

这是本书写作的原动力。

三点期望:

一、期望裁判:不畏浮云遮望眼,只缘身在最高层

一是要在审判中在中立立场之上有更高的公众意识、产业意识。这主要是指在影视新型案件中,不能只仅仅从法律的字面去解释,还要从法理去解释,有的时候,更要从行业发展的角度去权衡,要有全局眼光和行业格局。尤其是有些案件中被告侵权但“合情合理”,于是在判决责任承担时,可以把握自由裁量权,适度给予较少的惩罚(如第四章中法定权利尚未清晰的广电行业主体侵犯信息网络传播权的案件)。

二是要与时俱进,在实践中发展和丰富理论。对于有争议的案件裁判论理部分要更加充分,为了平息纷争,也为了更加有效地阐释法律和裁判的缘由。可以多听听行业的呼声,多看看研究学者的争鸣。作为争议解决的最后一种手段,虽然承受最多最大的压力,但是也只能迎难而上,更好解决争议,维护秩序稳定,公平正义。

二、期望监管:不要人夸颜色好,只留清气满乾坤

一是要依法监管。该管的还得管,不要束手束脚,不该管的就不管,也能义正辞严。

二是要科学监管。真正做到科学立法、民主立法,实现良法治理的要求。

三是要全面监管。行政监管是多方位,不只有政府的行政监管,也需要加强行业协会的自律监管,期望今后能发挥更大的作用。

三、期望影视人:暮色苍茫看劲松,乱云飞渡仍从容

既然现实不甚完美,权利义务说不清,但也只有接受,别无选择。市场经济首先是法制经济,应当有必要的法律意识。操作上能够依凭法律人士给予帮助最好,如果不能也要多看看本书一类的专著,知悉自身基本的法定权利,在订立合同中更要尽到足够的注意,本着诚实信用原则精诚合作。

一旦从合作者成为诉讼中的当事人,也应当积极地以解决问题的态度对待产

生的纠纷,无论是非对错,积极应诉是王道,哪怕最后败诉,还是有机会争辩。有理不怕辨明,如果是自己这方有过错,那么可以在责任承担方面进行协商。法院缺席判决的案件,很难作出有利于缺席者的判决,即使提起二审,但一审更加注重对案件事实的认定,当事人失去了为自己辩解的最佳时机。

同时要看到诉讼实践的发散性。有时一件案件的胜负并不仅仅是法律关系的确定,还可能是一些细节方面的证据发挥重要作用,这也是诉讼实践的复杂性决定的,尤其对于影视剧纠纷这种涉及主体多、过程复杂的案件更是如此。这些我们今后还将继续研究。

后　记

看着这厚厚一本白纸黑字即将付梓，竟有万千悲喜不胜自禁。

2003年底我有幸成为《电影促进法》（后更名为《电影产业促进法》）起草小组的成员，开启了我与电影的亲密接触。调研起草法律的漫长过程中，逐渐了解中国影视，看到了产业光鲜靓丽的发展，也感触到行业失序、规范缺失等问题；深深被影视人的情怀打动，也常常叹服从业者乃至整个行业法律意识淡漠、权利意识薄弱；研究影视诉讼时甚而发现法院对影视行业的陌生与误解，转而去找寻影视法学方面书籍参考，却又发现寥寥无几，于是，燃起了我的“伟大梦想”——写一本有关影视人法定权利的书籍。

种下梦想一闪念，生根发芽何其难！公务劳累要加班，生活烦杂疲不堪。找案例、寻资料，难！确定架构，取舍材料，更难！经过近10年的思考，2017年2月才“破土”动笔，历时3年，终于完成。写作的过程是不断学习、试错、怀疑、成长的过程：几次做出重大结构调整，几次怀疑写书的意义搁笔不叙，几次累到病倒无法继续。曾想过命名本书为《深夜与黎明》，因为只有深夜和黎明是属于我的写书时间。深夜叩问，为何这样逼自己？无解。也许是亲历《电影产业促进法》13年结下的缘分吧，也许是中国政法大学为我刻下的法律人使命吧。

写作过程中，感谢我的领导和同事陆亮、王健、毛羽、许炜、宋建邦等在影视管理、著作权法律法规方面把关指导，感谢韩晓黎、苗晓天、雷振宇、宋薇薇、陈静华、杨妍、刘炫等影视资深从业人员指点迷津，感谢王志华、张振利、王作武、施刚、韩阳、葛玲、冯慧等法大同学、法院律师界朋友的精神鼓励和资料支持。感谢中国电影发行放映协会会长韩晓黎和中国政法大学研究生院副院长刘承韪教授在百忙中为本书作序。感谢中国服务贸易研究院领导在本书初稿之后给以肯定和支持,增强我的写作信心。特别要感谢法律出版社的张雪纯、薛晗、肖越的指导和帮助,没有他们的鼓励支持,帮我理清思路、调整架构,这本书几乎不能完成。

限于专业能力和实践经验,本书有诸多不足,诚恳希望各位法律学者、法官、律师同仁们批评指正。

王艳梅

2020 年 12 月 6 日

图书在版编目(CIP)数据

影视业法律及监管实务 / 王艳梅著. -- 北京 : 法律出版社, 2020
ISBN 978-7-5197-4754-1

Ⅰ. ①影… Ⅱ. ①王… Ⅲ. ①电影工作-法律-研究-中国②电视工作-法律-研究-中国 Ⅳ. ①D922.164

中国版本图书馆 CIP 数据核字(2020)第 237903 号

影视业法律及监管实务
YINGSHIYE FALÜ JI JIANGUAN SHIWU

王艳梅 著

策划编辑 肖 越
责任编辑 肖 越
装帧设计 马 帅

出版 法律出版社
总发行 中国法律图书有限公司
经销 新华书店
印刷 固安华明印业有限公司
责任校对 杨锦华
责任印制 胡晓雅

编辑统筹 法商出版分社
开本 710 毫米×1000 毫米 1/16
印张 28.5
字数 437 千
版本 2020 年 12 月第 1 版
印次 2020 年 12 月第 1 次印刷

法律出版社/北京市丰台区莲花池西里 7 号(100073)
网址/www.lawpress.com.cn
投稿邮箱/info@lawpress.com.cn
举报维权邮箱/jbwq@lawpress.com.cn
销售热线/400-660-8393
咨询电话/010-63939796

中国法律图书有限公司/北京市丰台区莲花池西里 7 号(100073)
全国各地中法图分、子公司销售电话:
统一销售客服/400-660-8393/6393
第一法律书店/010-83938432/8433
西安分公司/029-85330678
重庆分公司/023-67453036
上海分公司/021-62071639/1636
深圳分公司/0755-83072995

书号:ISBN 978-7-5197-4754-1
定价:118.00 元
(如有缺页或倒装,中国法律图书有限公司负责退换)